Frank Czichowski
Jordanien:
Internationale Migration
wirtschaftliche Entwicklung
und soziale Stabilität

Schriften des Deutschen Orient-Instituts

Frank Czichowski

Jordanien:
Internationale Migration
wirtschaftliche Entwicklung
und soziale Stabilität

Deutsches Orient-Institut, Hamburg 1990

D 188

Kurztitelaufnahme

Czichowski, Frank:
Jordanien: Internationale Migration, wirtschaftliche Entwicklung
und soziale Stabilität / Frank Czichowski. - Hamburg: Deutsches
Orient-Institut, 1990.
(Schriften des Deutschen Orient-Instituts)
ISBN 3-89173-015-2

Copyright 1990 by Deutsches Orient-Institut, Hamburg

Vorwort

Die vorliegende Arbeit basiert auf einem zweijährigen Forschungsaufenthalt in Jordanien, der durch ein Stipendium der Abteilung Entwicklungsländerforschung der Friedrich-Ebert-Stiftung (FES) ermöglicht wurde. Dieses Stipendium beinhaltete nicht nur die finanzielle Ausstattung des Forschungsvorhabens, sondern auch eine intensive und äußerst hilfreiche Betreuung sowohl durch das Büro der Stiftung in Amman als auch durch ihre Zentrale in Bonn. Ideale Forschungsmöglichkeiten in Jordanien bot mir das Economics Department der Royal Scientific Society in Amman, das mir während meines gesamten Aufenthalts seine Gastfreundschaft gewährte. Beiden Institutionen und ihren Mitarbeitern sei für ihre Unterstützung herzlich gedankt, speziell Dr. Mohammad Smadi, der zur Zeit meines Aufenthalts in Jordanien Leiter des Economics Department war, Frau Helga May (FES Bonn) und Dr. Matthes Buhbe, der mir als Vertreter der Stiftung in Amman jede erdenkliche Hilfe zuteil werden ließ.

Vom Fachbereich Wirtschaftswissenschaft der Freien Universität Berlin wurde die Arbeit unter dem Titel "Internationale Migration, wirtschaftliche Entwicklung und soziale Stabilität - Die sozioökonomische Bedeutung der Abwanderung von Arbeitskräften nach 1973 für Jordanien" im Juni 1989 als Dissertation angenommen. Meinem akademischen Lehrer, Prof. Dr. Dieter Weiss, gilt mein besonderer Dank für die intensive Betreuung des Forschungsvorhabens, für seine Kritik, seine Ermunterung und für seine vielen Anregungen. Das von ihm betreute Fachgebiet Volkswirtschaft des Vorderen Orients bietet eine kreative Arbeitsatmosphäre, die für mich während meines gesamten Studiums bis zum Abschluß dieser Arbeit unendlich wertvoll war. Für wichtige Anregungen und für die Übernahme des Koreferats danke ich Prof. Dr. Klaus Hüfner.

Freunde und Kollegen haben entscheidend zum Gelingen dieser Arbeit durch ihre Diskussionsbereitschaft, ihre konstruktive Kritik und ihre Hilfe auf dem manchmal schwierigen Weg beigetragen. Dafür danke ich Dr. Mohammad I.T. Ali, Gilbert Anderer, Dr. Matthes Buhbe, Siegfried Holtkemper, Dr. Issa Ibrahim, Ralf Lang, Ulrich Tilgner und ganz besonders Doris Brüderle.

Darmstadt, Dezember 1989   F.C.

INHALT

Seite

Verzeichnis der Tabellen viii

Abkürzungsverzeichnis xi

Wechselkurse xii

Karte Jordaniens xiii

0. Einleitung 1

TEIL I: INTERNATIONALE MIGRATION UND IHRE
SOZIOÖKONOMISCHEN KONSEQUENZEN

1. Die beiden Kardinalfragen der Theorie der Migration 5

2. Die Festlegung der Untersuchungseinheit: Konsequenzen für wen? 7

3. Konsequenzen und Bewertung internationaler Migration für das Auswanderungsland 11

    3.1 Die Auswirkungen internationaler Migration auf die Versorgung mit Gütern und Dienstleistungen 11
        3.1.1 Die Auswirkungen in einer "perfekten" Welt 12
        3.1.2 Relativierungen für die reale Welt 19
        3.1.3 Die direkten und indirekten Nutzen- und Kostenkomponenten internationaler Migration 31

	3.2	Die Auswirkungen internationaler Migration auf die Einkommensverteilung	45
		3.2.1 Migration und funktionale Einkommensverteilung	45
		3.2.2 Migration und personelle Einkommensverteilung	49
	3.3	Das Problem der Bewertung internationaler Migration	55
4.		Zusammenfassung Teil I: Die Herangehensweise an Länderstudien	57

TEIL II: MIGRATION AUS UND NACH JORDANIEN – INDIVIDUELLE PROBLEMLÖSUNG, KOLLEKTIVE ENTWICKLUNG UND SOZIALE STABILITÄT

5.		Eine Skizze Jordaniens	59
	5.1	Die Entstehung des Staates und einige Bedingungen und Probleme seiner gesellschaftlichen Ordnung	59
	5.2	Jordaniens Ausstattung mit Ressourcen	80
	5.3	Die Außenabhängigkeit Jordaniens	95
6.		Die Arbeitskräftewanderungen aus und nach Jordanien – Eine Beschreibung	101
	6.1	Jordanien und die innerarabischen Wanderungsbewegungen	101
	6.2	Die Migration aus Jordanien	105
		6.2.1 Warum wandern Menschen? – Ein Exkurs	105
		6.2.2 Die vier Kategorien der Migranten	109
		6.2.3 Umfang und regionale sowie sektorale Aufteilung der Auswanderung von Arbeitskräften	114
		6.2.4 Die Charakteristika der Migranten	124
	6.3	Die Rückkehr nach Jordanien	126
	6.4	Die Einwanderung nach Jordanien	132
	6.5	Die institutionellen Rahmenbedingungen der Arbeitsmigration in Jordanien	139
7.		Die Wirkungen der Wanderungsbewegungen	147
	7.1	Migration, "Wastah" und Stabilität	148
	7.2	Die Transferzahlungen	155

7.3		Migration, Beschäftigung und Produktionsverluste	167
7.4		Die Bedeutung der Einwanderung	180
7.5		Migration und Inflation	187
7.6		Migration und Einkommensverteilung	190
	7.6.1	Der direkte Effekt: Die Überweisungen	191
	7.6.2	Die indirekten Effekte: Die Änderungen relativer Preise	195
	7.6.3	Zusammenfassende Bewertung	200
7.7		Soziale Folgen der Wanderung	201
7.8		Die Bedeutung der Rückwanderung	210
8.		Zusammenfassung Teil II: Die Bedeutung der Migration für Jordanien	217
	8.1	Migration und Entwicklung	217
	8.2	Migration und soziale Stabilität	221
9.		Die jordanischen Erfahrungen in ihrer Bedeutung für Länderstudien - Ein Rekurs auf Teil I	225

TEIL III: DIE ZUKUNFT DER ABWANDERUNG

10.		Die Entwicklung der Ausländerbeschäftigung in den arabischen Erdölstaaten	227
	10.1	Geschätzte quantitative Entwicklung des Arbeitskräftebedarfs	228
	10.2	Geschätzte qualitative Veränderung des Arbeitskräftebedarfs	234
	10.3	Gesellschaftsordnung und Bedarf an Arbeitsmigranten	237
	10.4	Die Konkurrenz auf den Arbeitsmärkten der arabischen Erdölstaaten	243

TABELLEN	247
LITERATURVERZEICHNIS	279

Verzeichnis der Tabellen

a) Tabellen im Text

		Seite
Übersicht 1:	Potentielle Kosten- und Nutzenkomponenten bei temporärer Migration für das Auswanderungsland	53
Tabelle I:	Bevölkerung, Arbeitsbevölkerung und Arbeitsmigranten auf bzw. von East- und Westbank (1986)	119
Tabelle II:	Permanente und temporäre Migranten von East- und Westbank (1986)	121

b) Tabellen im Anhang

Tabelle 1:	Die Bevölkerungsstruktur Jordaniens, 1986	248
Tabelle 2:	Geschlechterrelationen in verschiedenen Altersgruppen auf East- und Westbank, 1984	248
Tabelle 3:	Verschiedene Indikatoren der jordanischen Entwicklung, 1981 - 1987	249
Tabelle 4:	Wichtige Posten der jordanischen Zahlungsbilanz, 1981 - 1987	250
Tabelle 5:	Importe, Exporte und Reexporte aus und nach Jordanien, 1977 - 1987	251
Tabelle 6:	Exporte nach Zielregionen, 1982 - 1987	251
Tabelle 7:	Übertragungen an den Staat, Übertragungen an Private, Gastarbeiterüberweisungen und das Bruttosozialprodukt, 1979 - 1987	252
Tabelle 8:	Arabische Finanzhilfe an Jordanien, 1981 - 1987	252
Tabelle 9:	Entwicklung der Lebenshaltungskosten, 1967 - 1987	253
Tabelle 10:	Investitionen in Wohnungsbau und die Kapitalformation in Jordanien, 1975 - 1986	254
Tabelle 11:	Anzahl der Baugenehmigungen und genehmigte Bebauungsfläche, 1975 - 1986	254
Tabelle 12:	Wert der registrierten Landverkäufe, 1975 - 1985	255
Tabelle 13:	Verschiedene soziale Entwicklungsindikatoren für Jordanien, 1973 - 1984	255
Tabelle 14:	Ausstattung der jordanischen Haushalte, 1979 und 1986	256
Tabelle 15:	Sektorale Aufteilung der Arbeitskräfte	256

Tabelle 16:	Partizipationsraten bei Männern	257
Tabelle 17:	Partizipationsraten bei Frauen	257
Tabelle 18:	Sektorale Struktur der Frauenbeschäftigung	258
Tabelle 19:	Berufsstruktur der Frauenbeschäftigung	259
Tabelle 20:	Indizes des Bruttoinlandsprodukts und der Lohnentwicklung, 1977 - 1983	260
Tabelle 21:	Intersektorale Lohnunterschiede, 1973 und 1982	260
Tabelle 22:	Zusammenfassung der Empfehlungen des "Consultative Committee on Wages and Prices" und der Ergebnisse von Tarifverhandlungen, 1978 - 1983	261
Tabelle 23:	Schätzungen über die Abwanderungen von jordanischen und palästinensischen Arbeitskräften, 1961 - 1987	262
Tabelle 24:	Regionale Verteilung der jordanischen und palästinensischen Migranten, 1980 und 1985	266
Tabelle 25:	Formelle Qualifikationen der abgewanderten Arbeitskräfte, der jordanischen und palästinensischen Arbeitskräfte in Jordanien, der Remigranten nach Jordanien sowie der nicht jordanischen Arbeitskräfte in Jordanien	267
Tabelle 26:	Berufsstruktur der jordanischen Bevölkerung, der jordanischen und palästinensischen Migranten, der Remigranten und der nicht jordanischen Arbeitsbevölkerung in Jordanien	268
Tabelle 27:	Sektorale Inlands- und Auslandsbeschäftigung jordanischer und palästinensischer Arbeitskräfte	269
Tabelle 28:	Beschäftigung von Jordaniern und Palästinensern sowie Beschäftigung von Ausländern insgesamt in den Erdölstaaten nach Sektoren, 1985	269
Tabelle 29:	Anzahl der Rückkehrer von Juli bis Dezember 1986 und ihr letztes Gastland	270
Tabelle 30:	Gastarbeiterüberweisungen nach Jordanien, 1967 - 1987	270
Tabelle 31:	Schätzungen und Feststellungen der Einwanderung nach Jordanien, 1973 - 1987	271
Tabelle 32:	Ausgestellte Arbeitsgenehmigungen für ausländische Arbeitskräfte in Jordanien, 1978 - 1987	274
Tabelle 33:	Gastarbeiterüberweisungen aus Jordanien, 1977 - 1987	275

Tabelle 34:	Sektorale Aufteilung der Inländer- und der Ausländerbeschäftigung in Jordanien, 1986	275
Tabelle 35:	Migranten in den arabischen Erdölstaaten und ihre Herkunftsländer, 1983	276
Tabelle 36:	Qualifikationsstruktur verschiedener Einwanderergruppen in den Ölstaaten, 1985	277
Tabelle 37:	Durchschnittlicher Anteil ausländischer Arbeitskräfte in verschiedenen Sektoren in einigen arabischen Erdölstaaten, 1975 und 1985	278
Tabelle 38:	Ölexporteinnahmen einiger OPEC-Länder, 1976 - 1987	278

Abkürzungsverzeichnis

ACM	=	Arab Common Market
ASEAN	=	Association of Southeast Asian Nations
b	=	Barrel
BIP	=	Bruttoinlandsprodukt
BPA	=	Balqa Province Administration
BSP	=	Bruttosozialprodukt
CBJ	=	Central Bank of Jordan
CSC	=	Civil Service Commission (Amman)
DoS	=	Department of Statistics (Amman)
EG	=	Europäische Gemeinschaft
EIU	=	Economist Intelligence Unit
ESCAP	=	(United Nations) Economic and Social Commission for Asia and the Pacific
GCC	=	Gulf Cooperation Council
HKJ	=	Hashemite Kingdom of Jordan
IBRD	=	International Bank for Reconstruction and Development (The World Bank)
IGB	=	Independent Government Bodies
ILCF	=	International Labour Compensatory Facility
ILO	=	International Labour Office, International Labour Organisation
ILO/ARPLA	=	International Labour Organisation/Asian and Pacific Project for Labour Administration
ILO/ARTEP	=	International Labour Organisation/Asian Regional Team for Employment Promotion
IWF	=	Internationaler Währungsfond
JD	=	Jordanische Dinar
JVA	=	Jordan Valley Authority
k.A.	=	keine Angaben verfügbar
MEED	=	Middle East Economic Digest
MERIP	=	Middle East Research and Information Project
MIG WP	=	Kurzbezeichnung für die von der "ILO/International Migration for Employment Branch" veröffentlichten Arbeitspapiere
MoL	=	Ministry of Labour (Amman)
MoP	=	Ministry of Planning (Amman)
MSB	=	Monthly Statistical Bulletin
O.A.	=	ohne Autor
OPEC	=	Organisation of Petroleum Exporting Countries
PFLP	=	Popular Front for the Liberation of Palestine
PLO	=	Palestine Liberation Organisation
RGW	=	Rat für gegenseitige Wirtschaftshilfe
RSS	=	Royal Scientific Society
UNESCO	=	United Nations Educational, Scientific and Cultural Organisation
UNO	=	United Nations Organisation
UNRWA	=	United Nations Reliefs and Works Agency for Palestine Refugees in the Near East
V.A.E.	=	Vereinigte Arabische Emirate
VTC	=	Vocational Training Corporation (Amman)
Y	=	Einkommen

Wechselkurse

In der folgenden Arbeit werden Angaben über monetäre Größen für Jordanien in der Regel in Jordanischen Dinar (JD) gemacht. Zur Orientierung sind hier die ungefähren Gegenwerte eines JD in DM für die Jahre 1973 bis 1987 wiedergegeben:

1973 = 8,20 DM
1974 = 7,60 DM
1975 = 7,90 DM
1976 = 7,10 DM
1977 = 6,65 DM
1978 = 6,20 DM
1979 = 5,85 DM
1980 = 6,35 DM
1981 = 6,65 DM
1982 = 6,75 DM
1983 = 7,35 DM
1984 = 7,40 DM
1985 = 7,40 DM
1986 = 6,20 DM
1987 = 5,30 DM

Jordanien und die Westbank

Anm.: Die Schreibweise der Ortsnamen in dieser Karte weicht zum Teil leicht von der im Text ab.

0. Einleitung

Als die Mitglieder der Organisation Erdöl exportierender Staaten (OPEC) im September 1973 eine massive Erhöhung der Rohölpreise beschlossen, um das Einkommen der Welt zu ihren Gunsten umzuverteilen, läuteten sie eine Phase ein, die als *Ölboom* in die Geschichte eingegangen ist. Durch eine Reihe weiterer Ölpreiserhöhungen verzehnfachten sich die jährlichen Einnahmen der arabischen Erdölstaaten bis zum Jahr 1982. Die Explosion der Einnahmen führte in diesen arabischen Erdölstaaten zur Formulierung ambitionierter Entwicklungsziele, zu deren Realisierung den meisten der Staaten allerdings eines fehlte: *Arbeitskräfte*. Der riesigen Summe einströmenden Kapitals stand nur eine kleine und größtenteils schlecht ausgebildete Arbeitsbevölkerung gegenüber. Um Straßen, Krankenhäuser, Schulen, Universitäten oder Moscheen zu bauen, um Kraftwerke, Entsalzungsanlagen und Abwassersysteme zu installieren, um Hotels und Flughäfen zu betreiben, aber auch um die staatlichen Administrationen dem erhöhten Verwaltungsbedarf der expandierenden Ökonomien anzupassen, mußte eine immense Zahl von Arbeitskräften aus anderen Ländern angeworben werden. Der Ölboom führte damit zu einer der größten freiwilligen Bevölkerungswanderungen, die auf der Welt jemals stattfanden. Zwischen sechs und sieben Millionen ausländische Arbeitskräfte hatten Anfang bis Mitte der 80er Jahre in Bahrain, Irak, Kuwait, Libyen, Oman, Qatar, Saudi-Arabien und in den Vereinigten Arabischen Emiraten einen Arbeitsplatz gefunden. Von den Arbeitsmigranten, die weltweit vorübergehend außerhalb ihres Heimatlandes beschäftigt waren, arbeitete damit ungefähr jeder dritte in den arabischen Erdölstaaten. Die Arbeitsmigration veränderte das Leben in den Ölstaaten, in denen bis zu 80% der Arbeitsbevölkerung von Ausländern gestellt wurden (und bis heute werden). Vor allem aber veränderte die Arbeitsmigration auch das Leben in den Auswanderungsländern, aus denen zum Teil ein erheblicher Prozentsatz der Arbeitsbevölkerung abgewandert war und ist. Eines der Länder mit einer extrem hohen Abwanderungsrate ist das *Haschemitische Königreich Jordanien*. Ziel der vorliegenden Arbeit ist es, *die sozioökonomischen Konsequenzen der Abwanderung von Arbeitskräften nach 1973* für dieses arabische Land zu untersuchen. Die Arbeit ist in drei Teile untergliedert:

Teil I behandelt die Grundlagen und Probleme von Wirkungsanalysen für Abwanderungen von Arbeitskräften aus einem Land. In *Kapitel 1.* wird zunächst das Erkenntnisinteresse der Theorie der Migration eingegrenzt, und dabei werden die beiden Kardinalfragen dieser Theorie vorgestellt. In *Kapitel 2.* wird danach ein wesentliches Problem der Migrationsforschung diskutiert, nämlich das Problem der Abgrenzung der Untersuchungseinheit. Den Kern des ersten Teils bildet *Kapitel 3.*, in dem bisherige Erkenntnisse zur Bedeutung der Abwanderung für das Auswanderungsland diskutiert werden. Ziel dieses Kapitels ist es, ein Untersuchungsgerüst für die in *Teil II* folgende Länderstudie vorzulegen. *Teil I* schließt mit einer Zusammenfassung der wichtigsten Ergebnisse und einigen zentralen Hinweisen für die Herangehensweise an Länderstudien (*Kapitel 4.*).

Die Länderstudie zur Abwanderung von Arbeitskräften aus Jordanien folgt in *Teil II*. *Kapitel 5.* zeichnet eine Skizze der historischen Entwicklung Jordaniens sowie der gesellschaftlichen Ordnung des Königreichs. Außerdem werden die Bedingungen seiner ökonomischen Entwicklung diskutiert. Die Beleuchtung dieser Aspekte ist nötig, um die Wirkungen der Arbeitskräftewanderung und deren Bedeutung einschätzen zu können. Bevor in *Kapitel 7.* intensiv auf die Konsequenzen der Abwanderung von Arbeitskräften eingegangen wird, sollen in *Kapitel 6.* die Wanderungsbewegungen aus und nach Jordanien beschrieben werden. Diese Beschreibung erfolgt relativ ausführlich, weil über die Zahlen der Ein- und Auswanderer in der Literatur sehr unterschiedliche Angaben kursieren und weil insbesondere die Diskussion um die quantitative Ausprägung der Migration *aus* Jordanien immer wieder Konfusionen hervorruft. Mit der eingehenden Beschreibung der Wanderungsbewegungen sollen einige der entstandenen Verwirrungen abgebaut werden. Außerdem soll *Kapitel 6.*, neben *Kapitel 5.*, eine weitere Grundlage für die Wirkungsanalyse bieten. Für Leser, die an der Beschreibung der Wanderungsbewegungen nicht interessiert sind, sollte es aber möglich sein, sofort mit der Wirkungsanalyse in *Kapitel 7.* an die Skizze Jordaniens in *Kapitel 5.* anzuschließen. Der eingehenden Analyse der Wirkungen der Abwanderung von Arbeitskräften in *Kapitel 7.* folgt eine bewertende Zusammenfassung des zweiten Teils in *Kapitel 8.*, in dem nochmals die wichtigsten Aspekte des Zusammenhangs zwischen Arbeitskräftewanderung, wirtschaftlicher Entwicklung und sozialer Stabilität in Jordanien hervorgehoben werden. In einem kurzen Rekurs auf den ersten Teil wird in *Kapitel 9.* die Bedeutung der

Erfahrungen Jordaniens in bezug auf Migration für Länderstudien allgemein beleuchtet.

Mit dem Ende des zweiten Teils ist das eigentliche Ziel der Arbeit erreicht. Weil aber die Auslandsbeschäftigung für Jordanien eine Notwendigkeit darstellt, liegt eine der wichtigsten Fragen für das Königreich darin, wie sich die Zukunft der Migration entwickelt. Mit allen Vorbehalten, die bei einer solchen Abschätzung notwendig sind, soll in *Teil III (Kapitel 10.)* zumindest eine grobe Analyse des zukünftigen Bedarfs an Arbeitsmigranten in den arabischen Erdölstaaten versucht werden.

Am Schluß dieser Einleitung seien noch zwei Bemerkungen zur Verwendung von Eigennamen in der vorliegenden Arbeit gemacht. *Erstens*: Bei allen arabischen Namen, Ortsbezeichnungen etc. wurde die Transkription gewählt, die *in Jordanien* üblicherweise Verwendung findet. Ebenso werden Institutionen in der Regel mit ihren englischen Namen bezeichnet, weil diese Institutionen in Jordanien selbst oft englisch benannt werden. *Zweitens*: Wann immer in dieser Arbeit von Jordanien bzw. vom Haschemitischen Königreich die Rede ist, ist das Gebiet gemeint, das gewöhnlich als *Eastbank* bezeichnet wird. Diese Abgrenzung wurde in der wissenschaftlichen Literatur schon lange aus forschungspraktischen Überlegungen gewählt, weil die formell zu Jordanien gehörende Westbank wegen der Besetzung durch Israel eine von Jordanien getrennte Ökonomie darstellte. Die in dieser Arbeit gewählte Abgrenzung entspricht jedoch inzwischen auch jordanischem Selbstverständnis, seit der jordanische König Hussein im Juli 1988 die Abkoppelung der Westbank vom Haschemitischen Königreich bekanntgegeben hat.

TEIL I: INTERNATIONALE MIGRATION UND IHRE SOZIOÖKONOMISCHEN KONSEQUENZEN

1. Die beiden Kardinalfragen der Theorie der Migration

Migration, Wanderung oder residentielle Mobilität ist ein Phänomen, das man vermutlich zu allen Zeiten und an nahezu allen Orten der Welt beobachten konnte und kann. Studenten ziehen aus dem Elternhaus in eine Universitätsstadt, Familien wandern in der Hoffnung auf bessere Einkommensmöglichkeiten vom Land in die Stadt, "Aussteiger" suchen ihr Glück in Australien, Arbeitsuchende ziehen in neue industrielle Zentren. Ganze Völker wandern auf der Flucht vor Naturkatastrophen, Progromen oder Kriegen, begeben sich auf die Suche nach Orten, an denen sie überleben können. Ganz allgemein bedeutet Migration einen *Wechsel des permanenten Aufenthaltsortes von einer festgelegten räumlichen Einheit in eine andere.* Wegen der Vielzahl der zu beobachtenden Wanderungsbewegungen ist es nötig, diese räumlichen Einheiten vor der Beschreibung und der Analyse solcher Wanderungsbewegungen zu definieren. Die Festlegung der zu betrachtenden Regionen ist vom jeweiligen Untersuchungsziel abhängig. Das Umziehen innerhalb eines Häuserblocks, die Wanderung zwischen zwei Stadtteilen Berlins und die Emigration von Europa nach Amerika können jeweils Gegenstand einer Migrationsanalyse sein.

Gebräuchlich und sinnvoll ist die Klassifizierung von Wanderungsbewegungen in *interne Wanderungen* innerhalb eines Hoheitsgebietes und internationale, das heißt *grenzüberschreitende Wanderungen.* Staatsgrenzen bilden heute die wichtigsten institutionellen Barrieren für eine Wanderung zwischen zwei Orten. Alle Staaten der Welt haben die permanente Ansiedlung von Ausländern reglementiert und zum größten Teil sehr stark eingeschränkt. Darüber hinaus ist die genannte Unterscheidung deshalb gebräuchlich, weil die **Referenzgruppe** für eine Wirkungs- bzw. Wohlfahrtsanalyse in der Regel die Bevölkerung eines Staates ist. Damit wird eine Unterscheidung nach "innen" und "außen" notwendig.

Die Tatsache, daß Menschen wandern, den "Lichtern der Großstadt" zu, dem "Lockruf des Goldes" hinterher, "raus aufs Land", hat das Interesse von

Forschern geweckt. Die bei der Beschäftigung mit dem Phänomen entstandene Migrationstheorie (bzw. die Vorläufer dazu), die es sich zur Aufgabe gemacht hat, den Gesetzmäßigkeiten von Wanderungsbewegungen auf die Spur zu kommen, ist von *zwei Kardinalfragen* geprägt, nämlich:

- *Warum wandern Menschen?*
- *Welche Auswirkungen haben Wanderungen auf die Ausgangs- und die Zielregionen der Wanderungen?*

Eine dritte Frage schließt sich dann an die zweite an, nämlich die Frage, wie Migration zu bewerten ist. Bei ihrer Beantwortung müssen die Ergebnisse der Wirkungsanalyse mit den Erkenntnissen der Wohlfahrtstheorie zu einer Wohlfahrtsanalyse der Migration kombiniert werden. Die Bewertung von Migrationsprozessen gehört damit zwar nicht zu den originären Analysefeldern der Migrationstheorie, ist aber ein drittes wichtiges Feld bei der Behandlung von Wanderungsbewegungen[1].

Die folgenden theoretischen Vorbemerkungen sowie die Länderstudie über Jordanien beschäftigen sich im wesentlichen mit den *ökonomischen Auswirkungen vorübergehender internationaler Migration*. Es soll zuerst die Frage beantwortet werden, welche Folgen die temporäre Abwanderung von Arbeitskräften für das *Auswanderungsland* hauptsächlich in ökonomischer Hinsicht aufweist bzw. welche Folgen bisher sichtbar geworden sind. Zwar liegt damit der Schwerpunkt der Analyse auf den ökonomischen Wirkungen, aber die Auswirkungen der Migration auf andere soziale Prozesse, insbesondere auf solche, die mit der Modernisierung einer Gesellschaft im Zusammenhang stehen, sollen dabei nicht ausgeklammert werden. Allerdings kann man nicht hoffen, jemals eine vollständige Wirkungsanalyse vorlegen zu können, weil die Komplexität sozialer Realität dem Forscher manche ökonomischen oder sozialen Effekte der temporären Abwanderung von Arbeitskräften noch verschließen mag. Man muß deshalb davon ausgehen, daß die hier angestrebte vollständige Erfassung der ökonomischen und sozialen Effekte der Arbeitskräftewanderung insgesamt eine Partialanalyse bleibt. Diese Feststellung erweist sich insbesondere dann als wichtig, wenn man die Wirkungen einer Wanderung bewerten will (vgl. 3.3).

---

[1] *So nennt Lucas (1983) seinen Überblick über die Theorie internationaler Wanderungsbewegungen "International Migration: Economic Causes, Consequences and Evaluation".*

2. Die Festlegung der Untersuchungseinheit: Konsequenzen für wen?

Im vorangegangenen Abschnitt wurde festgelegt, daß die Konsequenzen internationaler Migration für das Auswanderungsland diskutiert werden sollen. Obwohl mit dieser Aussage die Untersuchungseinheit schon weitgehend abgegrenzt wurde, soll die damit verbundene Frage in diesem Abschnitt nochmals eröffnet werden. Dabei geht es insbesondere darum, plausible Eingrenzungen der Untersuchungseinheit vorzustellen sowie zu fragen, unter welchen Rahmenbedingungen welche Eingrenzung sinnvoll ist.

Internationale Migration kann in ihren Grundzügen folgendermaßen beschrieben werden: Es gibt ein Land A, dessen Bevölkerung (X) aus x Personen besteht, und es gibt ein Land B, dessen Bevölkerung (Y) aus y Personen besteht. Aus irgendeinem Grund verlegt nun eine Gruppe (Z) von z Personen aus dem Land A ihren Wohnort in das Land B. Weiter unten werden die Möglichkeiten diskutiert, die Wirkungen dieser Abwanderung von z Personen zu erfassen und zu bewerten. Die in dieser Hinsicht unterbreiteten Analysevorschläge unterscheiden sich im wesentlichen dadurch, daß sie die Welt als unterschiedlich komplex betrachten. Unabhängig davon stellt sich immer das folgende Problem: Welche Personen sollen eigentlich in die Wirkungs- bzw. die Wohlfahrtsanalyse einbezogen werden? Logisch möglich ist diesbezüglich eine Unzahl von Konzepten. Sinnvoll erscheinen drei, nämlich

- das *Globalkonzept*,
- das *Nationalkonzept* und
- das *Inlandskonzept*.

Das *Globalkonzept* bezieht bei der Analyse der Wirkungen einer Wanderung aus dem Land A in das Land B drei Bevölkerungsgruppen in die Analyse ein. Erstens die nach der Wanderung verbliebene Bevölkerung in A (X - Z), zweitens die ursprüngliche Bevölkerung von B (Y) und drittens die Migranten selbst (Z). Die Anwendung des Globalkonzepts ist äußerst selten[2]. Obwohl regionale und

---

[2] *Die Forderung nach der Anwendung dieses Konzepts wurde beispielsweise von Johnson (1967: 379) erhoben: "The basic issue that needs to be resolved before discussing the phenomenon of 'brain drain' and whether it constitutes a problem ... is whether or not one accepts the nationalistic position. I personally do not; I adopt a cosmopolitan liberal position, and regard nationalism (Fortsetzung...)*

überregionale Organisationen (EG, UNO, RGW, ASEAN, GCC etc.) an Bedeutung gewonnen haben, sind Nationalstaaten wie Nationalinteressen noch immer bei wirtschaftlichen Entscheidungen und Analysen von überragender Bedeutung ("Nationalökonomie"[3]).

Das *Nationalkonzept* ist dagegen ein mehr an den Nationalinteressen ausgerichtetes Konzept[4]. Es bezieht in eine Wirkungsanalyse der Abwanderung aus dem Land A in das Land B die gesamte *ursprüngliche* Bevölkerung des Landes A (X) ein. Die Migranten haben zwar körperlich ihr Heimatland verlassen, sie werden aber trotzdem weiterhin als Mitglieder der Gesellschaft des Heimatlandes betrachtet. Ihre Wünsche, Vorstellungen, vor allem aber ihr Wohlergehen werden in eine soziale Wohlfahrtsanalyse einbezogen.

Das *Inlandskonzept* verkleinert die zu betrachtende Gruppe nochmals und bezieht die Wirkungs- und Wohlfahrtsanalyse auf die verbliebene Bevölkerung im Land A (X - Z). Wer seine Gesellschaft verlassen hat, ist für eine Wirkungsanalyse in bezug auf sein Wohlergehen nicht mehr von Interesse. Es sei angemerkt, daß der allergrößte Teil der Diskussion um die Folgen des "Brain Drain" sowie der größte Teil der Wirkungsanalysen von Abwanderungsprozessen für das Auswanderungsland überhaupt (meist implizit) diesem Konzept gefolgt sind.

---

[2] *(...Fortsetzung)*
as one of the less pleasant mental vices in which mankind indulges itself, or as one of the characteristics of childish immaturity out of which I hope the people of the world will ultimately grow."

[3] *Vg. Weiss (1988a: 265), Weiss (1988b: 594).*

[4] *Der hier verwendete Begriff "Nationalkonzept" darf nicht mit dem Begriff "nationalistic concept" von Grubel und Scott (1966) verwechselt werden. Das zuletzt genannte Konzept begreift den Staat oder die Nation nicht als eine Versammlung von Individuen, sondern als abstrakte Einheit, deren <u>absolute</u> militärische und ökonomische Kraft es zu maximieren gilt. Abwanderung bedeutet bei einem solchen Konzept fast immer einen Verlust. Diesem "De Gaulleschen" Konzept des Staates wird in der vorliegenden Arbeit an keiner Stelle gefolgt. Grubel und Scott (1966: 269) bezeichneten es schon vor mehr als zwanzig Jahren als veraltet. Und doch wird dieses Konzept oft (implizit) verwendet. So z.B. von Böhning, wenn er schreibt: "The fact that a migrant-sending country has thousands of citizens earning incomes abroad does not make it richer or better off by the amount of remuneration received by its citizens abroad" (1983: 43; Hervorhebung von mir). Dabei bezieht er sich explizit auf das **gesamtwirtschaftliche** Rechnungswesen.*

Wenn man die Frage beantwortet hat, für wen man die Konsequenzen der Migration betrachten will, so ist damit eine Isolierung der Untersuchungseinheit vorgenommen. Diese Isolierung schafft "Betroffene" und "Nichtbetroffene", "Innen" und "Außen". Eine solche Abgrenzung ist für den Fortgang jeder Wirkungsanalyse von entscheidender Bedeutung. Aber sie ergibt sich *nicht von selbst*, eben weil sich Menschen beim Phänomen Migration zwischen räumlichen Einheiten bewegen und die räumlichen Einheiten damit kein natürliches Abgrenzungskriterium mehr bieten. Darum ist es wichtig, die Abgrenzung der Untersuchungseinheit explizit zu machen (was in den meisten Arbeiten zum Thema "Migration" nicht geschieht). Die Entscheidung für eines der oben aufgeführten oder eventuell auch ein anderes Konzept ist eine normative Entscheidung. Betrachtet man die Migration aus der Perspektive des Auswanderungslandes A, so erscheinen folgende Konzepte für eine Wirkungsanalyse sinnvoll:

- Das *Inlandskonzept* ist dann der richtige Rahmen, wenn die Migration von den Auswandernden selbst als *endgültig* angesehen wird, das heißt die Migranten das Land B als ihre zukünftige Heimat ansehen.

- Das *Nationalkonzept*, das die Wohlfahrt der Auswanderer miteinbezieht, sollte als Grundlage dann verwendet werden, wenn die Abwanderung als *temporäre Abwanderung* intendiert ist; dann also, wenn der Migrant, der aus dem Land A in das Land B wandert, das Land A noch immer als seine Heimat betrachtet, in die er zurückkehren möchte.

Aus diesem Vorschlag sind dann auch Konzepte für jede andere Situation ableitbar. So kann, wie im später diskutierten Fall Jordanien, das Land sowohl Auswanderungs- als auch Einwanderungsland sein. Die Einwanderer werden nicht in eine Wirkungsanalyse einbezogen, wenn ihr Aufenthalt nur vorübergehend ist, sie werden einbezogen, wenn sie mutmaßlich für immer bleiben. Es besteht dabei auch die Möglichkeit, daß nur ein Teil der Auswanderer oder der Einwanderer bei der Wirkungs- bzw. Wohlfahrtsanalyse betrachtet wird, während dies bei anderen nicht der Fall ist.

Es mag mitunter schwierig sein, eine klare Trennung von temporärer und permanenter Migration auf der Grundlage der Selbsteinschätzung von Migranten vorzunehmen. Allzuviele Migranten werden wohl mit dem Gedanken spielen, "irgendwann einmal" in ihr ursprüngliches Heimatland zurückzukehren, obwohl das Muster ihrer Migration bzw. ihr tatsächliches Verhalten auf eine permanente

Abwanderung schließen läßt (z.B. bei Vermögenstransfer, Migration der gesamten Familie, Erwerb von Immobilien im Land B etc.). Das *Konzept der temporären Migration* sei deshalb hier in folgender Weise konkretisiert: *Temporäre Migration liegt dann vor, wenn die Wanderung im wesentlichen das Ziel hat, die Lebenssituation des Migranten sowie eventuell die seiner Familie am Ausgangsort der Migration zu verbessern. Sinn der Migration ist es, am Zielort der Wanderung Kapital zu akkumulieren, dessen Nutzung dann am Herkunftsort erfolgen soll.*

Diese temporäre Migration kann in zwei Formen erfolgen. Bei der ersten wird der Aufbruch in ein fremdes Land (im Kontext innerstaatlicher Migration aber auch der Aufbruch in eine Stadt) unternommen, um dort zu *lernen*, das heißt um dort Humankapital zu erwerben. Temporär ist die Abwanderung eben dann, wenn der Student, Lehrling oder Wandergeselle plant, nach dem Abschluß der Ausbildung wieder in seinen Heimatort zurückzukehren. Er hofft, daß diese auswärtige Ausbildung ihm bessere Arbeits- und Aufstiegsmöglichkeiten eröffnet bzw. allgemein ein besseres Leben verschafft.

Die zweite Form wird als *Arbeitsmigration* bezeichnet. Hierbei wandern Menschen hauptsächlich zu dem Zweck, ihre Arbeitskraft auf einem Arbeitsmarkt außerhalb ihrer Heimat anzubieten, einen möglichst großen Teil des Lohnes im Gastland zu sparen, um dann mit dem gesparten Vermögen sich und ihrer Familie ein besseres Leben in der Heimat zu ermöglichen. Um Arbeitsmigration soll es in dieser Arbeit gehen.

3. Konsequenzen und Bewertung internationaler Migration für das Auswanderungsland

Bevor in den Kapiteln 5. bis 8. der sozioökonomischen Bedeutung der Abwanderung von Arbeitskräften für Jordanien nachgegangen wird, sollen im folgenden die theoretischen Grundlagen einer solchen Analyse diskutiert werden. Dabei geht es im ersten der drei Abschnitte (3.1) darum zu fragen, welche Wirkung die Migration für das Einkommensniveau bzw. für die *Versorgung der Bevölkerung mit Gütern und Dienstleistungen* im Auswanderungsland hat. Im zweiten Abschnitt wird diese Betrachtung sozioökonomischer Effekte mit einer Analyse der Bedeutung der Migration für die *Einkommensverteilung* komplettiert. Am Ende dieses Abschnitts (3.2) werden dann die bisher identifizierten Effekte internationaler Migration in einer Übersicht zusammengestellt. Im letzten Abschnitt dieses Kapitels (3.3) soll dann gefragt werden, ob bzw. unter welchen Voraussetzungen es gelingen kann, internationale Migration zu *bewerten*. Dabei soll insbesondere auch beleuchtet werden, welche Basis die des öfteren geforderte Kompensation der Auswanderungsländer im Prozeß der internationalen Migration hat.

3.1 Die Auswirkungen internationaler Migration auf die Versorgung mit Gütern und Dienstleistungen

Der Frage nach der Bedeutung der Migration für das durchschnittliche Einkommen im Auswanderungsland soll in diesem Abschnitt zunächst mit Hilfe eines sehr einfachen ökonomischen, neoklassischen Modells nachgegangen werden. Wenn auch in den folgenden Abschnitten dieses Modell als zu einfach und der sozialen Realität nicht Rechnung tragend charakterisiert wird, so soll die Diskussion trotzdem mit diesem Modell begonnen werden, weil damit ein brauchbarer Referenzrahmen gegeben ist[5]. Der neoklassische Ansatz hat sich mitunter als fruchtbar für die Herausforderung vermeintlichen Grundwissens in bezug auf die Wirkung von Wanderungsprozessen erwiesen. So hat beispielsweise Stark (1978) mit einer neoklassischen Wirkungsanalyse von Land-Stadt-Wanderungen in Entwicklungsländern gezeigt, daß unter bestimmten Annahmen

- Migration vom Land in die Stadt eine Erhöhung der Einkommen in den ländlichen Abwanderungsgebieten bewirkt,

---

[5] *Vgl. zu dieser Auffassung auch Lucas (1983: 88), der die "perfect market story" ebenfalls als nützlichen Referenzrahmen bezeichnet.*

- Migration eine gleichmäßigere Einkommensverteilung schafft,

- durch Migration die Zahl der gewünschten Kinder und damit das Bevölkerungswachstum abnehmen kann und daß letztlich

- diese Form der Migration sowohl individuell wie auch sozial wohlfahrtsfördernd ist.

Die weitverbreitete These, daß Land-Stadt-Wanderungen in Entwicklungsländern volkswirtschaftliche Kosten verursachen[6], ist mit dieser Arbeit sehr überzeugend in Frage gestellt worden. Ausgehend von der dort vorgelegten Analyse ist es unmöglich, überzeugende Argumente für eine Interventionspolitik in den Prozeß der Landflucht zu gewinnen (vgl. Stark 1978: 8). Im Lichte dieser Analyse müssen die Argumente für eine Politik zur Eindämmung von Land-Stadt-Wanderungen neu gesucht werden.

Diese Arbeit von Stark macht deutlich, daß die neoklassische (Gleichgewichts-) Theorie ein nützlicher Ausgangspunkt bei der Diskussion um die Wirkungen von Wanderungsbewegungen ist. Die wichtigsten Ergebnisse dieser Theorie in bezug auf die Wirkungen *internationaler Migration* werden deshalb im folgenden vorgestellt.

3.1.1 Die Auswirkungen in einer "perfekten" Welt

Die im neoklassischen Sinne perfekte Welt sei dadurch beschrieben, daß Arbeit und Kapital zu ihrem jeweiligen Grenzprodukt entlohnt werden, daß bei der Produktion von Gütern und Dienstleistungen keine externen Effekte auftreten, daß bei Produktionsprozessen keine Skalenerträge realisiert werden können und daß Vollbeschäftigung herrscht. Die Entlohnung der Produktionsfaktoren entspricht dem gesellschaftlichen Wert ihres Beitrages zur Produktion. Es sei weiterhin angenommen, daß Menschen dann wandern, wenn sie am Zielort der Wanderung ein höheres Einkommen erzielen können, und daß sie die Einkommensmöglichkeiten an den potentiellen Zielorten der Wanderung (ohne Kosten) richtig einschätzen. Von Informationsproblemen wird also abstrahiert.

a) *Die globale Perspektive*
Wenn Menschen nun einen Unterschied in der Entlohnung zwischen zwei Orten A und B wahrnehmen, dann muß dieser Unterschied in der beschriebenen Welt

---

[6]*Vgl. die bei Stark (1979) zitierte Literatur.*

offensichtlich in unterschiedlichen Grenzproduktivitäten an beiden Orten begründet sein. Eine Wanderung, die individuell ein höheres Einkommen ermöglicht, führt global gesehen zu einem Ausgleich der Grenzproduktivitäten (zumindest tendenziell[7]) und damit insgesamt zur Produktion einer größeren Menge an Gütern und Dienstleistungen. Bei dem Prozeß der Migration verlieren jedoch einige Menschen, während andere gewinnen. Die globale *Effizienzsteigerung* geht mit einer *Umverteilung* einher, sofern die Wanderung nicht marginal ist. Diese Umverteilung ergibt sich sowohl in regionaler als auch in funktionaler Hinsicht. Da das Ergebnis der Umverteilung direkt bei der Wirkungsanalyse der Migration für das Auswanderungsland deutlich wird [vgl. b)], soll hier nicht weiter auf sie eingegangen werden. Weil es diese Umverteilung gibt, ist die Migration global *wohlfahrtssteigernd* mit Sicherheit nur dann, wenn der marginale Nutzen des Einkommens für alle betrachteten Individuen identisch ist (vgl. Berry/Soligo 1969). Außerdem muß gelten, daß die Nutzenfunktionen der Individuen voneinander unabhängig sind.

Wird in allen beteiligten Ländern mit der gleichen Technologie produziert, dann steht nach dem Anpassungsprozeß durch Wanderung jeder Einheit Kapital eine identische Arbeitsleistung gegenüber. Es wird in den beiden Ländern A und B die mit der verfügbaren Technologie größtmögliche Menge an Gütern und Dienstleistungen geschaffen. Herrschte vor der Wanderung in den einzelnen Ländern Allokationseffizienz, so wird dieser Zustand durch Wanderung auch global erreicht. Die Wanderung von Arbeitskräften ist allerdings keine notwendige Bedingung für das Erreichen dieses Zustands. Statt des Wanderns der Arbeitskräfte zum Kapital kann das Produktionsoptimum natürlich auch durch die Bewegung des Kapitals zur Arbeit erreicht werden. Die Frage, welcher Produktionsfaktor sich letztlich bewegt, würde in der neoklassischen Welt durch einen Vergleich der jeweiligen Wanderungskosten entschieden.

Die sehr restriktiven Annahmen des simplen neoklassischen Modells sind teilweise abgeschwächt bzw. relativiert worden, das generelle Ergebnis, daß Migration *global gesehen* entwicklungs- bzw. allokationsfördernd ist, ist auch

---

[7]*Auch die einfachsten Modelle müssen konzidieren, daß bei einer Migration Kosten anfallen. Diese Transportkosten gehen in die Migrationsentscheidung ein und verhindern den vollständigen Ausgleich der Grenzproduktivitäten.*

bei verschiedenen punktuellen Modifikationen bestätigt worden[8]. Ein Fall einer Verschlechterung der Wohlfahrtsposition kann sich dann ergeben, wenn der Migrant im Auswanderungsland unterhalb seines Grenzprodukts entlohnt wurde. Ist das Grenzprodukt des Migranten im Zielland der Migration niedriger als im Auswanderungsland, der Lohn als Determinante der Migration aber höher, dann geht mit der Wanderung eine Verringerung der Produktion von Gütern und/oder Dienstleistungen einher. Eine solche Form der Ineffizienz von Wanderungsprozessen dürfte äußerst schwer zu finden sein. So kommen auch die meisten Autoren, die internationale Wanderungsbewegungen auf der hier genannten Grundlage diskutieren, zu dem Ergebnis, daß internationale Migration global gesehen die verfügbare Menge an Gütern und Dienstleistungen *erhöht* (vgl. Johnson 1967, Stark 1978, Lucas 1983, Hamilton/Whalley 1984).

Globale Effizienz nützt nicht notwendigerweise dem einzelnen Land. Vom nationalen Standpunkt aus betrachtet stellt sich die Frage, ob die Abwanderung von Arbeitskräften auch *national* entwicklungsfördernd ist.

b) *Die Perspektive des Auswanderungslandes in einer "perfekten" Welt*
Drei Fragen bestimmen die Wohlfahrtsposition eines Landes nach der Abwanderung eines Teils seiner Arbeitskräfte im Vergleich zur Situation ohne Abwanderung, wenn alle Produktionsfaktoren (und dies ist die Basis der "perfekten" Welt) zu ihrem Grenzprodukt entlohnt werden (vgl. Lucas 1983):

1. Ist die Migration marginal oder nicht marginal?
2. Wie offen ist die Ökonomie?
3. Sind die Migranten Kapitalbesitzer? Und wenn ja, wandert das Kapital mit?

zu 1.) Wenn die Abwanderung *marginal* ist, dann gibt es unter der gemachten Annahme der Entlohnung der Arbeitskräfte zum Grenzprodukt keinerlei Effekte im Land der Auswanderung. Zwar sinkt das Volkseinkommen, der Kuchen wird kleiner, aber der Verlust an Produktion durch Migration entspricht dem Lohn der Migranten. Die im Land verbleibende Bevölkerung ist (pro Kopf) nach der

---

[8]*Vgl. Lucas (1977), Stark (1978); diese Autoren untersuchen zwar Binnenwanderung, global gesehen ist jedoch jede Migration eine Binnenwanderung, und so sind die Ergebnisse der genannten Analysen unmittelbar auf internationale Migration übertragbar.*

Migration genauso gestellt wie vorher, sie mußte durch Migration keinen Wohlfahrtsverlust hinnehmen. Diese Wohlfahrtsneutralität der Abwanderung ist im wesentlichen das Ergebnis der Analyse von Grubel und Scott (1966). Zu negativen Effekten kommt es bei einer marginalen Abwanderung nur dann, wenn der Lohn der abwandernden Arbeitskräfte *unter* deren Grenzprodukt lag, das heißt ihre Arbeit positive externe Effekte (Produktions- oder Konsumeffekte ohne Entlohnung) für Dritte beinhaltete. Aber auch dann ist die Abwanderung nur solange mit einem Verlust für die restliche Bevölkerung verbunden, solange die vom Migranten ehemals *besetzte Stelle* nicht von einer anderen Person eingenommen wird (Grubel/Scott 1966: 271)[9]. Solche Externalitäten, die mit einer *konkreten Person* verbunden sind, dürften - wie schon gesagt - äußerst schwer zu finden sein. Da Migration[10] also in dieser Hinsicht keine negativen Effekte aufweist, möglicherweise über Transferzahlungen sogar einen positiven Entwicklungsbeitrag leistet, ist die Forderung von Grubel und Scott (1966: 274) nach einer freien Wanderung der Arbeitskräfte nur konsequent.

Allerdings hängt das Ergebnis ihrer Analyse wesentlich von der Annahme ab, daß die Abwanderung *marginal* ist (vgl. Berry/Soligo 1969, Lucas 1983). Damit ist das erreichte Ergebnis der Analyse jedoch selbst von marginaler Bedeutung, denn wo immer internationale bzw. nationale Migration zum Thema wird, ist sie *nicht marginal*. Wäre sie marginal, würde man ihr keine Beachtung schenken[11]. Die Frage ergibt sich also, ob das Ergebnis der Analyse von Grubel und Scott auch dann noch Bestand hat, wenn die Migration *nicht marginal* ist. Unter den gemachten Annahmen, das zeigen Berry und Soligo (1969), trifft das Ergebnis dann nicht mehr zu, und es verschlechtert sich die Wohlfahrtsposition der verbleibenden Bevölkerung. Durch eine nicht marginale Abwanderung wird das Verhältnis von Arbeit zu Kapital kleiner, das heißt weniger Arbeitskräfte arbeiten nun mit einem identisch gebliebenen Kapitalstock. Damit steigt die Grenzproduktivität der Arbeit, und die des Kapitals fällt. Entsprechend steigen

---

[9]*Der Hinweis, daß es natürlich stets nur um einen besetzten Arbeitsplatz, niemals aber um eine konkrete Person geht, ist enorm wichtig. Er ist auch nach Grubel/Scott oft übersehen worden.*

[10]*Die hier zitierte Arbeit von Grubel/Scott (1966) argumentiert im Kontext der Abwanderung von hochqualifizierten Arbeitskräften. Ihre Argumente sind aber auf gering qualifizierte Arbeitskräfte unmittelbar übertragbar.*

[11]*So auch Berry/Soligo (1969), die den "Brain Drain" diskutieren und darauf hinweisen, daß das Wort "Drain" nicht bei einer marginal kleinen Abwanderung Verwendung finden würde.*

die Löhne, und die Kapitalverzinsung fällt, wobei die absolute Steigerung der Löhne das absolute Absinken der Kapitalverzinsung nicht kompensieren kann. Das Pro-Kopf-Einkommen im Auswanderungsland *fällt* infolge der Migration. Bei der in der neoklassischen Welt angenommenen sinkenden Grenzproduktivität der Arbeit ist dieses Ergebnis unmittelbar einleuchtend: Die Abwanderung ist nicht marginal, und so haben die abgewanderten ("intramarginalen") Arbeitskräfte vor ihrer Migration *weniger* Lohn bezogen als ihr absoluter Produktionsbeitrag war, weil das Grenzprodukt (als Determinante der Entlohnung) unter dem Durchschnittsprodukt lag. Das Mehrprodukt war den im Inland verbliebenen Kapitalbesitzern zugefallen, die dies nach der Abwanderung der Arbeitskräfte nicht mehr abschöpfen können. Die Bevölkerung ist damit *insgesamt* schlechter gestellt. Dieses Ergebnis kann sich ändern, wenn die Migranten ihr Einkommen nicht ausschließlich durch den Verkauf ihrer Arbeitskraft erzielten, sondern sie darüber hinaus noch Kapitalbesitzer sind [siehe *zu 3.)*].

zu 2.) Die nach der Abwanderung eines Teils der Arbeitskräfte im Land A verbleibende Bevölkerung insgesamt verliert also Güter, die ihr vorher zur Verfügung standen. Die Grenzproduktivität des Kapitals sinkt, während die der Arbeit steigt, *ohne* daß die Lohnsteigerungen das Sinken des Profits aufwiegen könnten. Dieses Ergebnis von Berry/Soligo (1969) ändert sich, wenn außer der Wanderung von Arbeitskräften auch internationaler Handel zwischen den betrachteten Ländern möglich ist. Es ist ein wohlbekanntes Ergebnis der Theorie des internationalen Handels, daß unter bestimmten Voraussetzungen[12] allein der Handel mit Gütern zu einem Ausgleich der relativen Faktorpreise bzw. der Grenzproduktivitäten führt (vgl. Samuelson 1949). Wenn alle produzierten Waren international handelbar sind, dann wird nach der Abwanderung eines Teils der Arbeitskräfte die Produktion in einer solchen Weise umstrukturiert, daß sich im Ergebnis die Grenzproduktivitäten der im Inland verbliebenen Faktoren durch Migration nicht zu Ungunsten der verbliebenen Bevölkerung verändern. Es werden weniger arbeitsintensive Produktionsprozesse durchgeführt, es werden neue komparative Vorteile genutzt, und damit formiert sich der Außenhandel des Auswanderungslandes neu. Unter der Voraussetzung, daß sich dadurch keine Veränderungen der Weltmarktpreise bzw. der terms-of-trade ergeben, wird mit Hilfe dieser Umstrukturierung der Produktion und des Handels die Wohlfahrtsposition der Bevölkerung im Land A durch die Auswanderung *nicht* beeinträchtigt. Mit der Möglichkeit der Handelbarkeit sämtlicher im Auswanderungsland

---

[12]*Voraussetzungen, die in der hier diskutierten Welt gegeben sind.*

hergestellten Güter kehrt man zu dem Ergebnis von Grubel und Scott zurück, daß Migration ohne negative Einkommenseffekte für die verbleibende Bevölkerung ist (vgl. Lucas 1983).

Es ergibt sich natürlich sofort die Frage, warum in der hier beschriebenen Welt Migration und internationaler Handel überhaupt gemeinsam stattfinden. Eine der beiden (bzw. mit der Kapitalwanderung drei) Möglichkeiten würde für eine global gesehen effiziente Allokation vollkommen ausreichen. Dies ist das Ergebnis der Analyse von Mundell (1957), die zeigt, daß unter den beschriebenen Annahmen internationaler Handel und Faktorbewegungen (Kapitalimport, -export und Arbeitskräftewanderungen) Substitute sind. Wie schon an anderer Stelle angemerkt, würde in dieser Welt die Entscheidung, ob Faktoren oder Güter wandern, von den Wanderungs- bzw. Transaktionskosten bestimmt.

Zusammengefaßt: Im Falle der Handelbarkeit *aller* hergestellten Güter, im Falle einer vollkommen offenen Ökonomie also, ändert sich die Wohlfahrtsposition der verbleibenden Bevölkerung bei intramarginaler Migration nicht, vorausgesetzt die terms-of-trade ändern sich durch die veränderte Zusammensetzung des Welthandels nicht. Sobald es allerdings Produkte im Auswanderungsland gibt, die *nicht* international handelbar sind (Dienstleistungen, Baustoffe etc.), verschlechtert sich die Wohlfahrtsposition der verbleibenden Bevölkerung; dies einfach deshalb, weil durch die Abwanderung eines Teils der Bevölkerung der verbleibenden Bevölkerung Tauschmöglichkeiten genommen werden. Das Resultat der verringerten Tauschmöglichkeiten ist ein Wohlfahrtsverlust (vgl. Rivera-Batiz 1982).

zu 3.) Ist Migration intramarginal und werden im Auswanderungsland international nicht handelbare Güter hergestellt, so *verringert* sich in der hier beschriebenen Welt das durchschnittliche Einkommen für die Bevölkerung im Auswanderungsland. Für den Fall, daß die Migranten nicht nur Arbeitskräfte, sondern auch *Kapitalbesitzer* sind, kann sich dieses Ergebnis ändern. Es erscheint insbesondere mit Blick auf den später diskutierten Fall der Abwanderung von Arbeitskräften aus Jordanien (aber auch ganz allgemein) wenig wahrscheinlich, daß die Migranten einen signifikanten Teil des Kapitals im Auswanderungsland besitzen. Aus diesem Grund sollen nur die wichtigsten Aspekte der Antwort auf die Frage wiedergegeben werden, wie die Abwanderung von Arbeitskräften auf das Pro-Kopf-Einkommen im Auswanderungsland wirkt, wenn die Migranten *auch* Kapitalbesitzer sind[13]. Bei der Beantwortung dieser Frage ist es nun einerseits entscheidend, ob die Migranten durchschnittlich weniger, gleichviel oder mehr Kapital besitzen als die verbleibende Bevölkerung, andererseits ist es von Bedeutung, ob sie ihr Kapital im Auswanderungsland zurücklassen (und sich ihre Profite überweisen lassen) oder ob sie dieses bei ihrer Migration mitnehmen. Es genügt an dieser Stelle festzuhalten, daß sich ein positiver Effekt für die verbleibende Bevölkerung dann ergibt, wenn die Migranten durchschnittlich gleichviel oder mehr Kapital besitzen als die verbleibende Bevölkerung *und* sie ihr Kapital im Auswanderungsland zurücklassen[14]. Dies bedeutet lediglich folgendes: Sofern der Kapitalbesitz der Migranten hinreichend groß ist, tragen sie, wenn sie ihr Kapital im Auswanderungsland zurücklassen, sämtliche der Verluste, die sie durch ihre Migration verursacht haben. Die Migranten selbst müssen dann die Folgen der sinkenden Grenzproduktivität des Kapitals tragen, die erst durch ihre Migration entstanden ist. Im vorliegenden wie in den meisten anderen Fällen darf man davon ausgehen, daß Migranten relativ wenig Kapital besitzen. Damit bedeutet die Abwanderung von Arbeitskräften in der beschriebenen Welt *einen Verlust* für die Bevölkerung des Auswanderungslandes insgesamt, und die neoklassische Theorie der Wanderung sieht in der Migration von Arbeitskräften keineswegs, wie einige Autoren vermuten, einen Fluß von Produktionsfaktoren, der in jedem Fall zum Vorteil *aller* beteiligten Länder ist[15]. Es ergibt sich vielmehr, daß

- Migration global gesehen effizienzsteigernd ist, daß
- Migration im Auswanderungsland tendenziell zu einem Sinken des durchschnittlichen Einkommens führt[16] und daß

---

[13] *Vgl. dazu ausführlich die Arbeiten von Johnson (1967), Berry/Soligo (1969), Lucas (1983).*

[14] *Vgl. für die Berechnung des Scheidepunkts von positivem und negativem Gesamteffekt in dieser Hinsicht Berry/Soligo (1969).*

[15] *Diesen Interpretationsfehler begehen beispielsweise Pennisi (1981) oder Stahl (1981, 1982). Migration muß im Sinne der neoklassischen Wanderungstheorie als ein Prozeß verstanden werden, nach dem global gesehen jedem Bürger mehr Güter zur Verfügung gestellt werden **könnten**. Ein im strikten Sinne pareto-superiorer Zustand ist **möglich**, wird aber nicht notwendigerweise erreicht.*

[16] *Eine Situation, in der das Auswanderungsland nach der Abwanderung von Arbeitskräften nicht schlechter gestellt ist, ergibt sich, wenn man mit dem Lewis-Modell argumentiert, daß es im Auswanderungsland eine große Zahl (Fortsetzung...)*

- Migration konsequenterweise die Einkommen im Zielland der Migration erhöht.

Die neoklassische Theorie gibt die Bedingungen an, unter denen die Abwanderung eines Teils der Arbeitskräfte zu einer schlechteren, gleichbleibenden oder verbesserten Wohlfahrtsposition führt. Diese Bedingungen sind die von der Theorie gemachten Annahmen. Die mit jenen Annahmen gewonnenen Erkenntnisse sind einfach, eindeutig und führen zu einer klaren Bewertung nationaler wie internationaler Migrationsprozesse. Wenn die Welt so wäre, wie die neoklassische Theorie sie beschreibt, dann folgten der Abwanderung die obengenannten Effekte.

3.1.2 Relativierungen für die reale Welt

Die Einfachheit der Ergebnisse folgt aus der Einfachheit, mit der die Welt im oben dargestellten Ansatz konstruiert wurde. Die Ergebnisse mögen einige Hinweise auf reale Prozesse geben, aber man muß doch konzidieren, daß die Welt komplexer ist als sie in diesem Ansatz dargestellt wird. Im folgenden werden einige Relativierungen für die reale Welt vorgenommen, die den Prozeß der Migration in ihrer Struktur wie in ihren Wirkungen als ein vielschichtigeres Phänomen erkennen lassen. Aufgrund der *Komplexität* dieses Prozesses wird dann unter 3.1.3 und 3.2 eine andere Herangehensweise an die Wirkungsanalyse der Abwanderung von Arbeitskräften für das Auswanderungsland gewählt.

a) *Die Wanderungsmotive.* Menschen wandern im oben diskutierten Ansatz ausschließlich aufgrund *realer Einkommensunterschiede.* Die Theorie setzt voraus, daß Menschen an den Ort wandern, an dem sie ihr höchstes Realeinkommen erzielen können, und daß sie dieses Einkommen nach der Migration auch erzielen. Erwartung und Realität weisen in keinem Fall Diskrepanzen auf. Informationen bzw. Informationsbeschaffung sind kostenlos und spielen keine

---

[16] *(...Fortsetzung)*
unbeschäftigter Arbeitskräfte gibt (vgl. Lewis 1954, Kindleberger 1967). Der entscheidende Unterschied zum neoklassischen Modell besteht darin, daß dann vollkommen unproduktive Arbeitskräfte zu produktiven Arbeitskräften werden, während die Arbeitskräfte im neoklassischen Vollbeschäftigungsmodell aus einem Bereich relativ niedriger in einen Bereich relativ hoher Produktivität wandern. Wenn ein Migrant vor der Wanderung vollkommen unproduktiv war, dann verliert das Auswanderungsland durch diese Migration natürlich nichts (vgl. auch 3.1.2).

Rolle [siehe dazu b)]. Die Kosten der Migration bestehen aus dem entgangenen Einkommen am Ausgangsort A und den Ausgaben für die Wanderung von A nach B. Den Nutzen der Wanderung bildet das Arbeitseinkommen am Zielort B. Aber Migration ist ein Prozeß, der ein Leben vollständig verändert. Alle Aspekte, die ein Leben lebenswert oder anstrengend machen, spielen auch bei der Migrationsentscheidung eine Rolle. Dabei können diese Migrationsdeterminanten in verschiedenen Kulturen, in verschiedenen Entwicklungsstufen oder auch bei verschiedenen Menschen derselben Kultur oder Entwicklungsstufe sehr unterschiedlich sein[17]. Obwohl die Migrationsmotive zum Teil auch ganz persönlicher Art sind, muß es eine Grundthese der Migrationsforschung sein, daß bei einer signifikanten Wanderungsbewegung aus einem bestimmten Gebiet in ein anderes bestimmtes Gebiet die Entscheidungskalküle aller oder zumindest der meisten Migranten *gemeinsame Hauptkomponenten* aufweisen. Gäbe es keine systematisch dominanten Wanderungsmotive, so wäre eine Forschung mit der Fragestellung "Warum wandern Menschen?" unmöglich und unnötig.

Es entspricht nun (ganz im Sinne der neoklassischen Theorie) der allgemeinen Erfahrung, daß zumindest in Entwicklungsländern das Einkommen bei der Wanderung eine überragende Rolle spielt[18]. Insbesondere aber in Industrieländern dürften dazu eine Reihe anderer Migrationsmotive von wichtiger Bedeutung sein, vor allem wenn die Lebensqualität nicht mehr allein durch das monetäre Einkommen bestimmt ist[19]. Jedoch auch die Tatsache, daß in Entwicklungsländern ökonomische Wanderungsmotive die entscheidende Rolle spielen, ist nur unvollständig damit beschrieben, daß *Individuen* in dieser Welt versuchen, *ihr* Einkommen zu maximieren. Besonders Stark hat darauf hingewiesen, daß bei Migrationsanalysen für Entwicklungsländer in sehr vielen Fällen die *Familie* der

---

[17]*Vgl. für eine umfassende Auflistung möglicher Wanderungsmotive Bogue (1977: 169) und ausführlich zur Mikroökonomie der Wanderung DaVanzo (1981).*

[18]*Vgl. Adepoju (1984: 442 u. 444): "The growing body of literature on migration both internal and international tends to reach a consensus that economic considerations are of primary importance in the decision to migrate, in that people migrate ultimately to improve their economic well-being."*

[19]*Man sehe sich beispielsweise die Versuche des Ruhrgebiets oder Berlins an, mit großen Kampagnen um Zuwanderer zu werben. Ökonomische Fakten spielen bei der Herausstellung der jeweiligen Qualitäten nur eine untergeordnete Rolle.*

Untersuchungsrahmen sein muß[20]. Im Kontext des Familienverbandes ist Migration nicht ausschließlich eine Strategie der Einkommensmaximierung, sondern vor allem auch ein Prozeß der *Einkommensdiversifikation* und damit der Senkung von Einkommensunsicherheit (vgl. auch 6.2.1).

b) *Der Wanderungsprozeß.* Es ist unter a) schon angedeutet worden, daß die unter 3.1.1 diskutierte Theorie vollständig ohne die Frage der Bedeutung von Informationen, ihrer Akquisition, ihrer Kosten etc. beim Migrationsprozeß auskommt. In dieser simplen Fassung der ökonomischen Theorie der Wanderung ist die Informationsbasis vollständig bzw. die Informationsbeschaffung ist ohne Kosten möglich.

Aber natürlich sind die relevanten Variablen bei einer Migrationsentscheidung mit *Erwartungen* bzw. *subjektiven Wahrscheinlichkeiten* belegt (vgl. DaVanzo 1981). Todaro (1969) hat in einer Erweiterung der ökonomischen Wanderungstheorie zuerst darauf hingewiesen, daß *Erwartungen* und nicht die später tatsächlich eintretenden Ereignisse die Migrationsentscheidung determinieren. Seine Analyse beschäftigte sich mit der Land-Stadt-Wanderung, und sein wesentliches Argument war, daß eine solche Wanderung nicht durch eine sichere Beschäftigung mit einem sicheren Lohn in der Stadt, sondern durch den "*Erwartungslohn*" bestimmt ist[21]. Liegt der Erwartungswert des Einkommens in der Stadt [i.e. Durchschnittslohn in der Stadt x Beschäftigungswahrscheinlichkeit (B); mit B = 1 - Arbeitslosenquote] über dem realen Einkommen auf dem Land, dann wandern Arbeitskräfte vom Land in die Stadt. Bei dem sogenannten Harris-Todaro-Modell (vgl. auch Harris/Todaro 1970) wird zwar im Rahmen eines Gleichgewichtsmodells das Problem von Erwartungen und Informationen angesprochen, dennoch weist das Modell in dieser Hinsicht etliche Schwächen auf. Zunächst einmal gelten auch für dieses erweiterte Modell die unter a) gemachten Bemerkungen bezüglich der Wanderungsmotive. Dazu unterstellt die Theorie ein risikoneutrales Verhalten der Migranten, obwohl ein risikoaverses Verhalten sehr viel wahrscheinlicher ist. Daß Menschen sich gegenüber den unterschiedlichsten Risiken versichern und dies mit den verschiedensten Methoden tun, zeigt, daß sie in aller Regel risikoscheu sind. Darüber hinaus

---

[20]*Vgl. Stark (1978, 1979, 1984a), Stark/Levhari (1982), Stark/Bloom (1985), Lucas/Stark (1985), Stark/Lucas (1987).*

[21]*Das Ziel dieser Analyse war zu erklären, warum es auch bei städtischer Arbeitslosigkeit eine Wanderung vom Land in die Stadt geben kann.*

unterstellt die Theorie, daß der Informationsstand über die Unsicherheit (Einkommen, Beschäftigungswahrscheinlichkeit) vollkommen ist. In bezug auf alle denkbaren Migrationsziele herrscht *vollkommene Sicherheit über die Unsicherheit*. Informationen erhält man aber nicht kostenlos, nie weiß man, ob man alle relevanten Informationen hat, und nur selten kann man angeben, wie verläßlich die Informationen sind[22].

Räumliche Mobilität wird nicht dadurch ausgelöst, daß irgendwo bessere Möglichkeiten bestehen. Die Möglichkeiten müssen erkannt und bewertet werden. Menschen bewegen sich in einer Welt, die sie nur zum allerkleinsten Teil kennen. Sofern sie sich an einen anderen Ort begeben wollen oder einen anderen Ort wahrnehmen, der ihnen "vielleicht" bessere Möglichkeiten in der Zukunft bietet, stehen sie vor einem Informationsproblem. Dazu gibt es andere Probleme, über die sie nachdenken müssen und die ihre beschränkte Zeit in Anspruch nehmen. Die Beschaffung von Informationen verbraucht Ressourcen, die alternativ verwendet werden könnten. So gibt es verschiedene Mechanismen, die Suchprozesse beschränken und die dem Menschen das Informationsproblem erleichtern:

- Es wird angenommen, daß die *Einleitung von Suchprozessen* nach einer neuen Umgebung, also das Denken an eine Wanderung, *Streß* voraussetzt. Der Prozeß der Informationssuche wird damit nicht ständig durchlaufen. Streß ist bei einem Individuum die Folge der Wahrnehmung einer Diskrepanz zwischen den individuellen Erwartungen, Bedürfnissen und Aspirationen und den Gegebenheiten der Umwelt. Bei solchen Streßerscheinungen bestehen dann stets drei Möglichkeiten der Bewältigung: Änderung der Bedürfnisse, Erwartungen, Ziele etc.; Änderung der aktuellen Umwelt; Suchen nach einer neuen Umwelt, das heißt Wanderung (vgl. Brown/Sanders 1981).

    Etwas enger faßt Stark (1984a,b) Migration als Reaktion auf *relative Deprivation* auf. Ein sozialer Abstieg in der Gruppe, zu der sich ein Mensch zugehörig fühlt (Referenzgruppe), wird bei einem Indivi-

---

[22]*Die wohlbekannte Lösung von Stigler, Informationen als ein Gut zu betrachten, das solange produziert wird bis Grenzkosten und Grenznutzen identisch sind [wobei vorausgesetzt wird, daß die Grenzkosten der Informationssuche stetig steigen, wogegen der Grenznutzen der Informationen stetig sinkt (vgl. Goodman 1981: 44)], wurde von Tietzel überzeugend in Frage gestellt. Er argumentiert: "Die 'Produktion' von unbekanntem Wissen stellt **keine** stetige, positiv steigende Funktion der eingesetzten Ressourcenmenge - beispielsweise des Forschungsaufwandes - dar. Dazu wäre die Vorhersagbarkeit bisher unbekannten nomologischen Wissens erforderlich; das aber ist - selbst, wenn unendlich große Informationskosten dafür aufgewendet würden - eine logische Unmöglichkeit, da wir dazu dieses (zukünftige) Wissen ja schon haben müßten" (Tietzel 1985: 19).*

duum oder einer Familie dazu führen, daß es bzw. sie nach Mitteln gegen diese relative Deprivation sucht. Migration kann ein solches Mittel sein[23]. In jedem Fall ist ein Migrant nicht, was die einfache ökonomische Theorie vermutet, "the marginal man juggling with a pocket calculator to compute present values of investment in moves to alternative locations", wie Böhning (1983: 36) es ironisch formulierte. Nicht in jeder Phase seines Lebens sucht der Mensch nach besseren Möglichkeiten, bestimmte Anlässe, verbunden mit Streß bzw. relativer Deprivation, können ihn jedoch dazu treiben.

- Da Informationen nicht kostenlos sind, wird die Suche, um die Kosten gering zu halten, auf eine *Auswahl von Orten* beschränkt, über die die schon Vorinformationen bestehen. Orte außerhalb des Blickfeldes, von denen der potentielle Migrant weiß, daß es sie geben muß, werden bei der Suche nicht "erforscht". Außerdem werden leicht zugängliche Quellen genutzt, wobei "leicht zugänglich" relativ zu verstehen ist. Empirische Untersuchungen zeigen, daß Menschen mit höherer formeller Bildung, also Menschen, denen es in der Regel ökonomisch besser geht als jenen mit relativ niedrigem Bildungsgrad, mehr und bessere Informationsquellen nutzen können und damit bessere Migrationsentscheidungen treffen (vgl. Schwartz 1976, Lipton 1980, DaVanzo 1981). So korreliert dann auch die Größe des Gebiets, in dem potentielle Migranten suchen (und in dem sie es sich leisten können zu wandern), positiv mit dem Grad an formeller Bildung (vgl. Oberai/Singh 1980, Kirwan 1981).

- Die Nähe und Verläßlichkeit der Informationen bzw. das Vertrauen in die Qualität der Informationen lassen *Freunde und Verwandte* zur meistbenutzten *Informationsquelle* werden (vgl. Lipton 1980, Goodman 1981). Wanderung auf ausgetretenen Pfaden ist deshalb ein weitverbreitetes Phänomen. Informationen über den Zielort können überlebensnotwendig für den Migranten sein. Eine andere Migration als die auf bekannten Wegen erweist sich subjektiv in vielen Fällen aufgrund des empfundenen Risikos als unmöglich.

Um die hier vorgetragene Kritik am oben unter 3.1.1 diskutierten simplen Migrationsmodell zusammenzufassen: Informationen sind nicht kostenlos; Wissen ist weder in bezug auf potentielle Zielorte, noch in bezug auf die Bevölkerung in einer Region gleichverteilt; die Akquisition solcher Informationen findet auf eine Weise statt, die nicht zu einer Gleichverteilung führt, weil es einigen Menschen leichter fällt als anderen, Informationen zu sammeln und zu verarbei-

---

[23]*Zur Illustration sei das folgende Beispiel von Stark (1984a: 210f.) zitiert:* "Consider the following situation: In a well-defined reference group - an army regiment or a university faculty - we are promoted from time to time on par with our peers. (...) Assume that one fine day, arriving in a cheerful mood at the officers' or faculty club, we find out that everyone else has been promoted or tenured, but that we were not. In the army one would be likely to put in for an immediate transfer; in academic life - actively seek an offer elsewhere; one becomes **relatively deprived**, resents it, and decides to 'migrate'."

ten; darüber hinaus denken Menschen nicht stets über Migration nach und sind sich oft besserer Möglichkeiten an einem anderen Ort nicht bewußt.

c) *Transfers und Rückwanderung.* Migration beinhaltet sowohl im nationalen wie im internationalen Kontext nicht ausschließlich die "Verlegung" der Arbeitskraft aus dem Ort A in den Ort B. In sehr vielen Fällen entwickeln sich in ökonomischer Hinsicht relevante Kontakte zwischen den beiden Orten.

Es ist evident, daß die "Heimat" für die allermeisten Menschen eine äußerst wichtige Rolle spielt. In vielen Fällen dürfte die Verbundenheit mit einer seit Jahrzehnten vertrauten Umgebung eine hohe Hürde für die Abwanderung darstellen. Es werden nun verschiedene Methoden gewählt, um die Verbindung zum Heimatland aufrechtzuerhalten. Es ist mit Stark (1984a,b) zu vermuten, daß viele Migranten nicht die Gesellschaft des Zielortes, sondern die Gesellschaft des Ausgangsortes als ihre *Referenzgruppe* betrachten. Die eigene soziale und wirtschaftliche Entwicklung wird mit der Entwicklung der Ausgangsgesellschaft verglichen. Um nun einerseits die (immateriellen) Kosten der Trennung von der Heimat zu minimieren, andererseits der Referenzgruppe die eigene Entwicklung zu demonstrieren, halten Migranten Kontakt mit der von ihnen verlassenen Gesellschaft:

- Sofern möglich, wird die Ausgangsregion oft besucht, zu Freunden und Verwandten wird die Verbindung gehalten.

- Oft wird ein Teil des Einkommens aus dem Gastland in die Heimatregion transferiert. Dieser Transfer kann einerseits Teil eines Familienvertrages sein, der in einem ersten Schritt die Migration und damit das höhere Einkommen des Migranten ermöglichte. In einem zweiten Schritt übernimmt nun der Migrant teilweise die Versorgung der Familie. Andererseits mag ein Transfer eine Investition in die eigene Zukunft für eine eventuelle Rückkehr des Migranten sein.

- Insbesondere internationale Migration ist heute weitgehend temporär angelegt. Ein Grund dafür mag in der Unmöglichkeit für die Migranten liegen, sich vollständig und endgültig von ihrer Heimat zu lösen[24]. Migration ist dann vorübergehend und wird unternom-

---

[24] *Dieses Argument muß allerdings kritisch gesehen werden. Sicherlich trifft kaum ein Migrant eine Lebensentscheidung, schon weil bei einer solchen Entscheidung zu große kognitive Dissonanzen aufträten. So wird dann auch von den Advokaten für die Repatriierung von Migranten als Problemlösung wirtschaftlicher Krisen regelmäßig das Argument vorgebracht, daß eine **permanente** Migration vom Migranten nicht **geplant** und vom Gastland nie*
(Fortsetzung...)

men, um die wirtschaftliche und soziale Position am Ausgangsort zu verbessern. Oft wird dabei versucht, eine angestrebte Menge an Kapital zu akkumulieren; solche Migranten werden auch als "target-saver-migrants" bezeichnet. Ein zweiter Grund - und vermutlich oft der wichtigere - liegt in der Einwanderungspolitik der Zielländer der Migration. Eine Arbeitserlaubnis wird in der Regel nur für einen beschränkten Zeitraum vergeben, und bei Rezessionen wird von der Möglichkeit der Nichtverlängerung und faktischen Repatriierung der Migranten (mit unterschiedlicher Rigidität von seiten der einzelnen Einwanderungsländer) Gebrauch gemacht[25].

Das Entscheidende ist, daß Migranten in einer Vielzahl von Fällen in ihre Heimat zurückkehren. Sie tun dies mit Ersparnissen, mit neuen technischen und sozialen Qualifikationen; sie eröffnen Geschäfte oder gehen in Rente, und sie verändern damit das wirtschaftliche Leben ein zweites Mal am Ausgangsort ihrer Migration. Aus- und Rückwanderung sind zwei Seiten *eines* Prozesses. Für die unter 3.1.1 diskutierte Theorie waren die Migranten jedoch ein für allemal aus dem Ausgangsort verschwunden.

d) *Die Selektivität von Migrationsprozessen.* Eine der Annahmen des einfachen ökonomischen Ansatzes besteht darin, daß der Faktor Arbeit homogen ist, das heißt die einzelnen Arbeitskräfte vollständig substituierbar sind. Arbeitskräfte weisen jedoch *unterschiedliche Charakteristika* auf, die von unterschiedlicher Bedeutung für den Entwicklungsprozeß sind. Migration ist im Hinblick auf diese Charakteristika selektiv.

Es ist ein sehr *aktiver Teil* der Arbeitsbevölkerung, der bei internationaler Migration das Land verläßt. Männer im Alter zwischen 20 und 35 Jahren stellen fast überall auf der Welt den Hauptteil der Migranten (vgl. Lipton 1980). Es ist anzunehmen, daß diejenigen, die für Innovationen am ehesten zu begeistern sind bzw. die Modernisierungsprozesse initiieren, auch diejenigen sind, die zuerst

---

[24] *(...Fortsetzung)*
gewünscht war. Man muß aber Menschen wohl zugestehen, daß sich Pläne im Laufe von fünf, zehn oder fünfzehn Jahren ändern können. Vgl. auch Rogers (1978: 8): "... it does turn out that intended and actual duration of stay are not always highly correlated ...".

[25] *Natürlich ist die Repatriierung nicht das erklärte Ziel der Einwanderungsländer. Da Rezessionen heute aber in starkem Maße globaler Natur sind, damit also bei einer Krise kein anderes "Boom-Land" für eine neue Wanderung zur Verfügung steht, läuft die Verweigerung einer neuen Arbeits-und Aufenthaltsgenehmigung meist auf eine Repatriierung hinaus. Vgl. jedoch die Beispiele für eine Weiterwanderung (im Gegensatz zur Rückwanderung) bei Seccombe/Lawless (1985).*

Abwanderung als Problemlösungsmechanismus erkennen. Dies wird von Stahl (1981: 27) deutlich gemacht: "Those unwilling to accept poverty as a permanent reality are an exception in poor countries. Migrants are that exception. It is the young in rural areas who are most susceptible to new ideas which can promote development. It is their actions and attitudes which can motivate others." Und es ist aus diesem Grund auch anzunehmen, daß Migration eine Entwicklung in den Abwanderungsgebieten verhindert oder doch erheblich verzögert und daß sozialer Wandel nicht stattfindet, weil dessen potentiell treibende Kraft die Region verläßt. Selbst wenn diese Arbeitskräfte zum Zeitpunkt der Migration mit ihrem marginalen Produkt entlohnt werden, so kann doch ihre Abwanderung langfristig negative Effekte für die Entwicklung der Abwanderungsregion bedeuten.

Es wurde schon angedeutet, daß Migrationsprozesse auch in bezug auf die Geschlechtsstruktur selektiv sind. Der überragende Teil der Migranten ist bei Binnenwanderung wie bei internationaler Wanderung männlich. Sofern es eine *geschlechtsspezifische Arbeitsteilung* gibt, führt die Abwanderung von Männern zu einer Veränderung des Arbeitseinsatzes und/oder der Produktionsstruktur. Eine solche Umstrukturierung kann zu Lasten der Frauen gehen, wenn diese nach der Abwanderung eines Teils der Männer zusätzliche Aufgaben z.B. in der Landwirtschaft übernehmen müssen.

Auch sind die von den verschiedenen Sektoren einer Volkswirtschaft oder von den verschiedenen Gruppen innerhalb eines Sektors geleisteten Tätigkeiten zumindest kurz- und mittelfristig *nicht* substituierbar. Die konzentrierte Abwanderung aus einem bestimmten Sektor oder von einer bestimmten Gruppe von Arbeitskräften innerhalb eines Sektors kann zu Engpässen für andere Sektoren oder innerhalb des Sektors führen. Durch Abwanderung entstandene Knappheiten im Baubereich haben z.B. über die verminderte Bautätigkeit Auswirkungen auf eine Reihe anderer Sektoren (Zulieferer, Dienstleistungen). Darüber hinaus kann die Abwanderung von qualifizierten Arbeitskräften beispielsweise aus dem Baubereich unmittelbare Auswirkungen auf die Beschäftigungsmöglichkeiten von ungelernten Arbeitskräften in diesem Bereich haben, weil diese ungelernten Arbeitskräfte einer Anleitung durch Facharbeiter bedürfen. Die Verluste für die Ausgangsgesellschaft sind bei solchen *limitationalen Produktionsfunktionen* größer als dies der Lohn des Abwandernden (als angenommenes marginales Produkt) vermuten läßt.

e) *Skalenerträge.* Ebenso kann intramarginale Migration Probleme verursachen, wenn Produktionsfunktionen *steigende Skalenerträge* aufweisen. Unternehmen, die wegen der Abwanderung von Arbeitskräften ihre Größe nicht halten können bzw. nicht in der Lage sind, weiter zu expandieren, verlieren möglicherweise ihre Wettbewerbsfähigkeit. Dies kann insbesondere bei international tätigen Unternehmen ein Problem darstellen (vgl. Stahl 1981).

f) *Die Charakteristika ruraler und urbaner Arbeitsmärkte.* Die neoklassische Wanderungstheorie macht darüber hinaus die Annahme der Vollbeschäftigung, das heißt es gibt keine unfreiwillige Arbeitslosigkeit. Jeder, der zum herrschenden, flexiblen Lohnsatz eine Beschäftigung sucht, findet einen Arbeitsplatz. Sowohl rurale wie urbane Arbeitsmärkte sind jedoch durch andere Charakteristika gekennzeichnet.

Für *rurale Arbeitsmärkte* wird regelmäßig die wohlbekannte These von Lewis (1954) vorgetragen, derzufolge diese Arbeitsmärkte durch einen großen *Arbeitskräfteüberschuß* ("unlimited supply of labour") gekennzeichnet sind. Demnach sind in einer großen Anzahl von Entwicklungsländern zu viele Arbeitskräfte in der Landwirtschaft beschäftigt. Arbeitskräfte können aus diesem Bereich abgezogen werden, *ohne* daß ein Absinken der Produktion zu befürchten ist. Migration hat dann keine Folgen für die Güterversorgung, weil die nicht migrierenden Arbeitskräfte, die selbst unterbeschäftigt waren, nach der Migration die Arbeit der Migranten "übernehmen" können. Das Argument kann Plausibilität für sich beanspruchen, wenn man von Familienbetrieben ausgeht, bei denen Arbeit und Ertrag unter den arbeitsfähigen Familienmitgliedern aufgeteilt werden[26]. Als Pathologie (Lucas) des *urbanen Arbeitsmarktes* wird insbesondere der in einer Vielzahl von Fällen institutionell festgelegte, *nicht marktgerechte Lohn* betrachtet (vgl. Harris/Todaro 1970). Der Grund für die Arbeitslosigkeit ist ein Lohn, der oberhalb des Gleichgewichtslohnes für eine Vollbeschäftigungssituation fixiert wurde (z.B. gesetzliche Mindestlöhne).

Wenn es aber *Arbeitslosigkeit* und *Unterbeschäftigung* gibt, dann können Arbeitskräfte ein Land verlassen, *ohne* daß überhaupt irgendwelche Produk-

---

[26]*Die Unterbeschäftigung kann dann als ein Problem der Zuteilung von Eigentumsrechten interpretiert werden. Vgl. dazu und zu einer ausführlichen Kritik der These von Lewis die Arbeit von Lucas (1977). Überwiegend wird heute in der Literatur zu Entwicklungsländern die These abgelehnt, daß ein großer Teil der Arbeit in ländlichen Gebieten einen Schattenpreis von null hat.*

tionseffekte entstehen. Die verbleibende Bevölkerung im Auswanderungsland würde in ökonomischer Hinsicht sogar besser gestellt, weil im Falle der Migration von Arbeitslosen das gleiche Produkt unter einer kleineren Anzahl von Gesellschaftsmitgliedern aufgeteilt werden könnte. Migration hätte keine Kosten. Voraussetzung ist aber, daß die Migranten entweder *selbst* arbeitslos waren oder sie leicht durch Arbeitslose ersetzt werden können. Für den Fall, daß ein Arbeitsloser erst für den vom Migranten verlassenen Arbeitsplatz ausgebildet werden muß, bilden die Ausbildungskosten und die während dieser Ausbildungszeit entgangene Produktion die Opportunitätskosten der Migration bzw. den Verlust der Ausgangsgesellschaft.

Schon aus den unter den Punkten c) bis f) gemachten Bemerkungen muß geschlossen werden, daß die Abwanderung von Arbeitskräften nur in den seltensten Fällen die Auswirkungen für die Ausgangsgesellschaft hat, die von der unter 3.1.1 diskutierten einfachen neoklassischen Form der Wanderungstheorie konstatiert wurden. Eine auch nur ungefähre Abschätzung der Folgen der Wanderung von Arbeitskräften für die Versorgung der Bevölkerung mit Gütern und Dienstleistungen bedarf einer Analyse der *Produktionsstruktur* im Auswanderungsland, der *Berufsstruktur* der Arbeitsmigranten und der *Struktur der Arbeitsmärkte*, aus denen sie kommen.

g) *Die "Unvollkommenheit" von Kapitalmärkten.* Die größten Anreize für eine Migration haben diejenigen, denen es im Ausgangsort der Migration am schlechtesten geht. Die meisten Migranten aus ländlichen Gebieten beispielsweise werden im Zielland der Migration als ungelernte Arbeiter beschäftigt, wobei der Lohn dann für alle Migranten identisch ist. Der Unterschied zwischen dem Lohn am Ausgangsort und dem Lohn am Zielort ist für diejenigen am größten, die am Ausgangsort am schlechtesten verdienen. Man könnte vermuten, daß diese Menschen als erste abwandern. Es muß jedoch bedacht werden, daß Migration, insbesondere internationale Migration, eine hohe *Anfangsinvestition* (Reisekosten, Lebensunterhalt für die Zeit der Arbeitssuche, Informationsbeschaffung, eventuell Vermittlungsgebühren, Bestechungsgelder etc.) verlangt. In Entwicklungsländern kann diese Anfangsinvestition von den unteren Einkommensschichten oft nicht geleistet werden[27].

---

[27] *Vgl. Lipton (1980: 9) oder auch Stark/Taylor/Yitzhaki (1986: 8), die einen Fall von Migration aus Mexico in die U.S.A. beschreiben:* "... high-paying Mexico-to-U.S. migration opportunities do not appear to be accessible to the poorest ... households."

Obwohl die Wanderung ökonomisch rational wäre, das heißt die Erträge einer Wanderung ihre Kosten überstiegen, und diese Migration von den Individuen gewünscht wird, wird sich keine Finanzinstitution finden, die den Migranten mit dem benötigten Kapital ausstattet. Der Grund hierfür liegt darin, daß Kredite für Investitionen in Humankapital oder zur besseren Nutzung des vorhandenen Humankapitals (Migration setzt in der Regel entsprechende Investitionen voraus) wegen des Verbots der Sklaverei nicht durch ein Pfandrecht auf das "Investitionsobjekt" gesichert werden können (vgl. DaVanzo 1981: 96). Die Behauptung, die Kapitalmärkte seien in dieser Hinsicht unvollkommen (so Rothenberger 1977: 199), ist allerdings irreführend. Bei einer Investition in Migration durch eine Finanzinstitution sind die notwendigen Vertragsinhalte vom Kreditgeber nicht überprüfbar (Reist der Kreditnehmer auch wirklich an den angegebenen Ort? Stellt er seine Chancen auf einen gutbezahlten Arbeitsplatz am Zielort richtig dar? Kümmert er sich - wie abgemacht - um eine Arbeit?). Das Risiko wird für den Kreditgeber unüberschaubar, wenn er nicht (wie beispielsweise eine Familie) in der Lage ist, das Verhalten des Migranten zu steuern.

Wichtig ist für den hier diskutierten Zusammenhang, daß der Migrationsprozeß auch in dieser Hinsicht selektiv ist. Es ist anzunehmen, daß gerade diejenigen Arbeitskräfte, deren Abwanderung in einem Entwicklungsland gesamtwirtschaftlich gesehen am wenigsten gewünscht wird, nämlich qualifizierte Arbeitskräfte, den leichtesten Zugang zu Finanzierungsquellen für eine Abwanderung haben. Dies ist deshalb plausibel, weil diese Gruppe offensichtlich schon den Zugang zu einer Finanzierungsquelle für ihre Ausbildung hatte. Während relativ gut ausgestattete Bevölkerungsschichten in Entwicklungsländern sich eine Migration leisten können, müssen die untersten Einkommensschichten in aller Regel zuhause bleiben (vgl. Lipton 1980, Lucas 1983).

h) *Verzerrte Wechselkurse.* Für den Fall, daß die Wechselkurse zwischen einheimischer Währung und den internationalen Währungen nicht den wahren Wert dieser Fremdwährungen für das Heimatland widerspiegeln, das heißt die heimische Währung *überbewertet* ist, ergeben sich zwei Folgen bei bzw. für die Migration von Arbeitskräften (vgl. Lucas 1983: 97f.):

Angenommen, die Migranten produzierten vor ihrer Migration in ihrem Heimatland international handelbare Güter, so sorgten sie entweder durch ihre Produktion für den Export oder für eine Importsubstitution und damit in beiden Fällen für die Verfügbarkeit von Devisen im Heimatland. Die Abwanderung von

Arbeitskräften aus einem Bereich, in dem international handelbare Produkte hergestellt werden, ändert bei konstantem Konsumniveau, sofern die Arbeitsmigranten nicht ersetzt werden können, die Devisenposition eines Landes. Der Migrant oder sein Arbeitgeber werden das Deviseneinkommen, das durch ihre Produktion erzielt wird, nach dem *offiziellen Wechselkurs* bewerten. Liegt dieser aus irgendeinem Grund unter dem sozialen Wert der Fremdwährungen, so ist der Verlust durch Migration größer als der entgangene Lohn vermuten läßt. Der Migrant wurde vor seiner Wanderung nicht mit seinem sozialen Grenzprodukt entlohnt.

Die zweite mögliche Folge betrifft die Transferneigung der Migranten. Es ist nicht eindeutig, welche Determinanten *genau* die Höhe der Transfers von Migranten in ihre Heimatregion bestimmen. Der Wechselkurs bzw. die Kaufkraft der erwirtschafteten Devisen im Heimatland dürfte bei der Transferentscheidung aber eine wichtige Rolle spielen (vgl. Russell 1986). Ist die Heimatwährung nun überbewertet, das heißt sind die Devisen privat weniger wert als sozial, dann findet entweder ein zu geringer Devisentransfer und/oder eine zu geringe Abwanderung statt (wobei der zweite Fall von nur sehr geringer Bedeutung ist, weil internationale Migration nahezu ausschließlich durch die Nachfrage der Einwanderungsländer bestimmt ist).

Wenn darüber hinaus die Vermutung von Hallwood (1987: 42) richtig ist, daß im Entwicklungsprozeß von Entwicklungsländern Devisen und einheimische Ressourcen *komplementäre Inputs* sind und daß Devisen benötigt werden, um einheimische Ressourcen zu mobilisieren, dann ist der durch einen verzerrten Wechselkurs entstehende Verlust größer, als man zunächst aufgrund der Abweichung des realen Wechselkurses vom Schattenwechselkurs (unter Berücksichtigung der Transferelastizität und der Höhe der Transfers) vermuten könnte. In diesem Falle gibt es nämlich einen "Fremdwährungsmultiplikator", der dafür sorgt, daß jede zugeflossene Deviseneinheit, umgerechnet in die Landeswährung, ein *Vielfaches* des Konsums in der Landeswährung ermöglicht, weil mit den zugeflossenen Devisen interne Ressourcen besser genutzt werden können.

i) *Die Relevanz sozialer Auswirkungen.* Die ökonomische Theorie der Migration vernachlässigt neben den obengenannten ökonomischen Faktoren zusätzlich die *sozialen Auswirkungen* von Migrationsprozessen vollständig. Der Grund dafür dürfte darin liegen, daß eine "rein" ökonomische Analyse sich in den allermeisten Fällen schon als sehr komplex erweist. Die Einbeziehung sozialer Auswirkungen macht den Versuch einer Analyse nochmals ein Stück unüberschaubarer. Trotz der zweifellos bestehenden Schwierigkeiten muß ein eventuell durch Migration induzierter gesellschaftlicher Wandel (Änderung der Rollenverteilung, sich wandelndes Bildungs- oder Konsumverhalten, Einwirkungen von Migration auf politische Prozesse etc.) auch in primär ökonomisch ausgerichteten Arbeiten zumindest grob abgeschätzt werden, weil ein solcher sozialer Wandel natürlich immense Auswirkungen auf die wirtschaftliche Entwicklung haben kann.

Zusammenfassend: Unter den Punkten a) bis i) wurden die Schwächen des davor vorgestellten komparativ-statischen Modells aufgezeigt. Es ergeben sich daraus zwei große Felder der Kritik. Das erste betrifft die *Unvollkommenheiten der Märkte*, mit denen wir es in der realen Welt zu tun haben. Durch die Gegebenheiten wird die Annahme der Entlohnung zum marginalen Produkt, der Vollbeschäftigung oder strikt substitutionaler Produktionsfunktionen unhaltbar. Die aus der zuerst behandelten, einfachen Theorie gewonnene Einsicht, daß das Auswanderungsland bei der Abwanderung von Arbeitskräften zunächst einmal verliert, mag zwar in die richtige Richtung weisen. Diese Erkenntnis ist aber letztlich insgesamt unbrauchbar für eine Migrationspolitik[28] oder die Beantwortung der Frage, ob Migration für das Auswanderungsland entwicklungshemmend oder -fördernd ist.

Die zweite Schwäche des oben beschriebenen komparativ-statischen Modells betrifft seinen statischen Charakter. Migration ist ein *dynamischer Prozeß*, der in sich verschiedene Phasen aufweist. So müssen Transferzahlungen und Rückwanderung als integrale Bestandteile der Migration betrachtet werden. Migration ist ein komplexer Prozeß, der nicht nur eine einfache Reallokation des Faktors Arbeitskraft bedeutet. Durch die Migration induzierte *dynamische Effekte* müssen in eine Wirkungsanalyse einbezogen werden.

3.1.3 Die direkten und indirekten Nutzen- und Kostenkomponenten internationaler Migration

Die Komplexität von Wanderungsprozessen und der Bedingungen, unter denen sie stattfinden, hat nun dazu geführt, daß eine Abwanderung für das Auswan-

---

[28] Oder für die Begründung der These, daß es keiner Migrationspolitik bedarf.

derungsland in der Regel mit einem Konzept analysiert wird, das komplexer als die unter 3.1.1 diskutierte Theorie ist. Die Entwicklungseffekte internationaler Migration werden in empirischen Arbeiten heute meist anhand einer ganzen Reihe von Wirkungen betrachtet. Einige Aspekte dieser Wirkungsanalysen ergaben sich dabei aus theoretischen Betrachtungen, die Bedeutung anderer Aspekte erschloß sich erst in der Forschungspraxis. Im folgenden soll versucht werden, die Wirkungen internationaler Migration für das Auswanderungsland unter Verwendung bisher erstellter Arbeiten zu diesem Thema *zusammenzufassen*. Dabei wird eine Unterteilung in *direkte* und *indirekte Effekte* vorgenommen sowie zwischen *Kosten* und *Nutzen* unterschieden. Dieser Abschnitt beschränkt sich auf die Frage, wie internationale Migration auf die *Versorgung* der Bevölkerung des Auswanderungslandes mit Gütern und Dienstleistungen wirkt. Die Bedeutung der Migration für die *Einkommensverteilung* wird dann im darauf folgenden Abschnitt 3.2 diskutiert.

a) *Die direkten Kosten- und Nutzenkomponenten*
Direkte Effekte der Abwanderung von Arbeitskräften bezeichnen hier die unmittelbaren Auswirkungen der Migration auf die Ausstattung der verbleibenden Bevölkerung (bei Verwendung des Inlandskonzepts) oder der gesamten ursprünglichen Bevölkerung (Nationalkonzept) mit Gütern und Dienstleistungen. Der *Nutzen* der Migration besteht, wenn man das Inlandskonzept zugrundelegt, in den *Transferzahlungen*, zunächst einmal unabhängig davon, wer Empfänger dieser Zahlungen ist oder in welcher Form (Güter/Devisen) sie geleistet werden[29]. Wählt man das Nationalkonzept als Grundlage, dann besteht der Gewinn durch die Migration in den *gesamten Nettoeinnahmen* der Migranten im Gastland (zuzüglich eventueller Sozialleistungen).

Wie die *direkten Kosten* der temporären Abwanderung zu berechnen sind, ruft mitunter Kontroversen und Mißverständnisse hervor. Es soll deshalb im folgenden etwas näher auf diese Problematik eingegangen werden. Ein erster denkbarer Ansatz zur Bestimmung der Kosten internationaler Migration hat seine Wurzeln in der Humankapitaltheorie. Dieser Ansatz begreift eine Ausbildung bzw.

---

[29]*Art der Transfers und ihre Empfänger sind dann von Bedeutung, wenn Verteilungs- oder Wachstumseffekte berücksichtigt werden. Die Verwendung der Transferzahlungen für Grundbedürfnisgüter muß dann höher bewertet werden als die Verwendung für Luxusgüter, der Zufluß an untere Einkommensgruppen höher als der an obere Einkommensgruppen und die Verwendung für Investitionen höher als die Verwendung für Konsum.*

Erziehung allgemein als *Investition*, die zu einem späteren Zeitpunkt Erträge erbringen soll. Dies gilt sowohl in gesamtwirtschaftlicher Hinsicht wie für das individuelle Kalkül. Hätte Bildung tatsächlich diese und nur diese Funktion und existierte ein (im neoklassischen Sinne) vollkommener Arbeitsmarkt, so müßten die individuellen Bildungsinvestitionen zu einem einheitlichen Zinssatz entlohnt werden (dabei wäre Lohn = Zins). Die gesamten Zinszahlungen (gesamter Lohn des Arbeitslebens), abdiskontiert auf den Zeitpunkt der Bildungsinvestitionen, würde mit der Summe der Bildungsinvestitionen übereinstimmen. Der direkte *Verlust* einer Volkswirtschaft durch Migration ließe sich dann über den Betrag des abgewanderten Humankapitals erfassen. Mit anderen Worten: die direkten volkswirtschaftlichen Verluste der Abwanderung eines Menschen bestünden in der *Summe der Bildungsausgaben*, die für ihn aufgewendet wurden (abzüglich der Abschreibungen, die man für das "Veraltern" des Wissens einrechnen muß).

Tatsächlich aber erfüllt Bildung auch andere Funktionen (z.B. emanzipatorische Ziele, Konsumzwecke), und vollkommene Marktstrukturen existieren nicht. Es gilt: "... labor may be capital, but its costs are 'sunk'. The question of whether to raise children for emigration is not open. The young people exist, and we need to apply to them not 'real-cost' but 'opportunity-cost' analysis" (Kindleberger 1967: 99). Der Verlust einer Volkswirtschaft durch internationale Migration wird sinnvollerweise mit dem *Opportunitätskosten-Ansatz* gemessen, wobei die Opportunitätskosten durch die *entgangene Produktion* bestimmt sind. Alternativ zu ihrer Abwanderung hätten die Migranten etwas für die eigene Volkswirtschaft produziert; dieses Produkt entgeht der Ökonomie durch die Migration. Aber wie läßt sich die entgangene Produktion messen? So einleuchtend das Konzept ist, so schwer ist es empirisch umzusetzen. Der Lohn als erfaßbare Größe spiegelt bei unvollkommenen Marktstrukturen nicht zwangsläufig die entgangene Produktion bzw. das marginale Produkt wider. Möglicherweise herrscht Arbeitslosigkeit, aufgrund derer die von den Migranten verlassenen Arbeitsplätze schnell wieder zu besetzen sind. Außerdem ist Arbeit kein homogener Faktor (vgl. 3.1.2). Die Abwanderung von bestimmten Arbeitskräften (z.B. von Facharbeitern) kann Auswirkungen auf die Beschäftigungsmöglichkeiten anderer Arbeitskräfte (z.B. ungelernter Arbeitskräfte) haben, weil deren Arbeitsplätze von der Beschäftigung der Migranten abhängen. Während verschiedene Kosten-Nutzen-Analysen versuchen, die (hypothetischen)

Lohnverzerrungen und die Arbeitslosigkeit einzubeziehen[30] (bei Abwanderung mit Arbeitslosigkeit wird das marginale Produkt eines Arbeitslosen angesetzt), sind die zuletzt erwähnten "Linkage-Effekte" mit dem heute vorhandenen Instrumentarium nicht zu bestimmen.

Die Kosten, die durch die entgangene Produktion entstanden sind, müssen um den Konsumausfall gemindert werden, der infolge der Abwanderung entsteht. Nur der Teil der Produktionsminderung ist ein tatsächlicher Verlust, der *nicht* vom Migranten selbst konsumiert würde[31]. Dabei handelt es sich um den Betrag, der dem Gemeinwesen zugefließen würde (z.B. in Form von Steuern) und um den Teil des verfügbaren Einkommens, mit dem der Migrant den bei einer Migration zurückbleibenden Teil seiner Familie versorgen würde (Unterhalt, Geschenke etc.).

Zusammenfassend: Die direkten Effekte internationaler, temporärer Migration ergeben sich nach dem Inlandskonzept aus den *Transferzahlungen* minus dem *entgangenen Produkt* plus dem *Konsum des Migranten* vor der Migration[32]. Nach dem Nationalkonzept ergibt sich der direkte Effekt aus der Differenz zwischen dem *verfügbaren Einkommen* des Migranten im Gastland und dem *entgangenen Produkt* im Auswanderungsland (jeweils bezogen auf einen einheitlichen Numéraire).

Die direkten Effekte der Abwanderung sind zumindest in ihrer quantitativen Ausprägung nicht zwangsläufig vom Migrationsprozeß vorgegeben. Eine entsprechende *Politik* kann die positiven Effekte unterstützen und den negativen Effekten entgegenwirken. Eine aktive Migrationspolitik könnte beispielsweise darin bestehen, direkt Arbeitskräfte für einen auswärtigen Arbeitsmarkt auszubilden; allein schon über die Anzahl der Migranten können

---

[30]*Vgl. beispielsweise die Arbeiten von Gilani/Khan/Iqbal (1981) oder Ali et al. (1981).*

[31]*Dies ist nur beim Inlandskonzept relevant.*

[32]*Im Extremfall liegt der Konsumausfall des Migranten über seinem marginalen Produkt, und schon aus der Saldierung dieser beiden Komponenten ergibt sich aus der Abwanderung ein positiver Beitrag für die Volkswirtschaft (z.B. bei der Abwanderung von Sozialhilfeempfängern). Es muß betont werden, daß es sich bei einer solchen Betrachtung um die Analyse der rein ökonomischen Effekte der Abwanderung in bezug auf die Versorgung der Bevölkerung mit Gütern und Dienstleistungen handelt. Über die Entwicklung der Wohlfahrt insgesamt kann damit nichts ausgesagt werden.*

natürlich die Transfers erhöht werden. Eine gezielte und flexible *Ausbildungspolitik* könnte darüber hinaus die direkten Kosten der Migration erheblich senken. Im Idealfall vermeidet sie Arbeitskräfteknappheiten bzw. bildet Arbeitskräfte für die Bereiche aus, in denen entstandene Knappheiten volkswirtschaftlich die größten Kosten verursachen. Eine weitere Möglichkeit besteht darin, die *Wechselkurspolitik* so zu gestalten, daß die Migranten einen möglichst großen Teil ihres Einkommens aus dem Gastland in ihr Heimatland transferieren. Eine überbewertete Heimatwährung und ein stark regulierter Devisenmarkt (z.B. durch das Verbot des Haltens von Fremdwährungen) senken die Transferneigung und führen damit zu negativen Wirkungen auf der Makroebene, aber auch zur Senkung der Bedeutung von Devisen für den einzelnen Migranten[33]. Migranten haben stets die Möglichkeit ihre Ersparnisse an mindestens zwei Orten zu halten: im Heimatland und im Gastland. Auch wirken sich unsichere wirtschaftliche Rahmenbedingungen im Heimatland negativ auf die Transferneigung aus.

Sind die Transferzahlungen einmal im Land, so hängen die positiven Effekte wesentlich von der *Verwendung der Transfers* ab. Entscheidend ist, ob die Devisen für Investitionsgüter oder ob sie hauptsächlich für den Konsum verwendet werden. Werden Transferzahlungen ausschließlich für Konsumgüter verwendet, so sind die positiven Effekte der mit der Migration verbundenen Zahlungen nur kurzfristig und für die gesamte Volkswirtschaft sehr beschränkt. Dies gilt vor allem dann, wenn der durch Migration erhöhte Konsum keine Investitionen bei dem nicht migrierten Teil der Bevölkerung hervorruft. Investitionen bei Migranten zu initiieren oder in erfolgversprechende Bahnen zu lenken, kann eine wichtige staatliche Aufgabe sein. Vor allem Informationsdefizite über Marktchancen und Produktions- oder Vermarktungstechniken werden als Gründe dafür genannt, daß Investitionen von zurückkehrenden Migranten nicht oder nur mit geringem Erfolg vorgenommen werden (vgl. Paine 1974, Gunatilleke 1986). So haben die Haushalte, die Transferzahlungen empfangen, zwar möglicherweise Pläne, Investitionen im Produktionsbereich zu tätigen, das große (auch durch Informationsmängel subjektiv wahrgenommene) Risiko in bezug auf die Marktchancen sowie die fehlende Beherrschung bestimmter für den Aufbau eines Unternehmens nötiger Techniken hindern sie jedoch daran. Dieser

---

[33]*Auf der Mikroebene wird zum Transfer von Gütern statt von Devisen übergegangen, die Investitionsquote wird möglicherweise gesenkt, und aufgrund einer verringerten Transferneigung in bezug auf Devisen stehen dem Staat weniger Devisen für Entwicklungsprojekte zur Verfügung.*

Informationsmangel und die fehlenden Management- und Produktionsfertigkeiten können Gegenstand eines kollektiven (nicht zwangsläufig, aber in der Regel staatlichen) Handlungsbedarfs sein. Ziel entsprechender Maßnahmen wäre, die Möglichkeiten der Investitionstätigkeit zu verbessern (z.B. über die Förderung von Produktionsgenossenschaften, Bildungsaktivitäten, Kleingewerbeförderung, Schaffung von Markttransparenz etc.).

b) *Die indirekten Kosten- und Nutzenkomponenten*
Neben der unmittelbaren Erhöhung der Konsummöglichkeiten durch die Transfers und der Senkung der Konsummöglichkeiten durch eine eventuelle Abnahme der Produktion hat temporäre Migration noch eine Reihe indirekter Effekte, die die Wohlfahrt im Auswanderungsland beeinflussen können. Diese indirekten Effekte, die in verschiedenen Arbeiten identifiziert wurden, werden im folgenden jeweils kurz beleuchtet[34]:

zu 3.) Vorausgesetzt, es herrscht Arbeitslosigkeit im Auswanderungsland und Arbeitslose können die von den Migranten verlassenen Arbeitsplätze einnehmen, dann hilft die Migration außer den Migranten[35] noch einer weiteren Gruppe von Menschen. Es wurde unter a) schon gesagt, daß solch eine Situation die direkten Kosten der Migration senken kann. Daneben kann eine Senkung der Arbeitslosigkeit zu einem *Abbau sozialer Spannungen* beispielsweise über die Abnahme der Anzahl der von absoluter Armut betroffenen Menschen im Auswanderungsland führen (vgl. Amin/Awny 1985).

zu 4. und 6.) Die Bedeutung der *Akquisition neuer Fertigkeiten und Kenntnisse*, die eine vorübergehende Tätigkeit im Ausland oft erlaubt, wird unterschiedlich beurteilt. Grundsätzlich müssen in bezug auf einen positiven Entwicklungsbeitrag drei Voraussetzungen bei der Rückkehr des Migranten in das Heimatland gegeben sein (vgl. Paine 1974):

- Es müssen tatsächlich neue Fertigkeiten im Gastland erlernt worden sein;

---

[34] Vgl. Übersicht 1 für eine Zusammenstellung der direkten und der indirekten Effekte. Die Numerierung in diesem Abschnitt folgt der Numerierung in der Übersicht.

[35] Von ihnen kann angenommen werden, daß sie in der Regel richtige und das heißt für sich selbst positive Entscheidungen treffen.

- für die Fertigkeiten muß es einen Bedarf im Heimatland geben;
- die erlernten Fertigkeiten müssen auch tatsächlich nachgefragt und beschäftigt werden.

Nur wenn alle drei Bedingungen erfüllt sind, läßt sich ein positiver Effekt realisieren. Fehlen beispielsweise die zweite und die dritte Voraussetzung, dann können die erlernten Fähigkeiten bei den zurückkehrenden Arbeitsmigranten zur Überbewertung des eigenen Arbeitsangebots, zu überhöhten Lohnforderungen oder zu Frustrationen bei den Migranten und damit zu sozialen Problemen führen (vgl. Behr 1984). Über die direkt verwertbaren Fähigkeiten hinaus eignen sich Migranten zusätzliche, extrafunktionale Fähigkeiten an, die ihnen den Umgang mit der neuen Gesellschafts- und Produktionsform im Gastland ermöglichen. Auch für diese erlernten Fähigkeiten gilt, daß sie sich bei der Rückkehr der Migranten in ihr Heimatland positiv wie negativ auswirken können. Es ist möglich, daß fruchtbare Anregungen oder Konflikte zu einer Modernisierung der Heimatgesellschaft führen (vgl. z.B. Baumgarten 1988), aber ebenso, daß die neuen Erfahrungen zu einer Verfestigung traditioneller Werte und Normen beitragen.

Diesbezüglich interessante Thesen für die *Rolle der Rückkehrer* und das mit ihnen verbundene Innovationspotential hat Stauth (1986a,b) für den hier diskutierten Kontext der innerarabischen Arbeitskräftewanderungen vorgelegt. Er betont für Ägypten die Existenz der Remigranten als einer homogenen sozialen Gruppe mit "... einer spezifisch religiösen Alltagsethik ..., die von den stabilen religiösen Ordnungsvorstellungen der Gastländer geprägt ist ... Der Bezug zum Islam innerhalb dieser neuen ländlichen Schichten wird ein zentrales Instrument der Distinguierung. Diese Form der religiösen Distinguierung zielt dabei nicht auf eine spezifische Heilslehre oder gar auf eine Staatsideologie ab ..., sondern auf bloße Legitimation ihrer Sonderstellung gegenüber dem 'Dorf'" (Stauth 1986a: 8f.). Diese neue soziale Gruppe ist "parasitär, ideologisch, militant" (ebd.: 9) und hat wenig mit dem zu tun, was man sich sonst von Rückwanderern erhofft (Modernisierung durch die Einführung neuer Technologien) oder mitunter von ihnen befürchtet (Entwicklung eines Lumpenproletariats). Solch eine neue soziale Gruppe zeichnet sich durch Unproduktivität und den Konsum von Luxusgütern aus und trägt zur ökonomischen Entwicklung nichts bei. Mit ihrer Betonung traditioneller Werte und ihrem ideologischen Führungsanspruch verhindern die Remigranten möglicherweise sogar Entwicklung auf breiterer

Front. Die Analyse von Stauth legt nahe, auch in anderen Ländern auf die *soziale Bedeutung der Rückwanderer* zu achten.

Um insbesondere die technischen Fähigkeiten der Migranten nutzbar zu machen, bedarf es nach bisherigen Einschätzungen einer gezielten Remigrationspolitik. Die Problematik kann an dieser Stelle nicht weiter behandelt werden[36]. Es sei lediglich angemerkt, daß die erlernten Fähigkeiten ohne strukturelle Veränderungen, das heißt ohne Verbesserung der Rahmenbedingungen nur selten genutzt werden können. Besondere Probleme ergeben sich immer wieder hinsichtlich der Identifizierung von Investitionsprojekten, die unter den Bedingungen der Heimatländer für die zurückkehrenden Migranten erfolgversprechend sind.

zu 7.) Positive Effekte können sich durch Migration ergeben, wenn durch das höhere Pro-Kopf-Einkommen infolge der Transfers und der damit z.B. einhergehenden verbesserten Möglichkeit der Altersversorgung die gewünschte *Zahl der Kinder abnimmt*. Es wird allerdings vermutet, daß nur eine nachhaltige Einkommenssteigerung die Wachstumsrate vermindern kann, während geringe Einkommenserhöhungen eher zu einer Erhöhung des Bevölkerungswachstums beitragen (vgl. Friedlander 1965, Stahl 1981). Entwicklungen in dieser Hinsicht sind damit in beide Richtungen möglich. Daneben kann Migration einen ganz direkten Einfluß auf die Geburtenrate haben. So werden *relativ späte Eheschließungen* und eine verstärkte aktive Geburtenkontrolle in Migrantenhaushalten beobachtet (vgl. Connell et al. 1976). Die diesbezüglichen Folgewirkungen von Migration sind aber wohl vor allem auch durch kulturabhängige Parameter bestimmt und lassen sich in genereller Hinsicht kaum abschätzen.

zu 8.) In den Gastländern der Arbeitsmigranten werden in aller Regel in großem Maße Arbeitskräfte für den Baubereich und/oder gelernte sowie ungelernte Arbeitskräfte für Industrialisierungsprozesse benötigt. Im Kontext der arabischen Arbeitsmigration wanderten auch viele ungelernte Arbeitskräfte, um am Zielort im Dienstleistungsbereich tätig zu sein. Es sind vornehmlich Arbeitskräfte aus "Blue-Collar"-Berufen, die auswandern. Oft sind es auch gerade diese Berufe, die von den Migranten im Gastland ausgeübt werden. Da diese Migranten mit einer erheblich verbesserten Ressourcenausstattung in ihre Heimatländer zurückkehren, ist es möglich, daß sich ihr Image und das *Image* der von ihnen

---

[36]*Vgl. zu dieser Problematik und zu entsprechenden Politikvorschlägen Körner/Werth (1981) und Gunatilleke (1986).*

ausgeübten *"Blue-Collar"-Tätigkeiten verbessern*[37]. Eine solche Hebung des Ansehens der Handarbeit ist für die Entwicklung bzw. den Ausbau einer Industrie in vielen Ländern dringend nötig und daher begrüßenswert[38]. Bei einer Wirkungsanalyse sollte deshalb darauf geachtet werden, ob sich die Einstellung der Migranten oder der übrigen Bevölkerung gegenüber vormals wenig geachteten Tätigkeiten oder Sektoren ändert. Es ist allerdings zu befürchten, daß das Gegenteil der Fall ist. Migranten fühlen sich, das ist oft das Ergebnis von Analysen gewesen, traditionellen Werten und auch sozialen Hierarchien stark verhaftet. Es ist eher zu erwarten, daß sie, wenn es ihnen möglich ist, ihre Tätigkeit verändern werden (z.B. den Maurerberuf aufgeben, um einen eigenen Laden zu eröffnen), anstatt ihrem Berufsstand "zu Ansehen" zu verhelfen. In diese Richtung gehen die Erkenntnisse bisheriger empirischer Studien. Exemplarisch sei hier eine Arbeit über Pakistan zitiert: "... asking overseas Pakistanis what they expected to do on their return showed that the vast majority, i.e. over 60 per cent intended to move into business and trading activities. ... most migrants rather than go back to their original skills would prefer to go into activities where they *do not have to do manual work*" (ILO-ARTEP 1984: 74)[39].

zu 9.) Die Präferenz von Emigranten für die Güter des Heimatlandes kann als *Exportpromotion* wirken. Die Präsenz von Migranten in einem Land kann für die Exporteure des Heimatlandes dieser Migranten die Möglichkeiten eines Einstiegs in einen neuen Markt bieten. Damit könnten sich langfristig die Exportmöglichkeiten des Heimatlandes erhöhen, insbesondere wenn auch die Bevölkerung des Gastlandes Geschmack an den Waren findet, die zunächst nur für die Migranten importiert wurden (vgl. Guisinger 1984). Allerdings ist auch hier eine gegenteilige Entwicklung möglich. Die Migranten haben dann durch die Migration eine besondere Vorliebe für die Güter des Gastlandes (z.B. in europäischen Einwande-

---

[37]*Eine solche Einschätzung traf beispielsweise Addleton (1984: 588) für Pakistan.*

[38]*In vielen Ländern werden Arbeitsplätze in Industrie oder handwerklichen Betrieben insbesondere von qualifizierten Arbeitskräften nur bei erheblichen Lohnunterschieden zu "sitzenden" Tätigkeiten aufgenommen; generell werden letztere angestrebt. Mit diesem Problem hat beispielsweise die Berufsbildung in vielen Entwicklungsländern zu kämpfen. Subjektiv qualifiziert die Studenten bzw. Schüler eine formelle Ausbildung für eine Bürotätigkeit, was dem Ausbildungsziel entgegenläuft und den erhofften Entwicklungsbeitrag ausbleiben läßt.*

[39]*Hervorhebung nicht im Original.*

rungsländern) oder für Importgüter (in den arabischen Erdölstaaten) entwickelt. Solche Güter fragen sie auch in hohem Maße nach der Rückkehr in ihr Heimatland nach, was einen *erhöhten Importbedarf* für das Heimatland bedeutet. Es erscheint zweifelhaft, daß die von Burki (1984: 673f.) in Hinsicht auf die Exportförderung angeführten Verkäufer pakistanischer oder indischer Waren in einigen Vierteln Londons und New Yorks eine große Bedeutung haben. Einige Kilo indischer Gewürze, selbst wenn noch ein paar Bewohner des Gastlandes an ihnen Geschmack finden, machen noch keinen Exportboom.

zu 10.) Die Vorschläge bzw. die Forderungen des jordanischen Kronprinzen Hassan Bin Talal (1984) oder Böhnings (1982, 1984) für eine *Kompensation der Heimatländer* der Arbeitsmigranten für den Verlust an Humankapital sind nicht aufgegriffen bzw. erfüllt worden. Es wurde aber beobachtet, daß die Ursprungsländer der Arbeitsmigration höhere Hilfeleistungen erhielten, die als *kompensatorische Wirtschaftshilfe* interpretiert werden können. So in den Fällen von Pakistan oder Ägypten, deren "liberal emigration policies are appreciated by Middle Eastern countries and are not overlooked in their determination of aid levels ..." (Guisinger 1984: 215). Auch beispielsweise die enge Kooperation zwischen der Bundesrepublik Deutschland und der Türkei ist das Ergebnis intensiver Kontakte infolge der lang andauernder Wanderungen von türkischen Arbeitnehmern zwischen den beiden Ländern.

zu 11. und 12.) Es ist weiter oben gesagt worden, daß Migration in zweierlei Hinsicht selektiv ist (vgl. 3.1.2). Zum einen führt die Selektivität des Migrationsprozesses zur Abwanderung bestimmter Berufsgruppen innerhalb der Arbeitsbevölkerung, zum anderen migriert ein besonders aktiver Teil der Arbeitskräfte. Insbesondere die Konzentration der Wanderung auf bestimmte Berufsgruppen kann zu *Knappheiten* und damit zu *Produktionsengpässen* mit einer Reihe negativer Konsequenzen führen[40]. Diese negativen Folgewirkungen sind äußerst unterschiedlich und müssen von Fall zu Fall neu untersucht und beurteilt werden. Sie hängen vom Muster der Migration und der Struktur des Arbeitsmarktes im Auswanderungsland ab. Sie reichen von *Versorgungsengpässen im medizinischen Bereich* auf den Philippinen bis zur *Verschlechterung der*

---

[40] Vgl. zu den Erfahrungen einiger Länder: Amin/Awny (1985) für Ägypten, Pennisi (1981) für Somalia, Jemen (A.R.), Jemen (P.D.R.), Ägypten und Sudan, Arcinas (1986) für die Philippinen oder Ahmad (1982) für Pakistan.

Qualifikationen von Facharbeitern infolge der konzentrierten Abwanderung von Ausbildern in Pakistan.

Mit entsprechenden Ausbildungsmaßnahmen könnte Knappheiten entgegengewirkt werden. Eine gegen solche Knappheiten oder Qualitätsverschlechterungen gerichtete Politik birgt allerdings eine Reihe von Problemen in sich. Hat ein Land sich einmal entschieden, Auswanderungen zuzulassen, dann kann es auf die Folgen der Arbeitskräftewanderungen und die damit verbundenen Knappheiten nur noch reagieren. Eine aktive Migrationspolitik in dem Sinne, daß die Abwanderung von Arbeitskräften, die in relativ hohem Maße vorhanden sind, gefördert wird, ist deshalb unmöglich, weil internationale Migration zum allergrößten Teil nachfragedeterminiert ist. Um also die negativen Folgen für das Auswanderungsland gering halten zu können, müssen die zukünftigen Abwanderungsraten abgeschätzt und in eine entsprechende Bildungspolitik umgesetzt werden[41]. Zum ersten ist jedoch die Abschätzung zukünftiger Wanderungsströme mit erheblichen Unwägbarkeiten behaftet (vor allem in bezug auf die Arbeitsmigration in die arabischen Erdölstaaten), zum zweiten wird die Dauer der Einrichtung neuer Ausbildungsgänge eher in Jahrzehnten als in Jahren gemessen. Es ist damit einer Bildungspolitik unmöglich, auf alle Arbeitskräfteknappheiten in der Weise zu reagieren, daß stets die benötigten Arbeitskräfte verfügbar sind.

zu 13.) Wenn Arbeit sich zum Kapital bewegt, dann braucht das Kapital diesen Schritt nicht zu tun. Bei Arbeitsmigration wird die Verlagerung von Produktionsstätten in Länder mit großem Arbeitsangebot und mangelhafter Kapitalausstattung unnötig (vgl. Stahl 1981). Im Sinne der Ursprungsländer der Arbeitsmigration wäre jedoch eine *Direktinvestition* vorzuziehen, denn eine solche Investition würde einerseits Multiplikatoreffekte haben, andererseits blieben die sozialen Kosten der Arbeitsmigration (z.B. durch die lange Trennung der Familien) aus.

---

[41]*Natürlich gibt es auch die Möglichkeit, die Auswanderung von Arbeitskräften aus Engpaßbereichen zu verbieten. Grundsätzliche, menschenrechtliche Bedenken, aber auch ganz praktische Probleme sprechen gegen solche Überlegungen. Einen Beruf in den Papieren zu ändern, hat sich bei einer Auswanderungspolitik, die die Auswanderung bestimmter Arbeitskräfte reglementiert, in der Regel als möglich erwiesen. Ein großer administrativer Aufwand blieb dann ohne Wirkung.*

zu 14.) Ein sicherer Devisenstrom in ein Land setzt voraus, daß es seiner Ökonomie gelingt, ihre Einkommensquellen zu diversifizieren. Der Aufbau einer industriellen Basis und das Erreichen einer wirtschaftlichen Diversifikation werden aber durch die Abwanderung wichtiger Arbeitskräfte möglicherweise verhindert. Eine Ökonomie, die in großem Maße von Gastarbeiterüberweisungen abhängt, ist letztlich in derselben Situation wie jeder andere Exporteur, der nur ein Gut anzubieten hat. Die Konzentration auf Migrantenbeschäftigung und die daraus resultierenden Transfers können zu ebensolchen *Fluktuationen der Deviseneinnahmen* führen wie die Abhängigkeit von einem einzigen Rohstoff (vgl. Macmillen 1982, Richards/Martin 1983).

zu 15.) Es wurde schon an anderer Stelle darauf hingewiesen, daß die *Rückwanderung* integraler Bestandteil vieler internationaler Wanderungsbewegungen ist. Vier verschiedene Formen der Rückwanderung lassen sich unterscheiden (vgl. Unger 1983: 95ff.), nämlich

- die *traditionell* bedingte Rückkehr infolge der Ablehnung des Werte- und Normensystems des Gastlandes durch den Migranten,

- die *strukturell* bedingte Rückkehr infolge einer Verschlechterung der Rahmenbedingungen der Arbeitsmigration (z.B. Arbeitslosigkeit im Gastland),

- die *planmäßige* Rückkehr infolge der Erreichung des Migrationszieles sowie

- die durch den *Lebenszyklus* bedingte Rückkehr in das Heimatland (z.B. Eheschließung, Ruhestand o.ä.)[42].

Mit einer je nach Rückwanderungstyp unterschiedlichen Ausprägung bedeutet die Remigration einen neuen ökonomischen *Anpassungsprozeß*. Den ersten machte die Volkswirtschaft nach der Abwanderung durch. Infolge der Migration wurde in den betroffenen Teilbereichen versucht, die entstandenen Knappheiten zu überbrücken bzw. allgemein die Kosten der Migration zu kompensieren. Die Individuen, die Haushalte, die Unternehmen oder die dörflichen Gemeinschaften versuchten, sich mit der neu entstandenen Situation zu "arrangieren". Tritt nun eine Rückwanderung ein, so werden nicht etwa die "alten Löcher" gefüllt,

---

[42] *Die generalisierende Einschätzung von Lipton (1980: 13), Rückwanderer im Migrationsprozeß seien in der Regel "the old, the sick and the unsuccessful", muß im Lichte der verschiedenen Typen der Rückwanderung bzw. der verschiedenen Rückwanderungsmotive relativiert werden.*

sondern die Remigranten treten in das neu entstandene Arrangement und verursachen möglicherweise neue Anpassungskosten. Ein Beispiel hierfür ist die beobachtete Kapitalintensivierung der Landwirtschaft in Pakistan. Durch die Abwanderung von Arbeitskräften in die arabischen Erdölstaaten entstandene Arbeitskräfteknappheiten wurden dort zum Teil durch einen höheren Einsatz von Maschinen kompensiert (vgl. Burki 1980). Eine solche Änderung des Faktoreinsatzes ist bei einer Rückkehr der Arbeitsmigranten nicht ohne Kosten zu revidieren.

Andererseits - darauf ist schon hingewiesen worden - nehmen die Rückwanderer nicht nur die passive Rolle von Arbeitskräften ein, die integriert werden müssen. Die Remigranten bringen in ihr Heimatland neue Erfahrungen mit, die sich auf ihre persönliche Bedürfnisstruktur auswirken. Sie haben in der Regel Erfahrungen mit anderen Produktionstechniken und mit einer anderen Gesellschaft. Außerdem genießen sie im Durchschnitt eine bessere Ressourcenausstattung als die übrige Bevölkerung. Dies macht es wahrscheinlich, daß sich ihre Ansprüche (z.B. in bezug auf Arbeitsplatz und Konsum), ihre Handlungsweisen sowie ihre Produktionsmöglichkeiten signifikant von ihren eigenen vor der Migration sowie von denen des nicht migrierten Teils der Bevölkerung unterscheiden. Auf der ökonomischen Seite gibt es im wesentlichen drei Probleme der Integration der Rückwanderer, nämlich

- das Problem der *produktiven Absorption* der Remigranten auf dem Arbeitsmarkt,

- das Problem des *Erhalts des Lebensstandards* derjenigen Familien, die ihr Einkommen im wesentlichen über Transferzahlungen bezogen, und

- das Problem der *produktiven Nutzung des Kapitals*, das die Migranten mitgebracht haben.

Remigration, die dadurch entstehenden Probleme und eine gegen diese Probleme gerichtete Politik sind Gebiete der Migrationsforschung, die bisher nur sehr unzureichend analysiert wurden[43]. Für eine Remigrationspolitik lassen sich bisher nur sehr grobe Richtungen angeben. Stabile Rahmenbedingungen, sektorale und regionale Förderung von Projekten, die international komparative Vorteile verwerten, und die Intensivierung von Beratungsleistungen ("Technolo-

---

[43] *Vgl. zum Thema Remigration die Überblicksartikel von Gmelch (1980) oder King (1986).*

gietransfer") sind solche bisher identifizierten groben Richtungen (vgl. Körner/Werth 1981, Gunatilleke 1986).

zu 16.) Die Abwesenheit einer signifikanten Zahl von Männern über einen längeren Zeitraum und dadurch entstehende Arbeitskräfteknappheiten können zu einer *Erhöhung der Frauenbeschäftigung* führen. Im Sinne des hier verwandten Konzepts wäre eine solche Erhöhung positiv zu beurteilen, weil durch die verstärkte Frauenbeschäftigung die Produktion von Gütern und Dienstleistungen ausgedehnt würde. Insbesondere ist in diesem Zusammenhang von Bedeutung, ob sich eine höhere Partizipationsrate bei der weiblichen Bevölkerung auch dann hält, wenn die Migranten wieder aus ihrem Gastland zurückkehren.

zu 17.) Daneben gibt es noch Wirkungen, die sich nicht den Kategorien "Kosten" und "Nutzen" zuordnen lassen. Bis auf eine sollen solche Folgen im weiteren nicht interessieren. Diese eine wichtige mögliche Folge betrifft die *verstärkte Urbanisierung* des Auswanderungslandes durch den Prozeß der internationalen Migration. So führt internationale Migration die ländliche Bevölkerung grundsätzlich durch urbane Zentren, weil nur hier nähere Informationen oder Visa erhältlich sind und eine grenzüberschreitende Reise oft in einer großen Stadt (Hafen, Bahnhof, Flughafen) begonnen werden muß. Die sehr oft sowieso schon auf die urbanen Zentren ausgerichtete Binnenwanderung wird dann durch die Möglichkeit internationaler Migration verstärkt (vgl. Birks/Sinclair 1980). Dabei ist die auf die urbanen Zentren ausgerichtete Wanderung meist größer als die Abwanderung ins Ausland. Nicht alle, die mit dem Vorsatz in die Stadt ziehen, einen Arbeitsplatz im Ausland anzunehmen, können auch tatsächlich wandern. Die Bedeutung eines solchen *zweistufigen Migrationsmusters* ist allerdings wesentlich von der Organisation des Wanderungsprozesses abhängig. Wenn Arbeitsmöglichkeiten im Ausland vorwiegend über Makler vermittelt werden (wie beispielsweise in Pakistan oder auf den Philippinen), dann müssen potentielle Migranten aus ländlichen Gebieten zunächst in eine Stadt ziehen. Arbeitskräftevermittler operieren nur in den allerseltensten Fällen außerhalb der urbanen Zentren. Will also jemand die Möglichkeiten internationaler Migration wahrnehmen, so muß er zuerst in eines dieser urbanen Zentren ziehen (vgl. Stahl 1982). Spielen dagegen persönliche Kontakte für eine Arbeitsplatzbeschaffung die dominierende Rolle, gibt es also nur in geringem Maße Arbeitskräftevermittler, so dürfte die Urbanisierungstendenz geringer sein. Die Reise in die Stadt wird bei einem solchen Migrationsmuster in aller Regel erst dann unternommen, wenn eine Arbeitsmöglichkeit bekannt oder der Arbeitsplatz schon vertraglich abgesichert ist und das formelle Verfahren für die Ausreise eingeleitet werden muß (Visum etc.).

Auch *infolge* temporärer Migration wird mitunter eine *Urbanisierungstendenz* beobachtet. Migranten, die einmal ländliche Gebiete verlassen haben, siedeln bei der Rückkehr oft in urbanen Zentren. Dies liegt einerseits daran, daß sie im Gastland meist in einer Stadt beschäftigt waren und dadurch einen *individuellen Urbanisierungsprozeß* durchmachten. Andererseits ist das Qualifikationsprofil nach der Migration bei einem Teil der Migranten so ausgeprägt, daß sie eine adäquate Beschäftigung eher in urbanen Zentren finden.

3.2 Die Auswirkungen internationaler Migration auf die Einkommensverteilung

Guisinger notierte 1984, daß der wichtigste Effekt internationaler Migration die Schaffung einer gleichmäßigeren Einkommensverteilung sein könnte. Auch andere Autoren teilen diese Einschätzung (z.B. Weisbrod 1966). Wenige empirische Arbeiten indizieren, daß es einen wichtigen Zusammenhang zwischen internationaler Migration und der Einkommensverteilung im Auswanderungsland gibt [vgl. einige der Fallstudien in Gunatilleke (1986) oder die Arbeit von Stark/Taylor/Yitzhaki (1986)]. Insgesamt wird die Frage nach der Bedeutung der internationalen Migration für die Einkommensverteilung aber nur selten in Wirkungsanalysen einbezogen. Der folgende Abschnitt wird etwas näher auf diesen Zusammenhang eingehen. Dabei steht zunächst die Bedeutung der Migration für die *funktionale Einkommensverteilung* im Mittelpunkt (3.2.1), danach ihre Effekte auf die *personelle Einkommensverteilung* (3.2.2).

3.2.1 Migration und funktionale Einkommensverteilung

Im Grunde ist im hier diskutierten Zusammenhang eher die Frage von Interesse, welche Bedeutung die internationale Migration für die *personelle Einkommensverteilung* hat. Allerdings kann auch die Entwicklung der *funktionalen Einkommensverteilung* etwas über die Entwicklung der personellen Einkommensverteilung aussagen. Dieser Überlegung liegt die Annahme zugrunde, daß sich die Gesellschaft des Auswanderungslandes - grob gesagt - in Kapitalbesitzer und Arbeitskräfte aufteilt. Die Kapitalbesitzer beziehen ausschließlich oder doch zum allergrößten Teil ihr Einkommen über Profite, das Einkommen der Arbeitnehmer besteht ausschließlich aus Löhnen[44]. Weiterhin wird angenommen, daß der durchschnittliche Kapitalbesitzer in bezug auf die Gesamtbevölkerung ein überdurchschnittliches Einkommen bezieht, während der durchschnittliche Arbeitnehmer ein Einkommen unterhalb des Durchschnitts hat. Auf den Zusammenhang zwischen personeller und funktionaler Einkommensverteilung unter diesen Annahmen wird etwas später zurückzukommen sein.

Einen ersten Hinweis, wie sich die *funktionale Einkommensverteilung* durch internationale Migration verändert, gibt die unter 3.1.1 diskutierte neoklassische Theorie. In dem schon vorgestellten analytischen Rahmen (keine externen Effekte, konstante Skalenerträge, Zwei-Faktoren-Welt, homogene und substituierbare Faktoren, sinkende Grenzproduktivitäten von Arbeit und Kapital sowie Vollbeschäftigung) ist das Ergebnis der diesbezüglichen Entwicklung eindeutig und klar: Sofern, wie oben angenommen, die Migranten kein oder nur relativ wenig Kapital halten, stehen im Auswanderungsland nach der Auswanderung weniger Arbeitskräfte einem identisch gebliebenen Kapitalstock gegenüber. Die Grenzproduktivität der Arbeit steigt, während die des Kapitals sinkt. Da die Faktoren mit ihrem Grenzprodukt entlohnt werden, sinken also die Profite und die Löhne steigen. Dies ist im wesentlichen das Ergebnis von Berry und Soligo (1969), die ihre Analyse (implizit) nach dem *Inlandskonzept* durchführen. Die Veränderung fällt noch stärker zugunsten des Faktors Arbeit aus, wenn man auch die im Ausland Arbeitenden und ihr Einkommen berücksichtigt (Nationalkonzept). Der Effekt wird deshalb noch stärker, weil die Entlohnung der Migranten im Ausland ausschließlich oder doch zum allergrößten Teil auf den Faktor Arbeit entfällt. Wenn sich nun die Arbeitskräfte tendenziell am unteren Ende der Einkommensskala befinden, während die Kapitalbesitzer überdurchschnittlich verdienen, dann führt Migration über die Veränderung der funktionalen Einkommensverteilung zugunsten des Faktors Arbeit zu einer *gleichmäßigeren* personellen Einkommensverteilung, weil sich die Löhne der Arbeitnehmer absolut und relativ erhöhen. Dieses allzu simple neoklassische Modell muß allerdings in einigen wichtigen Punkten korrigiert und sein Ergebnis für die Wirkung von Migration auf die Einkommensverteilung relativiert werden:

a) Die Veränderung der funktionalen (bzw. im Ergebnis der personellen) Einkommensverteilung nach der Abwanderung von Arbeitskräften hängt davon ab, wie

---

[44]*Der Produktionsfaktor Boden und die Bodenbesitzer werden hier vernachlässigt.*

schnell (bzw. ob überhaupt) die abgewanderten Arbeitskräfte ersetzt werden können. Kann jeder Abwandernde sofort ersetzt werden, so bleibt die funktionale Einkommensverteilung im *Inland* (Auswanderungsland) unverändert[45]. Nach dem *Nationalkonzept* verändert sich bei der Abwanderung von Arbeitskräften die Einkommensverteilung (ceteris paribus) *immer* zugunsten des Faktors Arbeit. Im Extremfall, wenn alle emigrierten Arbeitskräfte durch Arbeitslose ersetzt werden können, bleibt die funktionale Einkommensverteilung im Auswanderungsland unverändert. Da die Migranten im Ausland aber ein Einkommen aus unselbständiger Arbeit beziehen, erhöht sich nach dem *Nationalkonzept* der Anteil des Einkommens aus Arbeit am gesamten Faktoreinkommen zwangsläufig.

Zumindest kurz- und mittelfristig ist die getroffene Annahme der Homogenität der Arbeitskräfte allerdings unrealistisch. Es muß dagegen die Existenz eines segmentierten Arbeitsmarktes mit nicht-konkurrierenden Gruppen angenommen werden. Im Falle segmentierter Arbeitsmärkte sind die Wirkungen der Migration für die verschiedenen Gruppen von Arbeitskräften unterschiedlich und hängen davon ab, welche Arbeitskräfte abwandern und wie elastisch das Arbeitsangebot für die einzelnen Segmente des Arbeitsmarktes ist. Die Löhne steigen in den Segmenten am stärksten, in denen die Abwanderung relativ groß und die Elastizität des Arbeitsangebots vergleichsweise gering ist. Die Lohnerhöhungen betreffen dann *nicht* alle Arbeitskräfte, sondern nur *einen Teil.*

b) Es wurde mit der "Segmentationsthese" schon angedeutet, daß die Annahme der Substituierbarkeit eine in bezug auf Kapital wie in bezug auf Arbeit kritische Annahme ist. Weder macht man aus einer Herz-Lungen-Maschine einen Zementmischer, noch aus einem Schreiner in kurzer Zeit einen Gehirnchirurgen[46], noch ersetzt die Axt letztlich den Zimmermann. Die Komplementarität der Produktionsfaktoren kann bei der Abwanderung von Arbeitskräften nun einerseits zur *Unterbeschäftigung* von Kapital führen. Das Röntgengerät kann eben nicht bedient werden, wenn das medizinische Personal das Land verlassen hat. Die Abwanderung insbesondere qualifizierter Arbeitskräfte kann andererseits auch die Arbeitslosigkeit von vorher Beschäftigten bedeuten. Ungelernte Arbeiter können ohne die Anleitung von Facharbeitern ein Bauvorhaben nicht

---

[45]*Allerdings wird sich die personelle Einkommensverteilung ändern, weil Familien, die vor der Migration ohne Einkommen waren, nun ein Einkommen beziehen.*

[46]*Vgl. das schöne Beispiel bei Lucas (1983).*

durchführen und werden in der Folge der Abwanderung der qualifizierten Arbeitskräfte arbeitslos. Anpassungsprozesse in dieser Hinsicht benötigen Zeit. Die *Unterbeschäftigung* von Arbeitskräften und/oder Kapital senkt das Einkommen insgesamt, und die Folge einer gleichmäßigeren Einkommensverteilung fällt eventuell schwächer aus oder ganz weg.

c) Internationale Migration ist ein Prozeß, der nicht nur Arbeitskräfte von einem Nationalstaat in einen zweiten führt, sondern diese Migration ist mit einer Reihe von Folgeprozessen verbunden, die für das hier angesprochene Problem von Belang sind. So sind *Transferzahlungen* aus dem Zielland der Migration in das Heimatland regelmäßig Bestandteil bzw. Folge insbesondere temporärer Migration (vgl. 3.1.3). Diese Transfers beeinflussen nun wiederum die Einkommensverteilung. Die diesbezügliche Veränderung der funktionalen Einkommensverteilung ist davon abhängig, wie diese Transfers verwendet werden. Wird ein Teil der Ressourcen investiert, dann wird der Kapitalstock größer, und die Verzinsung des Kapitals müßte (ceteris paribus) sinken. Spätestens hier aber muß dann zwischen personeller und funktionaler Einkommensverteilung strikt unterschieden werden, denn bei der Investition eines Teils des Einkommens aus unselbständiger Arbeit werden Arbeitnehmer (auch) Kapitalbesitzer. Sie beziehen neben ihrem Lohn auch ein Profiteinkommen.

d) Ein weiteres Argument für die Veränderung der funktionalen Einkommensverteilung wurde aus empirischen Beobachtungen gewonnen. Migration kann durch höhere Einkommen und relativ späte Eheschließungen zu einer verminderten Zahl von Kindern führen (vgl. 3.1.3). Dies kann *langfristig* zu einem Absinken des Arbeitsangebots führen. Dies würde den Druck vom Arbeitsmarkt nehmen und zu einer Verschiebung des Einkommens zugunsten der Arbeitskräfte beitragen.

Wie immer die von Abwanderung betroffenen Arbeitsmärkte nun aussehen, *nichts* deutet darauf hin, daß die Migration von Arbeitskräften sich negativ (in bezug auf die Entlohnung) für die verbleibenden Arbeitskräfte insgesamt auswirkt. Dies bedeutet nicht, daß nicht einzelne Mitglieder einer Ökonomie eventuell unter den Strukturveränderungen leiden müssen. *Zusammenfassend* kann jedoch geschlossen werden, daß internationale Migration tendenziell zu einer *Veränderung der funktionalen Einkommensverteilung zugunsten des Produktionsfaktors Arbeit* führt. In welchem Maße das allerdings der Fall ist, hängt von der

Struktur des Arbeitsmarktes, von der Struktur der Produktion sowie vom Migrationsprozeß ab.

3.2.2 Migration und personelle Einkommensverteilung

Wenn also die Profitempfänger am oberen Ende der Einkommensskala stehen, dann führt internationale Migration über die Veränderung der funktionalen Einkommensverteilung auf zweifache Weise zu einer *gleichmäßigeren personellen* Einkommensverteilung im Ausgangsland der Migration. Im Inland wird zum einen das - allerdings sinkende - Produkt zugunsten des Faktors Arbeit umverteilt. Zusätzlich erhöht sich das Einkommen des Faktors Arbeit durch die Löhne, die die abgewanderten Arbeitskräfte im Ausland erhalten. Diese Ergebnisse des ersten Abschnitts sind zwar sehr nützlich, letztlich aber vermitteln sie ein noch unvollständiges Bild von der Beziehung zwischen internationaler Migration und der Einkommensverteilung im Auswanderungsland. Im folgenden wird der Frage nachgegangen, ob es noch weitere Hinweise auf die Wirkung von Migration auf die personelle Einkommensverteilung gibt.

Es ist schon gesagt worden, daß die Annahme der Homogenität des Faktors Arbeit unrealistisch erscheint und daß es im hier diskutierten Kontext einen *segmentierten Arbeitsmarkt* mit nicht konkurrierenden Gruppen gibt. Nun ist es auf der einen Seite wahrscheinlich, daß eine Auswanderung nicht alle Gruppen von Arbeitskräften im gleichen Maße betrifft. Internationale Migration ist heute durchgehend nachfragedeterminiert, und in aller Regel richtet sich die Nachfrage an ganz *bestimmte* Gruppen von Arbeitskräften. Welche Gruppen stark nachgefragt werden, hängt vom Entwicklungsstand, von den Entwicklungsplänen, von der Struktur der Arbeitsbevölkerung usw. im jeweiligen Einwanderungsland ab. Dazu kommt, daß die Elastizitäten des Arbeitsangebots bei den unterschiedlichen Segmenten des Arbeitsmarktes stark voneinander abweichen können. Man macht eben, um bei dem obigen Beispiel zu bleiben, aus einem Schreiner nicht in kurzer Zeit einen Gehirnchirurgen, wohl aber können auf den Arbeitsmarkt innerhalb kürzerer Zeit in der Regel neue ungelernte Arbeitskräfte treten.

Die Erfahrung verschiedener Länder zeigt, daß hochqualifizierte Arbeitskräfte aus dem Bau- und Erziehungssektor am *relativ* stärksten nachgefragt werden und abwandern[47]. Es ist anzunehmen, daß die höher und hochqualifizierten Arbeitskräfte aus solchen Sektoren nicht einen Lohn am unteren Ende der Einkommensskala beziehen. Dort sind eher die ungelernten Arbeitskräfte zu vermuten. Wenn nun aber in stärkerem Maße die Gruppe der qualifizierten Arbeitskräfte für einige Zeit das Land verläßt und die im Land verbleibenden Arbeitskräfte die Abgewanderten nur schwer oder gar nicht ersetzen können, dann werden sich gerade für die qualifizierten Arbeitskräfte die Löhne am stärksten durch Migration erhöhen, und der *Abstand* zwischen den Einkommen gelernter und ungelernter Arbeitskräfte wird größer.

Migration ist ein selektiver Prozeß. Das durch diesen Prozeß geschaffene Mehreinkommen ist damit *nicht* gleichverteilt. Es ist sogar anzunehmen, daß genau diejenigen Arbeitskräfte, deren Abwanderung aus Gründen der Effizienz und der Verteilung im Ausgangsland der Wanderung am wünschenswertesten[48] wäre, nicht oder nur in unterproportionalem Maße wandern. Es gibt eine Reihe weiterer Hinweise darauf, daß Migration auch in anderer Hinsicht selektiv ist:

a) Der Prozeß der Migration birgt ein *Informationsproblem* in sich. Vor seiner Migration muß ein Wandernder sich über den Zustand seiner neuen Umwelt im klaren sein. Untersuchungen zeigen, daß um so mehr und bessere Informationsquellen genutzt werden können, je höher der formelle Bildungsgrad eines Menschen ist (vgl. 3.1.2). Die besseren und gewinnbringenderen Migrationsentscheidungen werden deshalb tendenziell von denjenigen getroffen, die relativ hohe Einkommen haben (vorausgesetzt, ein höheres Bildungsniveau ist ein Indikator für einen höheren Lebensstandard).

b) Das Informationsproblem hat noch einen weiteren Aspekt. Die Nähe und die Verläßlichkeit von Informationen lassen Freunde und Verwandte zur meistbenutzten Informationsquelle werden. Die daraus folgende Wanderung auf ausgetretenen Pfaden ist ein wohlbekanntes Phänomen (vgl. 3.1.2). Wichtiger in dem hier behandelten Zusammenhang ist die Konzentration der Wanderung auf Familien oder Dörfer. Es ist nicht ungewöhnlich, daß zwei Dörfer, die räumlich

---

[47] *Dabei können natürlich die ungelernten Arbeitskräfte die absolut größte Gruppe stellen.*

[48] *Implizit wird hier das Ziel der Gleichverteilung bzw. einer gleichmäßigeren Verteilung der Einkommen zur Grundlage gemacht. Ein Ziel, das bei all der Problematik in der Diskussion um eine "gerechte" Einkommensverteilung am sinnvollsten erscheint.*

nicht weit voneinander entfernt sind und ganz ähnliche wirtschaftliche Charakteristika aufweisen, sehr unterschiedliche Migrationsraten haben (vgl. Stark/Taylor/Yitzhaki 1986). Ein wichtiger Grund mag in der Akquisition und Verarbeitung von Information liegen. Wenn sich aber die Migration und das damit verbundene höhere Einkommen auf bestimmte Wirtschaftseinheiten (z.B. Familien) *konzentrieren*, dann ist mit einer gleichmäßigeren Einkommensverteilung als Folge der Migration *nicht* zu rechnen.

d) Migration, insbesondere internationale Migration, bedarf in aller Regel einer hohen *Anfangsinvestition* (für Reisekosten, Kosten des Lebensunterhalts während der Arbeitssuche, Kosten für die Informationsbeschaffung, Kosten für die Besorgung eines Visums, Bestechungsgelder etc.). In Entwicklungsländern kann diese Anfangsinvestition gerade von den ärmsten Bevölkerungsschichten nicht getragen werden. Ihnen bleiben die Möglichkeiten der Migration und der damit verbundenen Einkommenserhöhung verwehrt.

Zusammenfassend: Sowohl vom Prozeß der Migration her als auch von den Charakteristika der Wandernden selbst, ist Migration selektiv. Diese Selektivität spricht gegen die These, daß internationale Migration zu einer gleichmäßigeren Einkommensverteilung innerhalb der Gesamtgesellschaft führt. Während damit insgesamt anzunehmen ist, daß internationale Migration die funktionale Einkommensverteilung in einer Weise verändert, die zu einer *gleichmäßigeren* personellen Einkommensverteilung beiträgt, deuten die Charakteristika der Migranten auf eine andere Entwicklung hin. Die Selektivität des Migrationsprozesses dürfte eher dazu führen, daß diejenigen wandern können, die ein relativ hohes Einkommen haben, und damit dürfte diese Selektivität in Richtung auf eine *ungleichmäßigere* Einkommensverteilung wirken. Die *Beurteilung* der Bedeutung von internationaler Migration für die Einkommensverteilung insgesamt erweist sich als ein komplexes Problem, bei dem auf verschiedene Aspekte zu achten ist, nämlich auf

- die Einkommen der Migranten im Ausland bzw. die Transferzahlungen,

- die Erhöhung der Löhne und die Entwicklung der Profite im Auswanderungsland,

- die sektorale Aufteilung der Migranten und die daraus folgenden sektoralen Lohnerhöhungen sowie

- die Verteilung der Abwanderung auf verschiedene gesellschaftliche Einkommensgruppen.

Da die Abwanderung von Arbeitskräften in bezug auf die Entwicklung der Einkommensverteilung Effekte *sowohl* in Richtung auf eine gleichmäßigere Einkommensverteilung *als auch* in Richtung auf eine ungleichmäßigere Einkommensverteilung hat, läßt sich a priori nicht angeben, in welche Richtung der Gesamteffekt geht. Es gibt damit *keinen Grund* anzunehmen, was oft getan wird, daß internationale Migration in aller Regel zu einer ungleichmäßigeren Einkommensverteilung führt[49].

---

[49]*Solche negativen Einschätzungen werden z.B. von Lipton (1980), Tapinos (1981) oder Macmillen (1982) vertreten.*

Übersicht 1: Potentielle Kosten- und Nutzenkomponenten bei temporärer Migration für das Auswanderungsland

	Nutzen	Kosten
d i r e k t	1.a) Transferzahlungen (in Form von Gütern oder Devisen) -INLANDSKONZEPT- b) Einkommen des Migranten im Ausland -NATIONALKONZEPT- 2. Konsumausfall des Migranten (Erhöhung der verfügbaren Ressourcen für die restliche Volkswirtschaft) - nur bei INLANDSKONZEPT -	Produktionsausfall (marginales Produkt des Migranten)
i n d i r e k t	3. Höherer Pro-Kopf-Output und soziale Entspannung durch sinkende Arbeitslosigkeit 4. Adaption produktiver Fertigkeiten im Gastland 5. Gleichmäßigere Einkommensverteilung durch allgemeine Lohnerhöhung und Senkung der Profitquote/Senkung der absoluten Armut (a) 6. Erhöhte Innovationsbereitschaft der Rückkehrer 7. Geburtenrückgang durch höheres Einkommen und späte Heirat	Adaption von im Heimatland unbrauchbaren Qualifikationen mit der Folge von Frustrationen Ungleichmäßigere Verteilung bei einer Abwanderung von relativ besser gestellten Arbeitskräften (a) Rückkehrer als traditionelle, Fortschritt verhindernde Gesellschaftsmitglieder Erhöhung der Geburtenquote, weil das höhere Einkommen die Versorgung der angestrebten Kinderzahl erlaubt

(a) Angenommen wird das Ziel einer Gleichverteilung. Andernfalls müssen die Auswirkungen der Migration auf die Einkommensverteilung außerhalb dieses Kosten-Nutzen-Schemas betrachtet werden.

(Fortsetzung...)

Fortsetzung Übersicht 1

		Nutzen	Kosten
	8.	Erhöhung des Images von "Blue-Collar-Jobs"	Verfestigung traditioneller Werte und traditioneller Hierarchien
	9.	Exportpromotion durch im Ausland lebende Staatsbürger, die heimische Güter nachfragen	Änderung der Konsumgewohnheiten mit der Folge des späteren Importbedarfs für die Güter des Gastlands
i n d i r e k t	10.	Erhöhung der Wirtschaftshilfe (kompensatorisch)	
	11.		Abwanderung dynamischer Arbeitskräfte
	12.		Engpaßbildung durch die Abwanderung von Arbeitskräften aus bestimmten Sektoren oder bestimmten Qualifikationsstufen
	13.		Verhinderung von Ausländerinvestitionen
	14.		Gesamtwirtschaftliche Unsicherheit bzgl. Dauer und Höhe der Zahlungsströme
	15.		Anpassungsprobleme bei Rückwanderung
	16.	Erhöhung der Partizipationsrate bei Frauen	
	17.	Verstärkte Tendenz der Urbanisierung durch internationale Migration	

3.3 Das Problem der Bewertung internationaler Migration

Die Bewertung internationaler Migration ist nach dem zuerst diskutierten, simplen ökonomischen Modell (vgl. 3.1.1) sehr einfach. Das Durchschnittsprodukt bzw. das *Durchschnittseinkommen*, das den Maßstab der Bewertung bildet[50], entwickelt sich zumindest beim *Inlandskonzept* in eine eindeutige Richtung. Infolge der Migration steigen die Löhne, während die Profite sinken. Insgesamt aber können die Gewinne der Arbeitskräfte die Verluste der Kapitalbesitzer nicht aufwiegen, wenn man unterstellt, daß die Arbeitskräfte kein Kapital besitzen und keine Überweisungen in ihr Heimatland leisten. Das Durchschnittsprodukt sinkt, der Wohlfahrtseffekt ist damit negativ. Positiv ist er, wenn man die Wirkungen der Wanderung auf der Grundlage des *Globalkonzepts* bewertet, weil die Gewinne des Einwanderungslandes größer sind als die Verluste des Auswanderunglandes[51]. Betrachtet man die Abwanderung von Arbeitskräften mit Hilfe des *Nationalkonzepts*, so ist die Richtung der Entwicklung nicht eindeutig. Nur unter äußerst ungünstigen Umständen ist hier allerdings mit einem Sinken des Durchschnittsprodukts zu rechnen.

Bei dem Versuch, die Wirkungsanalyse etwas realistischer zu gestalten (vgl. 3.1.2, 3.1.3 und 3.2), ergab sich eine Vielzahl von Folgen. Diese Folgen können nun nicht mehr in monetären Größen quantifiziert bzw. allgemein in einem einheitlichen Numéraire ausgedrückt werden. Es wird bei der Betrachtung von Übersicht 1 unmittelbar deutlich, daß sämtliche angeführten Aspekte nicht in ein "Endergebnis" münden können, weil eine Bewertungsgrundlage, die eine Zusammenfassung der Nutzen- und Kostenkomponenten erlaubt, fehlt. Die Gewichtung der einzelnen Ergebnisse der Wirkungsanalyse und ihre Zusammenfassung zu einer *Bewertung der Migration* kann nur auf der Grundlage erklärter Entwicklungsziele und damit politischer Zielvorstellungen geschehen[52]. Dabei dürfte es

---

[50]*Das Durchschnittseinkommen bildet deshalb das Kriterium, weil an der Entwicklung des Durchschnittseinkommens abgelesen werden kann, ob alle Individuen infolge von Migration besser gestellt werden* **könnten**.

[51]*Vgl. für einen Versuch der Berechnung der globalen Gewinne bei einer hypothetischen vollständigen Wanderungsfreiheit den Artikel von Hamilton/Whalley (1984).*

[52]*So auch Stahl (1981: 39): "Many of the benefits and costs (der Migration) cannot be measured directly in money terms. Their valuation requires an explicit statement of national development objectives and the planning parameters pertaining to those objectives."*

sehr schwer fallen, alle Effekte zu quantifizieren und mit einer Gewichtung ihre jeweilige relative Bedeutung festzuschreiben.

Die Bewertung internationaler Migration erweist sich bei der Vielzahl der Folgen und bei der Unklarheit gesellschaftlicher Präferenzen als ein äußerst komplexes Problem. Es scheint, daß die Bewertungen internationaler Migration, die sehr oft auch in generalisierender Weise negativ ausfallen[53], den Prädispositionen von Migrationsforschern entspringen, einer theoretischen oder empirischen Grundlage aber entbehren. Es gibt keinen Grund, von vornherein anzunehmen, daß bei internationaler Migration die Kosten für das Auswanderungsland größer sind als der Nutzen. Und zumindest eine Tatsache sollte in Hinsicht auf die Bewertung von Migrationsprozessen zu denken geben: Was immer Forscher über die Kosten der Abwanderung von Arbeitskräften sagen mögen, die Regime der Auswanderungsländer unter den Entwicklungsländern greifen in aller Regel und unabhängig von ihrer politischen Ausrichtung nicht in den Abwanderungsprozeß ein (vgl. Weiner 1982: 26). Dies läßt darauf schließen, daß in den Auswanderungsländern die Abwanderung und ihr Entwicklungsbeitrag tendenziell positiv beurteilt werden.

Weil die Bewertung der Migration grundsätzlich offen bleiben muß und eine intensive Analyse des jeweiligen Falls voraussetzt, gibt es auch keine Basis für eine Forderung nach der *grundsätzlichen Kompensierung* der Auswanderungsländer bei der internationalen Wanderung von Arbeitskräften. Die vom jordanischen Kronprinzen Hassan Bin Talal 1977 vorgeschlagene "International Labour Compensatory Facility" (ILCF)[54], die die Auswanderungsländer für die durch Migration entstandenen Verluste entschädigen soll [und die grundsätzlich z.B. auch von Böhning (1982, 1984) gefordert wird], entbehrt im Lichte der hier vorgetragenen Argumentation einer Begründung. Es steht nicht von vorne herein fest, daß das Auswanderungsland bei internationaler Migration einen Verlust erleidet.

---

[53] *Negative Wirkungen internationaler Wanderung werden generalisierend z.B. von Socknat (1979), Tapinos (1981), Böhning (1982) und Macmillen (1982) konstatiert.*

[54] *Die relevanten Teile seiner diesbezüglichen Rede vor der Internationalen Arbeitskonferenz (Genf, 1977) sind bei Böhning (1982: 6f.) wiedergegeben.*

4. Zusammenfassung Teil I: Die Herangehensweise an Länderstudien

In den vorangegangenen drei Kapiteln dieses ersten Teils sind die Grundlagen für Wirkungsanalysen von Migrationsprozessen für das Auswanderungsland diskutiert worden. Aus dieser Diskussion ergeben sich eine Reihe von Hinweisen für die Herangehensweise an Länderstudien, von denen drei hier nochmals hervorgehoben werden sollen:

a) Eine Länderstudie über die Wirkungen eines wirtschaftlichen Phänomens beinhaltet normalerweise eine fest umrissene Bevölkerung, auf die letztlich die Analyse bezogen ist. Die "Wohlfahrt eines Landes" zu untersuchen, ist ein sinnloses Unternehmen, wenn dabei nicht die Wohlfahrt von Individuen analysiert wird. Und wenn der genannte Ausdruck "Wohlfahrt eines Landes" gewählt wird, dann geht es stets *implizit* um die vorhandene Bevölkerung. Eine Länderstudie über internationale Migration wirft nun deshalb ein Problem auf, weil Individuen ihren Lebensmittelpunkt permanent oder temporär von einem Land in ein anderes verlegen. Deshalb muß vor einer Länderstudie eine *Abgrenzung der Untersuchungseinheit* vorgenommen werden. Bei einer solchen Abgrenzung gilt es insbesondere zu entscheiden, ob die Migranten in die Wohlfahrtsanalyse einbezogen werden sollen oder nicht. Der in der vorliegenden Arbeit diesbezüglich gemachte Vorschlag lautet, daß sie dann einbezogen werden sollen, wenn sie nur temporär abgewandert sind, nicht aber, wenn sie für immer ihre Heimat verlassen haben. Bleibt die Frage der Abgrenzung ungeklärt, so können irreführende und im Ergebnis falsche Wirkungsanalysen die Folge sein. Dies ist z.B. bei Kirwan und Holden (1986) der Fall, die einen Wohlfahrtsverlust *durch* Migration und Transfers auch bei konstantem Volkseinkommen für das Auswanderungsland konstatieren, weil sich die Produktionsstruktur verändert. Dieses bei einer makrotheoretischen Analyse erzielte Ergebnis kommt dadurch zustande, daß *implizit* bei der Makrobetrachtung die Bevölkerung konstant gehalten wird, obwohl sie durch die Migration natürlich sinkt.

Es kann bei temporärer Migration mitunter problematisch sein, die Wohlfahrt der Migranten zu analysieren, weil Daten in bezug auf diese Bevölkerungsgruppe im Einwanderungsland oft nicht vorhanden sind. Dieses Problem ist dann nicht von überragender Bedeutung, wenn man annehmen darf, daß es den Migranten im Durchschnitt durch die Migration besser geht und sich deshalb lediglich die Frage stellt, ob dies auch für die verbliebene Bevölkerung im

Auswanderungsland gilt. Es muß dann nur stets bedacht werden, daß sich durch die Migration die Bevölkerung im Auswanderungsland *verkleinert* hat.

b) Die Grundlagen der Wirkungsanalysen von Auswanderungsprozessen bieten beim heutigen Stand der Migrationsforschung nicht mehr als einen *konzeptionellen Rahmen.* Verschiedene Folgen der Migration sind bisher als Ergebnis theoretischer Überlegungen oder empirischer Studien identifiziert worden. Von diesen Folgen kann man erwarten, daß sie auch bei einem neu zu analysierenden Fall temporärer Abwanderung von Bedeutung sind. Soll eine Wirkungsanalyse der Abwanderung für ein Land vorgenommen werden, so müssen die bisher identifizierten Konsequenzen internationaler Migration daraufhin überprüft werden, ob und in welchem Maße sie für den vorliegenden Fall relevant sind. Dabei kann der bisher entstandene konzeptionelle Rahmen nicht mehr als einen vorläufigen Charakter haben. Es gibt *keinen* Grund anzunehmen, daß die bisher beobachteten Folgen internationaler Migration (vgl. Übersicht 1) die Konsequenzen dieses Prozesses im Hinblick auf die Entwicklung eines Landes *vollständig* beschreiben. Jede Wirkungsanalyse muß deshalb einerseits die "traditionellen" Folgen der Wanderung betrachten, sie sollte andererseits aber stets um einen offenen Suchprozeß bemüht sein. Allerdings kann es nicht ausbleiben, daß eine Arbeit bestimmte Schwerpunkte setzt. Diese werden in der vorliegenden theoretischen wie auch in der folgenden empirischen Analyse auf die Diskussion der ökonomischen Wirkungen von Wanderungsprozessen gelegt, auch wenn die Arbeit darum bemüht ist, über die traditionellen ökonomischen Kategorien hinauszugehen und die *sozioökonomische* Bedeutung der temporären Abwanderung von Arbeitskräften zu erfassen.

c) Aufgrund der Vielzahl der Folgen und des Fehlens eines praktisch anwendbaren allgemeinen Maßstabs müssen Bewertungen internationaler Migration sehr vorsichtig getroffen werden. Jede Bewertung eines solchen Prozesses enthält ein hohes Maß subjektiver, in aller Regel impliziter Gewichtungen der einzelnen Folgen. Generalisierende Bewertungen für alle temporären Migrationen können keine und absolute Bewertungen für einzelne Abwanderungsprozesse können nur selten Gültigkeit für sich beanspruchen.

TEIL II: MIGRATION AUS UND NACH JORDANIEN – INDIVIDUELLE PROBLEMLÖSUNG, KOLLEKTIVE ENTWICKLUNG UND SOZIALE STABILITÄT

5. Eine Skizze Jordaniens

Die Arbeitsmigration jordanischer und palästinensischer Arbeitskräfte in die arabischen Erdölstaaten sowie die damit verbundenen Phänomene Rückwanderung nach Jordanien und Einwanderung nach Jordanien sind Gegenstand des folgenden *Teils II*. Die Arbeitskräftewanderungen sollen beschrieben (Kapitel 6.), ihre Wirkungen analysiert (Kapitel 7.) und ihre Bedeutung zusammenfassend bewertet werden (Kapitel 8.). Die Wirkungen und die Bedeutung der Migrationsbewegungen werden jedoch nur vor dem Hintergrund der jordanischen Entwicklungsprobleme deutlich und verständlich. Eine in dieser Hinsicht *problemorientierte Skizze* zu zeichnen, ist die Aufgabe dieses ersten Kapitels des zweiten Teils. Im ersten Abschnitt (5.1) werden dazu einige *Probleme der gesellschaftlichen Ordnung* Jordaniens diskutiert, die einerseits in der geschichtlichen Entwicklung des Landes, andererseits in der sehr starken Stellung persönlicher Beziehungsgeflechte (Familie, Clan, Stamm) begründet sind. Der zweite Abschnitt (5.2) diskutiert Jordaniens *Ausstattung mit Ressourcen*, die ebenfalls relevant im Hinblick auf die Entwicklungsprobleme des Königreichs ist. Dabei ist zum ersten die Ausstattung mit natürlichen Ressourcen von Bedeutung, zum zweiten die Struktur der Bevölkerung allgemein und die der Arbeitsbevölkerung speziell. Die verschiedenen Entwicklungsprobleme Jordaniens haben dazu geführt, daß das Land bei seinem derzeitigen Konsumniveau in sehr hohem Maße von Devisenzuflüssen abhängig ist. Die Arbeitsmigration in die arabischen Erdölstaaten bildet nun einen Aspekt der jordanischen *Außenabhängigkeit*, andere sind die finanzielle Hilfe, Exporte und Reexporte sowie der Tourismus. Diese Aspekte der jordanischen Außenabhängigkeit neben der Arbeitsmigration werden im letzten Abschnitt dieses Kapitels (5.3) betrachtet.

5.1 Die Entstehung des Staates und einige Bedingungen und Probleme seiner gesellschaftlichen Ordnung

Als Teil des Osmanischen Reiches war das Gebiet der Eastbank, das spätere Transjordanien und das heutige Haschemitische Königreich Jordanien von den

Zentren der Welt weitgehend abgeschieden. Das Gebiet zwischen Jordan, Hedschas und Yarmouk gehörte zur Verwaltungsprovinz Syrien. Allerdings war diese administrative Eingliederung zum größten Teil nur nominell, denn der Hauptteil Transjordaniens wurde von Beduinenstämmen beherrscht, die sich einer Unterordnung unter die Osmanische Herrschaft in jeder Hinsicht widersetzten. Weder zahlten sie Steuern, noch ließen sie sich zum Dienst in der Armee des Osmanischen Reiches verpflichten. Einzig einige tausend Tscherkessen und Tschetschenen, die nach dem Berliner Kongreß 1878 aus dem Kaukasus in den Norden des heutigen Jordanien umgesiedelt worden waren, bildeten eine Verbindung zum osmanischen Zentrum. Insgesamt gab es in dieser Zeit nur wenige und relativ kleine feste Ansiedlungen in Transjordanien (z.B. Ajloun, Salt, Amman, Kerak).

Die Geschichte der hoheitlichen Integration des Gebiets zum Emirat Transjordanien und zum späteren Königreich Jordanien begann mit der Ankunft von Abdullah, dem Sohn des Herrschers des Hedschas, in Ma'an, einer Stadt im Süden des heutigen Jordanien, im November 1920. Dieser Marsch von Abdullah nach Ma'an hatte selbst eine Vorgeschichte: Infolge des schwächer werdenden Osmanischen Reichs begannen die lokalen arabischen Kräfte stärker zu werden, und so kam es im Juni 1916 zum Anfang der *Arabischen Revolte*. Ihr Führer Hussein, Herrscher des Hedschas, verband mit diesem Aufstand die Hoffnung und den Wunsch auf ein großes Arabisches Reich unter der Herrschaft seiner Familie, der vom Propheten Muhammad abstammenden Haschemiten. Großbritannien unterstützte den Aufstand Husseins und sagte in einer Korrespondenz zwischen dem High Commissioner in Ägypten, Sir Henry McMahon, und Hussein die Anerkennung eines arabischen Staates (jedoch mit einigen Einschränkungen) zu. Diese Korrespondenz wurde von Juli 1915 bis Januar 1916 geführt. Gleichzeitig aber verhandelte Großbritannien mit Frankreich über die arabischen Teile des Osmanischen Reichs. Diese Verhandlungen mündeten im Mai 1916 in das *Sykes-Picot-Abkommen*, das wesentlich von der *Hussein-McMahon-Korrespondenz* abwich. Der zur Diskussion stehende Raum, insbesondere Syrien (zu dem auch Teile Transjordaniens gehörten) und der Irak, wurde im *Sykes-Picot-Abkommen* in Einflußsphären aufgeteilt[55]. Von einem Arabischen Reich war in diesem Abkommen zwischen Großbritannien und Frankreich keine Rede.

---

[55] Vgl. Williams (1968: 12), wo eine Karte der Einflußsphären abgedruckt ist.

Die Auswirkungen dieses Abkommens wurden für den Sharifen von Mekka, Hussein, und seine Pläne für einen großen arabischen Staat bald spürbar. Im Laufe der Arabischen Revolte stieß einer seiner Söhne, Faisal, nach Damaskus vor und setzte dort eine Regierung ein, die auch einen Teil des Gebietes des späteren Transjordanien verwaltete. Auf der Grundlage des erwähnten *Sykes-Picot-Abkommens* und des *Britisch-Französischen Abkommens* vom September 1919 lehnte die französische Regierung es ab, Faisal anzuerkennen. Er wurde von französischen Truppen im Juli 1920 aus Damaskus vertrieben (und sollte später König des Irak werden).

Zum Zeitpunkt der Arabischen Revolte war das Gebiet des heutigen Jordanien - wie schon gesagt - zu einem Teil Syrien angegliedert, zum anderen (Ma'an, Aqaba) gehörte es zum Hedschas. Das änderte sich mit dem *Vertrag von San Remo* (April 1920). Die damals zu Syrien gehörenden Teile Jordaniens wurden dem *britischen Verwaltungsgebiet* zugeschlagen[56], während Syrien selbst von Frankreich kontrolliert werden sollte. Aber die Briten wollten dieses Gebiet aus mindestens zwei Gründen nicht mit ihrem angrenzenden Verwaltungsgebiet Palästina koppeln: Mit der *Balfour-Erklärung* vom November 1917 wurde eine britische Unterstützung zur "Schaffung einer nationalen Heimstätte für das jüdische Volk" zugesagt[57]. Das Gebiet jenseits des Jordan, eben Transjordanien, sollte in diese Pläne für einen jüdischen Staat jedoch nicht einbezogen werden. Darüber hinaus wurde eine eigene militärische Präsenz von Großbritannien in diesem Gebiet als zu kostspielig empfunden (vgl. Abidi 1965). Als sich im August 1920 die Stammesführer und Notablen im transjordanischen Salt, einer Stadt zwanzig Kilometer nördlich von Amman, mit dem britischen High Commissioner für Palästina, Sir Herbert Samuel, trafen, wurde deshalb das Gebiet in fünf Einheiten aufgeteilt, die lokal verwaltet werden sollten. Ein britischer politischer Offizier sollte den jeweiligen "Regierungen" zur Seite stehen[58].

---

[56] *Die zum Hedschas gehörenden Teile Jordaniens, Ma'an und Aqaba, wurden 1924 von Abdullah annektiert und 1927 in einem Vertrag mit Ibn Saud an Jordanien abgetreten ("Vertrag von Jeddah", vgl. Patai 1958).*

[57] *Der vollständige Text der berühmt gewordenen Erklärung ist in Jendges/Vogt (1985: 18) wiedergegeben.*

[58] *Man darf vermuten, daß diese "Regierungen", selbst wenn sie gebildet wurden, nie funktioniert haben. Vgl. dazu die schöne Beschreibung der Bildung und des Funktionierens der "Regierung von Moab" von Kirkbridge (1956: 18ff.), der selbst politischer Offizier in Kerak war.*

Im *November 1920* kam nun, wie schon gesagt, der zweite Sohn des Sharifen von Mekka, Abdullah, mit einer kleinen Armee nach Ma'an. Die Angaben über die Größe der Armee schwanken von 1200 (Patai 1958: 35) bis 2000 (Kirkbridge 1956: 25), aber sicher ist, daß diese Truppe für den von Abdullah proklamierten Plan, nämlich die Rückeroberung des Throns von Damaskus für seinen Bruder Faisal, viel zu klein und zu schlecht ausgerüstet war. Am 5. Dezember des Jahres rief Abdullah seine syrischen Brüder auf, ihn im Kampf um Damaskus zu unterstützen. Die Reaktion darauf war nach seinen eigenen Angaben entmutigend (vgl. Graves 1950: 191f.).

Während Abdullah in Ma'an war, erhielt er vom Gouverneur von Salt einen Brief folgenden Inhalts:

> "Die nationale Regierung hat von Ihrer Intention gehört, in Transjordanien zu bleiben. Wenn Ihr Besuch ein privater ist, wird das Land Sie willkommen heißen; wenn er einen politischen Zweck hat, wird die Regierung alles tun, Ihr Kommen zu stoppen."

Die Antwort kam prompt, und die sich in ihr widerspiegelnde Attitüde gegenüber "Untertanen" war typisch für den späteren ersten König von Jordanien:

> "Ich besuche Jordanien, um es zu besetzen, so wie es die königlicharabische Regierung von Syrien beschloß. Ich handle im Moment für Seine Majestät König Faisal, und es ist Ihre Pflicht, Ihre Befehle aus Ma'an entgegenzunehmen." (Graves 1950: 193)

Abdullah zog nach Amman und richtete dort ungefragt, aber auch ungehindert seine erste "private" Regierung am 2. März 1921 ein. Keine vier Wochen später traf er in Jerusalem Winston Churchill, der ihn offenbar ohne große Mühe von der Rückeroberung Syriens abbrachte und ihm dafür die Herrschaft über Transjordanien antrug. Folgt man Abidi (1965: 7), so sah Abdullah in dem Vorschlag Churchills "a suitable face-saving device for giving up his highly ambitious plan which was almost impossible to accomplish." Der Grundstein für Transjordanien war gelegt. Nachdem 1922 der Völkerbund das Mandat über Palästina und Transjordanien Großbritannien erteilt hatte, wurde im Anglo-Transjordanischen Vertrag im März 1923 eine (in Teilen) autonome Regierung unter Abdullah formell beschlossen.

Diese kurze Darstellung der Anfangstage Jordaniens soll deutlich machen, daß die Staatsgründung mehr ein politischer Zufall denn historische Notwendigkeit war. Konsequenterweise war das selbst- und außenernannte Staatsoberhaupt *erheblichen Problemen* ausgesetzt. Seine Herrschaft hatte sofort zwei Gruppen von Opponenten. Die erste und wichtigste bildeten die Beduinenstämme, die ein sehr großes Gebiet Transjordaniens beherrschten. Zuerst lehnten sie sich aktiv gegen ihn auf - schon 1921 gab es vier Aufstände (vgl. Abidi 1965: 13f.) -, aber auch als diese Aufstände abnahmen, respektierten sie bestehende Gesetze und Grenzen nicht. Die zweite Gruppe war eine städtische Schicht, vor allem Flüchtlinge aus Syrien, Ägypten und Palästina, die sich mehr Syrien zugehörig fühlte und die Schaffung eines separaten Transjordanien ablehnte. Die normale städtische und siedelnde Bevölkerung dagegen hatte ein Interesse an festen Rahmenbedingungen, insbesondere auch am Schutz gegen die Beduinen, und unterstützte Abdullah aus diesem Grunde bei der Errichtung des neuen Staates.

In dieser Situation der inneren Legitimationskrise entwickelten sich *zwei Prinzipien* jordanischer Politik:

- Bei der Einstellung in den Staatsdienst wurde zugunsten der ursprünglichen transjordanischen Bevölkerung diskriminiert. Der *allererste* Regierungsbeschluß in Transjordanien überhaupt enthielt explizit die Weisung, daß Transjordanier bei der Einstellung zu bevorzugen seien (vgl. Graves 1950: 212).

- Die Stabilität des Regimes wurde von *außen* gewährleistet. Zuerst mit monatlich 5000 britischen Pfund und später mit einer jährlichen Unterstützung von 150000 britischen Pfund (Vakitiotis 1967: 58ff.) garantierte Großbritannien den Aufbau von Armee und Administration (natürlich nicht, ohne sich erheblichen Einfluß auf Politik, Verwaltung und vor allem auf die Streitkräfte des Landes zu sichern).

In der Konsequenz wurden zum ersten die arabischen Nationalisten aus dem Staatsdienst entlassen, und es wurde zum zweiten mit der Finanzhilfe eine Armee aufgebaut. Wichtigste Aufgabe dieser Armee war zunächst, Ruhe und Ordnung *im Inneren* zu schaffen und die Zentralgewalt des neuen Staates auch in den ursprünglichen Stammesgebieten durchzusetzen. Die Zentralgewalt erwies sich dafür in den ersten Jahren des Bestehens Transjordaniens als zu schwach. Zwar konnte die neue Armee, die sogenannte "Arab Legion", immer wieder mit gepanzerten Fahrzeugen und mit Flugzeugen in Stammesfehden eingreifen, das Problem einer unvollständigen hoheitlichen Integration aber blieb bestehen. Die transjordanische Regierung konnte sich in vielen Gebieten *nicht* gegen die Beduinen durchsetzen.

Mit der Lösung dieses Problems wurde ein britischer Offizier beauftragt, der schon zuvor im Irak erfolgreich mit Beduinen verhandelt hatte: John Bagot Glubb. Er hatte die entscheidende Idee zur langfristigen Befriedung der Stämme: Kooptation. Während der Kommandeur der "Arab Legion" von 1921 bis 1939, F.G. Peake, explizit die Rekrutierung von Bauern und Städtern in den 20er Jahren favorisiert hatte, um mit ihnen *gegen* die Beduinen anzutreten (vgl. Jarvis 1942: 61), löste Glubb das Problem zwischen dem transjordanischen Regime und den Beduinenstämmen auf eine ungleich elegantere Weise. Glubb, der ab 1930 stellvertretender Kommandeur und ab 1939 Kommandeur der "Arab Legion" war, *rekrutierte* die Beduinen für die jordanischen Streitkräfte, anstatt sie zu bekämpfen. Er lud sie zur Koalition ein, erst mit Schwierigkeiten, aber später mit einem solchen Erfolg, daß die Beduinen heute als das loyalste und im Ergebnis staatstragende Element Jordaniens bzw. seines Königshauses gelten[59]. Die Vereinnahmung, die durch Landzuteilung unterstützt wurde (vgl. Patai 1958, HKJ/MoP 1987b), kam zu einem günstigen Zeitpunkt, denn durch Autos und Flugzeuge als immer wichtiger werdende Transportmittel verloren Kamele an Bedeutung und die Beduinen damit eine wichtige ökonomische Basis.

Das Kooptierungsmuster behielt bis heute seine Gültigkeit. Im Jahr 1972 wurden 75% bis 80% der männlichen Beduinenjugend Soldaten; Jordanien hatte zu diesem Zeitpunkt die relativ zur Bevölkerung größte Armee des arabischen Raumes (vgl. Haas 1975). Es gibt keine Hinweise darauf, daß sich dies bis Mitte der 80er Jahre geändert hat. Aber eine solche Vereinnahmung hatte und hat natürlich ihren Preis. Bis 1957, Glubb war 1956 vom jordanischen König auf palästinensischen Druck hin entlassen worden, trug Großbritannien die Kosten der Armee *in voller Höhe* (Hurewitz 1982: 326). Die Eisenhower-Doktrin ließ danach die U.S.A. schnell zum Geber werden, heute wird diese Rechnung zu großen Teilen aus der saudiarabischen Staatskasse gezahlt.

Die der Ernennung Glubbs folgenden Jahre bis zum Anschluß der Westbank an das 1946 ausgerufene Königreich Jordanien (der faktische Anschluß der Westbank fand 1948, der formelle 1950 statt) waren ruhige Jahre. Der Emir und spätere König Abdullah hatte die Mittel, einige seiner ursprünglichen Gegner in

---

[59]*Vgl. zu Glubbs Politik und zu den Anfangsschwierigkeiten der Rekrutierung von Beduinen seine von ihm verfaßte Geschichte der "Arab Legion" in Glubb (1948).*

die Koalition einzubinden[60]. Er konnte dies, weil von außen Mittel dazu bereit gestellt wurden. Wohl selbst tief seufzend notierte Glubb für die Periode 1932 bis 1948: "... in Transjordan for 16 years nothing could go wrong. How many Transjordanians said to me since then with a sigh - 'we were so happy until 1948'"[61].

Die Beduinen und etliche andere transjordanische Familien bildeten *Sonderinteressengruppen* gegenüber dem jordanischen Staat. Sie ließen sich ihre Loyalität mit der Zuteilung von Rechten bzw. Ressourcen abkaufen. Es erscheint wichtig darauf hinzuweisen, daß die Verbindung von Königshaus und Armee bzw. ihrem wichtigsten Teil, den Beduinen, nicht auf eine "natürliche Affinität" zurückzuführen ist, sondern in großem Maße auf die *Vereinnahmung* der Beduinen in eine Koalition, die gegenseitige ökonomische Vorteile verspricht.

Es sollen hier nicht zum wiederholten Male die Legitimationsprobleme der jordanischen Herrschaft diskutiert werden. Andere Autoren haben das ausführlich getan (vgl. Abidi 1965, Aruri 1972, Mishal 1978, Bailey 1984). Zweck dieses kurzen Überblicks über die Entstehungsgeschichte Jordaniens war es, die *Notwendigkeit der Kooptation* und die daraus folgende systematische Bevorzugung bestimmter Gruppen darzustellen. Die Probleme, die daraus entstehen, werden weiter unten geschildert. Vorher soll noch auf ein weiteres Merkmal der jordanischen Gesellschaftsordnung hingewiesen werden, nämlich auf die *Dominanz der Familie* bzw. ganz allgemein *des Beziehungsgeflechts*.

Eines der sichtbarsten und dauerhaftesten Merkmale Jordaniens wie auch der Staaten der arabischen Halbinsel ist die Stabilität und Intensität der Familienbeziehungen. In der Regel umfaßt die "Familie" einen großen Teil der Verwandtschaft der väterlichen Linie (Frauen verlassen die Familie). Sie ist damit sehr

---

[60]*Kooptation war nicht Abdullahs einzige Maßnahme zur Stabilisierung seiner Herrschaft. Die Unterdrückung von Regimekritikern gehörte auch zu seinem Instrumentarium. So wurden Parlamente aufgelöst, falls sie nicht entsprechend den Vorstellungen des Emirs handelten (vgl. Aruri 1972). Bezeichnend für seine Stellung gegenüber demokratischen Institutionen ist diese kurz vor seinem Tod gemachte Äußerung nach der Auflösung eines Parlaments: "The elected Deputies must support the government in its policy and must not regard it as one in whose way obstacles can be placed. We expect the coming Chamber to be reasonable and logical" [Middle East Mirror v. 19.05.51, hier zitiert nach Abidi (1965: 74f.)].*

[61]*Glubb, J.B. (1957): A Soldier with the Arabs, New York, S. 26f.; hier zitiert nach Aruri (1972: 37).*

viel größer als der Familienverband in Europa oder Nordamerika, nicht zuletzt auch aufgrund der sehr viel höheren Geburtenrate. Die Familie ist die zentrale, das Leben bestimmende Institution in der jordanischen Gesellschaft.

Ein starkes Zusammengehörigkeitsgefühl verbindet auch Clans und Stämme. Dies gilt nicht nur für die vergangenen Jahrhunderte, sondern auch für das heutige Jordanien, dessen formelle moderne Institutionen die Familie bzw. den gesamten Clan als zentralen Bezugspunkt nicht zerstören konnten. Diese Beobachtung wird von vielen Autoren geteilt, sowohl in Reiseberichten (vgl. Randall 1968) als auch in älteren oder neueren wissenschaftlichen Arbeiten (vgl. El-Daghestani 1953, Harris 1958, Shihadeh 1965, Vatikiotis 1972, Dhaher 1987, Franz 1988).

Es kann kein Zweifel daran bestehen, daß die Familien- und Stammesstruktur in den letzten vier Jahrzehnten seit der Gründung des Haschemitischen Königreichs Jordanien einen erheblichen Wandel erfahren hat, der insbesondere mit der hoheitlichen Integration verschiedener Stammesgebiete, dem Aufbau des Zentrums Amman und der Existenz eines komplexen Verwaltungssystems zusammenhängt. Vermehrte Anforderungen an formelle Bildung sowie eine räumliche Trennung der Stämme waren die Folge.

Gubser (1984) hat am Beispiel der Distrikthauptstadt Kerak dokumentiert, wie die alten Stammesführer mit der Leitung des Verwaltungsapparates überfordert waren und ihren Herrschaftsanspruch an andere abgeben mußten. Der traditionelle Stammesführer war ein erfahrener und weiser, das heißt in den Problemen des regionalen Umfelds und der sozialen Konstellationen und Koalitionen beschlagener Mann. Er hatte keine Ressourcen zum Verteilen zur Hand, sondern mußte im Gegenteil für seine Integrationsdienste und seine Problemlösungskapazität von dem Stamm, der ihn gewählt hatte, eine Entlohnung in Anspruch nehmen. In der geschlossenen Gesellschaft der Stämme war ein Stammesführer primus inter pares.

Die Rolle von Stammesführern und die Funktionsweise der Stämme änderten sich, als neue Institutionen - von oben aufgesetzt - die Gesellschaft veränderten. Die Regionalverwaltungen, die zentralen Ministerien in Amman wie auch der königliche Hof sind solche Institutionen. Die Verteilung von Ressourcen wurde abstrakter und vor allem von anderen als den bisherigen Gesetzen und Verhandlungsregeln bestimmt. Die Geschichte von Kerak zeigt, daß mit Einrichtung der Regionalverwaltungen und der damit verbundenen Verwaltungsregeln zunächst einmal die traditionellen Stammesführer die Positionen des Bürgermeisters und der Mitglieder des Stadtrates etc. übernahmen. Dabei hielten sie vielfach an den bewährten Verfahrensweisen fest und ignorierten die mit den neuen Institutionen gegebenen Notwendigkeiten (z.B. des Schriftverkehrs). So waren dann beispielsweise die versammelten Stammesführer im Jahre 1964 nicht in der Lage, die Wasserversorgung der Stadt während eines Schadens im Versorgungssystem zu sichern. Statt dessen gab es lange Debatten ohne Aktion. In der traditionellen Umgebung der Wüste hätten die Stammesführer ihren Stamm vermutlich an einen anderen Ort gebracht, in der Stadt aber fehlte ihnen das Wissen für den Umgang mit einer Krise. Die Stammesführer waren den neuen Anforderungen nicht gewachsen. Der Gouverneur intervenierte daraufhin, löste den Stadtrat auf und übergab einem speziell gebildeten Komitee das Mandat zur Lösung des Problems. Die folgende Entwicklung, die an vielen Orten zu beobachten ist, bestand darin, daß formelle Qualifikationen, die zum Umgang mit den Instrumentarien einer "modernen Verwaltung" befähigen, gefragt waren. Die Stammesführer mit ihren traditionellen Qualifikationen verloren an Macht, und neue Mitglieder der Stämme erlangten diese Macht, diejenigen nämlich, denen es möglich war, adäquat mit dem Zentrum Amman zu kommunizieren. Aber auch die neu gewählten oder ernannten Technokraten waren *Vertreter von Familien oder Allianzen* und erst in zweiter Linie Verwalter des öffentlichen Verwaltungsapparates. Der Wandel bestand darin, daß man als Mitglied der Verwaltungsspitze nicht nur die Kapazität brauchte, gewählt zu werden. Man benötigte auch die Kapazität, mit den neuen Instrumentarien umzugehen.

Es kann aber kein Zweifel daran bestehen, daß der *Kern* der Stammesgesellschaft die Veränderungen in den formellen Organisationsstrukturen des Gemeinwesens überdauert hat und erhalten geblieben ist: Familienrationalität geht vor individuelle Rationalität; im Vergleich zur Familie oder zum Clan ist das Individuum relativ bedeutungslos; Familienloyalität hat Vorrang vor Staatsloyalität oder der Loyalität gegenüber Zielen[62].

Zwei wesentliche *Gründe* sind dafür verantwortlich. Nicht unterschätzen darf man das traditionelle Element. Der *Vorrang der Gemeinschaft vor dem einzelnen* ist besonders bei den Beduinen ausgeprägt, die auch heute noch als die

---

[62]*Es sind sehr langwierige Prozesse, die solche Werte ändern [vgl. zum Prozeß diesbezüglicher Veränderungen in Jordanien die Arbeit von Jureidini/McLaurin (1984)]. Die Entwicklungssoziologie der 50er und 60er Jahre hat die Stabilität traditioneller Werte unterschätzt. Vgl. insbesondere Lerner (1958).*

"wahren" Araber betrachtet werden. Die mühsame Beschaffung von Lebensmitteln in der Wüste und die dafür notwendige Arbeitsteilung sowie die ständige Gefahr von Angriffen feindlicher Stämme verlangten einen unbedingten Gemeinschaftssinn (vgl. Rustow 1971). Der einzelne war in der Wüste kaum überlebensfähig. Dieser Gemeinschaftssinn entwickelte sich zu einer Kultur, zu einem gemeinsamen Vorrat an Werten und Einstellungen, die auch unter veränderten Rahmenbedingungen fortleben.

Ein beeindruckendes Beispiel für die Unterordnung des Individuums in der Gesellschaft der Beduinen beschreibt Isaak Diqs in seinen autobiographischen Notizen "A Bedouin Boyhood": In einer traditionellen Gerichtssitzung wird der Tod eines Jungen verhandelt. Der Richter hat zu entscheiden, ob der tödliche Schuß ein Versehen war oder nicht und ob daraus ein Schuldspruch folgt. Klagende und angeklagte Partei können schuldig gesprochen werden, die eine für eine unbegründete Anklage, die andere für die Tötung des Jungen. Beide Parteien müssen vor Prozeßbeginn einen *Garanten* benennen, der im Falle eines Schuldspruchs zu ihren Ungunsten für die Strafe geradesteht. Am Ende des Prozesses wird die Partei, aus der der Schütze kommt, schuldig gesprochen, weil zwei ihrer Mitglieder (Gewehreigentümer und Schütze) leichtsinnig mit einer Waffe umgegangen sind. In einer versöhnlichen Geste verzichtet der Kläger auf die Bestrafung (vgl. Diqs 1967). *Entscheidend* ist, daß es offensichtlich nicht wesentlich ist, wer für die Gruppe geradesteht[63]. Es kann der Täter selbst, sein Onkel, sein Vater oder sonst jemand sein, solange er nur von der Gegenpartei als "ehrlicher Mann" akzeptiert wird[64]. Noch stärker akzentuiert wird die Ökonomie eines Beduinenstammes und ihre Widerspiegelung in der Rechtssprechung bei Jarvis. Seiner Einschätzung nach ist es völlig gleichgültig, ob ein Beduine einen anderen in einem "fairen" Kampf getötet oder ob der Kampf "unfair" war: "... the actual details of the killing are not taken into account and he is not regarded as a murderer, but as a man who has unlawfully deprived another tribe of one of his strength. For this he must pay the prescribed

---

[63] So auch Jarvis (1942: 128): "..., Beduin law consists in holding the tribe responsible for the acts of the individual, whether the offences happens to be killings, raids on animals, insults or adultery."

[64] In einer anderen Passage wird berichtet, wie ein Dieb um seinen Tod bettelt, damit er davor bewahrt wird, dem eigenen Clan als Dieb vorgeführt zu werden (vgl. Diqs 1967: 17ff.). Die Schmach, die er als überführter Dieb dabei empfände, vor die Familie zu treten, und die Behandlung, die er aufgrund des Diebstahls vom Clan zu erwarten hat, erscheinen qualvoller als der eigene Tod.

damages for robbing another community of a life, but the question of his punishment as a murderer does not arise" (Jarvis 1942: 127).

Der Stamm, der Clan und die Familie sind die wichtigen Einheiten in dieser Gesellschaftsordnung, nicht das Individuum. Erhalten geblieben ist bis heute die starke Verbundenheit gegenüber dem Stamm oder der Großfamilie. Ein Verwandter wird einem Außenstehenden, auch einem Freund, immer vorgezogen werden. Dabei ist zu beobachten, daß der Stamm als Referenzgruppe gegenüber der Familie an Bedeutung verliert (vgl. Gubser 1984, Jureidini/McLaurin 1984).

Ein zweiter Grund für die Zusammengehörigkeit dürfte in der stets unsicheren und *turbulenten Umwelt Jordaniens* liegen. Das Königreich war mehr als einmal von politischen und wirtschaftlichen Krisen geschüttelt und vom Untergang bedroht. Das individuelle Einkommen ist von solchen Krisen in unterschiedlichem Maße abhängig. Eine Diversifizierung der Einkommen in einer Familie, verbunden mit einer Versicherung auf Gegenseitigkeit zwischen und innerhalb der Generationen ist in einem solchen Fall eine auch individuell rationale Strategie.

Das innerfamiliäre Beziehungsgeflecht ist in seinen Grundzügen in wirtschaftlicher Hinsicht recht einfach. Die *Loyalität* der älteren Familienmitglieder zu den jüngeren wird dadurch aufrechterhalten, daß die soziale Stellung der ersteren sehr stark von der sozialen Stellung der letzteren abhängt. Ein Vater kann letztlich erst dann zufrieden sein, wenn er eine möglichst große Anzahl von Söhnen gezeugt hat und wenn seine Söhne in einer ordentlichen Stellung untergekommen bzw. ganz allgemein in die Lage versetzt worden sind, den Fortbestand der Familie zu sichern. Dies hat sich zu einem sozialen Bewertungskriterium eines Mannes entwickelt, hat aber auch mit der eigenen Altersversorgung zu tun[65]. Und ein Vater kann erst dann zufrieden sein, wenn seine Töchter

---

[65] *Wenn bei der Entscheidung über die Gesamtzahl der Kinder die Wohlfahrt der Gesamtfamilie und nicht die des einzelnen Individuums im Vordergrund steht, dann wird verständlich, warum die Geburtenrate in Jordanien mit 4,8% so extrem hoch ist. Bei einer bewußten Familienplanung (bzw. bei einer Möglichkeit die Größe der Familie zu steuern) werden solange Kinder gezeugt, wie die Kosten des Aufziehens nicht größer sind als der zu erwartende Beitrag zur Familienwohlfahrt. Stünde das Individuum im Vordergrund, würden die Eltern eher versuchen, die positive Differenz zwischen Nutzen und Kosten ihrer individuellen Wohlfahrt zu maximieren.*

statusgemäß verheiratet sind. Zwar herrscht Endogamie vor[66], insbesondere gibt es das *Recht* des Cousins, seine Cousine zu heiraten, aber nicht selten wird die Heiratspolitik auch zur Erweiterung von Beziehungsgeflechten benutzt[67]. Daß Familienrationalität vor individuelle Rationalität geht, erkennt man insbesondere daran, daß im heutigen Jordanien die potentiellen Eheleute noch immer wenig Einfluß auf die Wahl ihres zukünftigen Ehepartners haben[68]. Bei den Heiratsverhandlungen, die von älteren Familienmitgliedern geführt werden, geht es insbesondere darum, den sozialen Status der Familie zu erhalten und das Vermögen der eigenen Familie möglichst zu vergrößern (durch direkten Transfer oder durch vermögenswerte Vorteile, die aus dieser Verbindung entstehen). Im Ergebnis wird der Vater alle ihm zur Verfügung stehenden Möglichkeiten ausnutzen, um die Stellung seiner Söhne und das Auskommen der Töchter im Sinne der Gesamtwohlfahrt der Familie zu sichern.

Die *Loyalität* der Jüngeren wird durch die Notwendigkeit der Beschäftigung bzw. allgemein der Reproduktion und der dazu notwendigen guten Beziehungen zum Familienverband bestimmt. Ein Ausschluß aus der Familie bedeutet für den einzelnen den gesellschaftlichen Ausschluß und damit ein ökonomisches Desaster. Es ist auffällig, daß es in der jordanischen Gesellschaft keinen offenen Generationskonflikt gibt. Die zum Beispiel in der Bundesrepublik bekannten Auseinandersetzungen während der Pubertät mit all ihren offenen Brüchen und spaltenden Kämpfen sind in Jordanien kaum zu beobachten. Eine Ich-Findung bzw. eine radikale Selbstbestimmung, die in den westlichen Industriestaaten mit ihren auf das Individuum bezogenen Wirtschafts- und Gesellschaftssystemen

---

[66]*Besonders unterstützt wird die Heirat innerhalb des Familienverbandes durch das islamische Erbteilungsgesetz. Dieses Gesetz sieht eine gleichmäßige Aufteilung des Erbes unter den Söhnen des Erblassers vor. Bei einer Heirat außerhalb der Familie würde dies nach einigen Generationen zu einer erheblichen Dispersion des Familienvermögens führen.*

[67]*Prominentestes Beispiel einer solchen Erweiterung oder Festigung des Beziehungsgeflechts ist die Heirat des Königssohns Faisal mit einem weiblichen Mitglied der wichtigen Händlerfamilie Tabaa im Sommer 1987. Seit Januar 1988 ist ein Mitglied der Familie Tabaa Handelsminister.*

[68]*Vgl. dazu z.B. die beiden Artikel "Family's role in weddings still strong" und "Don't even mention his name!" von Diane Chilangwa im Jerusalem Star vom 14.07.88, die beide die immer noch sehr starke Rolle des Familienverbandes bei der Heiratsentscheidung betonen.*

eine existentielle Notwendigkeit darstellt, ist in Jordanien weder individuell notwendig, noch gesellschaftlich erwünscht[69].

Man kann den Stamm oder die Familie als *Produktionsgenossenschaft* betrachten. Für die Produktion von Gütern mit einer auch in der nomadischen Gesellschaft notwendigen rudimentären Arbeitsteilung sowie für den Schutz des einzelnen war ein enger Zusammenhalt mit einer kooperativen Struktur notwendig. In einem modernen Gemeinwesen mit staatlicher Allokation und Reallokation wird die Familie versuchen, neben der Produktion einen möglichst großen Teil der staatlich verteilten Ressourcen an sich zu ziehen. Sie wird von einer *Produktions*genossenschaft zu einer *Verteilungs*koalition, die einen Teil ihrer Kräfte von der Produktion abziehen und auf den Kampf um die Verteilung dieser staatlichen Ressourcen lenken wird. Sie wird versuchen, ihre Sonderinteressen durchzusetzen, und es liegt dabei in der Natur der Sache, daß sie dies auf Kosten von anderen Verteilungskoalitionen oder Individuen tun muß.

Obwohl die Familie der Kern der Verteilungskoalitionen ist, so ist eine solche Verteilungskoalition jedoch nicht auf sie beschränkt. Beziehungsgeflechte existieren in Jordanien auch zwischen verschiedenen Familien in Form von permanenten oder vorübergehenden Koalitionen. Dieses Geflecht innerhalb großer Familien und zwischen Familien ist nur in extrem wenigen Fällen dokumentiert (vgl. Farrag 1977), aber es existiert ein Name dafür. "*Wastah*" heißt das Zauberwort, das soviel wie "Vermittler", "Vermittlung", "persönliche Beziehungen" bedeutet. In Jordanien aber bezeichnet es noch etwas mehr, nämlich ein System von Beziehungen zu Personen, die in irgendeiner Weise über die Verteilung von Ressourcen zu entscheiden haben. Die Familienbeziehungen sind dabei mit eingeschlossen. Viele Güter und Dienstleistungen sowie Arbeitsplätze, Aufträge, Explorationsgenehmigungen oder (in Zeiten von Devisenbewirtschaftung) Importlizenzen werden in Jordanien nicht über ein System von Marktpreisen, sondern durch "Wastah" verteilt. In einem solchen "Wastah"-Geflecht finden sich Individuen oder Familien zusammen, die sich von ihrer Beziehung gegenseitige Vorteile erhoffen. Dieses Geflecht kann temporär sein und ist in jedem Fall nicht so stabil wie das System der Familie. Das "Wastah"-Geflecht in Jordanien kennt im Gegensatz beispielsweise zur Institution der

---

[69] Vgl. dazu auch die immer noch gültige Einschätzung von Shihadeh (1965: 142): "In traditional Arab society the achievement of self-determination and a status of independence come quite late in an adult's life."

"Diwaniyeh" in Kuwait (vgl. 10.3) keine räumliche Einheit oder einen festgelegten Zeitpunkt des Treffens; es ist in dieser Hinsicht informell organisiert[70].

Ziel und Effekt solcher Koalitionen ist die Wettbewerbsbeschränkung. Die Existenz solcher relativ stabilen Verteilungskoalitionen führt zur Besetzung öffentlicher Posten mit Mitgliedern stets derselben Familien oder Verteilungskoalitionen[71], zu einer Zuteilung verschiedenster Eigentumsrechte (wie der Ausbeutung lokaler Ressourcen) an feststehende Koalitionen oder zur Wettbewerbsbeschränkung durch unterschiedlichste administrative Maßnahmen (Schutzzölle, Importlizenzen in Zeiten von Devisenbewirtschaftung, Schutz von Produktionsmonopolen etc.) zum Vorteil stets derselben Familien und Koalitionen. Dabei gibt es eine Hierarchie der Familien und Stämme, die sich früher durch kriegerische Potenz ergab, heute durch ihre Nähe zum Königshaus bestimmt ist.

Es ist interessant und geht aus dem Gesagten hervor, daß in Jordanien die Zugehörigkeit zu einer Familie das entscheidende Kriterium für die Zuweisung von Status ist. Weitgehend unabhängig von der Entwicklung der persönlichen Fähigkeiten ist der Lebensweg eines Menschen mit der Zugehörigkeit zu einer bestimmten Familie schon vorgezeichnet. Ein Individuum wird zum großen Teil nicht mit seinen eigenen Qualitäten identifiziert, sondern mit seiner Stellung innerhalb eines sozialen Beziehungsgeflechts. Der Name, das heißt die Zugehörigkeit zu einer Koalition, bildet schon eine *Ressource* im Kampf um Güter und Posten. Damit soll nicht gesagt werden, daß Qualifikationen in Jordanien überhaupt keine Rolle spielen. Für viele Positionen in der öffentlichen Verwaltung, in den Streitkräften, im königlichen Palast und in privatwirtschaftlichen Unternehmen ist eine Kombination aus beidem notwendig.

Auf einige Aspekte der Bedeutung von Familien bei der Besetzung von Posten an der Spitze des Staatsapparates ist in verschiedenen Arbeiten schon hingewiesen worden. So dokumentiert Haas (1975), wie trotz häufiger Änderung der Kabinette immer dieselben Verteilungskoalitionen bei der Besetzung der

---

[70]*Es muß an dieser Stelle darauf hingewiesen werden, daß in <u>allen</u> Gesellschaften Verteilungskoalitionen existieren. Für die hier diskutierten arabischen Gesellschaftssysteme sind sie deshalb so relevant, weil sie deren Wirtschaftsleben dominieren.*

[71]*Vgl. insbesondere dazu die wenigen Studien zum öffentlichen Verwaltungssystem von Shihadeh (1965), Hanania (1968), Jreisat (1968), Haas (1975), Tadros (1984).*

wichtigen Posten berücksichtigt wurden. Als Ergebnis notiert er: "Aus der vorangegangenen Analyse beduinischer Repräsentation in legislativen, exekutiven und militärischen Institutionen ergibt sich, daß die beduinische Elite aus den Scheichs und Repräsentanten weniger Clans besteht. Ihre Macht und ihr Einfluß stehen in keinem Verhältnis zu ihrer quantitativen Machtbasis" (Haas 1975: 45). Und: "Untersucht man die Zusammensetzung des diplomatischen Dienstes oder oberster Gerichtshöfe, Beraterkollektive oder Rundfunkräte, Gouverneursberufungen oder das Exekutivkomitee der jordanischen Staatspartei, immer trifft man auf dieselben Persönlichkeiten" (ebd.: 73). Es ist wichtig darauf hinzuweisen, daß die Zuteilung von Ressourcen über "Wastah" und damit die sehr starke Bedeutung von Verteilungskoalitionen ein wesentliches Prinzip der Gesellschaft ist. Dabei gibt es Verteilungskoalitionen auf den verschiedenen Einkommensebenen.

Eine der Folgen dieser Dominanz von Verteilungskoalitionen bezieht sich auf das Staatsgebilde selbst. Von vielen Autoren wird beklagt, daß es in Jordanien keine Entwicklung eines Nationalbewußtseins, kein "nation building" gegeben hat (vgl. Aruri 1972, Vatikiotis 1972, Jureidini/McLaurin 1984, Dhaher 1987). Der Grund hierfür liegt darin, daß der hoheitlichen Integration keine gesellschaftliche gefolgt ist. Man ist in Jordanien in erster Linie "aus Irbid", "Palästinenser", "gehört zur Familie Lawzi" oder "zu den Majalis". Als Jordanier betrachten sich die allerwenigsten. Es wundert dann wenig, daß sich Institutionen, die eine gesamtwirtschaftliche Rationalität durchsetzen sollen, kaum bilden können. Manche Autoren vermuten eine langsam zunehmende Identifikation mit Jordanien, wiewohl auch sie die wesentliche Loyalität gegenüber der Familie sehen (so z.B. Jureidini/McLaurin 1984).

Es ist für Individuen durchaus *rational*, sich des Familienverbandes wie des "Wastah"-Geflechts zur Erlangung von Gütern, Dienstleistungen, eines Arbeitsplatzes etc. zu bedienen, einfach weil Knappheiten in vielen Fällen über dieses System reguliert werden. Allerdings bringt diese Art der Allokation *gesamtwirtschaftlich erhebliche Probleme* mit sich. Die Folgen von Verteilungskoalitionen sind von Olson (1985) eingehend untersucht worden. Die meisten von Olson konstatierten Folgen können auch in Jordanien beobachtet werden, dazu noch einige andere. Die drei wichtigsten Folgen, die von besonderer Relevanz für die Migration sind, betreffen a) die Verteilungsprobleme in der Gesellschaft, b) die Produktionsineffizienz bei Gütern und Dienstleistungen sowie c) die bestehenden Innovationshemmnisse. Auf diese Punkte wird im folgenden näher eingegangen:

a) *Verteilung.* Die ungleiche Verteilung von Chancen als Ergebnis von exklusiven Verteilungskoalitionen bzw. Beziehungsgeflechten führt zu einer ungleichen Verteilung der Einkommen. Insbesondere in dem dominierenden öffentlichen Sektor werden Posten immer wieder nach Familienzugehörigkeit verteilt[72]. Die entsprechende Konzentration hoher Einkommen in bestimmten Familien und die Ballung niedriger Einkommen (oder von Arbeitslosigkeit) in anderen Familien führen zu entsprechend großen Einkommensunterschieden zwischen den Familien. Am oberen Ende der Einkommensskala, bei den stärksten Familien, wird die Bedeutung des Einkommenseffekts durch die Existenz von Verteilungskoalitionen noch dadurch erhöht, daß diese Familien staatliche Maßnahmen beeinflussen können. Dies äußert sich unter anderem in der Zuteilung staatlicher Aufträge, der Zuteilung von Explorationsgenehmigungen, der Garantie von Mindestpreisen (z.B. in der Landwirtschaft) oder bei der Errichtung von Schutzzöllen. Insgesamt garantiert die Herrschaft der oberen Familien eine Allokation von Hilfsgeldern zugunsten eben dieser Familien und eine ebensolche von Zöllen und Steuern, was im Ergebnis wiederum eine Umverteilung zugunsten der herrschenden Familien bedeuten dürfte, weil Zölle und Verbrauchssteuern zum großen Teil von den unteren Einkommensgruppen getragen werden.

Wichtig ist dabei, daß die Eliten nicht nur direkt Ressourcen vom Staat abziehen, sondern daß sie, als durchaus produzierende Unternehmer, sich durch den Einfluß auf Legislative und Exekutive nationaler und internationaler Konkurrenz entledigen. Damit können sie Einkommen zu ihren Gunsten umverteilen. Solche Einflußnahmen gibt es auf *allen* Ebenen, nicht nur auf der nationalen. Wie beispielsweise die Existenz von Beziehungsgeflechten bzw. des "Wastah"-Systems schon innerhalb einer Dorfgemeinschaft zu Verteilungsungerechtigkeiten und -problemen führt, ist von Amina Farrag (1977) gut dokumentiert worden.

---

[72] *Öffentlich dokumentiert findet man diese Praxis allerdings selten. Nur als das Civil Service Department noch von dem Briten Sir Eric Franklin beraten und mitgeleitet wurde, klagte die Institution in ihrem Bericht 1961 - 1964:* "There came times when some authorities were competing with each other in the number of legal violations being committed and the extent of their seriousness in order to gain the lion's share for their proteges and to do them personal favour, thus stepping on others' rights, ..." *Zitiert nach Hanania (1968: 60). Vgl. für eine neuere Kritik den Aufsatz von A. Majdoubeh* "Toward a better handling of employment" *in der Jordan Times v. 03.05.87, wo er schreibt:* "The applicant might be oustanding and exceptional, but unless he finds an influential relative or friend to pull some strings for him, his chances remain very slim." *Und:* "Doing a favour to a friend is far more important than the welfare of the establishment itself or even the country."

b) *Produktion*. Die Dominierung der Ökonomie durch Verteilungskoalitionen hat aber nicht nur Verteilungseffekte, sondern auch erhebliche Produktionseffekte. Durch Verteilungskoalitionen werden Individuen, die nicht zu den führenden Familien gehören, von bestimmten Positionen ausgeschlossen, es werden ihnen eine große Anzahl vermögenswerter Vorteile vorenthalten. Seilschaften verhindern soziale Mobilität oder, anders formuliert, den Besitzern von "Wastah" wird eine Rente gezahlt. Die Verteilung von Arbeitsplätzen vor allem im dominierenden staatlichen Bereich aufgrund von "Wastah" senkt natürlich die Arbeitsproduktivität erheblich. Dies hat zum einen mit der Rekrutierungspolitik der Institutionen zu tun. Zwar sind formelle Qualifikationen Voraussetzung für eine große Anzahl von Stellen im öffentlichen Sektor, doch ist die weitere persönliche Qualifikation oft oder in aller Regel von untergeordneter Bedeutung. Die Beziehungen, direkt oder indirekt, zu den Personen, die über die Zuteilung der Position entscheiden, sind dagegen ausschlaggebend. Dies muß zwangsläufig dazu führen, daß nur *selten* die qualifiziertesten Bewerber (im Sinne der schriftlich niedergelegten oder öffentlich proklamierten Ziele der Organisation) auch den ausgelobten Arbeitsplatz erhalten. Dabei ist zusätzlich zu berücksichtigen, daß die führenden Verteilungskoalitionen in Jordanien auch den Bildungsbereich dominieren. So sind die Studienplätze der Universitäten in Quoten an verschiedene wichtige Gruppen (Königlicher Hof, Armee, Geheimdienst etc.) zugeteilt und nur der kleinere Teil dieser Plätze ist frei zu vergeben. "Wastah" benötigt man also nicht nur bei der Arbeitsplatzbeschaffung, sondern schon vorab bei der Ausbildung.

Die Dominanz der persönlichen Verbindungen führt dann zum anderen dazu, daß ein Arbeitsplatzinhaber seinen Arbeitsplatz in den allermeisten Fällen weitgehend unabhängig von seiner Produktivität behält, solange er nur im Rahmen seiner Möglichkeiten einen Beitrag zur Erhaltung des Beziehungsgeflechts leistet (also in *dieser* Hinsicht effizient ist), was bedeutet, daß er das Beziehungsgeflecht nicht diskreditiert und zusätzlich das Beziehungsgeflecht im Rahmen seiner Möglichkeiten bei der ihm unterstehenden Zuteilung von Ressourcen berücksichtigt. Es gibt in Jordanien im öffentlichen Sektor eine nicht unerhebliche Anzahl von Angestellten, deren Arbeitsleistung für das *Produktionsergebnis* im engeren Sinne *auf null* gesunken ist. Aus den skizzierten Gründen hat dies aber keinerlei Konsequenzen für ihre Beschäftigung.

Um es allgemeiner zu formulieren: Die Dominanz von Verteilungskoalitionen bewirkt im Hinblick auf die Produktion von Gütern und Dienstleistungen zweierlei. Weil Arbeitsleistung sich wegen geringer sozialer Mobilität nicht oder nur in geringem Maße auszahlt, wird *Produktion zugunsten von Freizeit* substituiert. Und da die Zugehörigkeit zu Verteilungskoalitionen vergleichsweise hoch entlohnt wird und da die Abstimmung von Verteilungsprozessen sowie die Demonstration von Loyalität[73] in einem solchen System von entscheidender Bedeutung sind, werden Produktionsaktivitäten zugunsten von Verhandlungsaktivitäten eingeschränkt. Wer jemals eine Dienststelle in Jordanien besucht hat, wird festgestellt haben, daß ein erheblicher Teil der Dienstzeit durch die Kommunikation unter den Mitarbeitern sowie zwischen Mitarbeitern und "ausgewählten" Besuchern absorbiert wird. Diese rege Kommunikation wird verständlich, wenn der zu erwartende Profit aus solchen Verhandlungstätigkeiten größer ist als der zu erwartende Profit aus Produktion. Daß die "Mentalität", die so oft als Erklärungsmodell für solches Verhalten bemüht wird, so bestimmend nicht sein kann, zeigt sich daran, daß Jordanier und Palästinenser durchaus in der Lage sind, in anderen Wirtschaftssystemen effizient zu arbeiten. Andererseits ist immer wieder der Transformationsprozeß von Hochschulabsolventen erstaunlich, die aus Industrieländern kommen und dort offensichtlich die geforderten Leistungen erbracht haben. Zurück in Jordanien erscheinen dann viele wie ausgewechselt und bald unproduktiv. Der entscheidende Grund dafür liegt in den unterschiedlichen *Entlohnungs- bzw. Anreizsystemen.*

Interessante Ergebnisse erbrachte eine empirische Analyse von Shihadeh (1965). Er prüfte einige Hypothesen aus der westlichen Organisationsforschung in verschiedenen jordanischen Behörden (vgl. ebd.: 210ff.). Eine Hypothese lautete, daß die Zufriedenheit über Beförderungspolitiken und -praktiken mit der Arbeitshaltung der Mitarbeiter gegenüber ihrem Dienst zusammenhängt. Diese Hypothese konnte nicht bestätigt werden. Der Autor gibt keine Begründung für den fehlenden Zusammenhang. Man darf vermuten, daß diese fehlende Verbindung in den Erfahrungen der Mitarbeiter, die oft keinen Zusammenhang zwischen Leistung und Beförderung sehen, begründet liegt. Eine andere Hypothese lautete, daß die Leistungsorientierung bei intensiveren informellen Kontakten zwischen Vorgesetzten und Untergebenen zunimmt. Auch diese Hypothese fand keine Bestätigung. Die obige Analyse legt nahe, daß informelle

---

[73]*Die Demonstration von Loyalität ist wichtig, weil die gegenseitigen Vorteilsgewährungen in aller Regel (im Gegensatz zum direkten Tausch) zeitlich auseinanderfallen. Die Partner müssen sich von Zeit zu Zeit gegenseitig versichern, daß sie noch an der Koalition festhalten.*

Kontakte eine ganz andere Funktion haben, nämlich die Beziehungen innerhalb von *Verteilungskoalitionen* zu pflegen.

Dabei sind die Folgen des "Wastah"-Systems nicht auf den öffentlichen Bereich beschränkt. Die Einbindung des privaten Sektors in dieses System wird allein schon dadurch garantiert, daß angesichts der hohen jordanischen Staatsquote[74] und der erheblichen administrativen Regulierungen jeder Betrieb mit dem öffentlichen Sektor verbunden ist. Instruktiv ist das Beispiel einer Firma, die den Verwandten eines hochrangigen Offiziers einstellt, weil sie von der Verbindung zu dem Offizier eventuell staatliche Beschaffungsaufträge erwarten kann (vgl. 7.1). Um in die entsprechende Verteilungskoalition aufgenommen zu werden, muß die Firma auf einen fachlich qualifizierteren Mitarbeiter verzichten; es wird Produktivität gegen die Mitgliedschaft in einer Koalition bzw. gegen Verhandlungsmacht eingetauscht.

Eine wichtige Erkenntnis von Olson (1985: 62ff.) kommt hinzu. Verteilungskoalitionen haben nur dann ein Interesse, eine Gesellschaft insgesamt produktiver zu machen, wenn sie relativ *umfassend* sind, das heißt einen relativ großen Anteil der Gesellschaft als Mitglieder einbeziehen. Das liegt daran, daß die *Kosten* einer Reorganisation in Richtung auf eine produktivere Gesellschaft von derjenigen Verteilungskoalition getragen werden müssen, welche die Reorganisation durchführt. Die *Gewinne* der Reorganisation aber kommen der gesamten Gesellschaft zugute. Auch wenn einige Stämme in Jordanien bis zu 3000 Mitgliedern haben (vgl. Randall 1968, Gubser 1984), so sind sie doch im Vergleich zur Gesamtgesellschaft (ca. 3 Millionen) relativ klein.

c) *Innovationshemmnisse*. Der relativ geringe Umfang der Verteilungskoalitionen schafft also nur geringe Anreize, die Gesellschaft insgesamt produktiver zu machen. Für das Individuum ist der Arbeitsplatz bei loyalem, systemkonformem Verhalten gesichert, andererseits ist die soziale Mobilität beschränkt. Individuelle und gesellschaftliche Aspekte haben den gleichen Effekt: kreative Problemlösungsvorschläge und innovative Institutionen sind selten. Reformen und Innovationen werden in einer Gesellschaft, die keine Institutionen hat, die eine gesamtwirtschaftliche Rationalität durchsetzen, nur schwerlich implementiert. Die Institutionen halten eher am bestehenden Zustand fest als irgendwelche

---

[74] *Anteil des Staatshaushalts am Bruttosozialprodukt.*

Nachteile für sich und ihre Klientel hinzunehmen[75]. Die Dominierung der Ökonomie durch Verteilungskoalitionen, die in einem schwer durchschaubaren Geflecht miteinander verknüpft sind, hat die jordanische Gesellschaft zu einer stagnierenden Gesellschaft werden lassen. Der Weg zu einer strukturellen Änderung über institutionelle Reorganisationen und technologische Neuerungen ist in hohem Maße blockiert.

Eine erhebliche *Chancenungleichheit, Verteilungsungerechtigkeit* und *allokative Ineffizienz sowohl in statischer wie in dynamischer Hinsicht* sind also die Folgen der Dominierung der jordanischen Ökonomie durch Verteilungskoalitionen. Die auf einer solchen Dominanz basierenden Gesellschaften sind tendenziell fragile Systeme.

Die Dominierung der Ökonomie durch Verteilungskoalitionen ist von großer Bedeutung für die *Entwicklungsgeschichte* Jordaniens, auf die nun wieder eingegangen werden soll. Die Konflikte, die sich aus der Bevorzugung bestimmter Gruppen und der Dominierung der Ökonomie durch Beziehungsgeflechte ergeben, materialisierten sich 1948 als König Abdullah den Anschluß der Westbank bewirkte[76]. Die Bevölkerung des nunmehr vereinigten Königreichs verdreifachte sich, womit die Transjordanier sehr stark in die Minderheit gerieten. Die jordanische Herrschaft geriet wiederum in eine *Legitimationskrise* und in erhebliche innenpolitische Auseinandersetzungen. Bailey notierte in dieser Hinsicht: "Whereas the kingdom of Transjordan had been a peaceful polity before 1948, with most of the population in favor of the monarchy, the kingdom of Jordan was to be characterized by unrest for at least twenty-three years" (1984: 2). Einerseits drehte sich der Streit zwischen Transjordaniern und

---

[75] *Vgl. dazu auch die immer noch gültige Aussage von Jreisat (1968: 98) in seiner Analyse der Balqa Province Administration (BPA): "The most critical environmental hurdle retarding the implementation of changes in BPA is the lack of political commitment as a result of the ambivalence of the ministers regarding the new values, and their invested self-interests which benefit by the status quo."*

[76] *Nach jordanischer Lesart ist der Anschluß der Westbank "die Reaktion auf den Wunsch der Vertreter des palästinensischen Volkes" gewesen (so König Hussein in seiner Thronrede vom 31.07.88; vgl. Jordan Times v. 01.08.88). Von den Chronisten wird der Anschluß jedoch als Annexion bezeichnet und die Zustimmung der palästinensischen Vertreter als inszeniert (vgl. Harris 1958, Patai 1958, Abidi 1965, Aruri 1972, Mishal 1978, Bailey 1984).*

Palästinensern[77] um die Strategie gegenüber Israel, insbesondere hinsichtlich der Rückeroberung der palästinensischen Gebiete, andererseits entbrannte auch immer wieder ein *Konflikt um die Zuteilung von Ressourcen*. Die Bevorzugung der Eastbank und der dort herrschenden Familien löste Unmut bei den Eliten der Westbank aus (vgl. Mishal 1978). Infrastrukturmaßnahmen wurden auf die Eastbank konzentriert, so daß sich die Größe Ammans zwischen 1948 und 1966 verzehnfachte, von 30000 auf 300000 Einwohner (Bailey 1984: 20). Die wirtschaftliche Bevorzugung der Eastbank führte zu einer erheblichen Binnenwanderung (vgl. 5.2). Die Dominanz transjordanischer Familien und Stämme läßt sich auch daran ablesen, daß Transjordanier in nahezu allen der ca. fünfzig Kabinette bis 1983 die Mehrheit der Minister stellten. Die vier Kabinette mit einer Mehrheit von Palästinensern bestanden nie länger als vier Monate (vgl. Bailey 1984: 3f.).

Der Konflikt zwischen der transjordanischen Herrschaft und den Palästinensern führte 1951 zur *Ermordung* Abdullahs in Jerusalem, zur *Loslösung* Jordaniens 1956 von Großbritannien, zur *Auflösung* des propalästinensischen Kabinetts Nabulsi im Jahr 1957, zum einzigen *Putschversuch* aus den Reihen der Armee (der von königstreuen Verbänden vereitelt wurde) durch Ali Abu Nuwwar im selben Jahr, zur *Ermordung* des transjordanischen Premierministers Haza Al-Majali im Jahr 1960, zu *landesweiten Unruhen* in den Jahren 1957 und 1963, zur *Verhaftung* von Mitgliedern der PLO in Jordanien in den Jahren 1965/66. Er führte 1965 zur *Auflösung* der palästinensischen Nationalgarde und schließlich in den Jahren 1970/71 zu einem *Bürgerkrieg*. Der Konflikt zwischen Transjordaniern und Palästinensern ist auch und vor allem ein *Verteilungskampf* gewesen. Dieser Kampf ist seit Anfang der 70er Jahre nie wieder in diesem Maße aufgeflammt. Der Konflikt bezüglich der Zukunft Palästinas und der Rolle Jordaniens dabei ist seit diesem Zeitpunkt mehr auf die diplomatische Ebene geschoben worden und im Straßenbild Ammans (in Form von Demonstrationen o.ä.) nicht mehr oder kaum noch sichtbar[78].

---

[77] *Es ist bei den Palästinensern allerdings klar zu trennen zwischen denen, die vor 1948 freiwillig auf die Eastbank übergesiedelt sind (und als systemtreu angesehen werden können) und denen, die nach 1948 auf die eine oder andere Weise (Annexion oder Vertreibung) einen Anschluß an das Haschemitische Königreich erfahren haben.*

[78] *Es wurde hier nur eine sehr geraffte Bewertung des palästinensisch-jordanischen Konflikts geboten, weil dieses Thema Gegenstand zahlreicher anderer Arbeiten ist [siehe insbesondere Mishal (1978) und Bailey (1984)].*

Das hat natürlich zum ersten mit der brutalen Auflösung der Fedayeen-Verbände und der Einschränkung palästinensischer Aktivitäten überhaupt zu tun, zum zweiten mit der Kooptation verschiedener Regimegegner durch das Königshaus bzw. die herrschenden Eliten (die Ressourcen für eine solche Vereinnahmung waren und sind allerdings beschränkt). Zum dritten aber hatte der *Ölboom* und die damit verbundene Migration von Arbeitskräften in die arabischen Erdölstaaten eine entscheidende Bedeutung für die Stabilität Jordaniens seit dem Beginn der 70er Jahre. Es wird auf diesen Zusammenhang in Kapitel 7. zurückzukommen sein (vgl. insbesondere 7.1 sowie 8.2).

5.2 Jordaniens Ausstattung mit Ressourcen

Im vorangegangenen Abschnitt sind einige Grundlagen der jordanischen Gesellschaftsordnung analysiert worden. Die starke Stellung der Familie und des Beziehungsgeflechts sowie die *systematische* Bevorzugung bestimmter gesellschaftlicher Gruppen, die sich im Laufe der Geschichte Jordaniens herausgebildet hat, führen zu Verteilungsungerechtigkeiten und zu Produktionsproblemen. Die Ordnung der Gesellschaft, das heißt die institutionellen Bedingungen der Produktion, sind ein wesentliches Entwicklungshindernis. Es ist deutlich geworden, daß sowohl die Großmachtpolitik Frankreichs und Großbritanniens mit ihrer Grenzziehung ohne Rücksicht auf die Bevölkerung als auch die Entscheidungen dieser Mächte über die Einsetzung von Regierungen neue Nationalstaaten wie eben Jordanien vor erhebliche Probleme gestellt haben. Mangelnde gesellschaftliche Integration mit den Problemen von Legitimationskrisen und der nur konsequenten Bildung von Koalitionen waren die Folge.

Es sollte nun nicht der Eindruck erweckt werden, die Koalitionsbildung bzw. die Dominierung der Ökonomie durch Beziehungsgeflechte seien die einzigen ernsthaften Entwicklungsprobleme Jordaniens. Die sehr mangelhafte Ausstattung mit natürlichen Ressourcen und die sehr unausgeglichene Qualifikation der Arbeitskräfte tun ein übriges. Die damit zusammenhängenden Bedingungen der jordanischen Entwicklung werden im folgenden skizziert. Die *Gesellschaftsordnung* als Problem der Entwicklung des Haschemitischen Königreichs ist allerdings bisher weitgehend unbeachtet geblieben.

a) *Die Ausstattung mit natürlichen Ressourcen.* Eine typische Beschreibung des Nahen und Mittleren Ostens besagt, daß es dort viel Öl und wenig Wasser gibt. Für Jordanien trifft dies nicht zu; hier gibt es wenig Wasser *und* wenig Öl. Im

Gegensatz zu seinen östlichen Nachbarn, Saudi-Arabien und Irak, hat Jordanien bei der mehr oder weniger willkürlichen Grenzziehung keines der nach der Grenzziehung entdeckten großen Ölfelder erhalten. Es gab in den vergangenen Jahrzehnten etliche geologische Studien, die die Möglichkeit der Ölförderung in Jordanien feststellen sollten. Bisher waren all diese Erkundungen nicht sehr vielversprechend. An zwei Stellen wird seit 1983 bzw. 1984 in der Nähe der Oase Al-Azraq (Hamzah-Ölfeld) eine geringe Menge Öl gefördert. Nach Angaben von Schliephake (1987: 65) sind es gerade 2,4% des jordanischen Verbrauchs. Der laufende Fünfjahresplan 1986-90 sieht weitere Studien sowie Probebohrungen mit Unterstützung ausländischer Firmen vor. Es ist nicht abzusehen, ob Jordanien irgendwann einmal größere Ölmengen wird fördern können.

Größer sind die festgestellten Vorkommen an *Ölschiefer* in verschiedenen Regionen Jordaniens. Die Reserven im Gebiet von Lajjun (die bisher größten bekannten Vorkommen) werden auf 1,3 bis 10 Milliarden Tonnen Ölschiefer geschätzt (Saket 1985, Schliephake 1987). Die Ausbeutung dieser Vorkommen ist allerdings hauptsächlich vom Weltmarktpreis für Öl abhängig. Von der kommerziellen Nutzung ist Jordanien bisher noch weit entfernt. Angesichts der relativ schlechten Aussichten der Ölförderung und Ölschiefernutzung sind für diese beiden Bereiche auch nur 43,1 Millionen JD und 2,7 Millionen JD an Investitionen im Zeitraum von 1986 bis 1990 vorgesehen. Das entspricht zusammen weniger als 1,5% der gesamten Investitionssumme des laufenden Fünfjahresplanes (vgl. HKJ 1986: 95, 474f.).

Gravierend ist auf Dauer das in der gesamten Region virulente *Wasserproblem*. Während die Ölstaaten dieses Problem mit Entsalzungsanlagen lösen können, fehlen Jordanien die finanziellen Ressourcen bzw. die naturräumlichen Bedingungen dazu (Entsalzungsanlagen haben einen hohen Energiebedarf). Drei Faktoren tragen zum stetig steigenden Wasserbedarf in Jordanien bei: die enorm schnell wachsende Bevölkerung, die Intensivierung der Landwirtschaft vor allem mit der Einführung von Bewässerungssystemen und die verfolgte Strategie der Industrialisierung. Nach Angaben des laufenden Fünfjahresplans steigt der Bedarf an Wasser zwischen 1985 und 1990 um 36% an, anderen Vermutungen zufolge steigt er sogar noch stärker (vgl. Schliephake 1987). Schliephake vermutet auch, daß die erneuerbaren Wasserressourcen ab dem Jahre 1987 unter dem laufenden Bedarf liegen (ebd.: 67). Anderen Schätzungen zufolge ist dieser Punkt 1995 erreicht und im Jahr 2000 liegt demnach der Wasserbedarf in Jordanien um 20% *über* dem Wasserangebot (vgl. Starr/Stoll 1987). Dabei liegt das zur

Zeit wohl größere Problem nicht in der Verfügbarkeit von Wasser, sondern im *Wassermanagement*. Im öffentlichen Versorgungssystem sind überalterte und leckgeschlagene Leitungssysteme für Wasserverluste verantwortlich, im Bereich der Bewässerung führen extrem niedrige Preise (ca. 1,5 Pfennig/m^3) und ein antiquiertes Schleusen- und Zuteilungssystem zu hohem Verbrauch und zur Verschwendung von Wasser. Auch gegen die kostenlose Privatisierung der öffentlichen Ressource Wasser (z.B. durch das Aufstellen privater Pumpen am Hauptkanal des Bewässerungssystems im Jordantal) schreiten die Wasserbehörden nicht ein[79]. Die natürliche, große Knappheit der Ressource Wasser, verbunden mit einem mangelhaften Management, führt auch in Jahren mit relativ starken Regenfällen zu Rationierungen oder der Zufuhr von Wasser, das für Bewässerungszwecke vorgesehen war, in das Haushaltssystem[80].

Verantwortlich für das niedrige Wasserangebot sind die extrem *geringen Regenfälle* im größten Teil des Landes, die für den Hauptteil der verfügbaren Wasserressourcen sorgen. Die geringen Regenfälle haben auch einen wichtigen direkten Effekt, nämlich die sehr eingeschränkte Nutzbarkeit des Bodens in Jordanien. Von den ca. 90000km^2 Grundfläche Jordaniens sind nur weniger als 10% grundsätzlich landwirtschaftlich nutzbar. Die übrige Grundfläche erreicht die für eine landwirtschaftliche Nutzung notwendigen 200mm Regen pro Jahr nicht[81]. Von der potentiell nutzbaren Grundfläche wird ca. die Hälfte tatsächlich landwirtschaftlich genutzt (1975 = ca. 3900km^2). Aufgrund steigender Bevölkerungszahlen und der Ausbreitung von Siedlungsgebieten wird diese Fläche von Jahr zu Jahr kleiner. Der Fünfjahresplan 1986-90 schätzt, daß in den letzten Jahren durch Siedlungsaktivitäten 15% bis 20% der landwirtschaftlich nutzbaren Fläche verloren gingen (vgl. HKJ 1986: 155). Ein großes Problem in den Anbaugebieten ist dazu die Erosion, von der nach Angaben von Schliephake (1987: 73) mehr als ein Drittel der landwirtschaftlich genutzten Fläche betroffen

---

[79]*An dieser Stelle ist die Knappheit und die Verteilung natürlicher Ressourcen offenkundig mit dem unter 5.1 angesprochenen "Wastah"-System verbunden.*

[80]*1987 wurde Wasser aus dem King-Talal-Damm, das eigentlich wegen seiner Verschmutzung nur für Bewässerungszwecke brauchbar war, in das Haushaltsnetz gespeist. In der Konsequenz drohte Gesundheitsgefährdung durch das stark mit Chemikalien gereinigte Wasser. Im Sommer 1988 wurde Rationierung trotz extrem hoher Regenfälle im vorangegangenen Winter angekündigt.*

[81]*Auf 91,4% der Grundfläche fallen weniger als 200mm, auf 5,7% 200-300mm, auf 1,8% 300-500mm und auf 1,1% mehr als 500mm Niederschlag pro Jahr (vgl. Abuirmeileh 1987: 94).*

ist. Der hohe Anteil an Nutzflächen mit einer relativ großen Steigung begünstigt Erosion, die dadurch noch verstärkt wird, daß einjährige Früchte mit kleinen Wurzeln angebaut und daß schützende Maßnahmen (wie zum Beispiel ein Pflügen quer zum Hang) in der Regel nicht getroffen werden. Eine Vergrößerung der Anbaufläche durch Bewässerung wird vor allem im Jordantal versucht (in einem der größten Bewässerungsprogramme der Welt). Allerdings wird das Jordantal auch im Stadium seiner vollen Nutzung nur weniger als 10% der genutzten Fläche (1992 = 360km^2) stellen. Insgesamt ist Jordanien weit davon entfernt, *Selbstversorger* zu sein, und insbesondere die Knappheit an Wasser wird dem Ausbau der Landwirtschaft Grenzen setzen. Aber immerhin trägt die Intensivierung der Landwirtschaft erste Früchte (deren gesamtwirtschaftliche Kosten infolge erheblicher Subventionierung beispielsweise des Weizens hier nicht diskutiert werden können). Die Importrechnung für Lebensmittel stieg von 102,8 Millionen JD im Jahr 1978 auf 169,5 Millionen JD im Jahr 1982 und ist seitdem trotz unverminderten Bevölkerungswachstums wieder auf 103,3 Millionen JD im Jahr 1987 abgesunken, während die lokale Produktion von 68,8 Millionen JD auf 94,7 Millionen JD (1983) und 106,4 Millionen JD (1987) kontinuierlich anstieg[82]. Die Zahlen machen aber deutlich, wie *abhängig* Jordanien mit einer Importquote von fast 50% bei Lebensmitteln noch ist.

Während Jordanien mit Öl (und anderen Energieträgern wie Kohle und Gas) und Wasser nicht bzw. nur unzureichend ausgestattet ist, sind zwei andere Rohstoffe in großen Mengen vorhanden und wirtschaftlich nutzbar: *Pottasche* und *Phosphat.* Pottasche wird durch ein Verdunstungsverfahren seit 1984 in einer signifikanten Größenordnung aus dem Toten Meer, dessen Salzkonzentration ungefähr zehnmal so hoch ist wie die Salzkonzentration normalen Meerwassers, gewonnen. Dieser Grundstoff für Düngemittel trägt seit 1984 durchschnittlich 10,6% zu den jordanischen Exporterlösen bei. Die wirtschaftliche Nutzung anderer Rohstoffe aus dem Toten Meer (Magnesiumchlorid, Magnesiumbromid, Natriumchlorid) und ihre industrielle Verarbeitung zu über vierzig Substanzen befinden sich zur Zeit noch im Stadium der Planung und sollen nach der Vorstellung der verantwortlichen Arab Potash Company in einem "Dead Sea Chemical Complex" bis 1992 realisiert werden (vgl. Jordanian Industrial Consortium Engineering Company 1987). Bei der enormen Investitionssumme von geschätzten 1,5 Milliarden US-Dollar bis 1992 (in Preisen von 1986) sind bei der

---

[82]*In Preisen von 1980 mit dem Index der Lebensmittelpreise als Deflator. Berechnet nach CBJ, MSB, Vol. 24, No. 5 (Mai 1988).*

derzeitigen und anhaltenden Rezession in Jordanien jedoch erhebliche Zweifel an der Realisierbarkeit angebracht. In das Projekt eingeschlossen ist die wirtschaftliche Nutzung der kürzlich entdeckten Bitumen-Vorkommen am Toten Meer, die zur Herstellung von Schwefel, Stickstoff und Energie verwendet werden sollen.

Der zur Zeit weitaus wichtigste Rohstoff Jordaniens ist Phosphat, das in zwei Minen (Al-Hasa, Al-Schidiyah) abgebaut wird. Nach Marokko (42%) und den U.S.A. (33%) ist Jordanien mit 9% Weltmarktanteil der *drittgrößte Phosphatproduzent*. 29% der Exporteinnahmen der vergangenen Dekade (1978-1987) entstammten dem Verkauf von Phosphat. Die bisher nachgewiesenen Reserven lassen eine Förderung bis weit in das nächste Jahrtausend zu. Bei der derzeitigen Produktion von rund sechs Millionen Tonnen pro Jahr (1984/85) und den bisher vermuteten Reserven von 1,1 bis 1,5 Milliarden Tonnen reichen die Reserven bei konstanter Ausbeutung noch mindestens bis zum Jahr 2160[83]. Die Problematik in bezug auf die weiteren Exportmöglichkeiten dieses Rohstoffes liegt in der Sättigung des Weltmarktes, die einerseits der Exportmenge klare Grenzen setzt, andererseits Jordanien schon zur Annahme verschlechterter Bedingungen zwingt, wie zum Beispiel zu Bartergeschäften mit Indien und Ägypten.

Alle anderen Vorkommen (z.B. Kupfer, Mangan, Eisen, Nickel, Quarzsand, Silicium[84], Kalk, Lehm, Gips) sind von untergeordneter oder ohne gesamtwirtschaftlicher Bedeutung. Nach Angaben von Saket (1985: 14) soll zwar in Feinan (Wadi Araba), wo schon in vergangenen Jahrtausenden Kupfer gewonnen wurde, eine Anlage zur Produktion von jährlich 3000 Tonnen dieses Metalls entstehen, der laufende Fünfjahresplan (HKJ 1986) sieht eine solche Investition allerdings nicht vor.

Insgesamt sorgten Rohstoffe, das heißt hauptsächlich Pottasche und Phosphate, zwischen 1978 und 1987 für durchschnittlich 36% der Exporteinnahmen. Sie trugen aber im gleichen Zeitraum nur zu knapp 7% zur Deckung der Importrechnung bei. Für die Begleichung dieser Rechnung sorgten andere Ressourcen,

---

[83] *Vgl. zu den Daten Schliephake (1987); CBJ, MSB, Vol. 24, No. 5 (Mai 1988); DoS, Statistical Yearbook 1985.*

[84] *Quarzsand und Silicium werden in Ma'an von der Jordan Glas Manufacturing Company verarbeitet (Kapazität der Anlage: 18000 Tonnen pro Jahr).*

nämlich die geopolitische Lage und das relativ hohe Bildungsniveau der in Jordanien ansässigen Arbeitskräfte [vgl. b)].

Der iranisch-irakische Krieg und die damit verbundenen Turbulenzen im arabisch-persischen Golf verhalfen dem jordanischen *Hafen Aqaba* zu wachsender Bedeutung. Zwischen 1978 und 1987 verhundertfachte sich ungefähr die Menge der umgeschlagenen Transitgüter von 98000 Tonnen auf 9,1 Millionen Tonnen. Im Transitverkehr findet allerdings nur eine relativ geringe Wertschöpfung in Jordanien statt, weshalb dieser Handel gesamtwirtschaftlich nicht von großer Bedeutung ist. Die Zukunft dieses Handels, das heißt die Zukunft der Versorgungsfunktion Aqabas für den Irak nach dem Waffenstillstand zwischen Iran und Irak am 20.08.88 und einem eventuellen Friedensabkommen ist darüber hinaus unsicher. Wahrscheinlich ist, daß der Irak seinen eigenen Zugang zum Meer reaktivieren und damit einen großen Teil ankommender und abgehender Güter selbst löschen und laden wird. Damit würde sich die Bedeutung Aqabas erheblich verringern. Bleibende Bedeutung wird Aqaba für den Export von Jordaniens eigenen Rohstoffen haben, die heute schon in roher oder zu Dünger verarbeiteter Form 65% der Menge der *Ausfuhrgüter* ausmachen.

Wesentlich wichtiger als die Lage als Transitland zum Irak ist Jordaniens *geopolitische Lage* im arabisch-israelischen Konflikt. Auch wenn die Westbank ausgenommen ist, hat Jordanien von allen arabischen Ländern die längste Grenze zu Israel. Diese Lage, verbunden mit einer "moderaten Frontstaathaltung", qualifizierte Jordanien immer wieder für erhebliche Hilfszahlungen. In diesem Zusammenhang muß auch der jordanische König Hussein als Ressource für das Land betrachtet werden. Seine wenig aggressive, aber genügend ablehnende Haltung gegenüber Israel hat Jordanien die Sympathie sowohl der arabischen Bruderstaaten (ausgedrückt durch entprechende Hilfen insbesondere seit dem Arabischen Gipfel von Bagdad 1978, aber auch vorher) wie auch der westlichen Geberländer (ebenfalls ausgedrückt durch erhebliche Hilfsleistungen) eingetragen. Auf die quantitative Bedeutung insbesondere dieser, aber auch anderer Ressourcen wird unter 5.3 eingegangen.

Zu den *natürlichen Ressourcen* Jordaniens müssen auch seine historisch sehr sehenswerten Stätten wie die Überreste der nabatäischen Hauptstadt Petra, die Ruinen des römisch-byzantinischen Jerash, die aus der Kreuzfahrerzeit stammenden Burgen in Ajloun und Kerak und seine landschaftlich malerischen Gegenden wie Wadi Mujib, Wadi Rum, das Rote und das Tote Meer gezählt werden.

In Verbindung mit einem im Sommer in den Hochebenen sehr angenehmen Klima ziehen diese Stätten Jahr für Jahr mehr *Touristen*, vor allem aus den arabischen Erdölstaaten nach Jordanien (vgl. dazu ebenfalls 5.3). Bevor auf die quantitative Bedeutung dieser Ressourcen eingegangen wird, soll zunächst die Struktur der Bevölkerung betrachtet werden, denn diese Struktur ist ebenfalls von entscheidender Bedeutung für die Produktionsmöglichkeiten in Jordanien.

b) *Die Bevölkerung.* Die schon seit langem angespannte politische Situation der Region hat Jordanien in mancher Hinsicht eine denkwürdige Entwicklung beschert. Auch die Bevölkerungsentwicklung ist von den Krisen der Region mehr als einmal stark beeinflußt worden.

Die Bevölkerung Transjordaniens in ihren Anfangsjahren ist nur schwer zu schätzen. Im Jahr 1922, als Großbritannien das Mandat über Palästina und Transjordanien vom Völkerbund erteilt wurde, ergab eine "Volkszählung" eine transjordanische Bevölkerung von 225380 Menschen, die sich zu 54,3% aus siedelnder Bevölkerung in städtischen und ländlichen Gebieten und zu 45,7% aus nomadisierenden Stämmen zusammensetzte (Hurani 1985)[85]. Obwohl die Bedingungen der Zählung, die vermutlich eher eine Schätzung war, nicht mehr zu rekonstruieren sind, werden einige Probleme dieser Bevölkerungsfeststellung schnell deutlich. Die Zählung der Beduinen dürfte aufgrund ihrer damals fehlenden Kooperation mit der sich etablierenden Staatsgewalt schwierig gewesen sein, aber auch deren Wanderung durch verschiedene Hoheitsgebiete dürfte jeder Zählung deutliche Schranken gesetzt haben. Darüber hinaus haben sich die Grenzen Jordaniens bzw. Transjordaniens nach 1922 noch mehrfach verschoben, so daß die damalige Zählung bzw. Schätzung nicht als Basiszahl für das heutige Königreich benutzt werden kann. Insbesondere war zu diesem Zeitpunkt ein großer Teil Südjordaniens (Ma'an, Aqaba) noch nicht Bestandteil des Emirats. Für 1947 wird die Bevölkerung Transjordaniens von der Weltbank auf 375000 Menschen geschätzt (vgl. IBRD 1957: 41) und zu diesem Zeitpunkt umfaßte Jordanien schon ziemlich genau das Gebiet des heutigen Königreichs[86].

---

[85] *Dieses Verhältnis von seßhafter zu nicht seßhafter Bevölkerung scheint lange Zeit ungefähr konstant geblieben zu sein. Für 1944 zitiert Lerner (1958: 305) eine Schätzung, derzufolge die Hälfte der Bevölkerung der Eastbank ständig oder zeitweise wanderte.*

[86] *1965 gab es noch einmal einen Landtausch mit Saudi-Arabien, der Jordanien einen besseren Zugang zum Roten Meer garantierte. Der Landtausch betraf aber nur Gebiete ohne feste Ansiedlungen.*

Vierzig Jahre später (also 1987) betrug die Bevölkerung mit ca. 2902400 Menschen knapp achtmal soviel. Wählt man die Schätzung der Weltbank für 1947 als Basiszahl, so hat sich die Bevölkerung der Eastbank in den vergangenen vierzig Jahren *durchschnittlich um 5,25% pro Jahr* vergrößert. Das ist eine enorme Wachstumsrate. Diese hohe Wachstumsrate der Bevölkerung in Jordanien hat verschiedene Gründe:

- Insbesondere die beiden arabisch-israelischen Kriege der Jahre 1948 und 1967 führten zu großen *Flüchtlingsströmen*. So flüchteten allein im Kriegsjahr 1948 350000 Menschen auf die East- und die Westbank (IBRD 1957) und im Jahr der Vereinigung der beiden Gebiete (1950) zählte die "United Nations Relief and Works Agency for Palestine Refugees in the Near East" (UNRWA) 465000 Flüchtlinge im neuen Haschemitischen Königreich von Jordanien (Kirwan 1981). Es muß unklar bleiben, wieviele der Flüchtlinge zu diesem Zeitpunkt auf der *Eastbank* Zuflucht suchten. Noch einmal 450000 Flüchtlinge mußte Jordanien im Ostteil seines Landes aufnehmen (vgl. ebd.), nachdem Israel im Sechs-Tage-Krieg 1967 die Sinai-Halbinsel, den Gaza-Streifen, die Westbank und die Golan-Höhen besetzt hatte. Durch ihr natürliches Wachstum hat sich die Zahl der Flüchtlinge in Jordanien seit dem Zeitpunkt der Flucht beständig erhöht[87]. Nach Angaben der UNRWA betrug im Juni 1987 die Zahl der registrierten palästinensischen Flüchtlinge in Jordanien 845542, wovon 24,7% in Flüchtlingslagern lebten. Jordanien ist damit das Land mit der bei weitem größten Zahl palästinensischer Flüchtlinge. Nahezu 40% aller palästinensischen Flüchtlinge leben auf der Eastbank (vgl. UNRWA 1987).

- Innerhalb des vereinigten Königreichs konzentrierten sich durch die Dominanz transjordanischer Entscheidungsträger die Infrastrukturmaßnahmen (wie die Zuteilung staatlicher Ressourcen überhaupt) geographisch auf die Eastbank. Dies führte zu einer erheblichen *Binnenwanderung*. Wie schon erwähnt, betrug die Zuwachsrate der gesamten Bevölkerung zwischen 1952 und 1961 2,84% pro Jahr. Dieser Zuwachs war jedoch extrem ungleich verteilt. Während die Bevölkerung der Westbank nur um 0,85% pro Jahr wuchs, war das Bevölkerungswachstum mit 4,27% pro Jahr auf der Eastbank mehr als fünfmal so hoch (vgl. Hurani 1985: 70). Da die Unterschiede nicht durch unterschiedliche Geburten- oder Sterberaten zu erklären sind, muß Binnenwanderung die Ursache sein.

- Ein dritter und der derzeit wichtigste Faktor liegt in dem enormen *Bevölkerungswachstum*. Eine Frau bringt in Jordanien in aller Regel fünf bis neun Kinder zur Welt. Nach der Bevölkerungszählung von 1979 lag die *durchschnittliche* Zahl von Lebendgeburten einer Frau, die 45 Jahre oder älter war, bei 7,7[88]. Dabei nimmt die Zahl der

---

[87] *Vgl. speziell zum Bevölkerungswachstum innerhalb der Flüchtlingslager Al-Sadi (1985: 68f.).*

[88] *Berechnet nach DoS, Statistical Yearbook 1984.*

Kinder mit höherer Ausbildung ab[89]. Die Geburtenrate liegt in Jordanien mit 4,8% sehr hoch und die Sterberate sinkt seit Jahren beständig von 2,1% im Jahr 1950 auf 1,8% im Jahr 1961, 1,2% im Jahr 1975 und für 1981 wurde die Sterberate mit 0,9% angegeben (vgl. Hurani 1985: 70f.). Die *natürliche Wachstumsrate* der Bevölkerung in Jordanien erreicht damit *3,8% bis 4,0%.*

- Ein vierter Grund des rapiden Wachstums der Bevölkerung Jordaniens liegt darin, daß der arabisch-israelische Konflikt bis heute auf die demographische Entwicklung Einfluß hat. Die schlechten Aussichten insbesondere palästinensischer Hochschulabsolventen auf der Westbank führten in den vergangenen Jahren zu einer stetigen *Abwanderung* von dort auf die Eastbank. Dieser Migrationsfluß ist schwer zu bestimmen (vgl. auch 6.2), ihm wird aus politischen Gründen in der letzten Zeit verstärkt ein Riegel vorgeschoben.

Im Ergebnis hat Jordanien eine Bevölkerung, die nicht mit den vorhandenen Ressourcen versorgt werden kann, deren Struktur sehr lange mit der Gesellschaftsordnung kollidierte (vgl. 5.1) und die sehr jung ist. 1986 waren 48,1% der auf der Eastbank lebenden Menschen unter fünfzehn Jahre alt (vgl. Tab. 1).

So ist auch die Partizipationsrate (Anteil der Arbeitsbevölkerung an der Gesamtbevölkerung) mit 20,1% sehr niedrig[90]. Dabei ist die *Partizipationsrate* bei den Männern in den letzten Jahren beständig gesunken, insbesondere in der Altersgruppe der 15- bis 24jährigen. Während 1961 noch 51,0% aller 15- bis 19jährigen einer Erwerbstätigkeit nachgingen bzw. auf der Suche nach einer Arbeitsstelle waren, waren es 1982/83 nur noch 29,8%. In der Altersgruppe der 20- bis 24jährigen sank die Partizipationsrate von 90,0% auf 68,0%. Insgesamt sank die Partizipationsrate der 15- bis 64jährigen Männer um nahezu ein Sechstel von 83,2% (1961) auf 69,8% (1982/83) (vgl. Tab. 16). Der Grund dafür ist hauptsächlich in den vermehrten Bildungsanstrengungen in Jordanien zu suchen. Weiter unten wird näher auf die veränderten Bildungsmuster eingegangen.

Bei den *Frauen* sind die *Partizipationsraten* traditionell sehr niedrig (vgl. Tab. 17). Dies hat verschiedene Gründe. Die religiös bedingte Segregation von Männern und Frauen schließt Frauen in sehr vielen Fällen von der Beschäfti-

---

[89] *1976 brachte eine Frau ohne Schulausbildung durchschnittlich 9,1 Kinder zur Welt, eine Frau mit Primarschulausbildung 7,7 und eine Frau mit Sekundarschulausbildung 5,1 (vgl. Mujahid 1985: 119).*

[90] *Berechnet nach DoS (1984) und DoS, Statistical Yearbook 1986.*

gung aus. So haben die muslimischen Staaten überhaupt, insbesondere aber die arabischen Staaten, die im internationalen Vergleich weitaus niedrigsten Partizipationsraten bei Frauen. In Europa betrug der Anteil der in formellen Arbeitsverhältnissen beschäftigten Frauen an der Gesamtzahl der Frauen Mitte der 80er Jahre durchschnittlich 34,5%, in Asien 21,7%, in allen arabischen Ländern aber nur 9,1%[91]. In Jordanien lag diese Partizipationsrate mit 4,2% extrem niedrig und im internationalen, aber auch im arabischen Vergleich am unteren Ende der Rangskala[92]. Der Zusammenhang zwischen Religion und Frauenbeschäftigung wird auch deutlich, wenn man sich die Unterschiede zwischen den Partizipationsraten nicht muslimischer und muslimischer Frauen ansieht. Die Partizipationsrate bei den Frauen in Jordanien, die verheiratet sind oder waren, liegt bei den nicht-muslimischen Frauen um mehr als 75% über der Partizipationsrate bei muslimischen Frauen (vgl. Mujahid 1985: 115).

Der wichtigste Grund für die niedrige Partizipationsrate der Frauen liegt in der schon unter 5.1 diskutierten *starken Stellung der Familie*. Diese starke Stellung der Familie *bedingt* (durch den Vorrang der Familienwohlfahrt vor der individuellen Wohlfahrt) eine hohe Kinderzahl. Und diese hohe Kinderzahl verhindert eine Beschäftigung der Frauen außerhalb des eigenen Haushalts. So ist dann auch die Beschäftigung von Frauen stark daran geknüpft, ob sie verheiratet sind oder nicht. Die Partizipationsrate liegt bei unverheirateten Frauen im Alter zwischen 15 und 64 mit 16,8% viermal so hoch wie die Partizipationsrate bei verheirateten Frauen (4,2%)[93]. Der hohe Stellenwert von Kindern führt in der Regel zu einer sofortigen Schwangerschaft nach der Heirat, und bei einer durchschnittlichen Kinderzahl zwischen sieben und acht bleibt in der Tat wohl kaum Zeit für eine andere Beschäftigung.

Noch stärker als die Beschäftigung aller Arbeitskräfte konzentriert sich die Beschäftigung der Frauen auf den *Dienstleistungsbereich*. 86,6% aller beschäftigten Frauen haben hier eine Arbeit gefunden, der überwiegende Teil als Lehrerinnen. Wie Tabelle 18 erkennen läßt, ist die Dominanz des Dienstleistungs-

---

[91] *Ungewichtete Durchschnitte; berechnet nach ILO (1986). Die dortigen Angaben umfassen nur einen Teil der Länder, außerdem sind die Partizipationsraten für verschiedene Jahre wiedergegeben.*

[92] *Hier noch einige Beispiele: Algerien (2,4%), Bahrain (10,0%), Irak (9,4%), Qatar (9,7%), Syrien (5,6%), V.A.E. (8,8%); vgl. ILO (1986).*

[93] *Berechnet nach DoS (1984).*

bereichs als Sektor der Frauenbeschäftigung zwar stets vorhanden, nie aber so stark gewesen. In früheren Zeiten war ein weitaus größerer Teil der Frauen im verarbeitenden Gewerbe bzw. in der Industrie beschäftigt. Im Jahr 1961 hatte noch jede dritte Arbeitsuchende hier eine Beschäftigung gefunden, 1982 war es nur noch jede zwölfte. Dies hat offensichtlich mit einer veränderten Qualifikationsstruktur der Frauen zu tun. Heute sind mehr als die Hälfte (55,8%) der Frauen in Jordanien als *Akademikerinnen* beschäftigt oder haben eine vergleichbar hohe Qualifikation (vgl. Tab. 19). Zusammen mit den Bürokräften stellen diese hochqualifizierten Arbeitskräfte mehr als drei Viertel der Frauen in Arbeitsverhältnissen[94].

Obwohl sich die Frauenbeschäftigung in den letzten Jahren und Jahrzehnten signifikant erhöht hat, sind ihr durch das Gesellschaftssystem mit seiner sehr starken Konzentration auf die Familie erhebliche und sehr klare Grenzen gesetzt. Dies zeichnete sich stark in den Jahren der Arbeitskräfteknappheiten in Jordanien ab (vgl. 7.3). Insgesamt wird aus den genannten Gründen die Frauenbeschäftigung in Jordanien in absehbarer Zeit nicht den in westlichen und östlichen Industrieländern oder in einer Reihe von Entwicklungsländern bekannten Stand erreichen[95]. Wichtiger für die Produktion *außerhalb* des privaten Haushalts ist und bleibt die Beschäftigung von Männern, die sich weitgehend in der Gesamtbeschäftigung widerspiegelt. Diese soll im folgenden kurz beleuchtet werden.

In mancherlei Hinsicht hat Jordanien eine rapide Entwicklung hinter sich gebracht. Das betrifft ganz sicherlich den Bereich der *formellen Schulbildung* und damit die Angebotsseite des Arbeitsmarktes. Während Mitte der 40er Jahre nur etwa 28% der Kinder im Schulalter auch die Schule besuchten (vgl. Lerner 1958: 306), waren es dreieinhalb Dekaden später nahezu 100%. In der Tat ist

---

[94] *Alle genannten Zahlen beziehen sich auf die Frauenbeschäftigung ohne die Landwirtschaft. Der Grund für diese Ausklammerung liegt in der Vielschichtigkeit der landwirtschaftlichen Beschäftigung (Vollzeit-, Teilzeit-, Saisonarbeit; bezahlter, unbezahlter Dienst) und der sehr schwierigen Abgrenzung zwischen abhängiger Beschäftigung und Hausarbeit.*

[95] *Frauen werden auch von den offiziellen Stellen nur als Reservearbeitskräfte begriffen. Während in den Zeiten von Arbeitskräfteknappheiten die Erhöhung der Frauenarbeit proklamiert wird (vgl. Seccombe 1984), wird in den Zeiten von Arbeitslosigkeit von offizieller Seite der Platz der Frau als in der Mitte der Familie (und damit zuhause) bezeichnet (so Mansour Utoum, Direktor beim MoL; vgl. Jordan Times v. 04.03.87).*

heute der Bildungsbereich in Jordanien extrem ausgebaut. Die vier Universitäten, 56 Community Colleges, einige berufsbildende Einrichtungen, die unzähligen Primar- und Sekundarschulen (inkl. vorbereitende Kindergärten) und die Universitäten außerhalb Jordaniens wurden 1986 von 37,5% der Bevölkerung besucht, während es in einem Land der Europäischen Gemeinschaft durchschnittlich nur 20% waren (vgl. Badran 1987: 8ff.). Der Anteil der Universitätsstudenten an der jordanischen Bevölkerung ist mit 2,5% beispielsweise gut fünfmal höher als der in Großbritannien (0,45%; vgl. ebd.).

Diese hohe Zahl von Studenten und Schülern hat natürlich auch mit der sehr jungen Bevölkerung zu tun. Ein wichtiger, wenn nicht der entscheidende Grund liegt jedoch in dem besonderen "Bildungshunger" der palästinensischen Bevölkerung, die als Motor jordanischer Bildungspolitik betrachtet werden kann. Einerseits war die Nachfrage nach Bildung bei den palästinensischen Arabern traditionell höher als die Nachfrage nach Bildung bei der ursprünglichen transjordanischen Bevölkerung, andererseits hat eine Bevölkerung mit Flüchtlings- oder Diasporaerfahrung (wie ein großer Teil der palästinensischen Bevölkerung nach 1948) aufgrund genau dieser Erfahrungen eine *höhere Nachfrage nach Bildung*. Dies liegt daran, daß sich Humankapital als das einzige Kapital erweist, das nicht konfisziert werden kann. Die Palästinenser haben bis heute keine feste Heimstatt, und viele leben mit der Erwartung oder zumindest mit der Hoffnung, irgendwann einmal in den palästinensischen Staat weiterzuziehen oder der Befürchtung ihr Gastland verlassen zu müssen, insbesondere da sie in vielen ihrer Gastländer Diskriminierungen erfahren. Sie werden daher relativ viel in Kapital investieren, das mobil *ist* (unter anderem Humankapital), und sie werden viel in Kapital investieren, das sie mobil *macht.* Die Ergebnisse einer solchen Investitionsstrategie bestehen darin, daß zum ersten relativ viele Palästinenser an einer Universität studieren und daß sich zweitens diese Palästinenser auf Studiengänge konzentrieren, die nicht auf die speziellen institutionellen Gegebenheiten ihres Gastlandes ausgerichtet sind (wie z.B. Recht, Landwirtschaft, Lehramtsstudiengänge), sondern auf solche, deren Lerninhalte international verwertbar sind[96]. Die große Nachfrage nach Bildung in Jordanien und die hohe Zahl palästinensischer Studenten im Ausland bestätigen dies.

---

[96] *Vgl. dazu Brenner und Kiefer (1981), die die Verhaltensweisen von Juden und Palästinensern in dieser Hinsicht untersuchen und für beide Gruppen zu ganz ähnlichen Ergebnissen kommen.*

Im Ergebnis sind die Bildungsbemühungen und der Bildungsgrad hoch. So ist aus den Schätzungen von Serageldin et al. (1983) zu schließen, daß im arabischen Raum nur die libanesischen Arbeitskräfte im Durchschnitt qualifizierter sind als die Arbeitskräfte mit jordanischem Paß. Auch die derzeitigen Studentenzahlen in Jordanien zeigen die Bemühungen um eine möglichst weitgehende Ausbildung. Im akademischen Jahr 1985/86 waren an den Bildungseinrichtungen des tertiären Bereichs, das heißt den Universitäten, den Community Colleges und den Nursing Colleges, 53753 Studenten eingeschrieben. Dazu kamen noch ungefähr 40000 bis 60000 jordanische Staatsbürger, die an ausländischen Universitäten studierten. Allerdings ist die letztgenannte Spanne mit erheblichen Unsicherheiten behaftet. So gibt die Weltbank für 1982/83 die Zahl von 60288 Studenten im Ausland (vgl. World Bank 1986) an, der Fünfjahresplan 1986-1990 (HKJ 1986: 258) für 1983/84 die Gesamtzahl von 45902 Studenten im Ausland und das Statistische Jahrbuch 1986 für 1984/85 nur 19428[97].

Die Teilnahme an formellen Ausbildungsgängen im Anschluß an die Sekundarstufe ist damit in Jordanien hoch. Vermutet man im Jahr 1986 zwischen 90000 und 110000 Studenten, dann sind das zwischen 35,4% und 43,2% der Altersgruppe der 20- bis 24jährigen. Auch wenn im Inland nahezu 45% der eingeschriebenen Studenten Frauen sind (im Ausland ist dieser Anteil sicherlich *sehr* viel niedriger, vermutlich ist er nahe null), die zum großen Teil aus den oben genannten Gründen nicht oder nur sehr kurz in das Berufsleben eintreten werden, ist die Zahl derer, die mit einer hohen formellen Ausbildung auf den Arbeitsmarkt treten, sehr groß. Dieser Ausbildungstrend hat sich in den vergangenen Jahren immer mehr verstärkt. Während 1982/83 29,3% aller Arbeitskräfte von 20 bis 24 Jahren eine formelle Ausbildung im tertiären Bereich durchlaufen hatten, waren es bei den 30- bis 34jährigen schon nur noch 24,6%, bei den 35- bis 39jährigen 18,5%, bei den 40- bis 49jährigen 9,9% und bei den Arbeitskräften zwischen 50 und 59 Jahren nur noch 2,8%[98]. Es bleibt demnach festzuhalten, daß es in Jordanien eine relativ hohe Investition in Bildung gibt und daß dieser Trend sich offensichtlich in den letzten Jahren immer mehr verstärkt hat[99].

---

[97] *Allerdings beachtet die letztgenannte Quelle die vermutlich wichtigsten Studienländer Großbritannien und vor allem die U.S.A. nicht.*

[98] *Berechnet nach DoS (1984).*

[99] *Die Zahl der Universitäten in Jordanien hat sich in den letzten Jahren von zwei auf vier erhöht.*

Der *jordanische Arbeitsmarkt* kann diese große Zahl relativ hochqualifizierter Arbeitskräfte *nicht* absorbieren. Die Arbeitslosigkeit ist nach allen bisher vorgelegten Schätzungen bei den Absolventen von Universitäten und Community Colleges besonders hoch. Die Arbeitslosigkeit von Absolventen tertiärer Bildungseinrichtungen wird als *das Arbeitslosigkeitsproblem* im Moment[100] und für die Zukunft (World Bank 1986, RSS 1987) wahrgenommen. An Facharbeitern verschiedenster Berufe herrscht dagegen ein erheblicher Mangel (vgl. dazu World Bank 1986). Dieses Ungleichgewicht auf dem Arbeitsmarkt ist struktureller Natur. Auf die Bedeutung von Abwanderungsprozessen für dieses strukturelle Ungleichgewicht wird später zurückzukommen sein.

Eine sehr ungewöhnliche Struktur bietet auch die *sektorale Aufteilung des Arbeitsmarktes*. Dominierend ist der Dienstleistungsbereich, der 1986 nahezu die Hälfte (46,8%) der Arbeitskräfte beschäftigte (vgl. Tab. 15). Der allergrößte Teil davon ist in staatlichen Diensten, zuvorderst in der Armee. Da die Streitkräfte in keiner Hinsicht einer statistischen und ökonomischen Betrachtung zugänglich gemacht werden, ist unklar, wieviele Menschen in Jordanien Mitglieder der Streitkräfte sind. In einer Rede im Sommer 1988 bezifferte König Hussein selbst die Größe der Streitkräfte mit 120000. Damit wäre ungefähr *jeder vierte* erwerbstätige Mann in Jordanien (ohne Gastarbeiter) in der Armee beschäftigt.

Es ist weiter oben dargelegt worden, daß mit dieser großen Armee nicht nur einer Bedrohung von außen entgegengewirkt werden soll, sondern daß mit ihr eine *Stabilität im Inneren* geschaffen wird. Das gleiche gilt für den restlichen öffentlichen Sektor, dessen verschiedene Institutionen in bezug auf ihre Größe oft in keinem Verhältnis zu ihrer Produktivität stehen. Auch durch den öffentlichen Dienst außerhalb der Armee werden Gruppen oder Individuen kooptiert, deren Zustimmung diejenigen bedürfen, die die zentralen Positionen innerhalb der jordanischen Gesellschaft einnehmen. Konsequenterweise ist der öffentliche Dienst erheblich gewachsen. Ohne die Armee, die den Hauptteil der staatlichen Angestellten absorbiert, wuchs die Zahl der im öffentlichen Dienst von der Civil Service Commission registrierten Angestellten zwischen 1970 und 1986 um 205% von 27023 auf 82434 (vgl. Findlay 1987: 22). Die Bevölkerung wuchs im gleichen Zeitraum aber nur um 85,4% (vgl. DoS, Statistical Yearbook 1986).

---

[100]*Vgl. RSS (1987) oder die immer wieder auftauchende öffentliche Diskussion über dieses Problem z.B. in der Jordan Times v. 22.07.87, v. 27.10.87 oder v. 06.08.88.*

Der ehemals so große *Sektor Landwirtschaft*, der 1961 noch ein Drittel aller Arbeitskräfte beschäftigte, gehört heute zu den in bezug auf die Beschäftigung nachrangigen Sektoren. Wichtiger sind inzwischen der Sektor Verarbeitendes Gewerbe und Industrie, der Bausektor, der Handelsbereich, und der Transport- und Kommunikationsbereich (abgesehen natürlich vom Dienstleistungssektor). Faßt man die verschiedenen Sektoren zusammen, dann liegt das Hauptgewicht der Beschäftigung mit ungefähr *70% auf dem tertiären Sektor*, der sekundäre folgt mit 20% und in Landwirtschaft und Bergbau (primärer Sektor) sind noch ca. 10% beschäftigt.

Diese wirtschaftliche Struktur, die hier kurz anhand der Beschäftigung dargestellt wurde, wirft für Jordanien Probleme auf. Das wichtigste dieser Probleme besteht in dem hier diskutierten Zusammenhang darin, daß Jordanien *gezwungen* ist, auf irgendeine Weise einen großen Teil seines Bruttosozialprodukts im Ausland zu erwirtschaften, und daß es dem Land immer schwerer fällt, dies zu tun.

Bevor im folgenden ein kurzes statistisches Porträt der Außenabhängigkeit Jordaniens gezeichnet wird, seien die wichtigsten der hier diskutierten Charakteristika der jordanischen Bevölkerung und des Arbeitsmarktes noch einmal kurz zusammengefaßt:

- Das *Bevölkerungswachstum* ist im internationalen Vergleich *sehr hoch*, das Durchschnittsalter der Bevölkerung damit sehr niedrig.

- Die *Partizipationsraten* der Bevölkerung im allgemeinen und die der Frauen im besonderen sind *sehr niedrig*.

- Das *Bildungsniveau* ist im arabischen Vergleich *sehr hoch* und die Verteilung formeller Qualifikationen erreicht Industrieländerstandard.

- Eine große Zahl von *Studenten* ist an *ausländischen Universitäten* eingeschrieben.

- Die *Arbeitslosigkeit* ist in den letzten Jahren sehr stark gewachsen und insbesondere bei Absolventen des tertiären Bildungsbereiches *sehr hoch*.

- Die *Beschäftigung* ist sehr stark auf den *tertiären Sektor* konzentriert, wobei die Beschäftigung im Staatsdienst eine dominante Position einnimmt.

5.3 Die Außenabhängigkeit Jordaniens

Jordanien hat, wie unter 5.1 und 5.2 erläutert wurde, eine Reihe struktureller wirtschaftlicher Probleme, die sich aus seiner Gesellschaftsordnung, seiner Lage als Frontstaat im arabisch-israelischen Konflikt, seinem Mangel an natürlichen Ressourcen und seiner sehr unausgeglichenen Arbeitskräftestruktur ergeben. Aufgrund all dieser Charakteristika ist Jordanien seit seinem Bestehen von *Devisenzuflüssen* aus dem Ausland abhängig. Diese Zuflüsse bilden die Grundlage für die wirtschaftliche Überlebensfähigkeit des Königreichs. Fünf *Hauptquellen* sorgen nun für den Zustrom dieser Devisen: Arbeitskräftewanderung bzw. *Gastarbeiterüberweisungen, finanzielle Hilfe, Exporte, Reexporte* und *Tourismus*. Bevor auf die Arbeitskräftewanderung in den folgenden Kapiteln näher eingegangen wird, soll zunächst die Verflechtung Jordaniens mit dem Ausland auf der Grundlage von Zahlungsströmen (also statistisch) betrachtet werden.

Ein Blick auf die Zahlungsbilanz macht die Außenabhängigkeit des Landes deutlich (vgl. Tab. 4). Bis zum Jahre 1984 überstiegen die Importe die Exporte regelmäßig um *mindestens 100%*, 1985 und 1986 immerhin noch um mehr als 90%. 1987 fiel dieser Importüberschuß um einiges geringer aus und betrug noch knapp 67%. An einigen weiteren Charakteristika läßt sich die Außenabhängigkeit Jordaniens deutlich machen:

- Allein die offiziell registrierten Überweisungen der im Ausland beschäftigten Jordanier machten 1985 *21,6% des jordanischen BSP* aus.

- Schon seit Jahren liegen die *Deckungsbeiträge der Staatseinnahmen* in bezug auf die Staatsausgaben bei *unter 60%*.

- Der *Inlandskonsum beträgt 110% des BIP*, die Importe überstiegen ebenfalls zeitweise das BIP (vgl. Tab. 3).

Etwas detaillierter soll im folgenden auf die vier weiteren Säulen der jordanischen Außenverflechtung (außer der Arbeitsmigration) eingegangen werden: a) Finanzielle Hilfe, b) Export von jordanischen Waren, c) Reexporte und d) Tourismus.

a) *Finanzielle Hilfe.* Jordanien spielt eine wichtige Rolle im Nahost-Konflikt, denn einerseits hat es von allen Staaten die längste Grenze zu Israel, andererseits ist ein Teil seines ehemaligen Gebietes 1967 von Israel besetzt worden. Es pflegt gute Beziehungen zum Westen, ist jedoch mit seiner Frontstellung gegenüber dem Abkommen von Camp David und allen Separatvereinbarungen auf der Linie der meisten übrigen arabischen Staaten (vgl. Weiss 1983). Westliche Industrieländer, vor allem aber die Staaten des Gulf Cooperation Council honorieren diese "*moderate Frontstellung*" mit erheblichen Hilfsleistungen (vgl. Tab. 8). Mit 91,1% wird der Löwenanteil der finanziellen Hilfe von arabischen Staaten geleistet. Auf dem *Gipfel von Bagdad 1978* wurde. Jordanien eine jährliche Hilfe von 1,25 Milliarden US-Dollar zugesagt. Dieser finanziellen Verpflichtung kommt allerdings nur Saudi-Arabien regelmäßig nach. Im Jahre 1988 lief die Vereinbarung ganz aus.

Allerdings hatte es schon vor dem Gipfel von Bagdad *infolge des Ölbooms* Hilfeleistungen gegeben. Während der Anteil der arabischen Länder an der gesamten finanziellen Hilfe für Jordanien zwischen 1973 und 1985 durchschnittlich 85,1% ausmachte, betrug der Anteil zwischen 1967 und 1972 nur 6,4%. Vor 1967 war die finanzielle Hilfe von den arabischen Erdölstaaten sehr klein (vgl. Khatib 1987).

Es läßt sich eine kontinuierliche Zahlung erheblicher Unterstützungsleistungen an Jordanien seit der Gründung des Staates mit dem Zug Abdullahs nach Amman beobachten. Diese *Kontinuität* zeigt, daß alle Zahlungen (auch die nach 1967) mehr der Erhaltung der inneren Stabilität als der Abwendung einer äußeren Bedrohung galten (vgl. auch 5.1). Um insbesondere die Kooptation in die Armee zu gewährleisten, müssen erhebliche Ressourcen von außen bereit gestellt werden.

Deutlich wird die Abhängigkeit von der finanziellen Hilfe, wenn sie in Relation zum BIP betrachtet wird. Durchschnittlich 19,8% macht diese Relation in den Jahren 1981 bis 1987 aus, wobei allerdings diese "Abhängigkeitsquote" von 35,7% (1981) kontinuierlich bis auf 12,0% (1987) sank[101,102]. Die *einmalige* Situation Jordaniens wird deutlich, wenn man den Vergleich zu anderen Entwicklungslän-

---

[101] *Eine mit den Transfers der Gastarbeiter kombinierte Abhängigkeitsquote fällt noch wesentlich ungünstiger aus. Zudem fällt sie in den Jahren 1981 (65%) bis 1987 (30,9%) relativ langsamer.*

[102] *Dieses Absinken der finanziellen Hilfe brachte für Jordanien erhebliche Devisenengpässe mit sich, so daß die von der Zentralbank fixierten Wechselkurse (der jordanische Dinar ist an die Sonderziehungsrechte gekoppelt) lange Zeit nur mit Mühe aufrecht erhalten werden konnten. Im Juli 1988 wurde der JD endlich erheblich abgewertet.*

dern zieht. Nach Statistiken des IWF betrugen die Zuweisungen aus dem Ausland an die Zentralregierung zwischen 1972 und 1983 im Weltdurchschnitt 0,25% des Haushalts, im Nahen Osten war es durchschnittlich das Zwölffache (3%), für Jordanien waren es zwischen 1974 und 1983 dagegen im Mittel *mehr als 20%* (vgl. Findlay 1987).

Es bleibt aber festzuhalten, daß sich die Abhängigkeit in den letzten Jahren *verringert* hat. Dies macht auch ein Vergleich der Wachstumsraten des Bruttosozialprodukts mit den Wachstumsraten der Transfers aus dem Ausland (Gastarbeiterüberweisungen, Übertragungen an den Staat, Übertragungen an Private) deutlich (vgl. Tab. 7). Während in den Jahren 1979 bis 1986 die durchschnittlichen Wachstumsraten des BSP 13,3% betrugen (mit allerdings erheblich höheren Wachstumsraten am Anfang der Periode), wuchsen die verschiedenen Formen der Transfers nur um durchschnittlich 4,7% (mit erheblichen Schwankungen)[103]. Im Jahr 1987 sind sowohl die Transfers (-20,0%) als auch das Bruttosozialprodukt (-2,7%) gegenüber 1986 gefallen.

b) *Export von jordanischen Waren.* Die dritte Ebene der Außenverflechtungen Jordaniens, neben Gastarbeiterüberweisungen und Übertragungen, ist der internationale Handel. Es wurde schon gesagt, daß die güterwirtschaftliche Basis der jordanischen Ökonomie äußerst schmal ist und daß in einigen Jahren dieser Dekade der Import von Gütern und Dienstleistungen die Produktion von Gütern und Dienstleistungen in Jordanien selbst überstieg (vgl. Tab. 3). Nur zu einem geringen Teil werden diese Importe von Gütern durch *Güterexporte* bezahlt. In den letzten fünf Jahren lag die (allerdings steigende) Relation von Exporten zu "reinen Importen" (ohne Dienstleistungen und ohne Reexporte) nie über 29,3% (vgl. Tab. 5). Die Steigerung des Verhältnisses von Exporten zu Importen in den letzten Jahren geht dabei im wesentlichen auf eine Abnahme der Einfuhr von Rohmaterialien und Investitionsgütern zurück[104]. In weit geringerem Maße sanken die Importe von Konsumgütern. Die Steigerung der Exportquote ist also zumindest in Teilen auf eine *Rezession* in Jordanien zurückzuführen, *nicht* aber auf eine Importsubstitutionsstrategie oder auf eine Exportsteigerung.

---

[103] *Bezogen jeweils auf den nominalen Zuwachs.*

[104] *Die Abnahme der Importquote im Jahre 1986 ist vor allem auf ein Absinken der Einfuhr von Rohmaterialien (-32,4% gegenüber 1985) und Investitionsgütern (-25,0%), weniger auf ein Absinken der Einfuhr von Konsumgütern (-10,9%) zurückzuführen. Vgl. CBJ, MSB, Vol. 23, No. 6 (August 1987).*

Hauptexportgebiet ist der Arab Common Market (ACM), aber auch die anderen arabischen Länder sind wichtige Aushandelspartner. Durchschnittlich betrug der Anteil der jordanischen Exporte in arabische Länder an den Gesamtexporten in den Jahren 1982 bis 1987 52,8% (vgl. Tab. 6).

c) *Reexporte.* Bezieht man die Reexporte noch in die Rechnung ein, erhöht sich der Anteil des jordanischen Außenhandels mit den *arabischen Staaten* am Außenhandel des Haschemitischen Königreichs insgesamt. Seit dem Beginn des iranisch-irakischen Krieges unterstützte Jordanien den Irak, vor allem durch die Ermöglichung des Transithandels. Unter anderem die eigens für diesen Zweck gegründete Transportgesellschaft schlug im Hafen von Aqaba im Jahr 1987 mehr als 9,1 Millionen Tonnen ankommende und abgehende Transitgüter um, während es 1978 nur 98200 Tonnen waren. Der Irak avancierte damit 1986 zum wichtigsten Handelspartner, sowohl was den Export als auch was den Import betrifft. Da es sich in diesem Fall allerdings nur zum kleinsten Teil um den Export jordanischer Waren handelte, die Wertschöpfung in Jordanien in Relation zum Handelsvolumen also gering war, war dieser Handel für die jordanische Ökonomie von geringerer Bedeutung als das Handelsvolumen suggeriert. Es muß sich auch erst noch erweisen, ob Jordanien nach dem Kriegsende von seinen langen und guten Beziehungen zum Irak profitieren kann.

d) *Tourismus.* Eine weitere Säule der jordanischen Außenbeziehungen ist der Tourismus. Als relativ liberales Land (z.B. in bezug auf den Genuß von Alkohol) mit einem angenehmen, mediterranen Klima und sehenswerten archäologischen Stätten, hat Jordanien in den letzten Jahren einen ständig steigenden Besucherstrom zu verzeichnen (1977 = 940800; 1986 = 1897000)[105]. Der Hauptteil der ankommenden Gäste wird dabei von den *arabischen Staaten* gestellt, im Mittel 81,0% in den Jahren 1980 bis 1985, wobei sich eine steigende Tendenz abzeichnet (1980 = 74,9%; 1985 = 84,4%). Das Muster des Tourismus in Jordanien ist nicht genau erfaßt. Es ist aber zu vermuten, daß ein Großteil der europäischen und anderen nicht arabischen Gäste sich nur für wenige Tage in Jordanien aufhält, während ein großer Teil der arabischen Touristen für längere Zeit bleibt (insbesondere Besucher aus den Golfstaaten, die sich über die Sommermonate in Jordanien aufhalten).

---

[105] *Registrierte Grenzüberschreitungen ohne ankommende bzw. das Land verlassende Jordanier. Vgl. CBJ, MSB, Vol. 23, No. 4 (April 1987).*

Auf der wirtschaftlichen Seite bestimmen also vier Bereiche die Außenbeziehungen Jordaniens: die Hilfsleistungen, die Gastarbeiterüberweisungen bzw. die Auslandsbeschäftigung allgemein, der Handel (inklusive Transithandel) und der Tourismus. *In allen Bereichen hat die Verbindung mit den arabischen Staaten des Arab Common Market einerseits und den Mitgliedern des Gulf Cooperation Council (Kuwait, Qatar, Oman, V.A.E., Saudi-Arabien, Bahrain) andererseits überragende Bedeutung, während die Verbindung mit anderen großen Märkten bzw. Geberländern (EG, U.S.A.) zum Einkommen Jordaniens nur in geringem Maße beiträgt.* Im Exportbereich bildet allerdings Indien eine Ausnahme, das ein wichtiger Abnehmer von Phosphatprodukten ist.

Am deutlichsten wird die Außenabhängigkeit bei den Konsum- und Investitionsgütern, das heißt wenn man die Verwendung des Einkommens betrachtet. Das Verhältnis von Importen insgesamt und Bruttoinlandsprodukt betrug in den vergangenen Jahren beständig ungefähr 1:1. 1985 wurden *nur 34,5%* der Konsum- und Investitionsgüter, die in Jordanien verkauft wurden, auch in Jordanien hergestellt. Bei den Rohstoffen betrug der selbstproduzierte Anteil sogar nur knapp 11%[106]. Eindeutig liegt damit Jordaniens Stärke im *Servicebereich*, was sich auch in der Beschäftigungsstruktur widerspiegelt: Landwirtschaft und Bergbau etwa 10%, Sekundärer Sektor ca. 20% und Dienstleistungsbereich etwa 70%.

Die obige Analyse der jordanischen Entwicklungshindernisse legt eine erweiterte Betrachtungsweise in bezug auf die jordanische Entwicklung nahe. Bisher wurden die strukturellen Hindernisse der jordanischen Entwicklung immer wieder mit *"Mangel an natürlichen Ressourcen"*, *"kleiner Binnenmarkt"*, *"hohe Verteidigungslast"* etc. benannt[107], mit Restriktionen also, deren Kontrolle bzw. Aufhebung außerhalb der Möglichkeiten Jordaniens liegt. Diese Restriktionen sind zweifellos vorhanden. Die Dominierung der wirtschaftlichen Aktivitäten in Jordanien durch Verteilungskoalitionen setzt der Produktion in diesem kleinen Land *ebenfalls erhebliche* Grenzen. Neben anderen aufgezwungenen Entwicklungsproblemen werden auch die durch das innere Verteilungssystem entstandenen Verteilungs- und Produktionsprobleme durch massive Hilfszahlungen von

---

[106] Vgl. CBJ, MSB, Vol. 23, No. 4 (April 1987).

[107] Vgl. stellvertretend für viele Seccombe (1984) oder Saket (1985).

außen kompensiert. Letztere stärken wiederum die Dominanz von Verteilungskoalitionen, denn sie erhöhen die zu verteilende Masse.

Noch eine andere oft für Jordanien gemachte Aussage muß im Lichte dieser Analyse zumindest relativiert werden, nämlich daß die Beduinenstämme mit ihrer Loyalität zum Königshaus der stabilisierende Faktor in Jordanien sind (vgl. Jureidini/McLaurin 1984). Diese Rolle und die von den Beduinen geleisteten Dienste qualifizieren diese Gruppe zwar für Sonderrechte. Andererseits aber führt die Durchsetzung von Sonderinteressen zu Instabilität und Widerspruch von anderen Gruppen. Damit ihre Sonderrechte erhalten bleiben, müssen die Begünstigten diese Rechte verteidigen, manchmal mit Gewalt.

6. Die Arbeitskräftewanderungen aus und nach Jordanien – Eine Beschreibung

Im vorangehenden Kapitel wurden die in bezug auf diese Arbeit wesentlichen Bedingungen der jordanischen Entwicklung herausgearbeitet. In den folgenden Kapiteln soll es um eines der wichtigsten Phänomene bezüglich der Entwicklung des Haschemitischen Königreichs gehen, nämlich um die Arbeitskräftewanderungen. Kaum ein Land der Welt hat derart große Aus- und Einwanderungsströme in Relation zu seiner Bevölkerung erlebt wie Jordanien. In diesem Kapitel soll vor allem eine *statistische Beschreibung* der Phänomene *Auswanderung aus Jordanien, Einwanderung nach Jordanien* und *Rückwanderung nach Jordanien* erfolgen. Bevor die Arbeitskräftewanderungen aus und nach Jordanien diskutiert werden, seien jedoch zuvor diese Wanderungsbewegungen in den größeren Kontext der *arabischen Migrationsbewegungen* gestellt.

6.1 Jordanien und die innerarabischen Wanderungsbewegungen

Seit dem Beginn des arabisch-israelischen Konflikts steht Jordanien im Mittelpunkt dieser Auseinandersetzung. Immer wieder schlugen sich die politischen Krisen, vor allem aber die Kriege der Region in *Bevölkerungswanderungen* nieder. Schon 1950, zwei Jahre nach dem ersten arabisch-israelischen Krieg, zählte die UNRWA ca. 465000 Flüchtlinge in beiden Teilen Jordaniens (vgl. Kirwan 1981). Jordanien hatte seine erste große Einwanderungswelle erlebt. Auf der anderen Seite führte die gespannte wirtschaftliche Lage des Königreichs, das seit seiner Gründung mit einem chronischen Handelsdefizit leben muß (ein Gradmesser seiner schwachen wirtschaftlichen Potenz), mitunter zu kleineren Auswanderungsströmen.

Auch wenn es schon sehr lange Wanderungsbewegungen gab (Pilgerfahrten nach Mekka, Nomadismus), begannen mit dem Jahr 1967 die zwei Dekaden der massiven Wanderungsbewegungen innerhalb der gesamten Arabischen Welt. Diese beiden Dekaden können in fünf Phasen unterteilt werden (Choucri 1986). Die *erste Phase* reichte von 1967 bis 1973 und umfaßte die Zeit zwischen dem Sechs-Tage-Krieg und dem vierten arabisch-israelischen Krieg, dem sogenannten Oktoberkrieg oder Yom-Kippur-Krieg. Die Besetzung der Sinai-Halbinsel, des Gaza-Streifens, der Westbank und der Golan-Höhen durch Israel führte zu einer großen Zahl von Flüchtlingen. Ca. 450000 dieser Flüchtlinge mußte Jordanien im Ostteil seines Landes aufnehmen (vgl. Kirwan 1981: 673).

Gleichzeitig und zum Teil auch in der Folge der Flüchtlingsbewegungen war die Zahl der *Arbeitsmigranten* innerhalb des arabischen Raumes bis 1973 kontinuierlich angewachsen, mit ca. 500000[108] aber immer noch relativ gering. Schon zu dieser Zeit befanden sich die meisten Arbeitsmigranten in den arabischen Erdölstaaten. Jordanier, in aller Regel eingebürgerte Palästinenser, wanderten zu dieser Zeit hauptsächlich als Lehrer oder zur Ausübung administrativer Tätigkeiten aus Jordanien ab, weil sie im östlichen Teil des damaligen Haschemitischen Königreichs keine Beschäftigung finden konnten. So lebte schon sehr früh eine relativ große Gruppe von Palästinensern in Kuwait. Darüber hinaus aber war Migration zu dieser Zeit ein Instrument der Außen- und Wirtschaftspolitik. In bilateralen Verträgen vereinbart, wurden Arbeitskräfte aus Ägypten oder Jordanien in die Ölstaaten *entsandt*, um dort zu arbeiten (vgl. Choucri 1986, 1988).

In der *zweiten Phase* der Migration innerhalb der Arabischen Welt von 1973 bis 1975 wuchs die Zahl der Arbeitsmigranten um das 2,5fache. Die Durchsetzung massiver Preiserhöhungen durch die Mitglieder der OPEC und die sofortige erhebliche Erhöhung der Ausgaben in diesen Ländern setzte sich schlagartig in einen enormen Bedarf nach Arbeitskräften in nahezu allen Sektoren um. Die auf 1973 folgenden Jahre sorgten für einen enormen Migrationsstrom. Charakteristisch für den Anfang des Ölbooms ist, daß die Migration im wesentlichen *Arbeitskräfte aus arabischen Ländern* betraf. Von den ca. 1,6 Millionen Arbeitsmigranten waren ungefähr 150000 Jordanier (Birks/Sinclair 1978, Kirwan 1981), wobei es schwierig ist, zwischen Jordaniern und Palästinensern zu unterscheiden, da erstens Jordanien vielen Palästinensern (insbesondere denen, die von der Westbank stammten) die jordanische Staatsangehörigkeit zuerkannte und zweitens die Einwanderungsländer in ihren Einwanderungsstatistiken zwischen Jordaniern und Palästinensern *nicht* differenzieren[109].

Die *dritte Phase* ab 1975 weist zwar eine Expansion der Arbeitsmigration in die arabischen Erdölstaaten auf, der steigende Arbeitskräftebedarf wird jedoch in immer geringerem Maße von den arabischen Auswanderungsländern gedeckt. Insbesondere Pakistan, Indien, Bangladesh und die Philippinen wurden nach 1975 starke Arbeitskräfteexporteure. Ab Ende der 70er Jahre waren die Arbeits-

---

[108]*200000 bis 250000 Jemeniten, ca. 94000 Ägypter, ca. 92000 Syrer und ungefähr 71000 Palästinenser (vgl. Choucri 1986: 698).*

[109]*Auf dieses Problem wird später in diesem Kapitel zurückzukommen sein.*

kräfte aus den asiatischen Staaten fast ebenso zahlreich in den Ölstaaten vertreten wie die der arabischen Arbeitskräfteexporteure (vgl. Choucri 1986)[110]. Ab Mitte der 70er Jahre tritt also ein Prozeß der *Diversifizierung* ein. Die Arbeitskräfte aus süd- und südostasiatischen Staaten hatten etwas länger gebraucht, um ihre Chancen auf den Arbeitsmärkten der Ölstaaten zu realisieren. Aber ihre zum Teil niedrigeren Lohnforderungen und ihre Bereitschaft, in Sektoren zu arbeiten, für die arabische Arbeitskräfte kaum verfügbar sind (zum Beispiel als Hauspersonal), verschafften ihnen sehr bald einen relativ großen Marktanteil. Dazu kam, daß in den arabischen Auswanderungsländern selbst zum Teil die Arbeitskräfte insgesamt (zum Beispiel in Jordanien) oder in bestimmten Qualifikationsgruppen (zum Beispiel in Ägypten) knapp wurden, und daß die süd- und südostasiatischen Staaten einen durch die jeweiligen Regierungen *unterstützten* Migrationsprozeß einleiteten. In vielen dieser Länder wurden staatliche Vermittlungsorganisationen aufgebaut und zum Teil die rechtlichen Rahmenbedingungen für eine private Vermittlung von Arbeitskräften geschaffen[111].

Die *vierte Phase* Ende der 70er Jahre verzeichnete dann eine *wachsende Komplexität der Einwanderung* aus den asiatischen Ländern. Verstärkt kamen Arbeitskräfte aus Korea und Taiwan im Zuge einer neuen Art der Auftragsvergabe durch die Erdölstaaten, infolge der sogenannten "whole sale projects". Bei dieser Art der Auftragsvergabe wird der Auftragnehmer verpflichtet, sämtliche Komponenten eines Projekts verantwortlich zu übernehmen. Er ist dann vor allem auch verpflichtet, Arbeitskräfte zur Verfügung zu stellen und nach Erfüllung des Auftrags für ihre Abreise zu sorgen. Das wachsende Unbehagen der arabischen Erdölstaaten angesichts der großen Zahl von Gastarbeitern in Relation zu der einheimischen Bevölkerung[112] förderte diese Art der Projektvergabe sehr.

---

[110]*Im Gegensatz zu Choucri vermutete die ESCAP allerdings noch 1980 eine sehr viel geringere Anzahl asiatischer, nicht arabischer Arbeitskräfte und gab deren Anteil an den Arbeitsmigranten in den arabischen Ländern mit 29,1% an (vgl. Cremer 1987: 72).*

[111]*Vgl. dazu ausführlich ILO/ARPLA (1985) und Juridico/Marius (1987), außerdem Abschnitt 6.5.*

[112]*Der Anteil der ausländischen Arbeitskräfte an der Gesamtzahl der Beschäftigten war im Jahre 1980 bis auf 84% (V.A.E.) angewachsen (vgl. Sherbiny 1984: 35). Für 1985 nehmen Schätzungen einen durchschnittlichen Fremdarbeiteranteil für die Länder Bahrain, Kuwait, Libyen, Oman, Qatar, Saudi-Arabien und die V.A.E. von 56,8% an (vgl. Serageldin et al. 1983: 33).*

Die Öffnung der Arbeitsmärkte in den Ölstaaten für süd- und südostasiatische Arbeitskräfte einerseits und die bevorzugte Vergabe von "whole sale projects" andererseits hat auch die Position der jordanischen und palästinensischen Arbeitskräfte erheblich geschwächt. Die allgemein anerkannte Zahl für den Bestand an jordanischen und palästinensischen Arbeitskräften in den arabischen Ölstaaten für das Jahr 1975 wird mit 139000 beziffert. Ihr Anteil an der Gesamtzahl der Arbeitsmigranten in den Ölstaaten betrug damit zu diesem Zeitpunkt 8,6%[113]. Bis 1983 hatte sich die Zahl aller Arbeitsmigranten in den genannten Einwanderungsländern vervierfacht (6222350), die Zahl der Arbeitsmigranten von East- und Westbank hatte sich dort aber nur verdoppelt (271850, vgl. Tab. 35). Der Anteil der Arbeitsmigranten von East- und Westbank in den arabischen Erdölstaaten war damit bis 1983 auf 4,4% gesunken. Der Anteil der gesamten arabischen Arbeitsmigranten an allen ausländischen Arbeitskräften in den Ölstaaten ging in der dritten und der vierten Phase der Migration (1975 bis 1983) von 69,0% auf 54,3% zurück[114].

Die *fünfte Phase* der Migration in die arabischen Erdölstaaten begann mit dem Sinken der Erdölpreise. Welchen Verlauf die Entwicklung der Aus- und Einwanderungen in diese Länder haben wird, ist allerdings sehr schwierig zu prognostizieren. Es zeichnet sich ab, daß sich die Zahl der ausländischen Arbeitskräfte in den Erdölstaaten stabilisiert und der bislang allseits befürchtete Exodus *nicht* stattfindet. Dafür gibt es eine Reihe von Gründen, die in Kapitel 10. diskutiert werden.

Zum *Spezialfall* unter den arabischen Staaten wurde *Jordanien* dadurch, daß die Abwanderung von Arbeitskräften zu Knappheiten führte, die ihrerseits Jordanien zum Einwanderungsland werden ließen. Insbesondere in der Landwirtschaft, im Bausektor und im Dienstleistungsbereich (vor allem Hausangestellte) ist heute eine große Anzahl von Nichtjordaniern beschäftigt. Etwa ein Viertel aller Arbeitsplätze in Jordanien ist inzwischen von Ausländern besetzt, und beträchtliche Überweisungen werden aus Jordanien nach Ägypten, Sri Lanka, Pakistan und auf die Philippinen geleistet (vgl. 7.4). Jordanien ist damit auf

---

[113]*Die Gesamtzahl der Arbeitsmigranten in den arabischen Erdölstaaten wurde für 1975 auf 1610000 geschätzt (vgl. Serageldin et al. 1983).*

[114]*Schätzung aufgrund der Angaben von Serageldin (1983: 46) und Tabelle 35.*

zweifache Weise in den arabischen Arbeitsmarkt integriert. Diese Integration Jordaniens soll im folgenden beschrieben werden.

6.2 Die Migration aus Jordanien

Nachdem die fünf Phasen der internationalen Wanderungen in der Arabischen Welt im vorangegangenen Abschnitt kurz beschrieben wurden, soll es im folgenden um die Wanderungsbewegungen *aus* und *nach* Jordanien gehen. Die im Mittelpunkt stehende Abwanderung von Arbeitskräften wird dabei zuerst und am ausführlichsten behandelt. Insbesondere die Charakteristika der Migranten sind besser zu analysieren, wenn die Gründe für Wanderung überhaupt deutlich sind. Bevor der Umfang, die regionale und sektorale Verteilung sowie die Charakteristika der Arbeitsmigration aus Jordanien diskutiert werden, soll deshalb zunächst ein kurzer Exkurs zu der Frage folgen, warum Menschen wandern.

6.2.1 Warum wandern Menschen? - Ein Exkurs

Eine der weniger beachteten Fragen in der Diskussion um die Abwanderung von Arbeitskräften aus Jordanien in die arabischen Erdölstaaten und die westlichen Industrieländer ist die Frage nach den Gründen der Migration. Die Antwort ist mit dem Hinweis auf die bestehenden Lohnunterschiede in der Regel schnell zur Hand, und der weiteren Verfolgung der Frage braucht damit vermeintlich keine Aufmerksamkeit geschenkt zu werden. So plausibel diese Antwort auf den ersten Blick erscheint und so überwältigend das ökonomische Motiv bei der Wanderungsentscheidung auch sein mag, so sehr werden mit dieser einfachen Antwort doch etliche Probleme der Abwanderung aus Jordanien verdeckt. Zumindest eine Inkonsistenz des allzu einfachen Erklärungsansatzes wird sofort deutlich: Wenn Lohnunterschiede der einzige Grund bzw. die einzige Bestimmungsgröße der Migration waren, warum sind dann überhaupt noch Menschen in Jordanien geblieben? Im folgenden soll nun etwas intensiver auf die Motivation der Wandernden und die Rahmenbedingungen der Wanderung eingegangen werden.

Potentielle Migranten, und das sind grundsätzlich *alle* Menschen, die in der Lage sind, über sich selbst zu bestimmen, sehen sich mit einer Reihe möglicher Wohn-, Lebens- bzw. Arbeitsorte konfrontiert. Sofern ein Mensch für sich und nur für sich allein entscheidet, wird er die verschiedenen Lebensorte vor dem Hintergrund seiner Nutzenfunktion evaluieren. Dabei mag das Klima, das Gehalt, die sonstigen Arbeitsbedingungen, das Kulturangebot, das Angebot an öffentlichen Dienstleistungen, die soziale Akzeptanz alternativer Lebensformen und vieles andere mehr bei der Bewertung verschiedener Orte eine Rolle spielen.

In Betracht gezogen werden bei einer Wanderungsentscheidung die *Kosten* und der *Nutzen* am *derzeitigen Lebensort* und am *potentiellen Zielort* sowie die *Kosten des Transports* (Reise- und eventuelle Umzugskosten). All diese positiven und negativen Beiträge zur individuellen Wohlfahrt werden für die erwartete Lebenszeit abgeschätzt und entsprechend der individuellen Zeitpräferenz auf den Entscheidungszeitpunkt abdiskontiert. Je höher dabei die Diskontierungsrate und je weiter Kosten und Erträge in der Zukunft liegen, desto geringer wird die Bedeutung dieser Kosten und Erträge eingeschätzt.

Es ist eindeutig, daß alle Beweggründe[115], das heißt Kosten und Erträge einer Migrationsentscheidung nicht oder nur mit einem ungeheuren Aufwand identifiziert werden können, denn solche Beweggründe sind zum Teil ganz persönlicher Art. Die Menschheit insgesamt und die Menschen eines bestimmten Kulturkreises insbesondere haben gemeinsame Einstellungen, Werte und Normen sowie Wünsche und Aspirationen. Es ist daher zu vermuten und entspricht der allgemeinen Erfahrung, daß die Entscheidungen der wandernden Individuen *gemeinsame Hauptkomponenten* aufweisen, wenn aus einem Gebiet eine große Abwanderung stattfindet. Diese gemeinsamen Hauptkomponenten der Migrationsentscheidungen werden in der Migrationsforschung irreführend als "Push"- bzw. als "Pull"-Faktoren von Orten bezeichnet, also als deren abstoßende und anziehende Kräfte [insbesondere in der Folge der sehr weit rezipierten Theorie von Lee (1966)]. Es dürfte sich jedoch als unmöglich erweisen, "Push"- und "Pull"-Kräfte eines Ortes *ohne* die Kenntnis zumindest der groben Struktur der Präferenzen eines Entscheidenden zu identifizieren. Diese "Kräfte" werden erst dann zu anziehenden und abstoßenden Faktoren, wenn ein Mensch sie als solche *wahrnimmt*, das heißt diese Parameter seiner Umwelt *in bezug auf seine Nutzenfunktion* betrachtet und evaluiert. Ein durchschnittlicher Mitteleuropäer würde vermutlich in einem durchschnittlichen indischen (oder jordanischen) Dorf nur "Push"-Kräfte entdecken können und würde sich fragen, warum überhaupt noch ein Mensch an diesem Ort lebt. Andererseits wird man feststellen, daß in dem gleichen Dorf den indischen (oder jordanischen) Bauern einiges an seiner

---

[115]Vgl. zu den Migrationsgründen ausführlicher Bogue (1977) oder sehr ausführlich und sehr instruktiv den Band von De Jong/Gardner (1981).

Scholle hält. Konsequenterweise *kann* es keine absoluten, für jeden gültigen anziehenden und abstoßenden Faktoren an einem Ort geben. Ohne Kenntnis zumindest der rudimentären Struktur der Entscheidungs-, Nutzen- bzw. Präferenzfunktionen der Migranten wüßte man auf der Suche nach den Gründen für Migration nicht einmal, wo man diese zu suchen hätte, denn die Zahl der möglichen "Push"- und "Pull"-Faktoren ist *unbegrenzt.*

Die Wanderungsentscheidung sollte als individuelle Investitionsentscheidung unter Unsicherheit begriffen werden. Menschen investieren in einen Wohnortwechsel, weil sie sich davon in der Zukunft eine Erhöhung der individuellen Wohlfahrt versprechen. Wenn auch in der weiter unten folgenden Analyse die Gründe für eine Abwanderung mehr im Kontext regionaler Gegebenheiten betrachtet werden, so soll dabei doch das Paradigma der Migration als Investitionsentscheidung gelten. Innerhalb dieses Entscheidungsmodells sind in den vergangenen Jahren Modifikationen in das Konzept eingefügt worden, die sich als sehr fruchtbar für das Verständnis der Migration aus Jordanien erweisen.

a) *Migration als Strategie der Diversifizierung.* Es wird in dem oben vorgestellten Entscheidungsmodell davon ausgegangen, daß die Entscheidungen über Migration von den potentiellen Migranten jeweils *allein und für sich selbst* getroffen werden. Dies erscheint vor dem Hintergrund der starken Stellung der Familie in Jordanien (und auch anderswo) unplausibel. Ist die Migration eines Familienmitgliedes eine Entscheidung *der* gesamten Familie oder einer Person (zum Beispiel des Sheikhs) *für* die gesamte Familie und werden die Erträge bzw. die Verluste gemeinsamer Entscheidungen auf die Familienmitglieder verteilt bzw. gemeinsam von ihnen getragen, so ist es wahrscheinlich, daß die Familie eine Strategie der *Einkommensdiversifizierung* verfolgt. Der tieferliegende Grund für die Migration liegt dann in einer gegenseitigen Übereinkunft, die in einem ersten Schritt (eventuell) dem Migranten die Ausbildung und die Migration ermöglichte, um in einem zweiten Schritt das Familieneinkommen zu erhöhen und vor allem die Varianz (das Risiko) des Familieneinkommens zu senken[116]. Zwar prägt die jordanische Familie ein sehr starker Zusammenhalt, aber sie ist keine Institution, die sämtliche Einkommen der Familie gemeinsam verwendet. Der Familienzusammenhalt mit intergenerationalen Versorgungsverträgen (Ausbildung,

---

[116]*Vgl. dazu Harbison (1981) und vor allem die Arbeiten von Stark und seinen Kollegen (Stark 1978, Stark/Levhari 1982, Stark 1984a, Lucas/Stark 1985, Stark/Bloom 1985, Stark/Lucas 1987).*

Altersversorgung) und mit einer *Versicherung auf Gegenseitigkeit* sorgt aber trotzdem für eine Entscheidungsbeteiligung der Familienmitglieder bei wichtigen Entscheidungen. Im Kontext einer ruralen Ökonomie mit der Landwirtschaft als wesentlicher Einkommensquelle mag die Migration eines Teils der Familie in eine Stadt mit einem Broterwerb dort die gesamte Familie unabhängiger von den speziellen Risiken landwirtschaftlicher Produktion machen (Wetter, Seuchen, Schädlingsbefall bei Pflanzen etc.). Im Kontext einer nationalen Ökonomie vermindert die Abwanderung eines Teils der Familie und der Aufbau eines oder mehrerer ökonomischer Pfeiler der Familie in einem anderen Land die Risiken, die durch eine direkt oder indirekt gegen die Familie gerichtete Politik entstehen. Dies kann insbesondere für Mitglieder ethnischer Gruppen, Glaubens- oder Religionsgemeinschaften von Bedeutung sein, die Gegenstand der nationalen Politik und insbesondere natürlich von Diskriminierung sind (zum Beispiel Juden oder Palästinenser).

b) *Migration und relative Deprivation.* Ein zweiter wichtiger Punkt, der in dem *einfachen* Entscheidungsmodell eine Modifikation erfahren muß, besteht darin, daß als einzig entscheidungsrelevant für eine Migrationsentscheidung stets absolute Werte angenommen werden: der Entscheidende betrachtet für seine Entscheidung nur seine eigenen absoluten Kosten und Erträge. Anders argumentiert nun der "Relative Deprivation Approach" (vgl. dazu Stark 1984 a,b), daß Ursprung der Migration *relative* Einkommensunterschiede sind bzw. die *relative* soziale Stellung am Ausgangs- oder ursprünglichen Wohnort ist. Es wird bei dieser Erweiterung des mikroökonomischen Entscheidungsmodells in Rechnung gestellt, daß der Mensch zwar ein Individuum ist, er seine eigene Entwicklung und seinen eigenen ökonomischen Status aber nicht unabhängig von seiner Umwelt bewertet. Dieser der Referenzgruppentheorie entlehnte Gedanke sieht Migration als eine mögliche Reaktion auf eine wahrgenommene nicht adäquate Stellung eines Individuums bzw. einer Familie in bezug auf die Gruppe, mit der es bzw. sie seine bzw. ihre Position vergleicht. Kurz: *Migration kann eine Reaktion auf relative Deprivation sein* (vgl. auch 3.2.1).

Dieser Ansatz bietet zum Beispiel ein Erklärungsmuster für die wichtige Frage, warum Menschen überhaupt anfangen, über Abwanderung nachzudenken. Das weiter oben vorgestellte einfache Entscheidungsmodell setzt voraus, daß sich jeder Mensch zu jedem Zeitpunkt in einem solchen Entscheidungsprozeß befindet[117]. Die Vermutung entspricht wohl nicht der Erfahrung der meisten Menschen und erscheint unplausibel. Der "Relative Deprivation Approach" behauptet nun, daß Wanderung dann als *Möglichkeit* in Betracht gezogen werden kann, wenn ein Individuum oder eine Gruppe seine oder ihre soziale Stellung gegenüber der Referenzgruppe als zu niedrig empfindet. Niemand ist ständig und gleichsam automatisch auf der Suche nach einer anderen Position oder nach einem anderen Ort, sondern nur in individuellen oder (bei Gruppen) kollektiven *Krisenmomenten*. Zur Auflösung des Gefühls der relativen Deprivation *kann* Migration, insbesondere temporäre Migration, ein Mittel sein. Der Migrant behält dabei seine Referenzgruppe bei, und die vorübergehende Abwanderung wird als Mittel gewählt, um die eigene Position *gegenüber* dieser Gruppe zu verbessern. Die eigene Entwicklung wird im Vergleich zur Entwicklung der Referenzgruppe bewertet[118].

6.2.2 Die vier Kategorien der Migranten

Nach diesem kurzen Exkurs in die Theorie der Wanderungsentscheidung sollen nun die Beweggründe der jordanischen und palästinensischen Arbeitskräfte zur Abwanderung aus ihrer Heimat betrachtet werden. Es ist in dieser Hinsicht zum wichtig, die Abwanderungsströme von East- und Westbank zu unterscheiden, weil aufgrund der Datenlage und inzwischen auch aufgrund der hoheitlichen Trennung die beiden Gebiete sinnvollerweise getrennt analysiert werden. Notwendig ist dann eine Aufteilung der Migranten aus dem *früheren* Haschemitischen Königreich Jordanien in *vier* verschiedene Gruppen:

- Die Gruppe, die im Kontext dieser Arbeit am wichtigsten ist, ist die Gruppe der *temporären Migranten*, die vorübergehend die *Eastbank* verlassen hat. Die Menschen, die dieser Gruppe angehören, sind zum größten Teil in die Ölstaaten gezogen, um dort zu arbeiten, sie sehen aber trotz der Migration ihren Lebensmittelpunkt in Jordanien und kehren nach einem individuell festgelegten Zeitraum in ihre Heimat zurück. Diese Gruppe transferiert den größeren Teil ihrer Einnahmen nach Jordanien, sie wird dort zum einen Teil in den nächsten Jahren auf den Arbeitsmarkt treten und zum anderen Teil in Jordanien die Zeit ihres Ruhestands verleben. Die Kinder dieser

---

[117]*Das behauptet auch tatsächlich Rothenberger (1977: 185). Die Frage liegt natürlich sofort auf der Hand, wie Menschen dabei die Zeit finden noch etwas anderes zu tun.*

[118]*Hier liegt der Grund dafür, daß sich Gastarbeiter in einem sie diskriminierenden Land oft gar nicht diskriminiert fühlen. Nicht die Gastgesellschaft bildet die Referenzgruppe, sondern die Heimatgesellschaft.*

Migranten werden in Jordanien teilweise zur Schule gehen und eine Beschäftigung aufnehmen wollen. Diese Gruppe von Migranten ist für die jordanische Wirtschaftspolitik die relevanteste.

- Ebenso gibt es eine Gruppe von Migranten, die *vorübergehend* von der *Westbank* migriert ist (oder zumindest nur eine vorübergehende Abwanderung intendiert). Bei ihnen ist sicherlich zum Teil noch offen, ob sie angesichts der israelischen Besetzung auf die Westbank zurückkehren oder ob sie bei zwangsweiser bzw. freiwilliger Rückkehr auf der Eastbank siedeln werden.

- Die dritte und die vierte Gruppe bestehen aus *permanenten Migranten* von der *East-* und der *Westbank*. Die zu diesen Gruppen gehörenden Migranten haben ihre Heimat verlassen, um nicht mehr oder höchstens als Touristen zurückzukehren.

Um nun unter 6.2.3 zumindest eine Vorstellung über die Größe dieser vier Gruppen vermitteln zu können, müssen die Entscheidungsgrundlagen der Wanderung von East- und Westbank beleuchtet werden. Es ist anzunehmen, daß die *Nutzenfunktionen* der abwandernden Individuen *identisch* sind, so daß in bezug auf die Abwanderung von East- und Westbank gefragt werden muß, wie die Rahmenbedingungen in beiden Teilen des vormaligen Gebiets des Königreichs sind bzw. warum und wo folglich der größte Anteil der Abwandernden zu vermuten ist. Auch erscheint es plausibel anzunehmen, daß *ökonomische* Gründe die Hauptursache für Wanderungsentscheidungen auf East- und Westbank bilden (und nicht etwa die klimatischen Bedingungen). Diese letzte These ist für Entwicklungsländer allgemein (vgl. 3.2.1) und insbesondere für die Eastbank (vgl. Yahya 1980) bestätigt. In bezug auf die Wanderungsraten muß der Blick damit auf die *wirtschaftlichen Rahmenbedingungen* gerichtet sein.

Die Verdienstmöglichkeiten auf East- und Westbank waren vor und während des Ölbooms sehr unterschiedlich. Das Bruttoinlandsprodukt pro Einwohner lag auf der Eastbank zwischen 1968 und 1981 im Durchschnitt um mehr als die Hälfte höher als auf der Westbank. Die folgende Zusammenstellung bietet einige Angaben für die Jahre 1970 bis 1985:

BIP pro Einwohner in US-Dollar in laufenden Preisen[119]

	Eastbank	Westbank
1970	324	183
1975	522	496
1980	1422	798
1985	1708	914

Allein aufgrund der *Lohnunterschiede* hatten die Bewohner der Westbank damit ein stärkeres Motiv, in die arabischen Erdölstaaten zu ziehen, denn die Löhne in den Ölstaaten dürften für die Bewohner beider Gebiete dieselben gewesen sein. Zwar sind die Löhne für die verschiedenen Berufsgruppen in den Ölstaaten nicht ermittelt, verschiedene Angaben indizieren aber zwischen eineinhalb- und vierfach höhere Löhne in Saudi-Arabien als auf der Eastbank (vgl. Anani/Jaber 1980, Share 1986b, World Bank 1986). Die Lohnunterschiede waren entsprechend höher zwischen den Ölstaaten und der Westbank. Auf der Westbank kam das niedrige Bruttoinlandsprodukt insbesondere durch massive Eingriffe der israelischen Administration in das Wirtschaftsleben des seit 1967 besetzten Gebietes zustande. Die Handlungsmöglichkeit der dort lebenden Menschen wurde erheblich eingeschränkt, so durch

- *Benachteiligung der landwirtschaftlichen Produktion* gegenüber der israelischen Konkurrenz,

- *Einschränkung der wirtschaftlichen Aktivitäten im Finanzsektor*, so daß Kreditmangel und die Abwesenheit eines Kapitalmarktes die Entwicklung sehr behinderten,

- *Vernachlässigung der Infrastruktur* auf der Westbank (mit Ausnahme der notwendigen Infrastruktur für die von Israel unterstützten Siedlungen),

- *Enteignung von Land* oder die Einschränkung der Nutzung privater Grundstücke,

- *Steuern*, die zu einem erheblichen Nettotransfer von Ressourcen von der Westbank nach Israel sorgten [vgl. ausführlich Benvenisti (1986)].

Die Wirtschaftspolitik Israels resultierte in einer sehr langsamen wirtschaftlichen Entwicklung *auf* der Westbank, so daß die Arbeitnehmer zu einem großen Teil gezwungen waren, eine Arbeitsmöglichkeit außerhalb ihrer Heimat zu

---

[119]Berechnet nach *Statistical Abstract of Israel*, relevante Ausgaben; CBJ (1984); CBJ, MSB Vol. 24, No.5 (Mai 1988); DoS, *Statistical Yearbook*, relevante Ausgaben.

suchen. Dafür gab es im wesentlichen drei Möglichkeiten: Israel, die Eastbank und die arabischen Erdölstaaten. Dabei waren die Arbeitsmöglichkeiten *in Israel* auf den Bausektor, die Stadtreinigung und auf das Hotel- und Gaststättengewerbe sehr stark beschränkt, zudem handelte es sich überwiegend um Tätigkeiten, die kaum beruflicher Qualifikationen bedurften (vgl. Benvenisti 1986: 78ff.). Die Arbeitsmöglichkeiten auf der Westbank und in Israel waren und sind für die unterschiedlichen Berufsgruppen innerhalb der palästinensischen Bevölkerung nicht gleichverteilt. Die Arbeitsmöglichkeiten sind in beiden Gebieten für Hochschulabsolventen und ähnlich hoch qualifizierte Arbeitskräfte sehr viel schlechter als beispielsweise für unqualifizierte Arbeitskräfte. Diese Tatsache wurde auf der Westbank zu einem immer größeren Problem, vor allem weil die Zahl der Hochschulabsolventen, insbesondere der eigenen Universitäten, permanent anstieg (vgl. ebd.: 212f.).

Die Gründe der Abwanderung von der Westbank sind nicht genau erforscht, aber man darf vermuten, daß die drei oben diskutierten Gründe (vgl. 6.2.1) die Basis für die Abwanderungsentscheidung bilden: Die *absoluten Einkommensunterschiede* zwischen den Ölstaaten und der Westbank waren (und sind) *erstens* so erheblich, daß allein diese schon einen ausreichenden Grund für eine Abwanderung bieten. Darüber hinaus sorgte aber die israelische Politik wie auch die politische Lage insgesamt für Einkommensunsicherheit. Das *Einkommensrisiko* konnte somit *zweitens* durch eine Beschäftigung im Ausland erheblich gemindert werden. Daneben bedeuteten *drittens* die niedrigen Einkommen, die auf der Westbank zu erzielen waren oder die Arbeitsbedingungen, denen sich die Palästinenser in Israel gegenübersahen, eine *relative Deprivation* gegenüber der israelischen wie auch gegenüber der auf der Eastbank lebenden Bevölkerung.

Die auf der *Eastbank* lebende Bevölkerung hatte einen nicht ganz so starken Drang abzuwandern. Das Bruttoinlandsprodukt pro Einwohner (als Indikator für die im Inland zu erwirtschaftenden Einkommen) lag durchschnittlich auf der Westbank - wie schon gezeigt - um mehr als ein Drittel niedriger als auf der Eastbank. Für die Analyse der Gründe der Migration von der Eastbank ist nun wichtig, daß die *soziale Mobilität in Jordanien stark beschränkt* ist und die Möglichkeiten der Einkommenserzielung für die Individuen sehr *ungleich verteilt* sind (vgl. 5.1). Die jordanische Gesellschaft ist durch die Herrschaft bestimmter Familien gekennzeichnet, die die Allokation der Ressourcen und damit die Möglichkeiten der Einkommensverteilung sehr stark beeinflussen. Die gesellschaftliche und berufliche Position, die ein Mensch erreichen kann, ist stark an das Beziehungsgeflecht gekoppelt, in das er hineingeboren wird. Die Allokationstätigkeit dieser Beziehungsgeflechte wird insbesondere zu *Ungunsten* der Palästinenser, die nach 1948 auf die Eastbank gekommen sind, ausgeübt. *Die Macht der Beziehungsgeflechte endet jedoch an den Grenzen Jordaniens.* Die Abwanderung von der Eastbank in die Ölstaaten war vorrangig von den Lohnunterschieden zwischen diesen beiden Gebieten bestimmt, es muß aber bedacht werden, daß die *Kosten* der Wanderung für diejenigen größer waren, die in Jordanien *Verhandlungsmacht* besaßen. Solche Individuen mußten nicht nur ihr Einkommen aus produktiver Tätigkeit aufgeben, sondern auch die Einkommen oder einkommenswerten Vorteile, die sie aus ihrer Verhandlungsmacht zogen.

Es ist unmöglich, die unterschiedlichen Abwanderungsraten von East- und Westbank aufgrund der unterschiedlichen Rahmenbedingungen zu bestimmen. Es geht aber aus dem oben Gesagten hervor, daß die Abwanderungsrate von der *Westbank* in die Ölstaaten und die westlichen Industrieländer *größer* ist als die von der *Eastbank*. Dies wird schon dadurch deutlich, daß es eine *Nettowanderung* von der West- auf die Eastbank gibt, die während der gesamten Zeit der bisherigen Besetzung der Westbank zu einer Erhöhung der Bevölkerung der Eastbank geführt hat (vgl. HKJ 1986).

Auch nach dem *Muster ihrer Migration* lassen sich - wie schon angedeutet - die jordanischen und palästinensischen Arbeitsmigranten, die in die Ölstaaten gewandert sind, in mindestens zwei Gruppen unterteilen. Die erste Gruppe besteht aus den temporär abgewanderten Arbeitskräften. Von den Migranten, die zu dieser Gruppe gehören, ist bzw. war eine vorübergehende Abwanderung mit dem Ziel, ihre Lebenssituation und die ihrer Familie *in Jordanien* oder auf *der Westbank* zu verbessern, angestrebt. Die Arbeit im Gastland wie die Zeit des Aufenthalts dort werden als Investition für ein besseres Leben danach verstanden. Dabei wandert ein Mann in aller Regel *ohne* seine Familie, arbeitet außergewöhnlich viel und transferiert einen möglichst großen Teil seines Einkommens noch während seines Aufenthalts im Ausland oder am Ende seiner Migrationsperiode in die Heimat. Die Struktur dieser Gruppe von Migranten, ihr Investitionsverhalten etc. sind *relativ* gut dokumentiert[120]. Die Erfassung konnte in Jordanien erfolgen, weil sie dort ihre Familie haben und selbst von Zeit zu Zeit in ihr Heimatland zurückkehren.

---

[120] *Vgl. dazu 6.2.4 und Kapitel 7.*

Über eine *zweite Gruppe* von Migranten können nur Vermutungen angestellt werden. Sie besteht aus Menschen, die schon eine sehr lange Zeit in den arabischen Erdölstaaten oder in den westlichen Industrieländern leben und dort auch, soweit das möglich ist, bleiben wollen. Diese Menschen sind zwar im Besitz eines jordanischen Passes, haben sich aber weitgehend von ihrer Heimat gelöst. Sie haben nicht nur einen vorübergehenden Arbeitsplatz, sondern auch einen neuen Lebensmittelpunkt außerhalb der East- oder der Westbank gefunden. Dies gilt sicherlich für viele, die während der Flüchtlingsbewegungen nach den Kriegen von 1948 und 1967 keine Erwerbs- bzw. Lebensmöglichkeiten in jenen Gebieten sahen, die hauptsächlich die Flüchtlinge aufnahmen, und die deshalb ein neues Leben in Kuwait, in den U.S.A. oder in Großbritannien suchten. Die meisten dieser Langzeit- oder *permanenten Migranten* sind Palästinenser, während Transjordanier erst in der Folge des Ölbooms *vorübergehend* in die Ölstaaten gewandert sind. Dies zeigt die Erhebung von Findlay und Samha (1985: 95ff.), die allerdings nur eine relativ geringe Zahl (n = 173) von Haushalten umfaßte. Danach waren 45% der Migranten, die von der Westbank stammten schon vor 1975 abgewandert. Dasselbe galt nur für 15% der Migranten, die ursprünglich von der Eastbank stammten.

Es ist nun zu vermuten (und deshalb ist die Unterscheidung wichtig), daß sich die beiden genannten Gruppen, nämlich die *temporären* Migranten einerseits und die *permanent* Abgewanderten mit jordanischer Staatsangehörigkeit andererseits, signifikant hinsichtlich verschiedenster Charakteristika unterscheiden. Ihr Transferverhalten wird unterschiedlich sein, ebenso ihr Investitionsverhalten, definitionsbedingt die Wahrscheinlichkeit und die Bedingungen einer Rückkehr. Auch werden die Probleme der beiden Gruppen bei einer Rückkehr oder auch ihre Karriereverläufe in den Gastländern verschieden sein.

6.2.3 Umfang und regionale sowie sektorale Aufteilung der Auswanderung von Arbeitskräften

Die Zahl der jordanischen Migranten und der palästinensischen Migranten mit jordanischem Paß, die außerhalb ihrer Heimat arbeiten, zu schätzen, ist ein schwieriges Unternehmen. Grundsätzlich gibt es zwei potentielle Quellen für solche Angaben, nämlich die Statistiken der Einwanderungsländer und die Statistiken in Jordanien selbst. In den Einwanderungsländern ist nun zwar die *Registrierung* von ausländischen Arbeitskräften durch die Genehmigungspflicht ebenso wie durch strikte Einreise- und Aufenthaltsbestimmungen weitgehend[121] garantiert, die vorhandenen Daten werden jedoch im Hauptteil der Einwanderungsländer nicht oder nur sehr unzureichend aufbereitet bzw. publiziert. Aufgrund der besonderen politischen Situation kommt für die Quantifizierung der jordanischen Abwanderung ein Problem hinzu. In aller Regel differenzieren nämlich die arabischen Staaten *nicht* zwischen Jordaniern und Palästinensern. Dabei wäre nicht nur eine solche Unterscheidung für die Überprüfung einiger Thesen der vorliegenden Arbeit von Interesse (vgl. 7.1), sondern die Unterscheidung zwischen den Palästinensern von East- und Westbank sowie jenen aus Gaza, Syrien, Ägypten etc. für eine Bestimmung der Abwanderung aus dem Gebiet des (ehemaligen) Haschemitischen Königreichs Jordanien *unabdingbar*. Selbst wenn also die Bevölkerungsstatistiken vollständig wären, wäre es schwer, die Zahl der aus der Eastbank oder aus East- und Westbank abgewanderten Arbeitskräfte näher zu bestimmen. Da die Bevölkerungsstatistiken der Einwanderungsländer insgesamt mangelhaft sind, ist allerdings auch eine nur ungefähre Bestimmung der Zahl der Migranten aus diesen Statistiken sehr schwierig und mit großen Unsicherheiten behaftet. Ebenso wie die Statistiken der Einwanderungsländer sind die *in Jordanien* erhobenen Daten keine Hilfe bei der Bestimmung der Zahl der temporär oder permanent abgewanderten Arbeitskräfte, weil eine systematische Erfassung der Auswanderung fehlt.

Dementsprechend ist man bei der Bestimmung der Zahl der Abgewanderten auf *Schätzungen* angewiesen. Bis auf wenige Ausnahmen, die nur die Eastbank betrachten (vgl. Tab. 23), werden die Schätzungen stets für East- und Westbank oder sogar für Jordanier und *alle* Palästinenser gemacht. Für 1975 werden dabei 139000 bis 266000 abgewanderte Arbeitskräfte vermutet, für 1980 240000 bis 305400 und für 1985 257000 bis 339000[122].

Zwei ernsthafte Versuche sind gemacht worden, die Zahl der *von der Eastbank* abgewanderten Arbeitskräfte in die Ölstaaten auf indirektem Wege näher zu bestimmen. Yahya (1980) nahm für 1975 die Angaben von Birks und Sinclair (1978) als Grundlage, die eine erste *Schätzung* über die Zahl aller abgewanderten Jordanier und Palästinenser aus allen Gebieten vorgelegt hatten. Unter der Annahme, daß erstens alle jordanischen und palästinensischen Migranten aus

---

[121] *Eine Ausnahme bilden hier natürlich die illegalen Einwanderer.*

[122] *Vgl. zu den Schätzungen und ihren Quellen Tab. 23.*

einer wohldefinierten Region stammen (Eastbank, Westbank, Gaza-Streifen, Ägypten, Syrien, Libanon) und daß zweitens die verschiedenen palästinensischen und jordanischen Bevölkerungsgruppen (in den verschiedenen Regionen) eine identische Wanderungsneigung und -rate aufweisen, kommt er zu dem Ergebnis, daß 1975 von 266000 jordanischen und palästinensischen Migranten insgesamt 143000 *von der Eastbank* in die arabischen Erdölstaaten ausgewandert waren. Einmal abgesehen von den zwangsläufigen Unzulänglichkeiten der Schätzung von Birks und Sinclair ergibt sich dabei ein Problem. Während die erste Annahme, daß alle 266000 Migranten aus einer wohldefinierten Region stammen, unproblematisch ist, erscheint die zweite Annahme identischer Abwanderungsraten unwahrscheinlich. Es ist zwar in bezug auf die zweite Hypothese anzunehmen, daß alle Palästinenser in den genannten Gebieten dieselbe Wanderungs*neigung* aufweisen. Unwahrscheinlich ist allerdings, daß in Syrien und im Libanon, in Ägypten und auf der Westbank, im Gaza-Steifen und auf der Eastbank dieselben *Rahmenbedingungen* (Möglichkeit des Reisens, Verfügbarkeit von Informationen und Kontakten, direkte Wanderungskosten, Opportunitätskosten der Wanderung etc.) und damit identische Wanderungs*raten* gegeben sind. Bei einer identischen Wanderungsneigung der Menschen ist eine identische Abwanderungsrate nur ein Spezialfall, nicht aber die Regel, und somit kann das Ergebnis von Yahyas Überlegungen nur eine grobe Schätzung der Abwanderungsraten sein.

Eine andere Methode, die als Residualmethode bezeichnet werden kann, verwendete Seccombe (1981). Seine Berechnungen bezogen sich auf den Auswanderungs*strom* in den Jahren 1975 bis 1979 und nicht auf den *Bestand* bzw. die absolute Zahl jordanischer Arbeitskräfte im Ausland. Die quantitative Abwanderung ergab sich dabei folgendermaßen:

       Projizierte Bevölkerung 1979
       (i.e. Bevölkerung 1975 x Wachstumsrate[4])

       + Zuwanderung

       - Tatsächliche Bevölkerung 1979

       = Abwanderung

Es ist allerdings nicht recht einzusehen, warum die für eine solche Rechnung benötigten Größen leichter zu ermitteln sein sollen als die eine Größe "Abwanderung". So ist dann auch bei Seccombe die Bevölkerungsgröße für 1975 eine

Schätzung, die mit äußerster Vorsicht zu betrachten ist. Enthält diese Schätzung Fehler, so enthält auch die Wachstumsrate *zwangsläufig* Fehler, weil diese aufgrund der Bevölkerungsschätzung ermittelt werden mußte[123]. Auch die Zuwanderung von Arbeitskräften aus anderen Ländern, die auf die Abwanderungen und die entstandenen Arbeitskräfteknappheiten folgte, sowie die Wanderungsgewinne aus Wanderungen von der Westbank waren für diesen Zeitpunkt unmöglich zu bestimmen. Einzig die *tatsächliche Bevölkerung* im Jahr 1979 konnte aufgrund der Volkszählung relativ genau angegeben werden.

Es bleibt damit als etwas frustrierendes Ergebnis festzuhalten, daß die Bevölkerungsdaten in Jordanien eine derart schlechte Qualität aufweisen, daß eine indirekte Berechnung unmöglich ist. Zu viele Variablen müssen auf höchst unsicherer Grundlage geschätzt werden, und mit unterschiedlichen Annahmen über Bevölkerungszahlen, Wachstumsraten der Bevölkerung und Wanderungsgewinne kann *nahezu jedes* Ergebnis über den Bestand an Arbeitskräften außerhalb Jordaniens generiert werden.

Bisher ist eine verläßliche Methode zur Berechnung der Anzahl der Migranten nicht gefunden. Im folgenden werden die Angaben des jordanischen Ministry of Labour (MoL) als Basis genommen, da man dem MoL mit seinen Labour Attachés in den Haupteinwanderungsstaaten noch den besten Überblick zutrauen darf. Nach Angaben des MoL befanden sich in den letzten Jahren konstant *328000 Arbeitskräfte* mit jordanischem Paß im Ausland.

a) *Die Herkunft der Migranten*. Wenn man die Schätzung des MoL akzeptiert, so bleibt die Frage, wie sich die Migranten bezüglich ihrer *Herkunft und ihrer geplanten Aufenthaltsdauer* zusammensetzen. Relevant ist dabei die Aufteilung in permanente und temporäre Migranten einerseits und eine Unterscheidung in Migranten von der Eastbank und solche von der Westbank andererseits. Durch diese Aufteilung entstehen *vier* Gruppen von Migranten. Die genannte Zahl von 328000 umfaßt nun die Migranten *aller* vier Gruppen und nicht, wie allzuoft vermutet, nur die Migranten von der Eastbank. Das diesbezüglich in vielen Arbeiten auftretende Mißverständnis führt zu der Aussage, daß 40% aller jordani-

---

[123]*Seccombe rechnete mit einer Wachstumsrate von 3,5%. Es sei angemerkt, daß jede Veränderung der Wachstumsrate um 0,1% die Auswanderung in Seccombes Rechnung in dem von ihm betrachteten Zeitraum um ca. 10% hebt bzw. senkt.*

schen Arbeitskräfte im Ausland arbeiten[124]. Diese Zahl fällt um einiges zu hoch aus, weil dabei zum ersten die Arbeitsbevölkerung der Westbank (bei der Berechnung der Bezugsgröße) vergessen wird und zweitens Menschen der jordanischen Arbeitsbevölkerung zugerechnet werden, die permanent emigriert sind.

Es wird im folgenden versucht, die jeweilige Größe der vier Gruppen etwas näher zu bestimmen. Dabei kann es aus den weiter oben genannten Gründen nur um das Angeben *ungefährer Größenordnungen* gehen.

Die Bevölkerung der *Eastbank* betrug im Jahre 1986 ca. 2796100 Menschen. Die Zahl der Erwerbstätigen wurde mit 535440 angegeben (vgl. Tab. I), wovon 8% arbeitslos waren. Die Bevölkerung der *Westbank* umfaßte, wenn man dem "West Bank Data Project" folgt, 835000 Menschen (ohne Ost-Jerusalem). Von ihnen bildeten 173597 die Arbeitsbevölkerung (vgl. Benvenisti 1987: 16ff.[125]). Nimmt man nun der Einfachheit halber an, daß die Abwanderungsraten auf der Eastbank und auf der Westbank in bezug auf die Bevölkerung *identisch* sind, dann ergibt sich folgendes Bild: Von den 328000 Arbeitsmigranten aus dem ehemaligen Haschemitischen Königreich Jordanien stammen unter den gemachten Annahmen 252574 von der Eastbank und 75426 von der Westbank.

Unglücklicherweise sind die Definitionen, die den jeweiligen Bevölkerungsschätzungen zugrunde gelegt wurden, nicht identisch. Die jordanische Zählung auf der Eastbank beinhaltet *im Konzept* auch die Arbeitsmigranten[126]. Allerdings wurden für 1979 nur 32969 Migranten erfaßt, von denen 95% Arbeitsmigranten waren. Legt man die oben gemachte Aufteilung zugrunde, dann lag jedoch im gleichen Jahr die Zahl der Arbeitsmigranten von der Eastbank sechs- bis achtmal so hoch. Aus naheliegenden Gründen konnte also nur ein kleiner Teil der Arbeitsmigranten erfaßt werden. Im Gegensatz zu den jordanischen

---

[124]So Serageldin et al. *(1983: 80),* Saket *(1985),* o.A. *(1986b: 7),* Seccombe *(1986: 378),* World Bank *(1986),* El-Ahmad/Bakir *(1987: 9),* Seccombe/Wilson *(1987: 29),* Share *(1988: 8), MEED v. 21.11.87 und sogar der Generalsekretär des Ministry of Labour, Saleh Khasawneh, in einer Vorlesung an der Jordan University (vgl. Jordan Times v. 19.04.88).*

[125]*Dort werden 115700 palästinensische Arbeitskräfte auf der Westbank und 51300 von der Westbank stammende Arbeitskräfte in Israel angegeben, außerdem eine Arbeitslosenquote von 3,8%.*

[126]*Vgl. den Zensus von 1979 (DoS 1983), der allen Bevölkerungsschätzungen ab diesem Zeitpunkt als Basis dient.*

Statistiken für die Eastbank beinhalten die israelischen Statistiken für die Westbank die Migranten bzw. die Arbeitsmigranten überhaupt *nicht.*

Berücksichtigt man also, daß die Bevölkerungsschätzung für die Eastbank etwa 15% der Migranten enthält, während diese bei der Statistik für die Westbank nicht einbezogen sind, dann ergibt sich unter der oben gemachten Annahme *identischer Wanderungsraten* eine leichte Verschiebung zugunsten der Westbank, das heißt es sind mehr Personen als oben angegeben von der Westbank migriert, dafür weniger von der Eastbank. Insgesamt sind dann ungefähr 250000 Arbeitskräfte von der Eastbank und ca. 78000 Arbeitskräfte von der Westbank abgewandert. Diese Überlegungen sind in *Tabelle I* zusammengefaßt.

Tabelle I: Bevölkerung, Arbeitsbevölkerung und Arbeitsmigranten auf bzw. von East- und Westbank (1986)

	Bevölkerung	Arbeitsbevölkerung	Arbeitsmigranten
Eastbank	2796100	535440	250000
Westbank	835000	173597	78000
Gesamt	3631100	709037	328000

Quellen: - Department of Statistics, Statistical Yearbook 37 (1986)
 - Ministry of Labour, Amman
 - Benvenisti (1987), Angaben f. Westbank ohne Ost-Jerusalem

Alle unter 6.2.2 gemachten Überlegungen deuten darauf hin, daß die Abwanderung von der Westbank *relativ* größer war als die von der Eastbank. Es scheint mir allerdings nicht sinnvoll zu sein, hier weitere Berechnungen in dieser Hinsicht anzustellen, da erstens offen bleiben muß, um wieviel die Abwanderungsrate höher war, und da zweitens nicht zu klären ist, wohin die Migranten von der Westbank nach ihrem vorübergehenden Aufenthalt in den Ölstaaten zurückkehren, nach Nablus oder nach Amman. Es ist sehr wahrscheinlich, daß einige der vorübergehend *von der Westbank* abgewanderten Migranten nach ihrem Aufenthalt in den Ölstaaten auf der Eastbank siedln.

Obwohl die Abwanderung von der Westbank sicherlich größer war als die von der Eastbank, erscheint es aus dem genannten Grund plausibel anzunehmen, daß entsprechend der Angaben in Tab. I *24% der vorübergehend Abgewanderten* ihren zukünftigen Lebensmittelpunkt auf der Westbank und 76% auf der Eastbank sehen[127].

Dieser Aufteilung muß, wie in Abschnitt 6.2.2 ausgeführt, eine zweite folgen, nämlich eine Aufteilung in *temporäre* und *permanente* Migranten. Auch über diese können die Vermutungen allerdings nur sehr vage sein. Zunächst einmal ist anzunehmen, daß sich temporäre Migranten nur in den arabischen Erdölstaaten befinden, daß dagegen die Migranten in den U.S.A und in Europa eine permanente Abwanderung intendieren[128]. Unter dieser Annahme reduziert sich die Zahl der potentiellen Rückkehrer schon einmal um 56000 Migranten, die sich außerhalb der arabischen Länder befinden, 40% davon in den U.S.A. (vgl. Tab. 24). Darüber hinaus darf man allerdings noch etliche permanente Migranten in den Ölstaaten vermuten. So gab es dem Zensus von 1961 zufolge schon zu dieser Zeit 25884 jordanische *Arbeitskräfte* in den Ölstaaten (vgl. Share 1985), angesichts der Qualität des Zensus eine sicherlich zu niedrige Angabe. Insbesondere die Abwanderung von Arbeitskräften bzw. ganzen Familien nach *Kuwait* hat eine lange Tradition, die bis in die 50er Jahre zurückreicht. So befanden sich schon 1965 77712 Jordanier und Palästinenser in Kuwait, 64% davon waren Männer und damit vermutlich Arbeitskräfte (vgl. Seccombe 1983: 193). Im Jahre 1970 betrug die Zahl der Palästinenser und Jordanier in Kuwait schon 147696 [knapp 46% davon waren weiblich (vgl. ebd.: 195)]. Es befand sich damit eine große Anzahl von Palästinensern und Jordaniern in Kuwait *lange bevor* der Ölboom begann. Es ist zu vermuten, daß ein Teil der Arbeitskräfte sich für einen permanenten Aufenthalt in den Ölstaaten eingerichtet hat. Diese Migranten haben sich in den Ölstaaten solche Verbindungen schaffen können, daß sie bzw. ihre Arbeitsplätze nicht unmittelbar von einer wirtschaftlichen Rezession bedroht werden. Angesichts der schon für Kuwait hohen Zahlen von Jordaniern und Palästinensern kann angenommen werden, daß *30%* der Migranten in den Golfstaaten *und* die Migranten außerhalb der arabischen Länder *permanente Migranten* sind. Damit wären insgesamt ca. 42% aller Migranten von

---

[127]*Für die im folgenden betrachteten permanenten Migranten müßte sicherlich eine andere Aufteilung angenommen werden. Da diese Gruppe aber für die jordanische Wirtschaftspolitik von untergeordneter Bedeutung ist, wird die Aufteilung von 76% (Eastbank) zu 24% (Westbank) beibehalten.*

[128]*Diese These wird von einer Rückkehrererhebung des Department of Statistics weitgehend gestützt. Danach waren von 1275 Rückkehrern zwischen Juli und Dezember 1986 nur 3% aus Europa und Nordamerika (vgl. Tab. 29), während sich ungefähr 12% aller Migranten dort befanden (vgl. Tab. 24).*

East- und Westbank permanent abgewandert. Mit dieser Annahme kann eine ungefähre quantitative Aufteilung der Migranten in vier Gruppen vorgenommen werden (Tab. II).

Tabelle II: Permanente und temporäre Migranten
von East- und Westbank (Schätzung für 1986)

	Migranten, die an ihren Ausgangsort zurückkehren werden	Migranten, die nicht an ihren Ausgangsort zurückkehren werden	Gesamt
Eastbank	145000	105000	250000
Westbank	45000	33000	78000
Gesamt	190000	138000	328000

Für die jordanische Wirtschaftspolitik ist unmittelbar nur die Gruppe relevant, die auf die Eastbank zurückkehrt. Sie dürfte zumindest zum Teil auf den jordanischen Arbeitsmarkt strömen.

Das erreichte Ergebnis mag in bezug auf seine Zuverlässigkeit unzureichend wirken, aber es ist das beste, das mit den verfügbaren Daten erzielt werden kann. Demnach kehren ca. *145000*, das sind 58% aller Migranten von der Eastbank oder gut 44% aller jordanischen und palästinensischen Migranten überhaupt, in das heutige Haschemitische Königreich zurück. Dieses Ergebnis ist in jedem Fall aussagekräftiger als die pauschaleren Angaben, die selten zwischen der Migration von der Westbank und der von der Eastbank unterscheiden und die nie in Betracht ziehen, daß etliche der Migranten für immer ihre Heimat verlassen haben.

b) *Die regionale Verteilung der Auswanderung.* Angesichts der oben skizzierten Probleme der quantitativen Bestimmung der Auswanderung versteht es sich von selbst, daß die Analyse der regionalen Aufteilung der Auswanderung mit mindestens den gleichen Schwierigkeiten behaftet ist. Hauptquelle der vorliegenden Informationen ist wiederum das MoL, dem man - wie schon gesagt - über die Verbindung zu den in den Haupteinwanderungsländern akkreditierten Labour Attachés den besten Überblick zutrauen darf. Die Tabelle 24 gibt einen Überblick über die Schätzungen des MoL. Andere Studien (Ecevit 1983, Birks/Sinclair 1981, RSS 1983) vermuten andere Aufteilungen, wobei sich die beiden erstgenannten Studien allerdings auf den schon weit zurückliegenden

Zeitpunkt 1975 beziehen und schon deshalb nicht als gute Näherungen betrachtet werden können.

Nach den *Schätzungen des MoL* befand sich 1985 nahezu die Hälfte aller jordanischen und palästinensischen Migranten in Saudi-Arabien, fast ein Viertel in Kuwait, weitere 10,4% in den übrigen arabischen Staaten von Oman bis Libyen und insgesamt knapp 15% im außerarabischen Raum, die Hälfte davon in den U.S.A. Für das Jahr 1980 vermutet die *Studie der RSS* dagegen einen größeren Teil, nämlich 59,9% der Arbeitsmigranten in Saudi-Arabien, während Kuwait in dieser Rangfolge nur den dritten Platz (13,3%) hinter den V.A.E. einnahm. Libyen (4,6%), Qatar (2,7%), Oman (1,4%) und die restlichen Länder waren demnach als Einwanderungsländer von untergeordneter Bedeutung, wobei nach dieser Erhebung Libyen in den 70er Jahren eine wichtigere Rolle gespielt hat, denn 16,9% der bis 1980 zurückgekehrten Migranten waren vorübergehend nach Libyen gewandert.

Die Unterschiede zwischen den Schätzungen der RSS und des MoL sind demnach für alle Zielländer erheblich. Von überragender Bedeutung, soviel läßt sich dennoch sagen, sind *Kuwait* und *Saudi-Arabien* als Zielländer der Migration. Diese beiden Länder allein beschäftigen zwischen 60% und 75% aller aus Jordanien ausgewanderten Arbeitskräfte. Bei jeder Migrationspolitik muß diesen beiden Ländern vorrangig Aufmerksamkeit geschenkt werden. Dies insbesondere deshalb, weil sich die meisten *temporären* Migranten in diesen Staaten aufhalten. Wenn man annimmt, daß sich in den außerarabischen Ländern im wesentlichen für immer Abgewanderte befinden und daß die temporären Migranten gleichmäßig über die arabischen Länder verteilt sind, so befinden sich *87,5% der temporären Migranten von der Eastbank in Kuwait und Saudi-Arabien*[129].

c) *Die sektorale Zusammensetzung der Migranten.* Die Struktur des Arbeitsmarktes in Jordanien weist wesentliche Unterschiede gegenüber der Struktur der Arbeitsmärkte der meisten anderen Entwicklungs- oder Schwellenländer auf (vgl. 5.2). Nach Angaben der RSS (1986) waren 1984 in Jordanien im tertiären Sektor (Handel, Transportwesen, Finanzbereich und andere Dienstleistungen) ca. 70% aller Arbeitskräfte beschäftigt. Im sekundären Sektor (Baubereich, Verarbeitendes Gewerbe, Elektrizitäts- und Wasserversorgung) waren es nur

---

[129]*Zugrundegelegt wurden die die Angaben aus Tab. 24.*

ungefähr 20% und auf den primären Sektor (Landwirtschaft, Bergbau) entfielen nur ca. 10%. Diese ungewöhnliche Beschäftigungsstruktur spiegelt sich auch in der sektoralen Beschäftigung der Jordanier und Palästinenser in den Ölstaaten wider (vgl. Tab. 27). Dabei weicht die Beschäftigung der Jordanier stark von der Zusammensetzung der Ausländerbeschäftigung *insgesamt* ab. Während z.B. 24,4% aller Ausländer in den arabischen Erdölstaaten im Baubereich tätig sind, arbeiten in diesem Bereich nur 0,9% der Jordanier und Palästinenser. Auch in der Landwirtschaft ist diese Gruppe stark unterrepräsentiert. Nur 8,4% der jordanischen Arbeitsmigranten sind dort beschäftigt, aber 14,7% der Arbeitsmigranten insgesamt. Ungewöhnlich groß ist die Präsenz der Jordanier und Palästinenser dagegen im Dienstleistungsbereich (51,1% der Ausländerbeschäftigung, aber 79,5% der Beschäftigung von Jordaniern und Palästinensern; siehe Tab. 28).

Der sektoralen Beschäftigung entsprechend weisen die jordanischen Arbeitskräfte ein wesentlich *höheres Qualifikationsniveau* auf als die übrigen Arbeitsmigranten aus Ägypten, aus Pakistan oder von den Philippinen. Während 58,1% aller Jordanier und Palästinenser in den Ölstaaten den höherqualifizierten[130] Arbeitskräften zugerechnet werden, beträgt der Anteil der Arbeitsmigranten mit diesen Qualifikationen an der Gesamtzahl der Arbeitsmigranten in den Ölstaaten nur 22,3%[131].

Bei der Integration des arabischen Arbeitsmarktes konnten die jordanischen Arbeitsmigranten ihre *komparativen Vorteile* nutzen. Die unausgewogene Bildungs- und Berufsstruktur (vgl. 5.2) in Jordanien fand ihre Entsprechung in einer unausgewogenen Bildungs- und Berufsstruktur in den Ölstaaten. Die Verzahnung der Arbeitsmärkte war zugleich für viele Flüchtlinge ein Prozeß *individueller Problemlösung* (weil der jordanische Arbeitsmarkt eben einfach

---

[130] *Qualifikationsstufen A-1, A-2, B-1 und B-2 (vgl. zur Erläuterung Tab. 36).*

[131] *Da die Informationen zu der sektoralen Zusammensetzung der Migranten sehr unvollständig sind, bleibt es nicht aus, daß sich widersprechende Schätzungen abgegeben werden. Weist die Zahl der in Kuwait in den Jahren 1978 bis 1981 ausgestellten Arbeitsgenehmigungen (vgl. Seccombe 1983: 47) für die sektorale Zusammensetzung der Arbeitsmigranten in die richtige Richtung, dann ist die Bedeutung der höherqualifizierten Berufsgruppen wesentlich kleiner. Demnach liegt der Anteil dieser Berufsgruppen in den Ölstaaten bei weniger als 25%, mit allerdings steigender Tendenz am Ende der analysierten Periode. Die Zahl der ungelernten jordanischen Arbeitskräfte in Kuwait liegt nach Seccombe bei nahe 30%.*

nicht genug Arbeitsplätze bot), die Verzahnung ermöglichte aber gleichzeitig eine kollektive Entwicklung in den beteiligten Staaten (vgl. Kapitel 7., 8. und 10.).

Zusammengefaßt: Die Migration aus Jordanien (Eastbank) ist erheblich, wenn auch nicht ganz so erheblich wie von vielen Autoren beschrieben. Nach der hier vorgelegten Schätzung sind ca. 250000 Arbeitskräfte von der Eastbank migriert (wenn auch ein Teil davon *ursprünglich* von der Westbank stammt), davon ca. 145000 vorübergehend. Damit wären von der jordanischen Arbeitsbevölkerung im Jahre 1986 *21,3% vorübergehend im Ausland* tätig gewesen. Der Hauptteil der vorübergehend Abgewanderten hat eine Arbeit in Saudi-Arabien oder Kuwait gefunden. 87,5% der temporären Migranten werden hier vermutet und knapp 75% der Migranten insgesamt. Permanent Abgewanderte sind eher in den U.S.A. oder in Europa zu finden. Die jordanischen und palästinensischen Migranten sind *sehr hoch qualifiziert*, sowohl im Vergleich mit anderen Migrantengruppen als auch im Vergleich mit den auf der Eastbank verbliebenen Arbeitskräften. Konsequenterweise ist ihre Beschäftigung sehr stark auf den tertiären Sektor konzentriert, wo nahezu vier von fünf Migranten beschäftigt sind.

6.2.4 Die Charakteristika der Migranten

Leider liegen nähere Informationen nur über die Charakteristika der *temporären Migranten* vor. Einigen Aufschluß über die Charakteristika dieser Migranten gibt die Studie der RSS (1983) über die sozioökonomischen Folgen der Arbeitskräftewanderung für Jordanien. Mehr als 80% der vorübergehend Abgewanderten waren zwischen 20 und 39 Jahre alt, wobei die größte Gruppe von den 25 bis 29jährigen gestellt wurde, die 25,9% der Arbeitsmigranten ausmachten. 96,2% von den zum Zeitpunkt der Erhebung schon zurückgekehrten oder noch abwesenden Migranten waren *männlich.* Für die Zeit der Migration wurden die Abgewanderten zum größten Teil (56,9%) dem Haushalt des Vaters zugerechnet, nur ein Drittel (33,1%) stand einem eigenen Haushalt vor. Dies änderte sich, als die Migranten zurückkehrten. Dann lebten nur noch 21,6% im Haushalt des Vaters, während drei Viertel einen eigenen Haushalt gründeten. Insbesondere bei den Migranten, die noch außerhalb Jordaniens arbeiteten, korrespondierte die Zahl der eigenen Haushalte (33,1%) nicht mit der Zahl der Verheirateten (66,0%), während die Übereinstimmung bei den zurückgekehrten größer war (84,5% waren verheiratet, 75,0% führten einen eigenen Haushalt). Dies indiziert, daß eine große Zahl der Frauen von temporären Migranten vorübergehend in den Haushalt des Schwiegervaters oder eines anderen Verwandten *übersiedelt.* 1980 war ein zurückgekehrter Migrant viereinhalb Jahre im Ausland (der größte Teil in den Ölstaaten) gewesen. Die noch dort arbeitenden waren im Durchschnitt allerdings schon fünf Jahre dort. Die vier Jahre später von Findlay und Samha (1985) durchgeführte Erhebung zeigt dagegen eine schon sehr viel längere Aufenthaltsdauer von acht bis neun Jahren[132]. Dies bedeutet, daß die durchschnittliche *Aufenthaltsdauer* beständig mit der Zeit der Auswanderungsmöglichkeiten überhaupt *steigt.* Nur ein Teil der Arbeitskräfte kehrte schon nach relativ kurzer Zeit zurück, weil er das Migrationsziel erreicht hatte, andere Migranten blieben länger, weil die wirtschaftliche Situation des Heimatlandes ihnen eine berufliche Integration nur schwer ermöglicht hätte.

Im Gegensatz zu ihren in Jordanien verbliebenen Kollegen weisen die in andere Länder abgewanderten Arbeitskräfte - wie weiter oben schon angedeutet - ein wesentlich höheres Bildungsniveau auf. Während 31,6% der Migranten einen Abschluß an einer Universität und 16,5% einen Abschluß an einem Community College o.ä. als höchsten formellen Bildungsgrad besaßen, machten diese Gruppen bei dem nicht migrierten Teil der Arbeitsbevölkerung nur jeweils 7,3% aus. Während im Jahr 1980 72,6% der im Land verbliebenen Arbeitskräfte keinen Sekundarschulabschluß hatten, waren dies bei den Migranten nur 33,3% (vgl. Tab. 25). Eine der spannendsten Fragen in bezug auf das hier skizzierte Profil der Migranten ist ihre Herkunft, das heißt die Anteile von *palästinensischer* Bevölkerung und *transjordanischer* Bevölkerung an der Gesamtzahl der Migranten. Diese ethnische Unterscheidung ist allerdings generell ein Thema, das in Jordanien nicht diskutiert wird. Daten über die Herkunft der Bevölkerung werden nur äußerst selten analysiert [vgl. als Ausnahme Yorke (1987)]. Das traditionell vergleichsweise hohe Bildungsniveau der Palästinenser und das hohe Bildungsniveau der Migranten zeigen allerdings, daß Palästinenser einen überproportionalen Teil der Migranten stellen[133]. Die Dominierung der Auswande-

---

[132] *Berechnet nach Findlay/Samha (1985: 96, Tab. 2). Eine genaue durchschnittliche Verweildauer im Gastland läßt sich nicht bestimmen, weil die Autoren nur relativ große Intervalle für die Zeitpunkte der Ausreise (vor 1964, 1965-69, 1970-74, 1975-79, 1980-83) angeben. Für die Berechnung wurde hier jeweils die Intervallmitte als Ausreisezeitpunkt angenommen.*

[133] *Diese Vermutung wird auch von Findlay und Samha (1985) gestützt. Nach ihrer Befragung gaben 63,6% der befragten Haushaltsvorstände aus Migrantenhaushalten in Amman ihren Geburtsort mit Westbank oder Palästina an. Zusätzlich dürften noch etliche der in Amman (25,4%) und anderswo (11,0%) geborenen Migranten aus palästinensischen Familien stammen.*

rungsströme durch Palästinenser überrascht nicht, da die Palästinenser in Jordanien eine im Vergleich zu den Transjordaniern benachteiligte Bevölkerungsgruppe darstellen (vgl. 5.1.).

Der idealtypische *temporäre* Migrant aus Jordanien ist somit etwa *dreißig Jahre alt, männlich, palästinensischer Abstammung* und *verheiratet.* Für die Zeit der Migration lebt er von seiner Familie getrennt. Seine Frau lebt unter der Obhut seines Vaters. Dieser Migrant hat einen vergleichsweise [zu den jordanischen Arbeitskräften und zu anderen Arbeitsmigranten (vgl. Tab. 36)] hohen Bildungsabschluß. Er arbeitet typischerweise in *Kuwait* oder *Saudi-Arabien* und ist dort im *tertiären Sektor* tätig. Außerdem hat er seine Migration *ohne die Vermittlung staatlicher oder nicht-staatlicher Makler organisiert.* Im Gegensatz zu anderen Staaten, die große Abwanderungen von Arbeitskräften zu verzeichnen haben, spielen in Jordanien Arbeitskräftevermittler beim Prozeß der Migration keine Rolle[134]. Eigeninitiative, Familienkontakte oder Empfehlungen von Freunden gingen für 87,8% der Migranten der Migration voraus, nur 5,7% waren über staatliche Stellen beraten bzw. gesandt worden, 5,1% gingen als Repräsentanten einer Firma und die restlichen 1,4% hatten andere Wege gesucht. *Migration ist in Jordanien ein individueller Prozeß.*

6.3 Die Rückkehr nach Jordanien

Seit dem Beginn der Abwanderung von Arbeitskräften ist klar, daß *integraler Bestandteil* dieses Wanderungsprozesses zumindest für einen Teil der Migranten die Rückwanderung ist. Dieser Teil, der im vorigen Abschnitt (vgl. 6.2.3) mit 190000 beziffert wurde, zog in die arabischen Erdölstaaten, um sich später ein besseres Leben *in Jordanien* oder *auf der Westbank* ermöglichen zu können. Zwei Betrachtungsebenen müssen, wenn man von Rückwanderung spricht, unterschieden werden, eine *individuelle* und eine *gesamtwirtschaftliche.*

Während des gesamten Zeitraums der Wanderung in die arabischen Erdölstaaten hat es die *Rückwanderung einzelner Migranten* gegeben. Schon 1980, also einige Jahre vor dem Höhepunkt der Abwanderung, konnte die RSS (1983) eine große Anzahl von Rückkehrern (n = 614) zu ihren Plänen und Problemen

---

[134]*Im Gegensatz zum Beispiel zu den süd- und südostasiatischen Ländern Bangladesh, Indien, Pakistan, Sri Lanka, Südkorea, Thailand oder den Philippinen. Hier sind staatliche oder private Vermittler ein wichtiger Motor der Auslandsbeschäftigung. Vgl. dazu Juridico/Marius 1987.*

befragen. Die Rückkehr einzelner Migranten wird nur selten als wirtschaftspolitisches Problem betrachtet. Wenn in Jordanien von der Rückkehr der Migranten als Problem gesprochen wird, dann geht es stets um die *Netto*rückwanderung, also um eine Situation, in der der Rückkehrerstrom größer ist als der Strom der Auswandernden. So gibt es in Jordanien keine Überlegungen dazu, wie die Wanderungs*ströme* zwischen Jordanien und den Erdölstaaten fließen. Als interessant wird stets lediglich der jeweilige *Bestand* betrachtet. In Hinsicht auf den Bestand *rechnet* der Fünfjahresplan 1986-90 mit einer *konstanten* Zahl jordanischer Arbeitskräfte außerhalb Jordaniens über die gesamte Planungsperiode. Der Plan erwartet dabei 25000 Rückkehrer und ebensoviele Arbeitskräfte, die sich einen Arbeitsplatz außerhalb Jordaniens suchen (vgl. HKJ 1986: 165). In der Tat vermutet auch die Forschungsabteilung des MoL seit drei Jahren (1985-87) sehr geringe Rückwanderungsströme, die jedes Jahr 3000 bis 4000 Arbeitskräfte umfassen. Nach Angaben derselben Institution wird dieser Strom durch einen Auswanderungsstrom gleicher Größe kompensiert. Die Angaben über die Höhe der Rückwanderung werden von einer Erhebung des DoS unterstützt, das zwischen Juli und Dezember 1986 eine Befragung an jordanischen Grenzübergängen durchführte. Diese Erhebung ergab für das untersuchte halbe Jahr nur eine Rückkehrerzahl von 1275, davon 48,1% aus Saudi-Arabien und 26,4% aus Kuwait. Der Rest kam aus anderen arabischen Staaten und nur zu einem sehr kleinen Teil aus Europa (2,0%) oder Nordamerika (1,0%). Allerdings müssen die Schätzungen des MoL wie die Erhebung des DoS mit Vorsicht betrachtet werden, denn wie die Auswanderung ist auch die Rückwanderung nur äußerst unzureichend erfaßt. Es fehlen sowohl kontinuierliche Erfassungen, als auch indirekte Hinweise auf die Rückwanderungsströme[135]. Die vorliegenden Daten unterstützen aber am ehesten die These, daß trotz der Krise in den Ölstaaten die Zahl jordanischer Arbeitsmigranten *nicht* signifikant gesunken ist. Das damit verbundene Phänomen, daß sich insgesamt die Zahl der ausländischen Arbeitskräfte in den Ölstaaten *konsolidiert* hat, wird aus diesen Einwanderungsländern berichtet (vgl. Kapitel 10.).

---

[135] *Reisestatistiken sind aufgrund der häufigen Heimatbesuche jordanischer Migranten in dieser Hinsicht wenig nützlich. Auch beispielsweise die Entwicklung der Gastarbeiterüberweisungen kann auf unterschiedliche Weise interpretiert werden. So können steigende Überweisungen sowohl durch eine steigende Zahl als auch durch eine sinkende Zahl von Migranten (Rückkehrer lösen ihr Vermögen in den Ölstaaten auf) entstehen.*

Auf welche Entwicklung der Rückwanderung man sich in den kommenden Jahren in Jordanien einzustellen hat, ist schwer zu sagen. Auch wenn man von 145000 vorübergehend abgewanderten Arbeitskräften von der Eastbank ausgeht (vgl. 6.2.3), die eines Tages in ihre Heimat zurückkehren werden, so ist doch unklar, *wann* diese Rückkehr stattfindet. Die durchschnittliche Aufenthaltsdauer der temporären Migranten ist nämlich offensichtlich nicht konstant. Es ist weiter oben (6.2.4) angedeutet, daß die von der RSS in ihrer Studie (RSS 1983) ermittelte durchschnittliche Aufenthaltsdauer von viereinhalb Jahren mit der Kürze der Auswanderungsperiode zum Zeitpunkt der Erhebung (1980) erklärt werden muß. Eine spätere Erhebung aus dem Jahre 1984 (Findlay/Samha 1985) macht deutlich, daß sich die Aufenthaltsdauer über die Jahre *erhöht*. Mindestens zwei Gründe mögen dazu beitragen, daß sich die Aufenthaltsdauer nochmals erhöht hat. Zum ersten dauert es angesichts niedrigerer Einkommen, die in den Ölstaaten zu erzielen sind[136], länger, den Betrag, den der Migrant anvisiert hat, zu erwirtschaften bzw. zu sparen. Zum zweiten hängt die wirtschaftliche Situation in Jordanien über Gastarbeiterüberweisungen, Hilfsgelder etc. sehr stark von der wirtschaftlichen Situation in den Ölstaaten ab (vgl. 5.3). In den Zeiten einer Rezession mit verschlechterten Beschäftigungsmöglichkeiten im Heimatland werden die Migranten eher ihre Arbeitsplätze in den Ölstaaten *behalten* wollen, um für schlechtere Zeiten im Heimatland vorzusorgen. Die Migranten werden in einer Krise länger um die Erhaltung ihres Arbeitsplatzes bemüht sein[137]. Somit sind stagnierende Migrantenzahlen in einer Rezession (mit sinkenden Reallöhnen) durchaus mit den individuellen Wünschen und Plänen der Migranten vereinbar. Allerdings ist internationale Migration zum allergrößten Teil nachfragedeterminiert und Migranten werden nur höchst selten nach ihren Plänen und Wünschen gefragt. Wanderungsbewegungen aus den Gastländern zurück in die Heimatländer sind deshalb nur durch die *wirtschaftliche Entwicklung* und die *Wirtschafts-* bzw. *Gastarbeiterpolitik* der Einwanderungsländer erklärbar, und jede Prognose muß im wesentlichen diese Faktoren als Parameter betrachten. Entsprechende Bemerkungen dazu sind dem Kapitel 10. vorbehalten.

---

[136]*Nach Informationen von Findlay (1987: 10) sind die Löhne in den arabischen Erdölstaaten um bis zu 40% gefallen, befragte Rückkehrer berichteten von Kürzungen um bis zu zwei Drittel.*

[137]*Ein solches Phänomen beobachtete auch Körner (1981) in der Bundesrepublik nach dem dortigen Anwerbestop von Gastarbeitern.*

Festzustellen bleibt, daß nach den *vorliegenden* Daten die gesamte Periode der jordanischen Arbeitskräftewanderung durch eine *Nettoauswanderung* von Arbeitskräften oder (in den letzten Jahren) durch *stagnierende Gastarbeiterzahlen* im Ausland gekennzeichnet ist. Es ist nicht bekannt, wieviele ehemalige Gastarbeiter, das heißt wieviele Rückkehrer, heute in Jordanien leben. Aber zumindest über einige Charakteristika der Rückwanderer liegen Informationen vor.

- *Die Charakteristika der Rückwanderer*

Einzige Quellen über die Charakteristika der Rückwanderer sind die Erhebungen der RSS (1983), von Findlay/Samha (1985, 1986) und der "Re-Entry-Survey" des DoS[138]. Auf diese Quellen wird im folgenden Bezug genommen. Die *letzten Gastländer* der zurückkehrenden Migranten waren, wie nicht anders zu erwarten, die arabischen Erdölstaaten. 96% der Remigranten kamen aus arabischen Ländern, also ein Anteil, der erheblich über dem Anteil an den Migranten liegt, der sich insgesamt in diesen Ländern aufhielt (1985 waren 84% aller jordanischen Migranten in arabische Staaten gewandert). Der Anteil der Rückkehrer aus Europa und Nordamerika betrug nur 3,0%, während ihr Anteil an der Gesamtzahl der Migranten bei immerhin 12% lag (vgl. Tab. 24 und 29). Diese Zahlen zeigen, daß in Europa und Nordamerika zum größeren Teil permanent Abgewanderte zu finden sind, während sich die temporären Migranten hauptsächlich in den arabischen Erdölstaaten aufhalten. Eine Zwischenposition in bezug auf die Aufenthaltsdauer der Arbeitsmigranten nimmt hier Kuwait ein, das eine lange Tradition in bezug auf die Arbeitskräftewanderung insbesondere von Palästinensern aufweist (vgl. Seccombe 1983). Es gilt allerdings grundsätzlich für die Haupteinwanderungsländer jordanischer und palästinensischer Migranten, daß sie dort kein *Recht* auf einen permanenten Aufenthalt haben. Ihr Status ist damit sehr unsicher, denn auch die palästinensischen Migranten können nach zwanzig Jahren Aufenthalt Opfer einer Politik der *"Kuwaitisierung"* werden.

Was die Qualifikations- und die Berufsstruktur der Rückkehrer angeht, so läßt sich bei den Rückkehrern kein eindeutiges Profil ausmachen (vgl. Tab. 25 und 26). Überrepräsentiert sind bei den Rückkehrern im Vergleich zu den Auswande-

---

[138]*Dieser Survey wird heute als geheim betrachtet und vom Department of Statistics nicht herausgegeben. Einige der erhobenen Daten wurden allerdings Findlay (1987) überlassen.*

rern insgesamt die Arbeitskräfte, die Tätigkeiten im Dienstleistungsbereich ausgeübt haben, während Arbeitskräfte aus dem sekundären Bereich unterrepräsentiert sind. Damit bestätigt sich eine Entwicklung, die schon lange vorausgesagt wird. Im Dienstleistungsbereich findet in den arabischen Erdölstaaten eine sukzessive *Substituierung* ausländischer Arbeitskräfte durch inländische Arbeitskräfte statt, während ein solcher Prozeß im sekundären Sektor bisher noch kaum vollzogen wurde.

Die *Herkunft der Remigranten* in bezug auf ihren Geburtsort ist nur von Findlay und Samha (1986) abgefragt worden. Auch ihre Befragung bestätigt, daß es sich bei den Migranten bzw. hier den Remigranten im wesentlichen um *Palästinenser* handelt. Von den befragten Haushaltsvorständen, die aus den Ölstaaten zurückgekehrt waren, gaben 72,7% als Geburtsort die Westbank oder Palästina an. Diese Tatsache verdeutlicht auch ein anderes früher schon unterstelltes Migrationsmuster. Viele der Palästinenser kehren angesichts der israelischen Besetzung *nicht* auf die Westbank zurück, sondern siedeln auf der Eastbank.

Es ist auffällig, daß der größte Teil der zurückgekehrten Migranten sich bei der Rückkehr *nicht* im Rentenalter befindet. 55,8% der Remigranten waren nach der Erhebung des DoS unter 36 Jahre alt, nur 7% waren älter als 55 Jahre, der Rest lag dazwischen. Die meisten der Rückkehrer (69%) hatten noch keine Vorstellung davon, auf welche Weise sie ihr Geld in Jordanien verdienen wollten. Vorstellbar ist allerdings, daß viele der Befragten ihre Pläne nicht preisgaben. Von den restlichen 31% suchten 22% eine Beschäftigung im öffentlichen Sektor, 38% wollten ein eigenes Geschäft eröffnen und 40% suchten eine Anstellung im privaten Bereich. Die Neigung unter den Remigranten, einen eigenen Betrieb bzw. ein eigenes Geschäft zu eröffnen, scheint somit relativ stark zu sein, zumindest bei denen, die schon wissen, was sie in Jordanien tun wollen. Allerdings spiegeln diese Befragungsergebnisse die *Absichten* der Rückkehrer wider, und es gibt keine Erkenntnisse darüber, wieviele dieser Intentionen, sich selbständig zu machen, auch in die Tat umgesetzt werden.

So erwies sich dann auch bei der Befragung der RSS (1983) im Jahre 1980 die *berufliche Mobilität* der Remigranten als relativ *gering*. Entgegen der allgemeinen Vorstellung, daß die Rückkehrer ihren Beruf verlassen und im tertiären Sektor als Händler tätig werden, hatten nur 22,4% der zurückgekehrten Arbeitskräfte in einen anderen Bereich gewechselt. Davon bezeichnete etwa ein Drittel die neue Tätigkeit als "Sales Worker"[139]. In der Tat kehren relativ viele Arbeitskräfte aus dem Dienstleistungsbereich zurück und suchen in ihrem angestammten Beruf eine Arbeit, so daß Findlay/Samha (1986: 183) konstatieren: "... return migrants swell the ranks of tertiary employment and underemployment in urban areas, with relatively few becoming industrial employees". Dies hat nichts mit dem *Prozeß* der Migration an sich und mit einer damit verbundenen Veränderung der persönlichen Einstellung zu tun, wie Findlay und Samha in ihrer Interpretation nahelegen, sondern mit der Qualifikationsstruktur der Migranten wie mit der Struktur des Arbeitsmarktes in Jordanien überhaupt.

Für diejenigen, die eine abhängige Beschäftigung suchen, scheint es zunehmend *problematischer* zu werden, in Jordanien eine Arbeit zu finden. Während 1980 nur 17,1% der arbeitsuchenden Rückkehrer eine Zeit der Arbeitslosigkeit von sechs Monaten oder mehr hinnehmen mußten, waren es bei einer (allerdings sehr kleinen) Erhebung (n = 60) im Jahre 1986 schon drei Viertel, die mindestens ein halbes Jahr einen Arbeitsplatz suchen mußten. Bei den öffentlichen Meldestellen für Arbeitslose (Arbeitsämter, CSC) sind Rückwanderer sehr oft nicht registriert, weil sie sich mit Blick auf ihr Alter und ihre Berufserfahrung sowie den damit verbundenen Ansprüchen keine Angebote von den öffentlichen Vermittlungsinstitutionen erhoffen.

In der Regel berichten Rückkehrer, daß die Arbeit in den arabischen Erdölstaaten ihnen *keine neuen Qualifikationen* vermittelt hat (89,9%). Für die meisten ist es allerdings sicherlich schwierig, dies für sich selbst zu beurteilen, insbesondere weil die Bedeutung extrafunktionaler Fähigkeiten (Zurechtfinden in einer neuen Umwelt, Zusammenarbeit mit Institutionen aus verschiedenen Ländern etc.) unterschätzt wird. Eine Fortbildung wird von den meisten Migranten nicht gewünscht, wobei offen bleiben muß, ob diese Migranten ihre Qualifikationen für eine Beschäftigung in Jordanien als ausreichend erachten oder ob diese Einstellung eine generelle Ablehnung gegenüber weiterem Lernen widerspiegelt.

Über keine der Wanderungsbewegungen aus und nach Jordanien liegen so wenig Informationen vor wie über die Rückwanderung der vorübergehend abgewanderten Arbeitskräfte. Insgesamt deuten die vorhandenen Daten darauf hin, daß Remigration zur Zeit nur in *geringem Maße* stattfindet und daß sie *an sich* noch kein Problem darstellt. Die Gruppe der Remigranten ist (noch?) keine gesell-

---

[139] *Die Kategorie "Selbständige" wurde nicht abgefragt (vgl. RSS 1983: 74).*

schaftliche Problemgruppe in Jordanien. Einerseits ist ihre Zahl relativ gering, andererseits werden sie zumindest zum Teil vom Arbeitsmarkt absorbiert und/oder haben mit ihren Einnahmen aus den Ölstaaten für schlechtere Tage vorsorgen können. Die Thesen, daß die Remigranten weitgehend *ungenutztes Kapital* halten (Claus/Hofmann 1984) und daß eine *übermäßige Investition* der Migranten im tertiären Sektor stattfindet, die viele Geschäftsaufgaben zur Folge hat (Findlay/Samha 1986, Findlay 1987), lassen sich empirisch nicht bestätigen. Da die Remigranten derzeit als Problemgruppe nicht in Erscheinung treten, läßt sich auch ein Handlungsbedarf nicht identifizieren[140]. Näher wird sich Abschnitt 7.8 mit der *wirtschaftlichen* Bedeutung der Remigration beschäftigen.

6.4 Die Einwanderung nach Jordanien

Während die Rückwanderung integraler Bestandteil des Prozesses der vorübergehenden Abwanderung aus Jordanien ist, ist eine dritte Wanderungsbewegung zumindest zu einem guten Teil *als Folge* der Abwanderung zu betrachten, nämlich die *temporäre Einwanderung* von Arbeitskräften nach Jordanien. In einer rapiden Entwicklung wurde Jordanien vom Auswanderungsland zum Auswanderungs- *und* Einwanderungsland.

Die genaue *Zahl der Einwanderer* nach Jordanien zu bestimmen ist in ähnlicher Weise mit Schwierigkeiten behaftet wie die Feststellung der Zahl der Auswanderer. Zwar ist eine Arbeitsaufnahme in Jordanien ohne Arbeits- und Aufenthaltsgenehmigung nicht erlaubt (vgl. 6.5), nur schwerlich aber können die gesetzlichen Bestimmungen bei allen Einwanderern durchgesetzt werden. Insbesondere bei den beiden größten Einwanderungsgruppen, den Ägyptern und den Syrern, wird ein erheblicher Anteil an illegalen, unregistrierten Arbeitskräften vermutet. Aber schon an der Zahl registrierter Arbeitskräfte läßt sich der enorme Trend in den letzten zehn Jahren ablesen. Im Jahr 1975, als eine große Zahl jordanischer und palästinensischer Arbeitskräfte schon aus Jordanien ausgewandert war[141], hatte das jordanische MoL gerade einmal 803 Arbeitsgenehmigungen für Ausländer ausgestellt[142]. Innerhalb der nächsten sieben Jahre stieg diese Zahl

---

[140]*Vgl. zu einer gegenteiligen Auffassung Findlay (1987).*

[141]*Ca. 139000, vgl. 6.2 und Tabelle 23.*

[142]*Die Quellen der genannten Zahlen sind in Tabelle 31 und Tabelle 32 angegeben.*

der *registrierten* Arbeitskräfte kontinuierlich auf 7778 im Jahr 1977, 26415 im Jahr 1979 und erreichte 1981 mit *93402* einen ersten Höhepunkt. In den Jahren 1982 und 1983 fiel sie sehr stark auf zunächst 61280 und dann 58441, um 1984 um 263% auf *153519* und damit auf einen Rekord des Meldestandes anzusteigen. 1985 und 1986 sank die Zahl der erteilten Arbeitsgenehmigungen dann wieder auf 101484 bzw. 97885. 1987 fiel die Zahl der registrierten ausländischen Arbeitskräfte nochmals stark um 18,5% auf 79761. Nun spiegeln diese Zahlen, obwohl in ihnen zumindest der grobe Trend der Ausländerbeschäftigung in Jordanien deutlich wird, vor allem die jeweiligen Aktivitäten der mit der Überwachung der gesetzlichen Regelungen betrauten Institutionen wider. In den ersten Jahren bis 1980 verlief die Einwanderung nahezu unkontrolliert. Zwar existierten die schon genannten Meldegesetze für Ausländer, aber in den Turbulenzen der ersten Jahre des Ölbooms wurden die Gesetze weder von vielen der Einwanderer beachtet, noch wurden die Gesetze von den zuständigen Behörden durchgesetzt. So können die erteilten Arbeitsgenehmigungen der Jahre 1973 bis 1979 nur als grobe Näherung für die tatsächliche Zahl der Einwanderer betrachtet werden.

Eine wachsende öffentliche Unsicherheit über Umfang und Konsequenzen der Einwanderung[143] führte 1977 zur Bildung eines Komitees für ausländische Arbeitskräfte und im Juni 1980 wurden die Strafen für eine Verletzung des Meldegesetzes erheblich verschärft, außerdem wurden den Arbeitgebern, die Arbeiter ohne Arbeitserlaubnis beschäftigten, Geldbußen angedroht. Die Gewährung einer Frist, während der illegale Einwanderer[144] ihren Status

---

[143] *So schrieb die jordanische Tageszeitung "Al-Dustour" am 14.04.77, daß Jordanien von ausländischen Arbeitskräften "überrannt" werde und eine "halbe Million" Arbeiter nach Jordanien gekommen sei (vgl. Seccombe 1983: 429).*

[144] *In früheren Jahren wurde die Arbeitsaufnahme ohne Arbeitserlaubnis im wesentlichen durch zwei Faktoren begünstigt. Zum einen war und ist die Arbeitserlaubnis mit Kosten verbunden, zum zweiten mußten früher alle Migranten für die Arbeitsaufnahme bei einem neuen Arbeitgeber ein Entlassungsschreiben des alten Arbeitgebers vorlegen und eine neue Arbeitsgenehmigung beantragen (das heißt wiederum beim MoL und beim Public Security Department vorstellig werden). Ein großer Teil der ausländischen Arbeitskräfte arbeitet jedoch auf Tagesbasis mit wechselnden Arbeitgebern. So existiert eine Vielzahl weithin bekannter Plätze, an denen vor allem Ägypter ihre Arbeitskraft anbieten und Arbeitgeber solche Arbeitskräfte anwerben, wochen-, tage- oder auch stundenweise. Solche "Arbeitsmärkte" befinden sich in allen größeren Orten, zum Beispiel im Zentrum von Amman, in Suweileh, in Kerak oder in Deir Alla (für das Jordantal). Erst Ende 1987 wurde für diese Arbeiter eine gesetzliche Regelung geschaffen, die es ihnen erlaubt, sich auf Tagesbasis anwerben*
(Fortsetzung...)

legalisieren konnten, ließ die Zahl der angemeldeten ausländischen Arbeitskräfte 1980 gegenüber 1979 um *mehr als 200%* steigen. 1981 stieg dann die Zahl der registrierten Arbeitskräfte nochmals um 17,4%. Das Aufheben der *Meldebestimmungen* für ägyptische Arbeitskräfte im Dezember 1981 (eine Arbeitserlaubnis benötigten diese aber immer noch) schlug sich prompt in einer um 34,4% abgesunkenen Zahl der Arbeitsgenehmigungen für 1982 nieder. Daß die Änderung der Bestimmungen für dieses Absinken verantwortlich waren, zeigt sich daran, daß vor allem die Ägypter sich in diesem Jahr weniger gemeldet haben. Ihr Meldestand sank 1982 gegenüber 1981 um 52,5% (vgl. Tab. 32). Die ägyptischen Arbeitskräfte waren es auch, deren Meldestand beim MoL (in bezug auf Arbeitsgenehmigungen) sich 1984 aufgrund einer "aktiveren" Gastarbeiterpolitik (Stichproben und Androhung von Ausweisungen) in diesem Jahr extrem erhöhte. Von 1983 auf 1984 stieg die Zahl der angemeldeten ägyptischen Arbeitskräfte *um 332%*, und diese Gruppe machte mit einem Mal nicht 48,4% aller Arbeitsmigranten in Jordanien aus, sondern 79,5%. Die Jahre 1985 und 1986 waren durch zurückhaltendere Kontrollen gekennzeichnet, in deren Folge die Zahl der angemeldeten Arbeitskräfte wieder sank.

Es kann hier nicht eingehend der Frage nachgegangen werden, was wiederum Jordaniens Politik gegenüber Gastarbeitern determiniert. Von großer Bedeutung ist sicherlich, daß die Gastarbeiterpolitik des Königreichs wegen seiner starken *Außenabhängigkeit* in extremem Maße mit anderen Politikfeldern *verschränkt* ist. Die oft angespannten Beziehungen mit Syrien würden durch eine Ausweisung syrischer Arbeitskräfte sicherlich nicht verbessert. Ebenso dürfte die Politik gegenüber den ägyptischen Arbeitskräften durch einiges mehr als nur durch binnenwirtschaftliche Überlegungen bestimmt sein. Ein weiteres allgemeines Problem besteht für Jordanien darin, daß die weitgehende Einschränkung der Einwanderungsfreiheit bzw. das sukzessive Schließen des eigenen Arbeitsmarktes mit dem Hinweis auf binnenwirtschaftliche Anpassungsprobleme auch den Einwanderungsländern von Jordaniern und Palästinensern als Argument zur Ausweisung von Arbeitskräften dienen könnte. Jordanien könnte sich dann nur schwer gegen eine Ausweisung eigener Arbeitskräfte aus anderen Ländern wehren, da es mit seiner restriktiveren Politik die "freie" Arbeitskräftewanderung als einer der Wege zur Arabischen Einheit zuerst über Bord geworfen

---

[144] *(...Fortsetzung)*
zu lassen. *Als weiterer Grund für eine illegale Arbeitsaufnahme kommt heute hinzu, daß eine Reihe von Berufen für Ausländer nicht zugelassen ist (vgl. 6.5).*

hätte[145]. Die mit einem härteren Einschreiten gegen illegale Arbeitskräfte verbundene Gefahr ist offensichtlich auch erkannt worden. Obwohl mitunter Ausweisungen angedroht wurden, zuletzt die von 80000 Ägyptern und Syrern (vgl. Jordan Times v. 26.10.87), ist dergleichen bis heute *nicht* geschehen. Ausweisungen werden in größerem Umfang nur dann vorgenommen, wenn es politisch gegenüber den arabischen Bruderstaaten vertretbar ist. So wurde zum Beispiel der Arabische Gipfel in Amman im November 1987 als Anlaß für eine Aktion genutzt, bei der illegale Arbeitskräfte identifiziert und binnen kürzester Frist (zum großen Teil weniger als 24 Stunden) abgeschoben wurden. *Sicherheitsrisiken* wurden zuallererst als Begründung genannt. 4000 illegale Arbeitsmigranten sind vor dem Gipfel innnerhalb von zweieinhalb Monaten abgeschoben worden (vgl. Jordan Times v. 02.11.87).

Aufgrund der Unvollständigkeit der Melderegister ist man also auch bei der Bestimmung der Anzahl ausländischer Arbeitskräfte in Jordanien auf *Schätzungen* angewiesen. Während die Zahl von 153519 angemeldeten Arbeitsmigranten (1984) als gute Näherung an die Zahl der tatsächlichen Migranten betrachtet wird, werden die Anmeldungen für 1985 (101484), für 1986 (97885) und für 1987 (79761) als zu niedrige Registrierungen angesehen. Daß ein signifikanter Unterschied zwischen angemeldeter und tatsächlicher Zahl von Arbeitskräften besteht, wird deutlich, wenn man sie mit der Zahl der *Registrierungen* von Ausländern beim *Public Security Department* (Polizei) vergleicht. Diese betrug 1984 209880 und stieg danach 1985 um 3,8% auf 217978 und 1986 nochmals um 4,3% auf 227418. Erst 1987 sank die Zahl der beim Public Security Department registrierten Ausländer um 1,2% auf 224745 (vgl. Tab. 31). Auch wenn aus verschiedenen Gründen die Angaben des Public Security Department nicht die tatsächlichen Zahlen der Arbeitskräfte widerspiegeln[146], so machen die Zahlen doch deutlich, daß es in den letzten Jahren *kein* oder kaum ein Absinken der Zahl ausländischer Arbeitskräfte in Jordanien gegeben haben dürfte. Unterstellt man, daß 1984, im Jahr des höchsten Meldestandes, die Registrierungen der

---

[145] *Vor gut zehn Jahren proklamierte der damalige jordanische Arbeitsminister Isam Ajlouni noch: "The free movement of labour is one of the cardinal principles of Arab Economic Unity." Und: "... restrictive labour migration regulations never solve the problems" (zitiert nach Anani 1978).*

[146] *So mag die sehr kurze Aufenthaltsdauer von Migranten in Jordanien (manche Arbeitsmigranten bleiben weniger als ein Jahr, z.B. Saisonarbeiter) zu einer Überregistrierung führen, ebenso werden Studierende, mitreisende Ehepartner oder Langzeittouristen vom Public Security Department registriert.*

ausländischen Arbeitskräfte beim MoL zumindest der Größenordnung nach stimmten, und unterstellt man weiterhin, daß das *Verhältnis* von Anmeldungen beim Public Security Department zur tatsächlichen Zahl der Arbeitskräfte konstant geblieben ist, so ergibt sich für *1985* eine Zahl von *159440 ausländischen Arbeitskräften*, für *1986* eine Zahl von *166350* und für *1987* eine Zahl von *164390*[147]. Angesichts der Unterregistrierung beim MoL und der relativ vollständigen Registrierung beim Public Security Department scheinen dies die besten Schätzungen zu sein, die man zur Zeit erstellen kann. Es soll im folgenden mit ihnen gearbeitet werden.

Aus den oben genannten Gründen ist es sinnvoll, die *Herkunft der Migranten* anhand der Meldestatistiken von *1984* zu analysieren. Demnach sind 79,5% aller eingewanderten Arbeitskräfte in Jordanien *Ägypter*. Alle anderen arabischen Länder stellen dagegen nur noch 3,8% der Einwanderer[148]. Auch den einzelnen anderen Herkunftsländern der Arbeitsmigranten kommt nur geringe Bedeutung zu, wobei in den letzten Jahren die Arbeitsmigration vor allem aus Sri Lanka immer wichtiger wurde. Ungefähr ein Drittel der nicht ägyptischen Arbeitsmigranten sind *Frauen*, die zum großen Teil eben aus Sri Lanka kommen. Der Teil der ausländischen Arbeitskräfte, der aus Europa, Amerika, Afrika (ohne arabische Länder) oder Australien stammt, ist mit 1,6% sehr gering.

Diese letztgenannte Gruppe dürfte im wesentlichen aus Firmenvertretern und den Mitarbeitern internationaler Organisationen sowie Institutionen der Entwicklungszusammenarbeit bestehen. Diese Gruppe bildet die oberste Einkommensschicht der Arbeitsmigranten. Die asiatischen Arbeitskräfte arbeiten vor allem als Haushaltsgehilfen und -gehilfinnen, im Hotel- und Gaststättengewerbe sowie als Facharbeiter. Sie arbeiten in diesen Bereichen, weil in der

---

[147]*Für die Jahre 1985 bis 1987 liegen diese Schätzungen damit um durchschnittlich 77,7% über den gemeldeten Zahlen von Arbeitskräften.*

[148]*Vgl. Tab. 32; allerdings wird vom MoL vermutet, daß die Zahl syrischer Arbeitskräfte zu jedem Zeitpunkt erheblich höher war als die Zahl der Registrierungen. Demnach kommen viele Syrer für Saisonarbeit bzw. vorübergehend für einige Monate des Jahres nach Jordanien, ohne daß die meisten von ihnen eine Arbeitsgenehmigung beantragen. Dies bedeutet insbesondere auch, daß nicht nur die ausländischen Arbeitskräfte unterschätzt werden, die für einen längeren Zeitraum in Jordanien arbeiten, sondern vor allem auch diejenigen, die nur saisonweise in das Haschemitische Königreich kommen.*

Regel arabische Arbeitskräfte hier nicht zur Verfügung stehen[149]. Deshalb werden die höheren Löhne, die auch die hohen Kosten der Anreise der asiatischen Arbeitskräfte decken müssen, von den Arbeitgebern in Kauf genommen. In bezug auf das Einkommen liegen (nach den Europäern) die asiatischen Arbeitskräfte an zweiter Stelle, die nicht ägyptischen Araber an dritter und die Ägypter an vierter Stelle[150]. Die ägyptischen Arbeitskräfte befinden sich am unteren Ende der Lohnskala, weil sie zum größten Teil in der Landwirtschaft und im Bausektor als ungelernte Arbeitskräfte tätig sind[151]. Diese beiden Sektoren beschäftigen fast zwei Drittel aller Ausländer (65,3%) und die Ausländer stellen in diesen beiden Sektoren 52,2% aller Beschäftigten (vgl. Tab. 34).

Die Einwanderung nach Jordanien entspricht *nicht* dem Muster der Auswanderung aus Jordanien. Zum ersten haben die nicht jordanischen Arbeitskräfte im Durchschnitt einen wesentlich *geringeren Grad an formeller Bildung* (vgl. Tab. 25). Während nur 33,3% der Migranten, die aus Jordanien abgewandert sind, 1980 keinen Sekundarschulabschluß hatten, waren es von den nicht jordanischen Arbeitskräften in Jordanien fast drei Viertel (1985). Von den aus Jordanien abgewanderten Arbeitskräften besaß ein fünfmal größerer Teil einen Universitätsabschluß (31,6%) als dies bei den nicht jordanischen Arbeitskräften auf der Eastbank der Fall war (6,3%). Dies spiegelt sich auch in der Berufsstruktur wider (Tab. 26). Nur relativ wenige der ausländischen Arbeitskräfte sind als Akademiker, Techniker oder Manager beschäftigt, dagegen ein überproportionaler Teil als "Service Worker" oder als Arbeiter im Produktionsbereich. Der Grund für die unterschiedliche Struktur von Aus- und Einwanderung, das heißt die

---

[149]*Dies gilt insbesondere für die große Gruppe des weiblichen Dienstpersonals in Privathaushalten, denn es ist für ein unverheiratetes arabisches Mädchen undenkbar, in einem fremden Haushalt zu arbeiten und eventuell dort auch noch zu leben.*

[150]*Vgl. zu einer Einkommensstatistik Share (1988). Allerdings sind bei den asiatischen Arbeitskräften die Einkommen sehr ungleich verteilt. Vor allem Dienstmädchen in privaten Haushalten werden oft zu Bedingungen eingestellt, die nur als Ausbeutung einer Notlage bezeichnet werden können und manchen Vergleich mit Sklaverei nahelegen. Nach einer Erhebung von Seccombe verdienten 1982 65% der aus Sri Lanka stammenden Frauen in Jordanien weniger als 40 JD im Monat (zu diesem Zeitpunkt 270 DM) (Seccombe 1983: 419). Dabei sind Sieben-Tage-Woche und Zwölf-Stunden-Tag die Regel.*

[151]*Nach der Erhebung von Share (1988: 13) in Irbid machten die ungelernten Arbeitskräfte bei den Ägyptern 86,2% aus, bei den anderen Arabern 58,0%, bei den Asiaten 25,2% und bei den Europäern 4,6%.*

Frage, warum sich die Einwanderung nicht auf eine "Ersatzwanderung" beschränkt hat, wird unter 7.4 diskutiert.

Im Gegensatz zur Migration von Jordaniern und Palästinensern in die Ölstaaten, die zum allergrößten Teil individuell organisiert wurde, fand die Einwanderung nach Jordanien zumindest zu Anfang auf ganz unterschiedliche Weise statt. Viele Arbeitskräfte wurden in ihren Herkunftsländern von *Arbeitskräftevermittlern* angeworben. Ein kleinerer Teil kam und kommt, insbesondere aus Korea oder Taiwan, im Zuge sogenannter "whole sale projects", bei denen die Durchführung ganzer Projekte inklusive Stellung aller Arbeitskräfte vollständig von einer Firma geleistet wird. Nach ersten Kontakten zwischen den Arbeitskräfteexporteuren (hier insbesondere Ägypten) und Jordanien gab es dann in immer stärkerem Maße *individuelle* Wanderungen nach Jordanien. Heute dominiert die Arbeitsplatzbeschaffung durch Eigeninitiative und durch die Hilfe von Freunden und Verwandten. Nach einer Erhebung der RSS erhielten 1984 *92,4%* der in Jordanien lebenden Gastarbeiter ihren Arbeitsplatz auf diese Weise (RSS 1986: I, 114f.)[152].

Die Arbeitsmigranten in Jordanien werden im Durchschnitt schlechter bezahlt und verdienen nur ungefähr zwei Drittel[153] eines auf der Eastbank heimischen Arbeiters. Sie leben räumlich getrennt von Jordaniern und Palästinensern und haben kaum private Kontakte zur einheimischen Bevölkerung. Zu 34,9% wohnen die Arbeitsmigranten direkt an ihrem Arbeitsplatz (z.B. in Hütten auf Baustellen), 36,9% haben (in der Regel zu mehreren) ein Zimmer und nur 27,0% bewohnen allein oder zu mehreren eine Wohnung oder ein Haus. Insgesamt teilen sich 72,5% aller ausländischen Arbeitskräfte in Jordanien mit *mindestens* zwei anderen Migranten eine Unterkunft (vgl. RSS 1986: I, 263). Ein großer Teil dieser Unterkünfte ist nicht mit sanitären Anlagen ausgestattet. Die Lebensbedingungen fallen damit scharf gegenüber denen der jordanischen Bevölkerung ab. Dabei muß allerdings bedacht werden, daß die allermeisten der Migranten sich zwar eine bessere Unterkunft leisten *könnten*, das aber nicht wollen.

---

[152]*Da die Erhebung der RSS das in privaten Haushalten arbeitende Dienstpersonal nicht berücksichtigte, stellt die genannte Zahl eine Überschätzung dar. Dienstmädchen aus Sri Lanka zum Beispiel werden häufig durch Vermittlung ihrer diplomatischen Vertretung in Amman für eine Beschäftigung gewonnen.*

[153]*Die Lohnstruktur war 1984 bei den Gastarbeitern in Jordanien folgendermaßen (Zahlen für jordanische Arbeitskräfte für 1983 in Klammern): Y unter 50 JD, 4,2% (6,7%); Y zwischen 50 JD und 99 JD, 77,0% (40,6%); Y zwischen 100 JD und 149 JD, 13,1% (26,8%); Y 150 JD und mehr, 5,7% (25,9%); vgl. RSS (1986: I, 137).*

Vorrangiges Ziel ist ein besseres Leben *nach* der Migration. Der Aufenthalt fern der Heimat ist in dieser Hinsicht *funktional*. Um mehr Ressourcen nach der Migration zur Verfügung zu haben, bleibt die Familie im Normalfall zuhause. Nur 7,3% der Migranten werden von ihren direkten Angehörigen begleitet. Der geringe Kontakt zwischen der jordanischen Bevölkerung und den Gastarbeitern wird daran deutlich, daß nur 6,4% einer großen Gruppe befragter Gastarbeiter jemals Freundschaft mit einem Jordanier geschlossen haben, aber 50,4% mit eigenen Landsleuten und 42,3% mit Gastarbeitern aus anderen Ländern (vgl. RSS 1986: I, 298).

Zusammenfassend: In der Folge der Auswanderung von Arbeitskräften hat Jordanien eine Einwanderungswelle erlebt, die in den Jahren 1984 bis 1986 ihren Höhepunkt hatte. Gäbe es den typischen Einwanderer, so wäre er zwischen 25 und 29 Jahren alt[154], käme aus Ägypten, hätte nur wenige Jahre die Schule besucht und arbeitete auf einer Baustelle oder in der Landwirtschaft als ungelernter Arbeiter. Die typische Migrant*in* wäre genauso alt wie ihr ägyptischer Kollege, käme aus Sri Lanka oder von den Philippinen und arbeitete als Dienstmädchen oder als Krankenschwester. Beide verließen außerdem Jordanien nach kurzer Zeit wieder. Nur ca. siebzehn Monate verbrächten sie nach eigenen Erwartungen hier (vgl. Seccombe 1983, RSS 1986). Auch die tatsächliche Aufenthaltsdauer erwiese sich als sehr kurz[155]. Seccombe (1984) vermutet, daß die Aufenthaltsdauer deshalb so kurz ist, weil Jordanien als Zwischenstation auf dem Weg in die arabischen Erdölstaaten gewählt wird. Belege gibt es dafür allerdings nicht.

6.5 Die institutionellen Rahmenbedingungen der Arbeitsmigration in Jordanien

In den vorangegangenen drei Abschnitten wurden die drei für Jordanien relevanten Wanderungsbewegungen beschrieben, soweit dies mit den vorliegenden Daten möglich war. Die Wanderungen aus und nach Jordanien finden statt, weil sich die Migranten von ihrer Wanderung (in erster Linie ökonomische) Vorteile versprechen. In den Prozeß der Migration greifen allerdings eine Zahl von *Institutionen* ein. Grenzen, Meldebestimmungen, Devisenbestimmungen, Arbeitsverbote für bestimmte Berufsgruppen, Gebühren und anderes mehr bilden solche

---

[154] *Vgl. RSS (1986), Share (1988).*

[155] *Sie liegt unter zwei Jahren; vgl. RSS (1986: II, Appendix 3.11).*

Institutionen, die das Entscheidungsfeld eines potentiellen Migranten *einschränken* und dem Prozeß der Migration nur ganz bestimmte Wege lassen. Neben einschränkenden Institutionen gibt es eine Reihe möglicher staatlicher Maßnahmen, um Migration zu unterstützen bzw. zu fördern. Die wichtigsten Institutionen *in Jordanien* in bezug auf den Migrationsprozeß sollen im folgenden in aller Kürze dargestellt werden.

a) *Die Auswanderung.* Die Wanderung aus Jordanien ist, das ist weiter oben schon angedeutet worden, ein weitgehend individueller Prozeß. Das Vermittlungsmonopol für Arbeitskräfte liegt im Haschemitischen Königreich in staatlicher Hand, aber nur in wenigen Fällen haben die staatlichen Institutionen ihre Möglichkeiten zur Arbeitskräftevermittlung genutzt (so bei der Entsendung von Lehrern u.ä.). Nachdem 1976 auch die Veröffentlichung von Stellenangeboten im Ausland in jordanischen Zeitungen genehmigungspflichtig wurde[156], gab es außerhalb des persönlichen Beziehungsgeflechts in Jordanien kaum einen Zugang zu Informationen über Arbeitsmöglichkeiten in den arabischen Erdölstaaten. Einen Arbeitsplatz in diesen Staaten konnte sich ein potentieller Migrant ausschließlich über die Vermittlung von Freunden und Bekannten oder durch einen eigenen Besuch in den Staaten, die Arbeitskräfte benötigten, sichern.

Andere Staaten verfahren hier anders. In den süd- und südostasiatischen Auswanderungsländern ist die Tätigkeit von privaten und staatlichen Vermittlungsagenturen *die Regel.* Dabei werden die *Arbeitskräftevermittler* stark von staatlichen Stellen überwacht und bedürfen einer Akkreditierung. Dies soll einerseits den Schutz der Migranten gewährleisten und andererseits verhindern, daß der eigene Marktanteil durch eventuell vertragbrechende Agenten gefährdet wird[157]. Überhaupt betreiben Staaten wie Bangladesh, Indien, Pakistan, Sri Lanka, Südkorea, Thailand, die Philippinen oder Indonesien eine zum Teil sehr aktive Migrationspolitik. In Indonesien wurden beispielsweise in jüngster Zeit Forschungsprogramme eingeleitet, die das Ziel haben, dem Land einen Marktanteil auf den Arbeitsmärkten der Ölstaaten zu sichern (vgl. Cremer 1988).

---

[156]*Nach Auskunft des zuständigen MoL wurde die Genehmigung zwar nur selten verweigert, schon aufgrund des damit verbundenen Aufwands gab es jedoch so gut wie keine Angebote mehr in Zeitungen.*

[157]*Vgl. zu Einzelheiten der Politik und der Institutionen süd- und südostasiatischer Länder in bezug auf internationale Migration die Übersichten in ILO/ARPLA (1985) und Juridico/Marius (1987).*

Die Maßnahmen in den genannten Ländern umfassen (je nach Land in unterschiedlichem Maße):

- die Schaffung *gesetzlicher Grundlagen* für Auswanderung und Vermittlungstätigkeit,

- *Marketing-Aktivitäten* zur Demonstration der Fertigkeiten der Arbeitskräfte des Landes,

- den *Aufbau von Arbeitskräfte-Pools* (i.e. eine Reserve von Arbeitskräften, die in den Ölstaaten arbeiten möchten und ständig abrufbereit sind),

- spezielle *Trainingsprogramme* für Migranten,

- *Strafen für Vermittler und für Migranten*, die gegen Vermittlungsbestimmungen bzw. gegen Arbeitsverträge verstoßen,

- den *Aufbau staatlicher Vermittlungsorganisationen*,

- die *Einrichtung von Beratungsbüros* an Flughäfen und anderen Orten,

- die *Durchführung von Orientierungskursen*, damit die abwandernden Arbeitskräfte ihre Rechte, ihre Pflichten und ihr neues soziales Umfeld kennenlernen,

- *Anreizsysteme für Vermittlungsagenturen* von Arbeitsmigranten (Berücksichtigung des Vermittlungserfolges bei der neuerlichen Gewährung einer Lizenz, Vergabe von Ehrungen etc.),

- die *Durchführung von Beratungen* für Migranten und Arbeitgeber in den Ölstaaten, zum Teil verbunden mit dem Aufbau von Beratungsbüros,

- die *Einrichtung von Wohlfahrtsprogrammen* (Ausbildungsprogramme für Kinder von Migranten, Bereitstellung von Mitteln bei zwangsweiser Repatriierung etc.),

- die *Durchführung von Reintegrationsprogrammen* u.a.m.

Das vorrangige Ziel der genannten Maßnahmen ist es, den jeweiligen Ländern einen möglichst großen Marktanteil für die eigenen Arbeitskräfte in den Ölstaaten zu sichern. Aus diesem Grund gehen die Administrationen zum Teil auch gegen Arbeitskräfte vor, die ihre Arbeitsverträge gebrochen haben. Eine Diskreditierung des Landes und seiner Arbeitskräfte insgesamt soll damit vermieden werden. Das zweite Ziel der Migrationspolitiken ist der Schutz des Migranten und seiner Familie sowie die Sicherung der Repatriierung. Migration in die arabischen Erdölstaaten wird als Teil des Außenhandels betrachtet, der

Devisen generieren soll. *Migrationspolitik ist damit Teil der Außenhandelspolitik*[158].

In Jordanien gibt es dagegen *keine* Politik hinsichtlich der Abwanderung von Arbeitskräften, und die Eingriffe der staatlichen Institutionen in diese Wanderung sind lediglich punktuell und mit wenigen Sätzen charakterisiert. Das schon erwähnte *Vermittlungsmonopol* des Staates mit der Konsequenz fehlender Vermittlungsagenturen ist wohl der wichtigste Eingriff in die Organisation der Auswanderung. Daneben gibt es ein festgelegtes Verfahren bei einer Arbeitsaufnahme von jordanischen Staatsbürgern in Saudi-Arabien. Dieses Verfahren erzwingt eine *Registrierung* der Migranten beim MoL, hat aber über die Registrierung hinaus keine Funktion.

Mit einer *Ausreisegebühr* von derzeit 25 JD für jordanische Staatsbürger erhöht die jordanische Administration die direkten Kosten der Migration, allerdings nicht in signifikantem Maße.

Erst mit dem starken Abnehmen der Wanderungsmöglichkeiten in die arabischen Erdölstaaten hat es eine *unterstützende Maßnahme* zur Abwanderung gegeben. Im Juli 1988 wurden 500000 JD zur *Subventionierung der Arbeitsaufnahme* von Ärzten, Ingenieuren und Lehrern in der Arabischen Republik Jemen, im Sudan und in Algerien bereitgestellt[159]. Die dort zu erzielenden Gehälter sollen mit Hilfe dieses Betrages auf jordanisches Niveau angehoben werden. Die Maßnahme ist jedoch eher ein Teil der Arbeitsmarkt- und Sozialpolitik (Senkung von Arbeitslosigkeit und Vermeidung sozialer Spannungen) als ein Teil der Außenhandelspolitik, denn mit Deviseneinnahmen kann dabei nicht gerechnet werden.

Einige spezielle Maßnahmen sind in Kraft gesetzt worden, um die Gastarbeiterüberweisungen aus den Ölstaaten zu fördern. So dürfen Jordanier, die im Ausland leben, Devisen in unbegrenzter Höhe auf Konten in Jordanien halten, während für die Bewohner Jordaniens dieser Betrag auf 50000 JD beschränkt

---

[158]*Konsequenterweise gibt es in einigen der genannten Länder gesetzliche Bestimmungen, die Gastarbeiter verpflichten, einen bestimmten Teil ihres Einkommens in ihr Heimatland zu überweisen [25% in Bangladesh, 75% in Pakistan, 50%-80% auf den Philippinen (je nach Berufsgruppe), 50% in Indonesien].*

[159]*Vgl. Jordan Times v. 30.07.88.*

ist[160]. Daneben können die Arbeitsmigranten mit jordanischem Paß die Vorteile des "Encouragement of Investment Law" mit Steuerbefreiungen bei Investitionen etc. in Anspruch nehmen. Bei diesem Gesetz handelt es sich allerdings *nicht* um ein spezielles Gesetz für Migranten. Mit zwei anderen Maßnahmen soll eine stärkere Bindung der Auslandsjordanier an ihr Heimatland erreicht werden, womit dann auf indirektem Wege für eine Überweisung der Ersparnisse gesorgt wird. Zum einen erlaubt die 1979 gegründete jordanische Sozialversicherung[161] (Social Security Corporation) eine Mitgliedschaft von Migranten (ab Juli 1986), zum anderen gibt es seit Anfang 1988 ein Finanzierungsprogramm zum Hausbau in Jordanien, das von der Oman Bank in Dubai und der Housing Bank in Jordanien gemeinsam für jordanische Arbeitsmigranten in den V.A.E. durchgeführt wird. Das Programm beinhaltet einen vermögenswerten Vorteil für die Migranten, weil die gegenüber anderen Krediten günstigeren Konditionen der Housing Bank für einen Kredit in unbegrenzter Höhe in Anspruch genommen werden können, während die Höhe eines Kredits für Jordanier in Jordanien auf 7000 JD beschränkt ist.

Zusammenfassend ist festzustellen, daß die jordanische Administration in *relativ geringem Maße* in den Prozeß der Auswanderung und Rückwanderung eingreift. Die mit dem Arbeitsmarkt befaßten Institutionen haben aber eben aus diesem Grund wenig Problemlösungskapazitäten in bezug auf die Probleme, die mit Aus- und Rückwanderung verbunden sind. Es gibt *keine* Institutionen, die sich in den Zeiten einer stagnierenden Nachfrage auf den Arbeitsmärkten der Ölstaaten aktiv für die Vermittlung jordanischer Arbeitskräfte einsetzen. Es gibt *keine* Institutionen, die langfristige Strategien zur Auslandsbeschäftigung entwickeln und eine den Erfordernissen entsprechende Politik zum Beispiel im Bildungssystem durchsetzen. Und es gibt *keinerlei* Institutionen, die sich der Problematik eventuell eintretender Rückwanderungsströme widmen.

b) *Die Einwanderung.* Komplexer und umfassender sind die Regulierungen in bezug auf die Einwanderung von Arbeitskräften nach Jordanien. Staaten haben in der Regel ein sehr viel größeres Interesse daran, was Ausländer innerhalb

---

[160]*Seit Juli 1988; davor war die Höchstsumme auf 30000 JD beschränkt (MEED v. 08.07.88).*

[161]*Diese beinhaltet Rentenversicherung, Versicherung für Arbeitsunfälle, für Berufskrankheiten und eine Versicherung der Familie im Fall des Todes des versicherten Einkommensbeziehers.*

ihrer Staatsgrenzen tun, als daran, welchen Aktivitäten eigene Bürger außerhalb der Staatsgrenzen nachgehen. Entsprechend sind *Ein*wanderungen in stärkerem Maße reglementiert.

Grundlage für die Arbeitskräftewanderung nach Jordanien ist das *Arbeitsgesetz von 1960*. Dieses Gesetz verlangt von den Arbeitgebern eine Genehmigung (von MoL und Innenministerium), bevor sie Arbeitskräfte außerhalb Jordaniens anwerben dürfen. Diese Genehmigung soll nur dann erteilt werden, so die Bestimmungen, wenn die "Beschäftigung zum Sozialprodukt beiträgt" und "niemand mit den gesuchten Qualifikationen unter den jordanischen Arbeitsuchenden vorhanden ist". Außerdem legt das Gesetz eine klare Hierarchie bei den ausländischen Arbeitskräften fest, die Araber vor Nichtaraber ("Ajnabi") stellt. Seit 1977 benötigen alle nicht arabischen Arbeitskräfte *vor* ihrer Reise nach Jordanien eine Genehmigung des Arbeitsministeriums und des Innenministeriums zur Arbeitsaufnahme[162]. Zum Teil gibt es eine sehr differenzierte Bevorzugung bestimmter Arbeitskräfte ohne gesetzliche Grundlage. So heißt es in einem Rundschreiben des Arbeitsministers an die regionalen Arbeitsämter vom Sommer 1988, daß türkische Arbeitnehmer solchen aus Thailand oder Indien aus Gründen des sozialen Friedens vorzuziehen seien.

Allerdings wird diese Regelung, daß nicht arabische Arbeitskräfte vor Abschluß eines Vertrages angemeldet werden müssen, nicht von allen Beteiligten strikt beachtet, so daß etliche nicht arabische Arbeitskräfte ihre Arbeitsgenehmigung erst in Jordanien beantragen. Diesen Weg dürfen die *arabischen* Arbeitsmigranten sowieso beschreiten. Erst nach einer Periode von drei Monaten müssen sie eine Aufenthaltsgenehmigung beantragen, eine Arbeitsgenehmigung dagegen zum Zeitpunkt der Arbeitsaufnahme. Arbeitsgenehmigungen sind jedes Jahr zu erneuern, und ein Arbeitsplatzwechsel bedarf der Zustimmung des Innen- und des Arbeitsministeriums, das heißt für das Antreten einer neuen Arbeitsstelle ist eine neue Arbeitsgenehmigung erforderlich.

Anhaltende Arbeitslosigkeit unter jordanischen Arbeitskräften brachte ab 1984 eine Reihe von *einschränkenden Bestimmungen* für die Beschäftigung von Aus-

---

[162] Mit einigen Ländern hat Jordanien vertragliche Übereinkommen zur Regelung der Arbeitskräftewanderung geschlossen, so mit Ägypten, Pakistan (1978), Tunesien (1982), Marokko (1982), der Türkei (1982), Indien (1988) und den Philippinen (1988). Eine Absprache gibt es mit Bangladesh (1982), für koreanische Arbeitskräfte existieren standardisierte Arbeitsverträge.

ländern mit sich. Das bereits bestehende Gesetz, das Ausländerbeschäftigung nur in dem Fall zuläßt, in dem keine jordanischen Staatsbürger mit den gesuchten Qualifikationen vorhanden sind, wurde mit Hilfe einer Liste konkretisiert, die die Berufe enthält, in denen nur Jordanier beschäftigt werden dürfen. Demnach sind Tätigkeiten als Manager, Buchhalter, Sachbearbeiter, Sekretär, Lagerarbeiter, Verkäufer, Maler sowie Arbeitsplätze an Tankstellen Jordaniern vorbehalten. Auslaufende Arbeitsgenehmigungen werden hier nicht verlängert, neue nicht erteilt. Die "Schwarze Liste" wird von der jordanischen Administration von Zeit zu Zeit überarbeitet, weshalb die Angaben zu den Berufen, die nur noch von jordanischen Staatsbürgern ausgeübt werden dürfen, zwangsläufig unvollständig sind. Ebenfalls auf direktem Wege soll die Erhöhung der Beschäftigung von Jordaniern durch eine Quotenregelung erreicht werden. So müssen in Baufirmen mindestens 50% der Beschäftigten Jordanier sein, bei allen anderen Firmen sind es mindestens 60%.

Um auf indirektem Wege die Zahl der ausländischen Arbeitnehmer zu verringern, sind erhebliche Gebühren für Arbeitsgenehmigungen eingeführt bzw. die Gebühren erhöht worden. Im Normalfall müssen *nicht arabische* Arbeitskräfte für eine Arbeitserlaubnis eine Gebühr von 300 JD (ab Nov. 1988) pro Jahr entrichten. Die Relevanz dieses Betrages wird klar, wenn man sich verdeutlicht, daß dieser etliche Monatslöhne eines durchschnittlich verdienenden Dienstmädchens ausmacht. Ausgenommen von der Gebühr von 300 JD sind Krankenschwestern und Landarbeiter, deren Arbeitsgenehmigung jeweils nur mit einer Gebühr von 50 JD verbunden ist. Eine zweite Kategorie bilden die *arabischen Arbeitskräfte*, die 10 JD für eine Arbeitserlaubnis in einem landwirtschaftlichen Betrieb und 100 JD in Sektoren außerhalb der Landwirtschaft bezahlen müssen (vgl. Jordan Times v. 08.11.88). Eine dritte Kategorie sind die *Tagelöhner*, deren Tätigkeit erst vor kurzem vom Arbeitsministerium sanktioniert wurde (Oktober 1987). Für eine Gebühr von 33 JD dürfen sich nicht jordanische Arbeitskräfte an festgelegten Orten für eine beschränkte Anzahl von Tätigkeiten zur Verfügung stellen (vgl. Jerusalem Star v. 22.10.87).

Der Verstoß gegen die Melde- und Arbeitsbestimmungen ist mit erheblichen Strafen verbunden (die sich von Zeit zu Zeit ändern) und führt in manchen Fällen zur sofortigen Ausweisung, die dem Migranten nicht einmal die Zeit läßt, ausstehende Löhne einzufordern oder sein Hab und Gut einzupacken (vgl. Jordan Times v. 02.11.87).

Somit sind in Jordanien Gesetze und Bestimmungen vorhanden, *Einwanderungen zu stoppen* bzw. zu regulieren. Entscheidend dürfte stets der politische Wille sein, diese auch anzuwenden. Geleitet werden die Aktivitäten der jordanischen Administration dabei vermutlich von verschiedenen Interessen. Außenpolitisch hat Jordanien ein Interesse an möglichst guten Kontakten zu allen arabischen Ländern. Die Politik gegenüber den ägyptischen Gastarbeitern wird somit beispielsweise von der übrigen Politik gegenüber Ägypten nicht loszulösen sein. Binnenwirtschaftlich oder auch innenpolitisch mag es die Notwendigkeit geben, die Einwanderung zu kontrollieren und zu reduzieren, außenpolitisch können weitgehend unkontrollierte Ströme gewünscht werden. Zwischen Vertretern der beiden Interessen kann es zu Konflikten kommen. So hatte im Dezember 1981 das Innenministerium *gegen* die Opposition des Arbeitsministeriums die Aufhebung der kurz zuvor verschärften Meldebestimmungen für Ägypter durchgesetzt. Eine wichtige Interessengruppe in Jordanien dürften in dieser Frage die Arbeitgeber von Migranten bilden. Nicht jordanische Arbeitskräfte sind gegenüber jordanischen nicht nur billiger, sie sind auch bereit, länger zu arbeiten, sozial niedrig eingestufte Tätigkeiten zu verrichten, und sie sind *nicht Mitglied eines Clans*, der bei Streitigkeiten hinter ihnen steht und dem sie außerhalb und während der Arbeit dienen müssen. Eine Reihe der herrschenden Familien sind im landwirtschaftlichen Bereich (insbesondere im Jordantal) engagiert, in dem viele Gastarbeiter beschäftigt sind. Es ist unwahrscheinlich, daß diese Familien eine radikale Änderung der Politik gegenüber Gastarbeitern zulassen. Ein entsprechendes Argument gilt für die Beschäftigung von Dienstpersonal.

7. Die Wirkungen der Wanderungsbewegungen

Die Wirkungen der vorübergehenden Abwanderung von Arbeitskräften für das Auswanderungsland werden seit langem diskutiert. Bisher hat die internationale Diskussion einen Satz von direkten und indirekten Kosten- und Nutzenkomponenten im Hinblick auf internationale Migration herausgearbeitet. Die entstandenen Kategorien, die in Übersicht 1 abgebildet sind, werden bei ökonomischen Analysen (meist nur teilweise) für die Beurteilung temporärer Migration herangezogen. Diese Klassifikation der Folgen bildet einen ersten Schritt auf dem Weg zu einer *Theorie der Folgen von temporärer Abwanderung*. Die bisher geleistete, ökonomisch ausgerichtete Diskussion und die entwickelten relevanten Beobachtungsfelder wie Transferzahlungen, Inflation, Arbeitskräfteverknappung usw. sind wichtig und in jedem Fall temporärer Migration der Betrachtung und Analyse wert. Die ökonomische Diskussion hat aber zumindest ein Feld immer wieder ausgeklammert, nämlich den *institutionellen Rahmen* der Gesellschaft, aus der Migration stattfindet. Die Beurteilung der Auswirkungen internationaler Wanderungsbewegungen für das Auswanderungsland wird in aller Regel ohne eine Würdigung der Bedeutung der Abwanderung innerhalb einer spezifisch ausgeprägten Gesellschaftsordnung bzw. eines spezifischen Allokationsmechanismus vorgenommen.

Myron Weiner beobachtete, daß selten Politiker der Abwanderungsländer in den Prozeß der Abwanderung eingreifen, was auch immer Forscher über die Kosten temporärer Abwanderung sagen (vgl. Weiner 1982: 26). In der Tat beurteilen viele Forscher temporäre Arbeitsmigration negativ, während Politiker vielerorts alles daran setzen, die Zahl der Migranten zu maximieren. Es gibt verschiedene mögliche Erklärungen für diesen bemerkenswerten Wahrnehmungsunterschied; eine mögliche Erklärung hierfür könnte lauten, daß die Forscher bisher ein zu *enges* Feld der Folgen betrachtet haben, indem sie sich nur auf die in Übersicht 1 aufgelisteten Kosten- und Nutzenkomponenten konzentrierten. Im folgenden sollen die Wirkungen insbesondere der Auswanderung von Arbeitskräften aus Jordanien mit Hilfe der in Teil I herausgearbeiteten Kategorien analysiert werden, jedoch *auch* unter Einbeziehung der Rahmenbedingungen in Jordanien, die in Kapitel 5. verdeutlicht wurden. Unter 5.1 sind einige Bedingungen der gesellschaftlichen Ordnung Jordaniens diskutiert worden, und dabei wurde die große Bedeutung persönlicher Beziehungsgeflechte, das heißt von "Wastah", herausgestellt. Der folgende Abschnitt 7.1 soll an diese Analyse anknüpfen und die Relevanz von Abwanderung für die *Stabilität* Jordaniens unter Berücksichtigung der Verteilung von Ressourcen durch "Wastah" aufzeigen. Die Abschnitte 7.2 ff. werden sich dann intensiv den in Kapitel 3. herausgearbeiteten Kategorien widmen.

7.1 Migration, "Wastah" und Stabilität

Es ist unter 5.1 argumentiert worden, daß die jordanische Ökonomie durch Verteilungskoalitionen bzw. durch persönliche Beziehungsgeflechte ("Wastah") dominiert wird. Damit verbunden sind *Chancenungleichheiten*, konsequenterweise *Verteilungsungerechtigkeiten* sowie *allokative Ineffizienz*, sowohl in statischer wie in dynamischer Hinsicht. Internationale Migration hat in Jordanien und auch in den arabischen Erdölstaaten (vgl. Kapitel 10.) den negativen Effekten der Dominanz von Verteilungskoalitionen entgegengewirkt, *ohne* das System selbst zu gefährden. Insofern hat Migration stabilisierende Effekte. Diese These wird im folgenden erläutert.

Ein Land wie Jordanien, das eine Dominanz von Verteilungskoalitionen, von Familien und Beziehungsgeflechten (mit einer strikten Hierarchie insbesondere zugunsten transjordanischer Familien) aufweist, ist von Verteilungskonflikten nicht ausgenommen, vielmehr werden letztere durch Verteilungsungerechtigkeiten und andere entstehende Probleme geradezu entfacht. Geringe soziale Durchlässigkeit führt zu Unmutsäußerungen und zu Auseinandersetzungen zwischen den Verteilungskoalitionen mit vielen Verteilungsmöglichkeiten, die somit relativ wohlhabend sind, und anderen Verteilungskoalitionen, die nur sehr beschränkten Zugang zu Ressourcen haben.

Der Konflikt zwischen transjordanischer Bevölkerung und Regierung einerseits und den Palästinensern andererseits ist bisher allzuoft nur vor dem Hintergrund unterschiedlicher politischer Zielvorstellungen interpretiert worden. Tatsächlich aber ging es auch immer und ganz handfest um die Verteilung von jetzigen und zukünftigen Handlungs- und Verfügungsrechten. Mit der Besetzung der Westbank im Jahre 1948 durch den transjordanischen König Abdullah und seine Truppen und mit der folgenden Vereinigung von East- und Westbank entstanden *Interessenkonflikte* zwischen den Palästinensern und den Transjordaniern[163]. Immer wieder entbrannten Streitigkeiten zwischen den herrschenden Familien der Westbank und den transjordanischen Eliten über die Zuteilung von Ressourcen[164]. So wurden beispielsweise in den Zeiten von Devisenbewirtschaftung in den 50er Jahren zwei Drittel der Importlizenzen an Familien auf der Eastbank vergeben (vgl. Mishal 1978: 21), obwohl die Westbank den größeren Bevölkerungsanteil aufwies. Die Repräsentanz von Palästinensern in den staatlichen Institutionen wurde stark eingeschränkt. Die herrschenden Familien, vor allem das Königshaus, verließen sich auf die Kraft der Armee, der konsequenterweise ein überproportionaler Anteil der staatlich verfügbaren Ressourcen zugeteilt wurde. Mitunter wurden palästinensische Familien kooptiert, aber als wirklich verläßlich galt immer nur die transjordanische Bevölkerung (vgl. Abboushi 1970). Infolge der entstandenen Konflikte gab es schon in den Anfangsjahren des vereinigten Königreichs bei beiden ethnischen Gruppen erhebliche und nicht sehr schmeichelhafte kollektive Vorurteile (vgl. Lerner 1958: 343).

Immer wieder kam es zu innenpolitischen Auseinandersetzungen (vgl. Hurewitz 1982). Ihren Höhepunkt erreichten die Auseinandersetzungen mit dem "*Schwarzen September*" im Jahre 1970. Drei Jahre zuvor hatte Israel die Westbank besetzt, und eine große Zahl von Palästinensern war auf die Eastbank vertrieben worden. Ca. 450000 Flüchtlinge mußte die Eastbank 1967 aufnehmen. Angesichts einer wirtschaftlichen Rezession und einer extrem unsicheren Zukunft erreichten die Verteilungskämpfe ihren Höhepunkt. Die wirtschaftlichen Möglichkeiten der palästinensischen Akademiker waren minimal, und so organisierten sich viele mit dem Ziel, die jordanische Herrschaft zu stürzen. Haas faßte die Situation so zusammen: "Der hohe Prozentsatz an Akademikern unter den palästinensischen Widerstandskämpfern im Jahr 1970 verdeutlicht ... die Attitüden eines Teils der jordanischen Anti-Elite, eine Verbesserung ihrer Lage durch einen gewaltsamen Sturz des Regimes zu erreichen" (Haas 1975: 79).

---

[163]*Eine klare Konfliktlinie ist indessen nicht zu ziehen, weil etliche palästinensische Familien sich mit den dominierenden transjordanischen Verteilungskoalitionen arrangierten.*

[164]*Vgl. auch Mishal (1978: 37): "The feeling of deprivation was all the more acute by the way the West Bank was discriminated against the allocation of economic resources for local needs and the selective recruitment of Palestinians to public service."*

Vor der Zerschlagung der Verbände palästinensischer Kämpfer, der Fedayeen, im schon genannten "*Schwarzen September*" 1970 bildete ein Teil der Palästinenser einen Staat im Staate. Die Fedayeen kassierten Steuern, respektierten die Armee Transjordaniens nicht, marschierten bewaffnet durch die Städte der Eastbank, fuhren Autos ohne amtliche Zulassung, durchsuchten auf öffentlichen Straßen Zivilfahrzeuge und schufen eine große Zahl quasi exterritorialer Gebiete. Al-Fatah und PFLP etablierten Lager im Jordantal, woraufhin Tausende jordanischer Bauern in das Hochland fliehen mußten. Auf der Eastbank versuchte sich neben dem haschemitischen Jordanien ein palästinensischer Fedayeen-Staat zu etablieren (vgl. Laffin 1973: 53ff.). In den Auseinandersetzungen zwischen Transjordaniern und Palästinensern ging es um die politische und ökonomische Macht auf der Eastbank sowie die zukünftige politische und ökonomische Macht auf der Westbank.

Im Jahre 1970 sahen sich die palästinensischen Fedayeen unter anderem aufgrund unpopulärer Flugzeugentführungen und der Abkehr Nassers von der PLO politisch geschwächt. In einer militärischen Aktion wurden sie zurückgedrängt und waren schließlich Ende 1971 auf der Eastbank nicht mehr präsent.

Es stellt sich die Frage, warum in den letzten eineinhalb Dekaden der Konflikt zwischen Jordaniern und Palästinensern, der doch vorher mehr als zwanzig Jahre lang das Land in Unruhe gehalten hatte, nicht wieder aufgebrochen ist, warum seit Anfang der 70er Jahre der Streit auf die Westbank beschränkt ist und im wesentlichen auf diplomatischem Parkett stattfindet. Denn das zugrundeliegende *ökonomische Verteilungsproblem* hatte sich nach 1970/71 zunächst nicht geändert. Noch 1972 kam eine Gruppe amerikanischer Professoren auf einer Informationsreise durch Jordanien zu dem Ergebnis, daß die allermeisten Intellektuellen in Jordanien Palästinenser waren. Kennzeichnend für diese Gruppe junger Universitätsabsolventen war das Fehlen adäquater Beschäftigungsmöglichkeiten[165] oder, sofern sie einen Arbeitsplatz hatten, das Fehlen von Aufstiegsmöglichkeiten. Karriere war eindeutig den königstreuen Gruppen bzw. den herrschenden Verteilungskoalitionen vorbehalten. Die Existenz einer kleinen Gruppe Privilegierter bewirkte, daß sich ein bedeutender Teil der Intelligenz in Jordanien als unterprivilegierte Randgruppe wahrnahm (vgl. Haas 1975).

---

[165]*Dies wird durch den "Household Sample Survey 1972" des Department of Statistics (Amman) indirekt bestätigt. Danach gab es die höchsten Arbeitslosenraten bei den Absolventen von Community Colleges und Universitäten.*

1973 kam der Ölboom, und es vergrößerte sich der Arbeitsmarkt mit neuen Arbeitsmöglichkeiten für *alle* arabischen Arbeitskräfte. Die arabischen Erdölstaaten hatten ambitionierte Entwicklungsziele und benötigten Arbeitskräfte aus allen Sektoren und auf jeder Qualifikationsstufe. Palästinensische Hochschulabsolventen, die in Jordanien zum großen Teil arbeitslos waren, besaßen komparative Vorzüge im Bereich des mittleren und höheren Managements dank ihrer relativ hohen Qualifikation sowie – in Konkurrenz beispielsweise zu asiatischen Bewerbern – dank der gemeinsamen Sprache mit der Bevölkerung der Einwanderungsländer. Die These, daß es hauptsächlich *Palästinenser* waren, die die Eastbank auf der Suche nach einem Arbeitsplatz verließen, wird oft vertreten, ist jedoch leider empirisch kaum zu prüfen. Viele Palästinenser haben einen jordanischen Paß, und in den Zielländern der Migration wird nicht zwischen Jordaniern und Palästinensern unterschieden (vgl. 6.2). Die Benachteiligung palästinensischer Familien und das relativ hohe Bildungsniveau der Palästinenser (vgl. 5.2), das mit dem Bildungsniveau der Auswanderer korrespondiert, machen diese These jedoch plausibel. So hatten im Jahre 1980 73% der Arbeitskräfte in Jordanien die Sekundarschule nicht abgeschlossen, während dieses relativ niedrige Bildungsniveau nur 33% der Migranten aufwiesen. Letztere hatten dagegen zu 32% eine Universitätsausbildung, während dies nur bei 7% aller Beschäftigten in Jordanien der Fall war (vgl. Tab. 25).

Die Arbeitsplätze in den Ölstaaten wurden gut entlohnt, und *vor allem* oblag ihre Verteilung *nicht* mehr den in Jordanien dominierenden Verteilungskoalitionen. *Deren Macht endete an den Grenzen Jordaniens.* Mit einem Schlag eröffneten sich Verdienstmöglichkeiten, die die Entscheidungsparameter vieler Arbeitskräfte in Jordanien wesentlich veränderten. Die Wahl zwischen Abwanderung und Widerspruch, den beiden grundsätzlichen Gestaltungsmöglichkeiten menschlichen Protests, blieb für viele Palästinenser eine schwere, doch durch die neue Entwicklung in den Ölstaaten sprach vieles für Abwanderung. Und viele Palästinenser waren auch der Auffassung, daß sie die Idee eines eigenen palästinensischen Staates nicht fallenlassen müssen, wenn sie nach Kuwait oder Saudi-Arabien wandern.

Bezüglich ihrer wirtschaftlichen Aspirationen war es für die unterprivilegierten Gruppen nun nicht mehr nötig, sich mit den herrschenden Familien bzw. Verteilungskoalitionen auf der Eastbank auseinanderzusetzen oder sogar in blutige Fehde zu treten. De facto wurde der Arbeitsmarkt der Eastbank (und übrigens auch der Westbank, was Israel die Besetzung dieses Gebietes wesentlich erleichtert hat[166]) erheblich entlastete. Es wurde Mobilität innerhalb der Einkommensskala geschaffen, *ohne* daß die herrschenden Familien auf der Eastbank ihre dominierende Stellung aufgeben mußten. Der Erdölboom *entspannte* den Verteilungskonflikt in Jordanien ganz entscheidend. Die wichtigen Familien und großen Namen sind in Jordanien immer noch dieselben, noch immer haben diese Familien die Positionen inne, in denen in großem Maße Ressourcen verteilt werden. Doch daneben haben auch viele andere außerhalb der jordanischen Elite eine Chance bekommen, und sie konnten ihre wirtschaftlichen Aspirationen erfüllen, ohne daß dazu ein Sturz der herrschenden Verteilungskoalitionen notwendig gewesen wäre.

Mit der Abwanderung löste sich aber nicht nur das Verteilungsproblem, sondern zum Teil auch das Produktionsproblem. Die erheblichen Überweisungen für die Versorgung der Familien induzierte Nachfrage und somit Anreize zur Produktion. Gastarbeiterüberweisungen werden nicht durch Verteilungskoalitionen, sondern über den Markt alloziiert. *Das macht Produktion in Relation zu Verhandlungsprozessen wieder rentabler.* An der Dominierung der Ökonomie durch die Verteilungskoalitionen hat sich dadurch allerdings nichts geändert, denn noch immer wird ein sehr großer Teil der verfügbaren Ressourcen durch staatliche Institutionen und damit durch Verhandlungsprozesse zugeteilt.

Damit *löst Migration* zumindest temporär in geradezu idealer Weise das *Produktions- und das Verteilungsproblem*, zwei der Probleme, die aus der Dominierung der jordanischen Ökonomie durch die Verteilungskoalitionen bzw. das "Wastah"-System resultieren. Vor einigen abschließenden Bemerkungen zu diesem Abschnitt sei im folgenden ein Beispiel wiedergegeben. Farrag führte Mitte der 70er Jahre eine Dorfstudie in Jordanien durch, in der sie sich insbesondere mit dem Phänomen "Wastah" beschäftigte. Eine der dort wiedergegebenen Fallstudien illustriert einige der oben angesprochenen Punkte:

> "A, der einen Abschluß als Elektroingenieur besitzt, hat vier Brüder und drei Schwestern. Drei ältere Brüder sind in der Armee, der jüngste besucht die höhere Schule. Nachdem A die höhere Schule abgeschlossen hatte, versuchten zwei seiner älteren Brüder, ihn

---

[166] *Die "Intifadah", der jüngste Aufstand vor allem der jungen Bevölkerung auf der Westbank seit Dezember 1987, kommt nicht zufällig zu einem Zeitpunkt, da die Arbeitsmärkte der Ölstaaten kaum noch neue Arbeitsplätze bieten. Fällt die Möglichkeit der Auswanderung für die Palästinenser weg, dann wird Widerspruch gegen die Besetzung wahrscheinlicher.*

davon zu überzeugen, in die Armee einzutreten. A aber sagte, daß
er mit seiner Ausbildung fortfahren wolle, weil ihm dies mehr
Chancen in der Zukunft eröffne. Die Brüder wiesen sein Ansinnen
zurück, beschuldigten ihn, unloyal zu sein, und schworen, ihm nicht
einen Pfennig für seine weitere Ausbildung zu geben. Der dritte
Bruder in der Armee unterstützte A. Der Vater, der Gärtner bei
einem Verwaltungsgebäude in einer der Städte und nun pensioniert
war, besaß 10 dunum[167] Land. Er beschloß, etwas von dem Land zu
verkaufen, um seinem Sohn die weitere Ausbildung zu ermöglichen.
Die beiden Brüder versuchten, ihn davon abzubringen, weil sie der
Meinung waren, daß A bessere Chancen in der Armee habe. Der
Vater aber war nicht ihrer Meinung. Ein Streit brach aus und die
beiden Brüder redeten von nun an nicht mehr mit ihrem Vater und
mit A, ebensowenig mit dem dritten in der Armee beschäftigten
Bruder. Nachdem A die Universität beendet hatte, versuchte
wiederum einer der Brüder, ein Offizier, ihn zum Eintritt in die
Armee zu bewegen. Er sagte, er könne ihm leicht gute Beziehungen
("effective wastah") verschaffen. A lehnte ab. Er sagte, daß er
erstens nicht zur Armee gehen wolle und daß er zweitens mit dem
Wastah-System nicht einverstanden sei und sich dessen nicht
bedienen wolle; weitere Streitigkeiten brachen aus.

In einer Firma in Amman gab es eine freie Stelle, um die sich A
bewarb. Drei andere Bewerber gab es neben A: einer hatte lediglich
die höhere Schule abgeschlossen, einer hatte zwei Jahre "Commerce"
an der Universität studiert und dann sein Studium abgebrochen,
der dritte war Ingenieur. Sie stellten sich alle vor und zuletzt
wurden sie gefragt, ob sie Wastah hätten. A sagte, daß er lediglich
ein Empfehlungsschreiben der Universität habe. Man fragte ihn, ob
er sich denn keine Wastah beschaffen könne und A verneinte.
Daraufhin wurde ihm gesagt, daß man ihm Bescheid geben würde.
Zehn Tage vergingen, A hörte nichts und ging deshalb zu der
Firma. Er fand heraus, daß die Stelle inzwischen an den Studenten,
der sein Studium abgebrochen hatte, vergeben worden war. Einer
der Angestellten erzählte A, daß er mit guter Wastah die Stelle
bekommen hätte, denn er habe einen guten Eindruck hinterlassen.
A erwiderte, daß er nicht verstehen könne, warum sie jemanden
beschäftigten, der überhaupt nicht als Ingenieur ausgebildet sei.
Der Angestellte meinte, daß dies kein Problem sei, da man ihn
anlernen würde, und im schlimmsten Fall würde eine Arbeitsstelle
für ihn geschaffen und die ursprüngliche Position würde wieder
ausgeschrieben werden.

Entscheidend war, daß von den vier Bewerbern einer überhaupt
keine Wastah hatte, während drei Wastah besaßen. In zwei Fällen
erwies sie sich gegenüber der Wastah des "Commerce"-Studenten
als unbrauchbar, dessen Wastah waren die eines hochrangigen Offiziers. Als die Brüder des A von seinem Schicksal hörten, verloren
sie keine Zeit, darauf hinzuweisen, daß er nicht in dieser mißlichen
Lage wäre, wenn er auf sie gehört hätte, sie ihm noch
immer gute Wastah bei der Armee beschaffen könnten. Aber A lenkte
nicht ein, und bei seiner Entscheidung standen ihm sein Vater und
sein dritter Bruder bei. Dann bewarb er sich erfolgreich um eine

---

[167] *Entspricht einem Hektar.*

Stelle in den Golfstaaten. Er sendet seinem Vater jeden Monat Geld, um seine Schulden zurückzuzahlen, und er hat versprochen, seinem jüngsten Bruder ein Studium zu ermöglichen" (Farrag 1977: 235f.).

Obwohl die Subtilität von Beziehungsgeflechten in diesem Beispiel nicht hinreichend deutlich wird, wird immerhin klar, daß die Firma bereit ist, *Produktivität gegen Verhandlungsmacht* einzutauschen. Diejenigen, die keine Verhandlungsmacht besitzen, haben in einem solchen System in der Regel das Nachsehen. Migration bietet hier einen Ausweg und führt damit zu Stabilität. Den stabilisierenden Effekt von Migration haben die herrschenden Eliten in Jordanien erkannt. Zwar reklamierte Kronprinz Hassan 1977 auf der 63. ILO-Konferenz eine Entschädigung für den Verlust von Humankapital durch Abwanderung (vgl. Böhning 1982, Hassan Bin Talal 1984), aber dabei dürfte es sich im wesentlichen um den Versuch gehandelt haben, weitere Ressourcen für Jordanien zu akquirieren. Denn es wurde kaum versucht, Arbeitskräfte im Land zu halten, um den vermeintlichen Schaden durch Auswanderung zu begrenzen. Heute, in den Zeiten sehr kleiner Wanderungsströme, werden Auswanderungsprogramme aktiv gefördert. Jordanischen Akademikern, die im Jemen, im Sudan oder in Algerien arbeiten, wird ein "Topping-up" gezahlt, das heißt ihre Löhne in diesen Ländern werden mit jordanischen Haushaltsmitteln auf jordanisches Niveau angehoben (vgl. 6.5).

Stabilität war eine der Folgen von Migration, und sie allein mag schon erklären, warum jordanische Politiker der Abwanderung positiv gegenüberstanden. Migration kann Revolutionen vermeiden[168].

---

[168] *Helga Baumgarten hielt auf dem "2ⁿᵈ French-German Workshop on Labour Migration and the Process of Social and Political Change in the Middle East" (Berlin, Juni 1988) einen Vortrag mit dem Thema "Migrants, Migrant Communities and Movements of National Liberation". In diesem Vortrag betrachtete sie die Wirkungen von Wanderungsbewegungen auf das politische Leben im Auswanderungsland. Ihrer These nach führen Auslandserfahrungen von Migranten zu politischen Umwälzungen im Heimatland dieser Migranten (bzw. es gibt eine starke Verbindung zwischen diesen beiden Phänomenen). Der Bezug wurde über die Erfahrungen Gandhis in Südafrika, Messali Hadjs in Frankreich sowie Arafats und seiner Kollegen in Kuwait hergestellt. Die hier vorgelegte Analyse legt insbesondere auch die umgekehrte Frage nahe: Wieviele soziale Umwälzungen sind durch Migration verhindert worden?*

7.2 Die Transferzahlungen

Der sichtbarste und am meisten hervorgehobene positive Beitrag temporärer Migration zur Versorgung und manchmal zur Entwicklung einer Ökonomie, aus der Arbeitskräfte vorübergehend abwandern, ist der *Transfer* der Migranten von finanziellen Ressourcen und von Gütern in ihr Heimatland; genauer gesagt: an ihre Familien im Heimatland. Zwei Gründe sind dafür verantwortlich, daß vorübergehend Abgewanderte überhaupt einen Teil ihres Einkommens in ihr Heimatland überweisen. Zum ersten gehört die Versorgung der Familie natürlich zu den Pflichten des Migranten, wenn er seine direkt von ihm abhängigen Angehörigen (Frau, Kinder oder auch die Eltern) im Heimatland zurückgelassen hat. Dazu bedingt die starke Stellung des weiteren Familienverbandes in Jordanien aber auch eine Unterstützung anderer Familienmitglieder, zum Beispiel beim Studium oder bei einer Heirat. Dieses *erste Transfermotiv* kann insgesamt mit "*Versorgung der Familie*" bezeichnet werden. Transfers zur Unterstützung der Familie sind *nicht* unmittelbar abhängig davon, ob der Migrant irgendwann einmal in seine Heimat zurückkehrt. Vielmehr mag es sich bei solchen Transfers um einen Teil eines innerfamiliären und/oder intergenerationalen Familienvertrages handeln, der dem Migranten die Migration ermöglichte (Ausbildung, Reisekosten etc.) und ihn gegen ein Scheitern der Migration versicherte, der ihn im Gegenzug aber zur Unterstützung der Familie verpflichtet[169]. Allerdings wird *die Höhe* der Transfers an Familienmitglieder stark von der Art der Migration (permanent, temporär) abhängen. Einerseits fällt die Unterstützung der direkten Angehörigen bei permanenter Migration in aller Regel weg, weil insbesondere Frau und Kinder dann den Arbeitsmigranten begleiten. Andererseits wird der Transfer an den erweiterten Familienverband auch davon abhängen, in welchem Maße der Migrant seinerseits in der Zukunft von der Familie abhängig sein wird. Das *zweite Transfermotiv* besteht in der *Investition* des Migranten in seine eigene Zukunft und die Zukunft seiner Familie im Heimatland. Dieses Motiv ist ausschließlich bei vorübergehend Abgewanderten anzutreffen. Hier besteht das überragende Ziel der Migration in der Ermöglichung eines besseren Lebens im Heimatland nach der Migration, und damit ist der Transfer von Ressourcen und eine Investition dieser Ressourcen für das zukünftige Leben die logische Konsequenz der Abwanderung. Insgesamt überweisen demnach vorübergehend Abgewanderte einen sehr viel größeren Teil ihrer Einnahmen nach Jordanien als permanente Migranten. Diese These wird indirekt durch die Erhebungen von

---

[169] *Vgl. zu diesem Thema Lucas/Stark (1985) und Stark/Lucas (1987).*

Share (vgl. Share 1987) und der RSS (1983) bestätigt. Die durchschnittlichen Überweisungen aus Kuwait, wo sich viele permanente bzw. Langzeitmigranten befinden, sind sehr viel *niedriger* als die durchschnittlichen Transferzahlungen insgesamt.

Während es zwei *grundsätzliche* Beweggründe für die Überweisungen ins Heimatland gibt, so gibt es nun verschiedene Determinanten, die die *Höhe* und die *Art und Weise* der Transfers bestimmen. Zu diesen Determinanten gehören

- das Einkommen der Migranten,
- das Bildungsniveau der Migranten,
- der Wechselkurs zwischen der Währung des Heimatlandes und der des Gastlandes, verglichen mit ihrer jeweiligen Kaufkraft,
- die Transfermöglichkeiten (Banken, Geldhändler, Transport durch Bekannte, persönliche Überbringung etc.),
- die unterschiedlichen Zinsniveaus,
- die Stabilität der Währungen, in denen gespart werden kann,
- die Konsummöglichkeiten im Heimatland und
- die verbleibende Zeit bis zur Rückkehr.

Je höher die Einkommen der Migranten, desto höher werden die Überweisungen ausfallen, vorausgesetzt, der Migrant wandert allein. Je stabiler die Währung des Heimatlandes und je marktgerechter der Wechselkurs, desto eher wird das offizielle Bankensystem als Transfermechanismus gewählt. Je höher das Bildungsniveau der Migranten, desto größer das Vertrauen in "unpersönliche" Transfermechanismen. Je schlechter die Verfügbarkeit insbesondere von Konsumgütern im Heimatland, desto eher werden Transfers in Gütern geleistet[170]. Dabei werden jedoch die genannten Determinanten die Unterstützungsleistungen für die Familie in geringerem Maße beeinflussen als die Transfers für Investitionen in die Zukunft des Migranten. Denn ganz unabhängig von Wechselkursen oder Investitionsalternativen muß die Familie des Migranten ständig unterstützt werden, um im Heimatland zu überleben.

---

[170]Vgl. Russell (1986) für eine länderübergreifende Untersuchung zu *Gastarbeiterüberweisungen.*

Diese allgemeinen Erkenntnisse über das Transferverhalten von Migranten finden auch in Jordanien ihre Bestätigung. Je höher das Bildungsniveau, um so größer ist das Vertrauen in das Bankensystem (RSS 1983, Seccombe/Wilson 1987). Das allgemein hohe Bildungsniveau jordanischer Migranten und das Vertrauen in die jordanischen Finanzinstitutionen spiegelt sich dabei in generell hohen und offenbar gestiegenen Transfers durch das *offizielle Bankensystem* wider[171]. Eine Haushaltsbefragung ergab, daß 70% bis 82% der Migrantenhaushalte (je nach Bildungsniveau des Migranten) diesen Weg beschritten (vgl. Seccombe/Wilson 1987). Diese 1985 durchgeführte Untersuchung zeigte damit eine sehr viel stärkere Benutzung des offiziellen Bankensystems auf als dies noch fünf Jahre zuvor der Fall war (vgl. RSS 1983). Im Gegensatz zum allgemeinen Fall gilt für Jordanien, daß mit steigendem Einkommen der Migranten die Transferrate sinkt. Dies dürfte vor allem dadurch bedingt sein, daß besser verdienende Migranten eher mit ihren Familien migrieren als andere[172]. Die Migranten mit den höchsten Einkommen haben darüber hinaus am ehesten den Überblick über Anlagemöglichkeiten außerhalb Jordaniens. Sowohl während der Periode der Migration als auch danach investiert ein überdurchschnittlich großer Teil dieser Gruppe im Ausland (vgl. ebd.).

Die *Bedeutung der Transfers für Jordanien* wird zuallererst von der Höhe dieser Zahlungen bestimmt. Weil Jordanien in den letzten eineinhalb Dekaden eine relativ hohe politische Stabilität und eine Berechenbarkeit in Geld- und Währungspolitik aufwies[173] und deshalb das offizielle Bankensystem überwiegend für Überweisungen genutzt wird, ist ein relativ großer Teil der Gastarbeitertransfers registriert, insbesondere nachdem 1986 der größte Geldwechsler

---

[171]*Die Benutzung des Bankensystems ist in Jordanien weiter verbreitet als in den meisten anderen Ländern, die Gastarbeiterüberweisungen zu verzeichnen haben. Choucris (1986) Argument, daß durch Transfers eine "Hidden Economy" enstanden ist, dürfte in der Arabischen Welt für Jordanien am wenigsten zutreffen.*

[172]*Dafür sorgen schon die Einwanderungsbestimmungen der Ölstaaten. In Kuwait beispielsweise muß ein Arbeitsmigrant ein Mindesteinkommen von umgerechnet ca. 2800 DM im Monat bei einer Beschäftigung im öffentlichen Sektor und ca. von 3750 DM im Monat im privaten Sektor nachweisen, um eine Zuzugsgenehmigung für seine Familie zu erhalten (Stand: 12/87).*

[173]*Seit Februar 1975 ist der JD an die Sonderziehungsrechte gekoppelt, und diese Koppelung konnte (zumindest bis zum Sommer 1988, als zum erstenmal ein Schwarzmarkt für Devisen entstand) von der Central Bank of Jordan aufrecht erhalten werden.*

bankrott ging und die Migranten ihr Vertrauen in die Geldwechsler verloren[174]. Diese relativ vollständige Registrierung erleichtert die Bestimmung der Höhe der Transfers für Jordanien. Aber auch wenn 100% der Überweisungen registriert sind (was unwahrscheinlich ist), wird doch die Bedeutung der Gastarbeiter in bezug auf die Transfers von Ressourcen nach Jordanien erheblich unterschätzt, weil dabei mitgebrachte Produkte (für den eigenen Haushalt oder als Geschenk), beim Heimatbesuch mitgebrachte Gelder, Zölle oder die Wertschöpfung bei jordanischen Transportunternehmen nicht mit einberechnet werden. Diese Beiträge der Migranten für die jordanische Ökonomie mit einbeziehend, kommt Zaghlul (1984: 32) zu folgender *wertmäßigen Zusammensetzung der gesamten transferierten Ressourcen*[175]:

- 71,7% sind Transfers an die Familien durch Banken und Geldwechsler; sie spiegeln sich zum größten Teil in den registrierten Überweisungen wider;

- 7,2% sind mitgebrachte Produkte;

- 14,3% sind mitgebrachte Gelder;

- 3,9% sind während des Besuchs ausgegebene Gelder;

- 2,1% sind Ausgaben für Transportleistungen;

- 0,8% sind Zölle für eingeführte Güter (Autos etc.).

Der Transfer von Ressourcen durch die Migranten liegt damit um *39,5%* über den von der Zentralbank registrierten Überweisungen. Die von Zaghlul geschätzten Anteile werden dabei ihrer Größenordnung nach auch von der Studie der RSS (1983: 120) bestätigt. Betrachtet man deren Erhebung als repräsentativ, dann sind 73,4% der von den Migranten transferierten Ressourcen Devisen, 6,9% sind Geschenke und 19,6% sind Güter für den eigenen Bedarf[176].

Allerdings werden diese Transfers der Migranten auf die hier betrachtete Untersuchungseinheit (Jordanien) um den Teil *gemindert*, der gar nicht für

---

[174]*Zwar müssen die Geldwechsler ebenfalls ihre Deviseneinnahmen bei der Zentralbank registrieren, manche aber tun dies aus steuerlichen Gründen nicht (vgl. Talafha 1985a, Abdallah 1988).*

[175]*Angaben für 1981.*

[176]*Weitere Ressourcentransfers wie Zölle oder persönliche Ausgaben bei Besuchen werden von der RSS nicht erfaßt.*

Familien in Jordanien bestimmt ist. Die allermeisten Transfers aus den Ölstaaten, die an Familien auf der *Westbank* gehen, laufen aufgrund fehlender direkter Verbindungen mit dem von Israel besetzten Gebiet über die jordanische Hauptstadt Amman. Sie werden dorthin überwiesen und erreichen von dort aus (durch persönlichen Transport) den Empfänger. Es ist schwer zu schätzen, welcher Anteil der in Amman ankommenden Gastarbeiterersparnisse ihren Weg auf die Westbank findet. Dies insbesondere deshalb, weil angesichts der mehr als zwanzigjährigen Besetzung dieses palästinensischen Gebiets viele ursprünglich aus der Westbank stammende Arbeitsmigranten auf der Eastbank (in Jordanien) investieren. So vermutet Zaghlul (1984: 38), daß der Anteil der Transferzahlungen von ursprünglichen Bewohnern der Westbank ihrem relativen Anteil an der Gesamtzahl der Migranten entspricht (nach seiner Schätzung 36%), daß davon aber ein immer *geringerer* Teil auch auf die Westbank fließt. Nach seinen Vermutungen überwiesen die Migranten aus der Westbank zwar 36% der gesamten Überweisungen nach Jordanien, nur weniger als die Hälfte (16,0%) davon ging im Jahre 1980 jedoch auf die Westbank weiter, während es 1975 seiner Schätzung nach noch die gesamten 36% waren. Weil jede Registrierung oder auch nur die Möglichkeit einer Registrierung ausgeschlossen ist, ist es müßig über die "wahre" Höhe der Transfers von der Eastbank auf die Westbank zu streiten. Es sei im folgenden *angenommen*, daß die Höhe der Abflüsse auf die Westbank in den vergangenen Jahren den von der Zentralbank *nicht* registrierten Ressourcentransfers nach Jordanien entsprach[177]. Die von der jordanischen Zentralbank registrierten Überweisungen stellen dann die *tatsächlichen* Ressourcentransfers nach Jordanien dar[178].

---

[177] *Insbesondere infolge der "Intifadah" sind die Transfermöglichkeiten auf die Westbank, die zu allen Zeiten der Besetzung dieses Gebiets begrenzt waren, nochmals sehr stark von Israel eingeschränkt worden.*

[178] *Dann hätte ein durchschnittlicher Migrant 1986 2856 JD in seine Heimat überwiesen, wenn man davon ausgeht, daß alle Überweisungen auf die Eastbank von vorübergehend Abgewanderten geleistet wurden. Wurden 25% der Überweisungen von permanent Abgewanderten geleistet, so reduziert sich die Überweisung pro temporärem Migranten auf 2142 JD (= 13259 DM). Dies ist angesichts der hohen Löhne von Jordaniern in den Ölstaaten, die schon 1980 pro Jahr durchschnittlich 4032 JD betrugen, realistisch [berechnet nach RSS (1983: 115)]. Die gemachten Schätzungen werden auch durch eine empirische Studie aus Irbid zumindest nicht widerlegt. Die Mehrheit der dort untersuchten Haushalte erhielt Überweisungen zwischen 1500 JD und 4500 JD im Jahr (Seccombe/Wilson 1987: 42).*

Der *Umfang der Transferzahlungen* in den Jahren 1967 bis 1987 ist in Tabelle 30 wiedergegeben. Zwischen dem niedrigsten Stand der Transferzahlungen im Jahr 1969 (sicherlich auch eine Folge des Sechs-Tage-Krieges[179]) und dem Höhepunkt dieser Zahlungen (1984) liegen enorme, bisweilen dreistellige Wachstumsraten. Die Beiträge der Gastarbeiterüberweisungen nach Jordanien zum jordanischen Einkommen waren in den vergangenen eineinhalb Dekaden enorm; in Relation zum BIP stiegen diese Transfers von 3% (1970) auf ein Maximum von 32% (1984), seither ist diese Relation wieder auf knapp 19% (1987) gefallen. Der Anteil der Gastarbeiterüberweisungen am BSP *verzehnfachte* sich von 2,5% im Jahr 1970 auf 25,6% im Jahr 1984, bevor er wieder auf 17,0% (1987) fiel.

Die wichtigste Bedeutung dieser Transfers liegt darin, daß sie die *Verfügbarkeit von Devisen* in Jordanien erhöhen und damit einen erhöhten Import von Gütern und Dienstleistungen ermöglichen. Es ist weiter oben[180] darauf hingewiesen worden, daß die güterwirtschaftliche Basis Jordaniens äußerst schmal ist. Der weitaus wichtigste Sektor der jordanischen Wirtschaft ist der tertiäre Sektor, und Jordanien ist bei Rohstoffen und Fertigprodukten zum großen Teil auf *Importe angewiesen.* 1985 wurden nur 34,5% der Konsum- und Investitionsgüter, die in Jordanien verkauft wurden, auch in Jordanien hergestellt, bei den Rohstoffen betrug der aus Jordanien stammende Anteil weniger als 11%. Migration und die Gastarbeiterüberweisungen haben in dieser Hinsicht die *Importkapazität* enorm erhöht. Während 1973 lediglich 4,9% der Importkapazität durch Gastarbeiterüberweisungen geschaffen wurden, waren es 1984 35,1%[181]. Es kann kein Zweifel daran bestehen, daß die Transfers der jordanischen und palästinensischen Gastarbeiter das *Gesamteinkommen und die Konsummöglichkeiten in Jordanien* erhöht haben.

Dies gilt allerdings nicht für jedes einzelne Mitglied der jordanischen Gesellschaft. Die erhöhte Nachfrage der Migrantenhaushalte nach international nicht handelbaren Gütern hat wegen des relativ inelastischen Angebots dieser Güter deren Preise in Jordanien zum Teil erheblich erhöht. Durch diese Preiserhöhungen wurden Familien schlechter gestellt, deren Einkommen keine oder nur ver-

---

[179]*Die Bedeutung von Krisen für das Absinken von Transferzahlungen zeigt sich auch in den Jahren 1970 und 1971, den Jahren des innerjordanischen Bürgerkrieges und des "Schwarzen September".*

[180]*Vgl. die Abschnitte 5.2 und 5.3.*

[181]*Vgl. Tabelle 30 und zur Importkapazität Amerah/Al-Hajji (1987: 54).*

gleichsweise geringe Erhöhungen erfahren haben, das heißt Familien, die ihr Einkommen ausschließlich in Jordanien bezogen. Ein Beispiel verdeutlicht, daß manche Haushalte infolge der finanziellen Transfers durch die Migranten *schlechter* gestellt wurden: Land bzw. Immobilien spielen in Jordanien eine überaus wichtige Rolle, und das eigene Haus gehört zu den vorrangigen Wünschen der meisten jordanischen Familien, die einen großen Teil ihres Budgets für die Realisierung dieses Wunsches aufwenden. Ein durch den Erwerb von Immobilien geprägtes Investitionsverhalten findet sich in Jordanien bei Migrantenhaushalten (s.u.). Dadurch, daß die Migrantenhaushalte einen großen Teil ihres Einkommens auf den Erwerb von Immobilien verwenden, haben sich die Land- und die Baupreise erheblich erhöht (vgl. 7.5). Diese Preissteigerungen haben zu Einbußen an Konsummöglichkeiten bei denjenigen geführt, deren Einkommen sich nicht oder nur in geringem Maße erhöht haben, das waren insbesondere Haushalte mit einem relativ fixen Einkommen ohne Landbesitz.

Es läßt sich nicht genau bestimmen, wer die Verlierer und wer die Gewinner der Transfers nach Jordanien waren und sind. Wichtig ist darauf hinzuweisen, daß Transfers aus Migration einen *Wohlfahrtsverlust* für Teile der nicht abgewanderten Bevölkerung beinhalten *können*. Die Gruppe der Beschäftigten im öffentlichen Dienst war wahrscheinlich diejenige, die unter den durch die Transfers induzierten Preissteigerungen in Jordanien am meisten gelitten hat. Die Lohnerhöhungen bei dieser Gruppe lagen nach den verfügbaren Daten unter den Preissteigerungen[182]. Damit wäre die enorme Auswanderung von Arbeitskräften für etliche der in Jordanien verbliebenen Arbeitnehmer *mit Kosten* verbunden gewesen, und es wäre aus dieser Sicht verständlich, warum nicht alle Jordanier den mit der Migration verbundenen "Geldsegen" begrüßt haben.

Per saldo aber haben die Transfers ganz sicher zu den Versorgungs- und zu den Entwicklungsmöglichkeiten Jordaniens insgesamt beigetragen. Wie groß der *Entwicklungsbeitrag* ist, hängt davon ab, auf welche *Weise* die Migrantenfamilien ihr Einkommen verwenden (vgl. Kapitel 3.). Werden die Transfers lediglich für importierte Konsumgüter ausgegeben, so ist der Entwicklungsbeitrag nur sehr kurzfristig. Für eine auf die Periode der Überweisungen begrenzte Zeit

---

[182] *Vgl. Tabelle 9 zu den Inflationsraten und Ali (1984: 391f.) zu den Lohnsteigerungen im öffentlichen Dienst, die er mit durchschnittlich 4,9% in den Jahren 1973 bis 1981 angibt. Dabei ist der öffentliche Dienst allerdings durch eine gespaltene Lohnstruktur gekennzeichnet (vgl. 7.3 und 7.6).*

werden dann die Konsummöglichkeiten durch Migration erhöht[183]. Sollen die Konsummöglichkeiten *langfristig* erhöht werden, so sind Investitionen notwendig.

Nach den vorliegenden Informationen, die allerdings recht dürftig sind[184], investiert nur der allerkleinste Teil der zurückkehrenden Migranten direkt in produzierende Unternehmungen, das heißt in landwirtschaftliche oder industrielle Projekte. Nach der Erhebung der RSS (1983: 128) waren es 1980 nur 2,3% der Migrantenhaushalte, die angaben, sie hätten den Hauptteil der erhaltenen Transfers in solche Projekte investiert. Diese Tendenz wird auch von Findlay/Samha (1986: 179) bestätigt. Ihrer Erhebung nach sind es sogar nur 1,6% der Migrantenhaushalte, die in industrielle oder landwirtschaftliche Projekte investiert haben. Bedenklich in bezug auf den Entwicklungseffekt von Transferzahlungen in der Folge von Migration ist, daß überhaupt nur 6,8% der Haushalte mit mindestens einem arbeitenden Mitglied außerhalb Jordaniens eine solche Investition in Betracht zogen. Im wesentlichen werden die Transfers für *langlebige Konsumgüter* oder *Güter des täglichen Bedarfs* ausgegeben, im Investitionsbereich hauptsächlich für Immobilien und für Bildung. In der schon erwähnten Untersuchung in Irbid wurde erhoben, daß 45,3% der Migrantenhaushalte einen Hauptteil der Transfers für den Hausbau ausgaben, 30,5% für langlebige Konsumgüter, 30,1% für Bildung und 29,2% für die Begleichung von Schulden (Seccombe/Wilson 1987: 45).

Am deutlichsten und weithin sichtbarsten sind in den letzten eineinhalb Dekaden die *Investitionen in Land und Häuser* gewesen. So lag die Zahl der Baugenehmigungen in Amman und Zarqa im Jahr 1982 mehr als zweieinhalbmal höher als im Jahre 1974. Zwischen 1972 und 1982 wuchs die bebaute Fläche in derselben Region von 21km^2 auf 54km^2 (vgl. Findlay/Samha 1986). Der Handel mit Grund-

---

[183]*Die Verwendung der Transfers hauptsächlich für Konsumgüter oder Importe wird des öfteren als "Kosten" der Migration bezeichnet [vgl. Tab. 1 bei Russell (1986) sowie die dort zitierte Literatur]. Eine solche Bezeichnung ergibt ein falsches Bild. Die Ausgaben von Migranten können gesamtwirtschaftlich im Hinblick auf ihren Entwicklungsbeitrag mehr oder weniger sinnvoll sein; warum sie gesamtwirtschaftliche Kosten enthalten sollen, ist nicht zu erkennen.*

[184]*Hauptquelle für Informationen zum Investitionsverhalten ist die Studie der RSS (1983). Wie vom Leiter der Arbeitsgruppe, die die Untersuchung durchführte, selbst betont wird, waren die Befragungen zum Ausgabeverhalten sehr problematisch, insbesondere weil die Befragten negative Konsequenzen vermuteten (vgl. Saket 1986). Unterstützende Informationen zum Ausgabeverhalten bieten die Arbeiten von Findlay/Samha (1985, 1986), von Share (1987) und von Seccombe/Wilson (1987).*

stücken muß in den ersten Jahren der Migration immens gewesen sein. In der Amman-Balqa-Region stiegen die Grundstückspreise von 1970 bis 1976 um etwa 500% (Findlay 1985). Zwischen 1975 und 1983 stieg der Wert der registrierten Landverkäufe in Jordanien um nahezu 400% von 56,3 Millionen JD auf 266 Millionen JD (vgl. Tab. 12).

Aus individueller Sicht gibt es für diesen hohen Anteil von Ausgaben für Investitionen im Immobilienbereich eine Reihe von guten Gründen. Immobilien sind langfristig nutzbar, haben sich als Schutz gegen Inflation bewährt und sind ein wichtiger Beitrag zur Erhöhung des sozialen Status. Sie sind einerseits eine Investitionsform, die bei vorübergehender Abwanderung des Mannes die unmittelbare Versorgung der engeren verbleibenden Familie im wichtigen Bereich des Wohnens sicherstellt, andererseits sind sie eine Investition, die einen Teil der Versorgung im Alter garantiert. Die Überwachung der Investition ist relativ einfach zu delegieren (z.B. an ein anderes Familienmitglied), wenn der Haushaltsvorstand der investierenden Familie noch im Ausland arbeitet. Darüber hinaus sind Investitionen in Immobilien wie auch in Bildung deshalb gegenüber anderen Investitionen lukrativer, weil sie aufgrund der relativ geringen Menge internationaler Inputs nur in geringem Maße staatlicher Ressourcenabschöpfung unterliegen[185]. Der Staatshaushalt wird relativ stark durch Zölle und nur in relativ geringem Maße durch Steuern gespeist. Das verteuert Investitionen mit internationalen Inputs. Verstärkte Investitionen mit hauptsächlich lokalen Ressourcen sind die Konsequenz. Ein Grund für die hohen Investitionen im Immobilienbereich mag ebenfalls darin liegen, daß (real oder subjektiv empfunden) keine andere Investitionsmöglichkeit gewinnversprechend war. Es ist insbesondere auffällig, daß viele Migranten nicht nur Häuser für den Eigenbedarf, sondern darüber hinaus auch zur Vermietung bauen (vgl. Findlay/Samha 1985).

Wenn man davon ausgeht, daß die Migrantenhaushalte 25% der Transfers aus dem Ausland für Investitionen im Wohnungsbau ausgegeben haben (vgl. HKJ/MoP 1987c), dann sind diese Haushalte für *zwei Drittel* der Investitionen im Woh-

---

[185] *Wie überhaupt die Besteuerung von Immobilien von der Administration als sensitiver Bereich betrachtet wird. So äußerte das Ministry of Planning in einer Studie: "The conventional attitude among officials is that vacant land represents one of the main, if not the most important, repositories for family wealth and that any attempt to charge for the holding of vacant land will directly conflict with Jordanian cultural values" (HKJ/MoP 1987f: 17).*

nungsbau zwischen 1977 und 1986 verantwortlich[186]. Auch diese nur ungefähre Schätzung zeigt die enorme Bedeutung der Migranten für einen wichtigen Sektor in Jordanien und damit für die gesamte jordanische Ökonomie.

Die Planer in Jordanien wurden von den Investitionstätigkeiten privater Haushalte, das heißt hauptsächlich der Migrantenhaushalte, im Bausektor ganz offensichtlich überrascht. Im Zeitraum des Fünfjahresplans 1976-80 überstieg die tatsächliche Investition im genannten Bereich die im Plan vermutete um 267%, wobei im Ergebnis der private Sektor für 89,2% der Bautätigkeit verantwortlich war. Der Plan hatte den Anteil des privaten Sektors auf nur 63,8% geschätzt. Der Anteil des öffentlichen Sektors betrug dementsprechend statt der geplanten 36,2% nur 10,8%. Ähnliches geschah im Laufe der Planungsperiode des zweiten Fünfjahresplans zwischen 1981 und 1985, in der die tatsächliche die vermutete Investition im Baubereich um 169% überstieg und der private Sektor wiederum für fast 90% der Investitionen verantwortlich war (vgl. HKJ/MoP 1987c: 25). Der hohe Anteil des privaten Sektors ist deshalb so bemerkenswert, weil sonst die öffentlichen Investitionen im Durchschnitt mit 48,6% knapp die Hälfte der Gesamtinvestitionen ausmachen[187].

Diese hohen Investitionen der Migranten im Baubereich, die auch in anderen Ländern zu beobachten sind[188], werden von vielen Migrationsforschern als *unproduktiv* bezeichnet. Diese Auffassung ist fragwürdig, weil der Bausektor in jeder Ökonomie eine wichtige Rolle spielt. Investitionen in diesem Bereich haben erhebliche *Einkommenseffekte*. Für die U.S.A. beispielsweise wird der Einkommensmultiplikator mit 2,35 beziffert, für Entwicklungsländer durchschnittlich mit 2 (HKJ/MoP 1987e: 26). Nur wenige Sektoren sind nachfrage- und beschäftigungswirksamer. Für Jordanien beträgt der Multiplikator in diesem Bereich je nach Art des Hausbaus zwischen 1,86 und 1,94. Rechnet man die Importe heraus, so liegen die (Inlands-)Multiplikatoren noch zwischen 1,46 und 1,57 (ebd.). Daneben werden durch den Bau von Wohnungen auf lange Frist

---

[186]*Die gesamten Gastarbeiterüberweisungen betrugen in dieser Dekade 3149,5 Millionen JD, die gesamten Investitionen in den Wohnungsbau 1202,7. Vgl. Tabelle 30 und DoS, National Accounts 1975-81 und National Accounts 1982-86.*

[187]*Im Zeitraum 1981 bis 1985, berechnet nach CBJ, MSB, Vol. 23, No. 11 (November 1987).*

[188]*Vgl. Reichert (1988) für Ägypten, Swamy (1985) für Bangladesh, Gopinathan Nair (1986) für Indien oder Czichowski (1986) für Pakistan.*

Dienste produziert, so daß es insgesamt irreführend ist zu sagen, daß es sich bei Investitionen im Baubereich um unproduktive Investitionen handelt. Für Jordanien ist das Argument allerdings zum Teil richtig, weil ein großer Teil der Wohnungen leersteht (1986 waren es 11% des gesamten Wohnungsbestandes, vgl. HKJ/MoP 1987a: 1). Richtig ist darüber hinaus, daß der Beschäftigungseffekt bei Investitionen im Wohnungsbau nur kurzfristig ist, weil die Erhaltung des Wohnraums nur vergleichsweise wenige Arbeitskräfte benötigt.

Zusammenfassend kann festgestellt werden, daß *Konsum, Investitionen im Immobilienbereich* und *Bildungsausgaben* die Verwendung der Transfers durch die Migrantenhaushalte dominieren. Daneben erreicht ein Teil der Einkommen der Migranten Jordanien, indem er auf sogenannten "Non-Resident"-Konten gespart wird. Die aus Jordanien abgewanderten Migranten unterscheiden sich in bezug auf das Investitions- bzw. Konsumverhalten nicht von dem Gros der Migrantenhaushalte in anderen Ländern der Erde, und es muß geschlossen werden, daß die Auswirkungen der Transfers *in dynamischer Sicht* gering bleiben[189]. Die erhoffte Modernisierung der Gesellschaft, speziell der Produktion, findet nicht statt. So schließen dann auch Keely und Saket (1984: 698) etwas resigniert: "The outstanding sour note for the Jordanian economy and its development is the discouraging picture of direct investment and saving of remittances, ..." Es wäre nun interessant zu wissen, ob zumindest die Landkäufe bei den ehemaligen Landbesitzern oder die Ersparnisse bei den Banken ihrerseits Investitionen im landwirtschaftlichen oder industriellen Bereich induziert haben. Die verfügbaren Daten sprechen dagegen. Die Kreditvergabe der Banken ist durch kurzfristige Kredite für den Handel, durch Kredite für Bauaktivitäten und durch Konsumkredite gekennzeichnet. Der Umfang der Kredite für landwirtschaftliche und industrielle Projekte war mit durchschnittlich 14,5% in den Jahren 1979 bis 1984 *sehr gering* (vgl. Wilson 1987). Die These von Hallwood (1987), daß Transfers in der Folge von Migration deshalb einen ungewöhnlich hohen Multiplikatoreffekt haben können, weil die mit Migration erworbenen Devisen im Ausgangsland den Hauptengpaß für entwicklungswirksame Investitionen beseitigen helfen (vgl. 3.1.3), findet in Jordanien keine Bestätigung. Ein Teil der Transfers ist immerhin dadurch investiv verwendet worden, daß dem Staat durch die Transfers und die dadurch erhöhten Importe

---

[189] *Errechnete Multiplikatoren von Transferzahlungen in der Folge von Migration fallen deshalb auch sehr niedrig aus (vgl. Talafha 1985a, Abdul Fadil 1986).*

mehr Ressourcen durch Zölle zur Verfügung standen. Insbesondere die Infrastruktur und manche Bildungsinstitutionen[190] haben so indirekt von den Gastarbeiterüberweisungen profitiert.

Es wird deutlich, daß die Migranten und ihre Familien sich in ihrem Investitionsverhalten in bezug auf landwirtschaftliche und industrielle Projekte *nicht* vom Rest der in Jordanien lebenden Bevölkerung unterscheiden. Es gibt auch keinen Grund, weshalb sie dies tun sollten. In der jordanischen Ökonomie hängt die Durchführbarkeit einer Investition auf der Inputseite nicht nur von dem zur Verfügung stehenden Kapital, dem Humankapital und eventuell ein paar guten Ideen ab, sondern auch von der Qualität der persönlichen Beziehungen, von der Qualität der "Wastah" des Investors. Von Migranten ist zum großen Teil gerade *nicht* zu erwarten, daß sie über ausgezeichnete persönliche Beziehungen verfügen (vgl. 7.1).

Es ist oft von Migrantenhaushalten erwartet worden, daß sie einen Innovations- und Investitionsschub für das Entwicklungsland bringen, aus dem sie einst ausgewandert sind. Diese Erwartung wird von den allermeisten Migranten enttäuscht[191]. Es sollte sich die Erkenntnis durchsetzen, daß Innovation und Investition *keine* Effekte von vorübergehender Abwanderung sind. Plausibler ist auch aufgrund der jordanischen Erfahrungen die These, daß Innovation und Investition vor allem von den *institutionellen Rahmenbedingungen* abhängen. Die Dominierung der jordanischen Ökonomie durch Verteilungskoalitionen macht für viele Mitglieder der jordanischen Gesellschaft und eben auch für viele Migranten eine große Zahl von Investitionen unwirtschaftlich. Es gibt keinen Anlaß zu vermuten, daß Migrantenhaushalte nicht in den Bereichen ihr Geld ausgegeben haben, in denen für sie persönlich die Gewinne am größten waren. Daß die *gesellschaftlichen Gewinne* bei einem anderen Ausgabeverhalten möglicherweise größer ausgefallen wären, ist den Migranten nicht anzulasten.

---

[190]*So fließt z.B. ein gesetzlich festgelegter Teil der Zölle an die Universitäten.*

[191]*Reyneri und Mughini (1984: 36) faßten die Wirkungen von Gastarbeiterüberweisungen so zusammen: "All in all, we can say that in sending areas there is a process of modernization without development. The remittances inflow has no positive impact on productive development; ..." Vgl. auch die länderübergreifenden Analysen zur Verwendung von Transfers bei Russell (1986: 686ff.) und Macmillen (1982: 262ff.).*

Temporäre Migration ist kein Katalysator für die Reformierung der strukturellen Probleme einer Gesellschaft. Im Gegenteil werden strukturelle Probleme und institutionelle Schwächen für die Zeit der Auswanderung und der Transfers durch den Zufluß von Ressourcen überdeckt[192]. *Gastarbeiterüberweisungen leisteten und leisten in statischer Hinsicht in Jordanien einen Versorgungsbeitrag, in dynamischer Hinsicht aber keinen Entwicklungsbeitrag.*

7.3 Migration, Beschäftigung und Produktionsverluste

Die Abwanderung von Arbeitskräften aus einem Land hat selbstverständlich Auswirkungen auf die Beschäftigung. Die Abwanderung eines Arbeitenden senkt die Gesamtbeschäftigung oder, wenn der Migrant durch einen Arbeitslosen ersetzt werden kann, die Arbeitslosigkeit. Letztere wird auch gesenkt, wenn ein Arbeitsloser abwandert. Die Bewertung der in bezug auf die Beschäftigung entstehenden Wirkungen temporärer Abwanderung ist mitunter schwierig. Ohne Probleme ist sie in dem Fall, in dem Migration die Arbeitslosigkeit verringert. Ein solcher Prozeß ermöglicht einem zusätzlichen Teil der Bevölkerung, nämlich vormals Arbeitslosen und den von ihnen Abhängigen, eine Reproduktion über den Arbeitsprozeß und ist damit *positiv* zu beurteilen. Senkt Migration dagegen die Beschäftigung und damit die Produktion, so ist eine Bewertung weniger einfach. Ein Absinken der Produktion durch die Abwanderung beinhaltet dann *Kosten*, wenn *a)* der Migrant mehr produzierte als er selbst verbrauchte sowie wenn *b)* Linkage-Effekte von der vorherigen Beschäftigung des Migranten ausgingen und der Migrant nicht mehr ersetzt werden kann (vgl. 3.1.3). Der unter *a)* genannte Fall tritt ein, wenn der Migrant mit seiner Produktion Angehörige versorgte, die nicht mit ihm wanderten (wie dies in der Regel bei temporärer Migration der Fall ist) und wenn der Migrant über Einkommens- und Verbrauchssteuern zur Deckung der Kosten eines Gemeinwesens beitrug (und diese Kosten bei der Auswanderung nicht mindestens in der Höhe seiner Beiträge sanken). Für Jordanien braucht man jedoch diesen Fall [*a)*] *nicht* weiter zu verfolgen. Das Absinken der Konsummöglichkeiten infolge der Abwanderung wurde durch die Überweisungen aus den arabischen Erdölstaaten und die damit verbundene Möglichkeit der Versorgung über den Weltmarkt mehr

---

[192]*Ähnlich äußert sich auch Russell (1986: 687): "Perhaps most importantly, a number of observers have pointed out that the influx of remittances and the preoccupation with their effects on the balance of payments has deflected governments from attending to the underlying facts of unemployment, inequality and underdevelopment which have led to migration in the first place."*

als kompensiert. Das gilt sowohl für die Migrantenhaushalte, die in erster Linie die Nutznießer der Überweisungen waren und sind, wie auch für die öffentliche Hand, die durch erhöhte Zolleinnahmen für das Sinken der ohnehin nur sehr niedrigen Einnahmen aus Einkommens- und Verbrauchssteuern mehr als entschädigt wurde. Der unter *b)* genannte Fall tritt ein, wenn in bestimmten Sektoren oder bestimmten Qualifikationsstufen die Beschäftigung überproportional absinkt und die Arbeit ganzer Sektoren oder bestimmter im Land verbleibender Arbeitskräfte davon beeinträchtigt wird. Denkbar ist beispielsweise, daß hauptsächlich qualifizierte Arbeiter aus dem Baugewerbe abwandern. Dann senkt diese Abwanderung mit hoher Wahrscheinlichkeit einerseits die Möglichkeit der Beschäftigung von ungelernten Arbeitskräften im Baugewerbe, weil diese einer Anleitung durch die nunmehr Abgewanderten bedurften, andererseits sorgt die Verringerung des gesamten Bauvolumens möglicherweise für ein Absinken der Nachfrage in anderen lokalen Industrien (Zementwerke, Möbelindustrie, Steinbrüche etc.) und führt damit zu einer Verringerung des Einkommens. In beiden Fällen werden die Beschäftigung, die Produktion und damit die Konsummöglichkeiten über das hinaus gesenkt, was *direkt* mit der Abwanderung verbunden ist. Es wird später in diesem Abschnitt zu prüfen sein, ob solche Folgen für Jordanien konstatiert werden können.

Die mit dem Jahr 1973 beginnenden großen Auswanderungsströme lösten zunächst ein Problem, mit dem Jordanien seit seiner Gründung zu kämpfen hatte: die *Arbeitslosigkeit.* In den 50er und 60er Jahren lag nach allen verfügbaren Daten die Arbeitslosigkeit bzw. die Unterbeschäftigung mit 15% bis 27% sehr hoch[193]. Nach Erhebungen des jordanischen DoS hatte sich die Arbeitslosenquote im Laufe der Abwanderung von Arbeitskräften auf 3% (1974) und 2% (1976) gesenkt (vgl. Seccombe 1983: 336). Wenn auch die jeweilige *Höhe* der Arbeitslosenquote durch die Erhebungen nur unvollständig bestimmt wurde[194], so bildet doch der aufgezeigte *Trend* die Entwicklung auf dem jordanischen Arbeitsmarkt richtig ab. Die *Migration* und die mit den *wachsenden Hilfszahlungen* auf der Grundlage der Vereinbarungen der arabischen Gipfelkonferenzen von Rabat

---

[193]*Ein Bericht der Weltbank aus dem Jahr 1957 schätzte für 1955, daß 27% der Arbeitskräfte im damaligen Jordanien nicht voll beschäftigt waren. Derselbe Bericht prognostizierte eine ähnlich hohe Arbeitslosenquote (20%) bis 1965 (vgl. IBRD 1957: 10f.). Der Zensus von 1961 ermittelte immerhin noch eine Arbeitslosenquote von über 15% (vgl. Seccombe 1983: 336).*

[194]*Vgl. zur Kritik der "Multi-Purpose Household Surveys" des DoS (die den Angaben zugrunde liegen) Mazur (1979: 92ff.).*

(1974) und Bagdad (1978) steigende Nachfrage sorgten für eine extreme Verringerung der Arbeitslosigkeit.

Deutlich wird dies auch an einer Entwicklung, die bisher als Folge der Migration noch nicht gewürdigt wurde. Im Laufe des Prozesses der Abwanderung wurden die *persönlichen Beziehungen* ("Wastah") bei der Zuteilung von Arbeitsplätzen *weniger dominierend*. Während vor 1973 die Arbeitsplatzbeschaffung nahezu ausschließlich von persönlichen Kontakten abhängig war, wurde sie nach der ersten Ölpreiserhöhung (zumindest für einige Jahre) unpersönlicher. Vor dem Ölboom und der Abwanderung weitgehend unbekannt, wurden Zeitungsannoncen zu einem wichtigen Instrument der Rekrutierung von Arbeitskräften. In den Jahren 1974 bis 1976 wurden 12200 Stellenanzeigen in jordanischen Zeitungen veröffentlicht (vgl. Seccombe 1983: 337)[195]. Die über ein anonymes Marktsystem vermittelte Nachfrage stieg rapide und das "Wastah"-System verlor in diesen Jahren an Bedeutung. Daß sich zumindest teilweise die Verbindung von Arbeitsplatz und persönlichem Beziehungsgeflecht lockerte, zeigt sich auch an den in diesen Jahren sehr hohen Fluktuationsraten. Ein enormer Anstieg der Zahl der Arbeitsplatzwechsel, der auf die hohe marktvermittelte Nachfrage nach Arbeitskräften und ihre erhöhte Verhandlungsmacht zurückzuführen ist, wurde in der Zeit großer Auswanderungsströme in Jordanien beobachtet (vgl. Anani/Jaber 1980, World Bank 1986). Ebenfalls als Ergebnis dieses Prozesses veränderten sich die relativen Einkommen zugunsten der Arbeitnehmer (siehe Abschnitt 7.6).

Die *Absenkung der Arbeitslosigkeit* und die *verbesserten Arbeitsmöglichkeiten* für abhängig Beschäftigte sind sicherlich *positiv* zu beurteilen. Kritischer zu bewerten sind dagegen die entstandenen *Arbeitskräfteknappheiten*. Die Zeit der Migration senkte nicht nur die Arbeitslosigkeit, sondern auch in einigen Sektoren und Qualifikationsstufen die verfügbare Zahl an Arbeitskräften unter die benötigte. Während beispielsweise noch der vor der Ölpreiserhöhung entstandene Dreijahresplan 1973-75 die Bekämpfung der *Unterbeschäftigung* als wichtigstes Ziel formulierte, wurden im folgenden Fünfjahresplan 1976-80 schon erhebliche Arbeitskräfteknappheiten beklagt[196]. Während zum Zeitpunkt der

---

[195] Ab 1977 wurde die Vermittlung von Arbeitskräften über Stellenanzeigen von der jordanischen Administration sehr stark eingeschränkt.

[196] Vgl. HKJ (1976: 342): "The need for technical and skilled labour within Jordan as well as abroad has multiplied and the shortage of qualified personnel is all too evident. This state of affairs is bound to exercise a negative impact on
(Fortsetzung...)

Erstellung des Dreijahresplans die Zahl der Arbeitsplätze für Absolventen der Qualifikationsstufen A-2 und C-1[197] etwa um 80% *unter* der Zahl der Bewerber mit den entsprechenden Qualifikationen lag, hatten schon drei Jahre später die Firmen in nahezu allen Bereichen mit einem Mangel an Arbeitskräften zu kämpfen. Serageldin et al. identifizierten in einer Projektion Jordanien als das *einzige* nicht erdölexportierende Land, in dem in *allen* Qualifikationsstufen im Jahr 1985 die Nachfrage nach Arbeitskräften *nicht* vom inländischen Angebot gedeckt werden konnte (vgl. Serageldin et al. 1983: 78f.), wobei die Projektion eher die Lage zum Zeitpunkt der Durchführung der Studie (ca. 1979) als die tatsächliche Lage 1985 widerspiegelt.

Diese Arbeitskräfteknappheiten waren zum ersten durch das Investitionsprogramm der öffentlichen Hand bestimmt. Der Zeitraum von 1976 bis 1980 war eine Phase der großen Entwicklungsprojekte. Allein der Bau des neuen Flughafens, die Verdoppelung der Phosphatproduktion, die Verdreifachung der Raffineriekapazitäten und der Aufbau einer Zementfabrik wurden im Fünfjahresplan (1976-80) mit 170,5 Millionen JD veranschlagt, ein Betrag, der gut 22% des Planumfangs ausmachte. Diese großen Investitionen wurden durch die erhöhten öffentlichen Einnahmen ermöglicht. Weil die nötigen Arbeitskräfte fehlten, wurden viele der anstehenden Projekte erheblich verzögert. Besonders deutlich wurden die entwicklungshemmenden Wirkungen der Abwanderung von Arbeitskräften im größten Entwicklungsprogramm Jordaniens, dem Bewässerungsprogramm im Jordantal.

Schon zum Zeitpunkt der Ernennung des ersten transjordanischen "Director of Development" zu Beginn der dreißiger Jahre wurde das Jordantal als wichtiger Pfeiler der Entwicklung des damaligen Emirates betrachtet (vgl. Seccombe 1983). Hervorragend ist die Bedeutung dieses Anbaugebietes jedoch erst seit 1967, seit der Besetzung der Westbank durch Israel. Ein großer Teil der landwirtschaftlichen Nutzfläche des damaligen Haschemitischen Königreichs befand sich danach in dem besetzten Gebiet, und so sah sich Jordanien nach der Besetzung sehr viel stärkeren Beschränkungen bei der Eigenversorgung mit Lebensmitteln gegenüber als zuvor (vgl. Khouri 1981). In der Zeit, als aus diesem Grund der

---

[196] *(...Fortsetzung)*
the implementation and management of development projects in general and of those in the Five Year Plan (1976-1980) in particular."

[197] Zur Erläuterung siehe Tabelle 36.

Entwicklung des Jordantals höchste Priorität eingeräumt wurde und der Arbeitskräftebedarf rapide anstieg (vgl. Seccombe 1983), begann der Ölboom, die dafür nötigen Arbeitskräfte abzuziehen. Vorhandene Daten über die demographische Entwicklung des Jordantals zeigen, daß es in den ersten Jahren des Ölbooms eine erhebliche *Auswanderung* der männlichen Bevölkerung gegeben hat und daß diese Auswanderung auf die Altersgruppe der zwischen 15- und 40jährigen konzentriert war (vgl. Seccombe 1983: 486ff.). Diese Wanderung war entweder eine Wanderung in die Ölstaaten oder eine Wanderung in das Zentrum Amman, wo der Ölboom indirekt eine große Zahl freier Arbeitsplätze geschaffen hatte. Es ist dem "Job Ladder-Effekt" zuzuschreiben, daß insbesondere die Landwirtschaft und der noch zu behandelnde Baubereich unter einem Arbeitskräftemangel litten, nicht aber der Dienstleistungssektor (Ausnahmen im letztgenannten Sektor bildeten allerdings die Stadtreinigung und das Hotelgewerbe). Sozial wenig anerkannte und niedrig entlohnte Arbeitsplätze wurden von den einheimischen Arbeitskräften, die sich im tertiären Bereich eine Arbeitsstelle suchten, verlassen. Für sozial weit unten angesiedelte Tätigkeiten fanden sich in Jordanien *keine* Jordanier mehr, und so sind die Gruppen der ungelernten Landarbeiter, der Tagelöhner oder der Beschäftigten bei der Stadtreinigung heute von Ägyptern dominiert (vgl. 7.4).

Die Abwanderung verringerte das Arbeitsangebot insgesamt, und insbesondere entstand bald ein Mangel an Facharbeitern, so daß im Ergebnis der Maschinenpark im Jordantal nur zu einem geringen Grad ausgelastet war, in etlichen Fällen nur zu 30% (vgl. Seccombe 1984: 17). Die Entwicklung, die im Jordantal stattfand, konnte in der gesamten Landwirtschaft beobachtet werden (vgl. Hurani 1985: 82) und wurde auch in späteren Jahren noch beklagt. So ist der Mangel an qualifizierten Arbeitskräften noch im Fünfjahresplan 1981-85 als wichtigstes Problem der Landwirtschaft bezeichnet worden (vgl. HKJ 1981: 70). Die Gesamtbeschäftigung war von 115000 im Jahr 1970 auf 73000 im Jahr 1975 rapide gesunken (vgl. Kirwan 1982: 77). Der Mangel an ungelernten Arbeitskräften wurde durch die *Einwanderung* vor allem ägyptischer Migranten ausgeglichen. Diese Entwicklung konnte im Bereich der qualifizierten Arbeitskräfte *nicht* nachvollzogen werden.

Eben weil qualifizierte Arbeitskräfte fehlten, konnte der Mangel in diesen Jahren auch nicht über eine Intensivierung der Landwirtschaft kompensiert werden. Mit der Abwanderung von Arbeitskräften sank die Zahl der in Jordanien verkauften Traktoren sowie der Einsatz anderer landwirtschaftlicher Geräte. Konsequenterweise sank auch die relative Bedeutung der Landwirtschaft, und die in Jordanien pro Kopf der Bevölkerung produzierte Menge landwirtschaftlicher Güter fiel zwischen 1969-71 und 1982 um 26% (vgl. Schliephake 1987: 74)[198].

Während im landwirtschaftlichen Bereich in großem Maße vorgegebene Pläne bzw. nationale Entwicklungsziele für die Arbeitskräfteknappheiten infolge der Migration verantwortlich waren, gingen die Knappheiten in einem zweiten Bereich, nämlich im Baubereich, auf einen *Nachfragedruck* zurück. Es ist an anderer Stelle schon gesagt worden (vgl. 7.2), daß die jordanischen Arbeitsmigranten einen großen Teil ihrer Einkommen auf den Erwerb von Immobilien verwendet haben. Allerdings war es auch die öffentliche Hand, die in großem Maße in Immobilien investierte. Die bessere finanzielle Ausstattung des öffentlichen Sektors infolge der verstärkten Hilfszahlungen führte beispielsweise dazu, daß so ziemlich alle Ministerien und fast jede öffentliche Einrichtung in den 70er Jahren aus dem Talkessel der Innenstadt von Amman auf einen der umliegenden Berge (Shmeisani, Jebel Lwebdeh, Jebel Amman) umzogen (vgl. Findlay 1986). Im Rahmen der Erweiterung des öffentlichen Dienstleistungsangebots wurden Straßen gebaut, Universitäten errichtet und erweitert, die Versorgung mit Elektrizität und Wasser in ländlichen Gebieten stark verbessert und vieles andere mehr.

Hauptsächlich aber waren die privaten Haushalte für die Bautätigkeit, die sich zu einem *Bauboom* entwickelte, verantwortlich. Dieser Boomcharakter der Investitionen der privaten Haushalte in Wohnraum wird daran deutlich, daß 1984 die Investitionen in diesem Bereich real um *211%* höher lagen als 1975 (vgl. Tab. 10)[199]. Die Signifikanz dieses Sektors wird auch daran sichtbar, daß von 1975 bis 1986 zwischen 20% und 37% der Kapitalbildung in Jordanien das Resultat von Wohnungsbau waren. In den Jahren 1983 bis 1986 betrug dieser Anteil regelmäßig mehr als 30% (siehe Tab. 10).

Die wesentlich *erhöhte Nachfrage*, die zunächst die Kapazität der vorhandenen Baufirmen überstieg, resultierte in Arbeitskräfteknappheiten, die zum einen zu überdurchschnittlichen Preissteigerungen in diesem Bereich führten (vgl. Zaghlul 1984), zum anderen Jordanien (neben anderen Gründen) zum Einwande-

---

[198] *Vgl. ausführlicher zur Bedeutung der Abwanderung für die Landwirtschaft, besonders im Jordantal, die Arbeiten von Seccombe (1981, 1983).*

[199] *Der Deflator wurde mit den Angaben aus Tabelle 9 errechnet.*

rungsland werden ließen. Von 1975 bis 1986 wuchs die Zahl der Beschäftigten im Bausektor um jährlich 9,7% von 40000 auf 110500 (vgl. Kirwan 1982; Tab. 34). Dieses *Beschäftigungswachstum* liegt weit über dem Wachstum der Arbeitsbevölkerung insgesamt und auch über dem durchschnittlichen Wachstum des BSP in diesen Jahren. Die Einwanderung von Arbeitskräften vor allem aus Ägypten war wesentlich für diese Erhöhung der Beschäftigung verantwortlich. Nach Angaben des jordanischen MoL stieg der Anteil der ausländischen Arbeitskräfte im Baubereich von 1979 bis 1986 auf fast das Doppelte von 25,1% auf 46,6%. Dabei fallen die Anteile eher noch höher aus, weil es viele illegale Arbeitskräfte gerade in diesem schwer zu überschauenden Bereich gibt[200]. Obwohl es am Anfang des Baubooms erhebliche *Verzögerungen* bei der Fertigstellung von Projekten gab, löste die Einwanderung das *Knappheitsproblem* weitgehend und relativ schnell. Inzwischen sind die Baufirmen in Jordanien weit unterausgelastet (vgl. MEED v. 26.03.88).

Über eindeutig identifizierbare sektorale Knappheiten in der Landwirtschaft und im Bausektor hinaus gab es einen Mangel an Arbeitskräften mit *bestimmten Qualifikationen*, insbesondere im öffentlichen Sektor. Weil der private Sektor höhere Löhne zahlte, verließen hochqualifizierte Arbeitskräfte den öffentlichen Dienst, um in privaten Firmen mehr zu verdienen (vgl. Al-Akel 1985: 192). Dies geschah in einer Zeit als der öffentliche Sektor aufgrund steigender Einnahmen durch Hilfsgelder und Zölle stark expandierte. Nach Angaben der "Civil Service Commission" (CSC) stieg die Zahl der Beschäftigten im öffentlichen Dienst (ohne Militär) von 31835 im Jahr 1974 auf 82464 im Jahr 1986 mit einer durchschnittlichen Wachstumsrate von 8,2% (vgl. Findlay 1987: 22). Während die Positionen mit nur geringen Qualifikationsanforderungen ohne Schwierigkeiten mit Zuwanderern aus ländlichen Gebieten besetzt werden konnten, standen für Positionen mit hohen Qualifikationsanforderungen kaum Arbeitskräfte zur Verfügung.

Die Notwendigkeit, knappe Arbeitskräfte zur Aufrechterhaltung oder zum Aufbau bestimmter öffentlicher Dienstleistungen zu gewinnen, führte einerseits innerhalb der öffentlichen Verwaltung mit ihrem festgelegten Entlohnungssystem zur Aushandlung spezieller Verträge außerhalb des Gehaltsschemas, andererseits zur Etablierung sogenannter "Independent Government Bodies" (IGB). Diese IGB

---

[200] *So vermutete z.B. Kirwan (1982), daß zu Anfang der 80er Jahre der Anteil ausländischer Arbeitskräfte im Bausektor 60% betrug.*

konnten ihre Lohnstruktur unabhängig von der für Personalfragen zuständigen CSC festlegen.

Wie aber sind nun die durch die Abwanderung hervorgerufenen Verzögerungen bei der Implementierung von Projekten, die Knappheiten bei bestimmten Arbeitskräftegruppen sowie die Erhöhung der Löhne insgesamt und für bestimmte Gruppen im besonderen zu bewerten? Gemessen an einer Situation, in der Arbeitskräfte zur Verfügung stehen, bedeutet die verzögerte Implementierung von Projekten wegen der verspäteten Nutzungsmöglichkeiten der jeweiligen Einrichtung Kosten. Nun ist jedoch in bezug auf die durch Arbeitskräfteknappheiten behinderten Investitionen in Jordanien zweierlei zu bedenken. Zum *ersten* stieg das Investitionsniveau der öffentlichen Hand gegenüber der Zeit *vor* der Abwanderung erheblich an, weil die Erhöhungen der Hilfszahlungen nach 1974 und besonders nach 1978 der jordanischen Administration mehr Ressourcen zur Verfügung stellten. Die dadurch entstandene Nachfrage trug erheblich zu den Arbeitskräfteknappheiten bei, und diese Arbeitskräfteknappheiten sind damit eine direkte Folge der Hilfsgelder, nicht aber der Abwanderung. Zum *zweiten* sorgte die Migration *selbst* für einen erheblichen Zufluß von Kapital nach Jordanien, das wiederum für Nachfrage sorgte. Die durch Arbeitskräfteknappheiten entstandenen Kosten können aus diesem Grund nur zum geringeren Teil der Abwanderung *direkt* als Kosten zugerechnet werden (in bezug auf die Hilfszahlungen allerdings immer noch als Opportunitätskosten). Die durch Kapitalzufluß und dessen Verwendung induzierten Engpässe und Verzögerungen mindern den *Nutzen dieses zugeflossenen Kapitals*, sie sind aber *keine* direkten Kosten der Migration[201].

Es ist insgesamt *nicht* zu beobachten, daß *Diskontinuitäten* die Produktion und die Versorgung der Bevölkerung in signifikantem Maße beeinträchtigt haben. Einen wesentlichen Anteil daran, daß solche Diskontinuitäten nicht auftraten, hatten die ausländischen Arbeitskräfte (vgl. 7.4). Einzig für die Landwirtschaft kann konstatiert werden, daß die realisierten Ergebnisse hinter den anvisierten Zielen zurückblieben. Aber auch hier ist nicht zu erkennen, in welcher Weise dieser Tatbestand mit volkswirtschaftlichen *Kosten* verbunden ist. Letzteres insbesondere deshalb, weil sich Jordaniens Landwirtschaft schon beim derzeiti-

---

[201]*Insbesondere die Arbeiten von Seccombe (1981, 1983, 1984, 1987) erwecken in dieser Hinsicht den falschen Eindruck, daß sämtliche Arbeitskräfteknappheiten die Folge der Abwanderung waren.*

gen Produktionsniveau bei etlichen Produkten erheblichen Vermarktungsproblemen gegenübersieht[202]. Auch die Erhöhung der Löhne in Jordanien und die damit verbundene Verschlechterung der Wettbewerbssituation der jordanischen Wirtschaft im internationalen Vergleich hatten *keine* tiefgreifenden Folgen für Jordanien, weil Jordaniens Exportbasis relativ klein und nicht lohnintensiv ist.

Es wird deshalb im Ergebnis hier geschlossen, daß die Arbeitsmigration *nicht* in signifikantem Maße für Produktionseinbußen über den Produktionsverlust, der durch die ausbleibende Produktion der Migranten entstand, hinaus verantwortlich ist. Man kann nun in die andere Richtung blicken und die Frage stellen, ob der entstandene Arbeitskräftemangel technische oder soziale *Innovationen* induzierte, die langfristig das *produktive Potential* Jordaniens erhöhen. Es wäre interessant zu wissen, ob die privaten Haushalte oder die Unternehmen in den verschiedenen Sektoren in technischer Hinsicht auf die Arbeitskräfteknappheiten reagiert haben, ob sich die Allokation des Arbeitseinsatzes (auch in privaten Haushalten) gewandelt hat, ob Innovationen den Knappheiten gefolgt sind oder ob lediglich Produktionseinbußen ohne Innovationsversuche hingenommen wurden. Leider sind solche Reaktionen nicht dokumentiert und lediglich wenige Hinweise liegen vor, beispielsweise daß mancherorts arbeitsintensive Anbaumuster den pflegeleichten Olivenbäumen gewichen sind[203]. Aus diesem Grund kann im folgenden nur der Frage nachgegangen werden, ob Migration und Arbeitskräfteknappheiten indirekt *soziale Veränderungen* in bezug auf den Arbeitsprozeß zur Folge hatten. Zwei Felder erscheinen dabei wichtig: *Frauenarbeit* und die *Einstellung zur Handarbeit*. Traditionell brachte die jordanische Gesellschaft der Berufstätigkeit von Frauen (vgl. 5.2) und manuellen Tätigkeiten keine positive Einstellung entgegen. Es ist nun von Interesse, ob sich durch die Verknappung von Arbeitskräften und die konsequente Verteuerung des Faktors Arbeit solche Einstellungen geändert haben.

---

[202] *Vgl. Jerusalem Star v. 07.01.88 und Jordan Times v. 02.02.88. In Artikeln in diesen Ausgaben werden jeweils die schlechten Absatzmöglichkeiten für landwirtschaftliche Produkte in Jordanien beklagt.*

[203] *Im Norden von Jordanien befinden sich ganze Dörfer, deren landwirtschaftlich nutzbare Fläche fast ausschließlich mit Olivenbäumen bepflanzt wurde. Aufgrund sozialer Zwänge darf in manchen Gegenden Jordaniens Land nicht verkauft werden, und damit bleibt den Migrantenhaushalten nichts anderes übrig, als ihr Land unter niedrigem Arbeitseinsatz zu nutzen. Konsequenz war im Jahr 1987 ein mit Olivenöl überschwemmter Markt (vgl. Jordan Times v. 29.08.87).*

Dies kann hier nur *indirekt* über die Entwicklung der tatsächlichen Frauenbeschäftigung [a)] und des Berufsbildungssystems [b)] überprüft werden.

a) *Frauenbeschäftigung.* Der Anteil der außerhalb des eigenen Haushalts abhängig beschäftigten Frauen ist in Jordanien schon immer *sehr gering* gewesen. Dies hängt einerseits mit einer traditionell-religiös bedingten Trennung der Lebensbereiche von Männern und Frauen zusammen, andererseits mit dem hohen Stellenwert der Familie und insbesondere von Kindern (vgl. 5.2). In bezug auf die Höhe der Partizipationsrate von Frauen in Jordanien sind unterschiedliche Ergebnisse ermittelt worden[204], was an den unterschiedlichen Definitionsmöglichkeiten dieser Rate liegt. Der Zensus von 1961 ergab, daß zu diesem Zeitpunkt nur jede dreißigste Frau im Alter zwischen 15 und 64 Jahren außerhalb des eigenen Haushalts beschäftigt war. Im Alter von 20 bis 24 arbeiteten zu diesem Zeitpunkt relativ die meisten Frauen. Der Anteil der abhängig beschäftigten war mit 5,5% aber auch in dieser Altersgruppe sehr niedrig (vgl. Tab. 17). Einig sind sich alle genannten Arbeiten[205], daß insbesondere in den Zeiten *großer Auswanderungsströme die Frauenbeschäftigung stark gestiegen* ist. Dies geht auch aus Tabelle 17 hervor. Der Anteil der beschäftigten Frauen an der Gesamtzahl der Frauen zwischen 15 und 64 stieg danach von 3,3% (1961) auf 8,4% (1976) und 8,8% (1982/83). Die absolute Frauenbeschäftigung lag damit 1982/83 mehr als sechsmal höher als 1961. Dabei sind insbesondere *zwei Trends* auszumachen. Zum *ersten* fand in diesem Zeitraum eine noch stärkere *Konzentration der Frauenbeschäftigung* auf den Dienstleistungsbereich statt. Hatten 1961 58% der beschäftigten Frauen in diesem Bereich eine Arbeit gefunden, so waren es 1982/83 87%. Die vormals relativ hohe Beschäftigung im verarbeitenden Gewerbe, die 1961 noch 37,4% betrug, ging bis 1982/83 auf 8,2% zurück (vgl. Tab. 18). Ein *zweiter Trend* liegt in der *Professionalisierung* der Frauenbeschäftigung. Während 1961 der größte Teil der arbeitenden Frauen als Arbeiterinnen bezeichnet wurde, war 1982/83 der überragende Teil der Frauen als Akademikerinnen u.ä. beschäftigt (vgl. Tab. 19). Damit erweist sich die Erhöhung der Frauenbeschäftigung insbesondere als ein Phänomen, das in den oberen Qualifikationsstufen und damit tendenziell in den oberen Einkommensgruppen auftritt. Eine positivere Einstellung gegenüber einer Ausbildung von

---

[204] *Vgl. Mazur (1979), RSS (1986), World Bank (1986).*

[205] *Vgl. die in Fußnote 204 angegebenen Quellen.*

Frauen, besonders auch nach der Sekundarstufe[206], resultierte in einer erhöhten Partizipation der Frauen im Berufsleben, speziell im Bereich hochqualifizierter Arbeitskräfte[207]. Dieses Urteil muß allerdings ein wenig relativiert werden, weil die Berechnungen der Partizipationsraten wegen Erfassungsproblemen die Frauenbeschäftigung in der Landwirtschaft ausklammerten. Und insbesondere in diesem Sektor wird (vor allem im Jordantal) eine *steigende bezahlte Frauenbeschäftigung* beobachtet (vgl. Hurani 1985: 83), die auf die Arbeitskräfteknappheiten und die infolgedessen gestiegene Entlohnung der Arbeitskräfte zurückzuführen ist.

Insgesamt ist die Frauenbeschäftigung in Jordanien noch immer relativ gering, und ihr Steigerungspotential sowie ihr Beitrag zur Lösung des Problems der Arbeitskräfteknappheiten wurden stark überschätzt. So nahm die jordanische Administration an, daß in den Jahren 1976 bis 1980 80% bis 90% aller weiblichen Schulabgänger außerhalb des eigenen bzw. des elterlichen Haushalts eine Arbeit suchen und diese angesichts des großen Bedarfs an Arbeitskräften auch finden würden (vgl. Seccombe 1984). Diese Einschätzung ignorierte offensichtlich das sehr konservative Rollenverständnis in Jordanien[208].

Den Zielvorstellungen der Planer in bezug auf eine höhere Frauenbeschäftigung folgten *keine Implementierungsmaßnahmen*. Aktiv gefördert wurde die Frauenbeschäftigung in der Zeit von Arbeitskräfteknappheiten nicht. Für die Fünfjahrespläne 1976-80 und 1981-85 war die Beschäftigung von Frauen überhaupt kein Thema, erst der Fünfjahresplan 1986-90 greift in dem neu eingeführten Abschnitt "Women" dieses Thema auf und plädiert für verbesserte Chancen der Frauen auf dem Arbeitsmarkt (vgl. HKJ 1986: 200ff.). Allerdings dürften aufgrund der schon weiter oben angesprochenen Bedeutung der Familie die Ziele von Planern in bezug auf eine Erhöhung der Frauenbeschäftigung weitgehend ohne Belang sein. Denn es ist trotz einer steigenden Frauenbe-

---

[206] *Im Studienjahr 1985/86 waren 50% der Studenten an jordanischen Community Colleges und 39% der Studenten an Universitäten Frauen (vgl. DoS, Statistical Yearbook 1986).*

[207] *Es sei angemerkt, daß in Jordanien der Teil der Frauen, der eine formelle Ausbildung durchlief, stets sehr viel größer war als der Teil der Frauen, der in ein Arbeitsverhältnis einrat (vgl. Zaghal 1984: 65).*

[208] *So schließt auch Seccombe (1984: 26) zu dieser Projektion: "The achievement of the latter would have clearly amounted to little more than a revolution in social attitudes."*

schäftigung festzustellen, daß diese Beschäftigung mit steigendem Alter *rapide* zurückgeht und daß trotz einer Professionalisierung die Karriereverläufe der allermeisten Frauen relativ kurz sind (vgl. Tab. 17). Die Bedeutung der Familie verhindert eine berufliche Entfaltung. Es ist deshalb auch nicht zu erkennen, daß die Jahre der Auswanderung und die damit verbundenen Arbeitskräfteknappheiten und Lohnsteigerungen die Einstellung innerhalb der jordanischen Gesellschaft zur Frauenarbeit *grundsätzlich* verändert haben. Auch wenn Jordanien noch immer eine der niedrigsten Partizipationsraten auf der Welt bei Frauen aufweist, so bleibt dennoch festzuhalten, daß sich insbesondere bei Frauen im Alter von 20 bis 39 Jahren die Partizipationsraten zwischen 1961 und 1983 in signifikantem Maße erhöht haben. Diese erhöhte Frauenbeschäftigung spiegelt jedoch vor allem die veränderten Partizipationsraten in den oberen Einkommensgruppen wider, nicht aber einen *gesamtgesellschaftlichen* Wandel.

b) *Berufsbildungssystem.* Die Knappheiten an Arbeitskräften waren, wie schon gesagt, besonders spürbar bei qualifizierten Arbeitskräften. Es fehlten dabei insbesondere Facharbeiter und technisches Personal (vgl. HKJ 1976). Das jordanische Erziehungsministerium und die neu gegründete "Vocational Training Corporation" (VTC) wurden daraufhin zur Einrichtung berufsbildender Ausbildungsgänge verpflichtet[209]. Insbesondere sollten überbetriebliche Ausbildungsgänge neben der regulären Arbeit ("duales System"), Crash-Kurse und die Einführung von integrierten technischen Unterrichtseinheiten in der Sekundarstufe die *Qualifikationen* der jordanischen Arbeitskräfte und die *Einstellung* jordanischer Jugendlicher gegenüber handwerklichen Tätigkeiten verbessern. Die mit diesen Zielen verbundene Strategie kann bisher als *gescheitert* angesehen werden. Weder wurde das Berufsbildungssystem gemäß der gesetzten Ziele ausgebaut[210], noch konnte eine Einstellungsänderung gegenüber handwerklicher Tätigkeit bisher beobachtet werden (vgl. Ali 1984). Nach Einschätzung der UNESCO haben die in die Sekundarstufe integrierten technischen Unterrichtseinheiten keinerlei Auswirkungen auf die Einstellung jordanischer Jugendlicher gehabt (vgl. Seccombe 1983: 354f.). Insgesamt werden die

---

[209]*Auf eine Darstellung dieser Ausbildungsgänge soll hier verzichtet werden. Vgl. dazu ausführlich Seccombe (1983: 352ff.) und Seccombe (1984: 21ff.).*

[210]*Gemäß der Planungen sollten 1980 30% der Schüler berufsbildende Schulen besuchen. Tatsächlich war der Anteil seit dem Planungszeitpunkt 1975 (13,3%) bis 1980/81 (13,7%) nahezu konstant geblieben (vgl. Seccombe 1983: 353). Von den 28 bis 1985 geplanten Berufsschulen waren zu diesem Zeitpunkt nur zehn tatsächlich errichtet worden (vgl. HKJ 1986: 238).*

Bemühungen des Berufsbildungssystems negativ beurteilt. So schließt Seccombe (1984: 25f.) dazu: "The current system is inflexible, ossifying around specific courses and equipment, irrespective of labour market conditions, and undersubscribed." Darüber hinaus zeigt sich auch bei dem jordanischen Berufsbildungssystem das regelmäßig in Entwicklungsländern anzutreffende Problem der niedrigen Korrelation von Ausbildung und der tatsächlich nach der Ausbildung angestrebten und ausgeübten Tätigkeit. Der Grund hierfür liegt darin, daß subjektiv eine formelle Ausbildung, auch wenn sie zur Erlernung eines handwerklichen Berufs absolviert wurde, für eine Schreibtischtätigkeit qualifiziert. Im Kontext der Bedeutung von *Beziehungsgeflechten* (vgl. 5.1) kann darüber hinaus der soziale Status und vor allem die Macht hinsichtlich der Verteilung vermögenswerter Vorteile von großer Bedeutung sein. Während die abhängige Beschäftigung in einem landwirtschaftlichen Betrieb kaum zu wichtigen Kontakten verhilft, ist dies anders bei einer Behörde, die Genehmigungen erteilt, Aufträge vergibt etc. Es läßt sich damit insgesamt feststellen, daß den Arbeitskräfteknappheiten und der damit einhergehenden Verteuerung der Arbeitskraft *nicht oder doch nur in sehr geringem Maße* soziale Innovationen folgten.

Es läßt sich resümieren, daß die Arbeitskräfteknappheiten, die auf die massive Abwanderung aus Jordanien folgten, die Versorgung der verbliebenen Bevölkerung oder die Exportmöglichkeiten *nicht* in signifikantem Maße einschränkten[211]. Sie erhöhten aber auch die produktive Basis in Jordanien langfristig *nicht* dadurch, daß sie auf gesamtgesellschaftlicher Ebene zu einer erhöhten Frauenbeschäftigung oder zu einer verbesserten sozialen Akzeptanz handwerklicher Berufe führten. In bezug auf den letztgenannten Punkt wird sogar eher das Gegenteil vermutet. Die Arbeitskräfteknappheiten führten zur Einwanderung von Arbeitskräften vor allem aus Ägypten. Es ist diese Einwanderung, von der befürchtet wird, daß sie, durch die Konzentration der Beschäftigung der Einwanderer in bestimmten Sektoren und Berufsgruppen, die soziale Akzeptanz dieser von den Einwanderern dominierten Tätigkeiten senkt (vgl. 7.4).

Darüber hinaus hat die Migration langfristig *negative Konsequenzen* auf der *Angebotsseite* des Arbeitsmarktes. Eine große Zahl von Studenten hat sich in der Hoffnung auf eine Abwanderung auf Studienfächer konzentriert, deren Absolventen in Jordanien nur in relativ geringem Maße nachgefragt werden.

---

[211]*In diesem Sinne äußern sich auch Birks/Sinclair (1978), die nur geringe Auswirkungen infolge der Knappheiten feststellten.*

Ein Student, der 1980 ein Ingenieurstudium in der Erwartung begann, er werde seine im Laufe des Studiums erworbenen Fähigkeiten in Saudi-Arabien anwenden können, sah sich als Absolvent 1986 in Jordanien mit Arbeitslosigkeit konfrontiert. Eine Abwanderung nach Saudi-Arabien war ihm unmöglich. In Jordanien wie in allen anderen Ländern stellt sich heraus, daß internationale Migration individuell wie gesamtwirtschaftlich wegen ihrer Unsicherheit ein *erhebliches Planungsproblem* darstellt.

7.4 Die Bedeutung der Einwanderung

Jordanien ist in den Jahren des Ölbooms nicht nur ein Auswanderungs-, sondern auch ein Einwanderungsland geworden. Während bis 1975 die Zahl der ausländischen Arbeitskräfte in Jordanien unbedeutend klein war, explodierte sie in der Folgezeit. Um durchschnittlich 80% wuchs die Zahl der erteilten Arbeitsgenehmigungen zwischen 1975 (803 Arbeitsgenehmigungen) und 1984 (153519 Arbeitsgenehmigungen). Der allergrößte Teil der vorübergehend eingewanderten Arbeitskräfte kam in all den Jahren aus Ägypten. 70% betrug der Anteil der Ägypter an der Gesamtzahl der angemeldeten Gastarbeiter in der Dekade von 1978 bis 1987. Insgesamt hatten die ausländischen Arbeitskräfte in Jordanien einen wesentlich niedrigeren Grad an formeller Bildung als die einheimische Bevölkerung. Sie besetzten die sozial niedrig angesehenen Arbeitsplätze und konzentrierten sich stets auf die Landwirtschaft und auf das Baugewerbe. In diesen beiden Sektoren allein arbeiten bis heute zwei Drittel aller ausländischen Arbeitskräfte[212].

Der Prozeß der Einwanderung von Arbeitskräften nach Jordanien begann etwa zwei bis drei Jahre nach dem Beginn großer Arbeitskräfteauswanderungen. Zu einem wichtigen Teil sind die Einwanderungen *eine Folge* der Auswanderungen, es erscheint jedoch sinnvoll, mindestens drei Gründe für den Bedarf an ausländischen Arbeitskräften in Jordanien zu unterscheiden. Zunächst einmal führte die *Abwanderung* von Arbeitskräften direkt zu einer Verringerung des Angebots an Arbeitskräften in Jordanien, so daß zum Teil Arbeitskräfteknappheiten entstanden (vgl. 7.3). Selbst wenn die Nachfrage nach Gütern und Dienstleistungen konstant geblieben wäre, hätte die Auswanderung zu Knappheiten in einigen Bereichen geführt, die kurzfristig nur die Einwanderung von

---

[212] *Vgl. Abschnitt 6.4 für ein ausführlicheres statistisches Porträt der Einwanderung.*

Arbeitskräften hätte beseitigen können. Diese Einwanderung kann als *Ersatzwanderung* bezeichnet werden. Wenn auch in Jordanien (auf der Eastbank) die Auswanderung höher ausfiel als die temporäre Einwanderung, so ist doch nur ein beschränkter Teil der Einwanderung als Ersatzwanderung zu bezeichnen. Ein weiterer Grund für die Einwanderung lag in dem Devisenzufluß infolge der Migration. Die Migration aus Jordanien verringerte nicht nur das Arbeitsangebot, sondern sie erhöhte auch die *Nachfrage* nach Gütern und Dienstleistungen, und damit erhöhte sie die Nachfrage nach Arbeitskräften. Diese *Einwanderung aufgrund des erhöhten Konsums in Migrantenhaushalten* wurde besonders deutlich im Baubereich, in dem die Nachfrage der Migrantenhaushalte nach Bauleistungen zu einem regelrechten *Boom* führte. Neben einer großen Abwanderung mit den damit verbundenen hohen Transferzahlungen, lag eine weitere indirekte Folge des Ölbooms für Jordanien darin, daß sich die Transfers an den Staat sehr stark erhöhten. Die enorm gestiegenen Einnahmen der Erdölstaaten nach dem Ölboom befähigten diese Länder, Jordanien als moderatem Frontstaat gegenüber Israel höhere Hilfeleistungen zu gewähren. Ein dritter Grund für die Einwanderung liegt in der erhöhten Nachfrage aufgrund dieser gestiegenen Hilfeleistungen an Jordanien. Diese Nachfrage führte ebenfalls zu einem erheblichen Bedarfszuwachs in bezug auf Arbeitskräfte. Diese *Einwanderung infolge des erhöhten Staatskonsums* wird direkt ebenfalls im Baubereich, aber auch in der Landwirtschaft deutlich. Infrastrukturmaßnahmen, Neubauten für eine Vielzahl staatlicher Institutionen sowie Entwicklungsprogramme haben in beiden Bereichen den Bedarf an Arbeitskräften stark erhöht.

Die insgesamt gestiegenen Einkommen führten dabei nicht nur zur Expansion bestehender Arbeitsmärkte, sondern über die Entstehung *neuer Nachfragemuster* auch zum Bedarf an Arbeitskräften, deren Beschäftigung vordem in Jordanien unüblich war. Dies betrifft insbesondere die Gruppe der Hausangestellten, von denen heute zwischen 15000 und 20000 in Jordanien arbeiten.

In welchem Maße die drei genannten Gründe in quantitativer Hinsicht für die Einwanderung verantwortlich waren, ist unmöglich zu bestimmen. Aber zumindest die analytische Trennung der Einwanderungsgründe ist wichtig, um die *Folgen der Auswanderung* richtig identifizieren und beurteilen zu können. Tendenziell betraf die Ersatzwanderung eher die höher qualifizierten Einwanderer, während die weniger qualifizierten Einwanderer tendenziell in der Folge des höheren Konsums kamen (Hausmädchen, Bauarbeiter etc.). Während die Gruppe der als *Ersatz* eingewanderten Arbeitskräfte einen Lohn ungefähr in derselben

Höhe wie ihre jordanischen Kollegen erhielt, lag das Lohnniveau bei den sonstigen, meist ungelernten Arbeitskräften weit *unter* dem jordanischen Durchschnitt[213].

Für die jordanische Ökonomie beinhaltete die temporäre Beschäftigung ausländischer Arbeitskräfte *Nutzen* und *Kosten*. Der offensichtliche Ertrag der Beschäftigung von Gastarbeitern ist ihre Produktionsleistung. Die Gastarbeiter haben Straßen gebaut, Universitäten errichtet, Wasser- und Stromleitungen verlegt, im Jordantal die Orangen gepflückt, den Müll beseitigt und in Restaurants die Gäste bedient. Dieser *Produktionsbeitrag* ist im vorliegenden Fall unmöglich zu messen[214], es erscheint jedoch sicher, daß er über den *Kosten* der Gastarbeiterbeschäftigung (der Löhne der Gastarbeiter) liegt. Dies deshalb, weil Gastarbeiter nicht über ein Beziehungsgeflecht verfügen, das ihnen einen Arbeitsplatz verschafft, den sie auch ohne oder mit einer nur geringen Arbeitsleistung halten können. Was für die Palästinenser in Kuwait gilt, gilt für die Ägypter in Jordanien: Sie werden nach strikt meritokratischen Prinzipien eingestellt, entlohnt und entlassen. Der einzelne Gastarbeiter wird nur dann von einem Unternehmen, einem Haushalt oder einer öffentlichen Institution[215] eingestellt, wenn sein direkter Produktionsbeitrag *größer* ist als sein Lohn (plus eventueller Nebenkosten). Wenn dies für alle Gastarbeiter gilt, dann sind auch auf volkswirtschaftlicher Ebene die direkten Produktionsbeiträge größer als die Kosten.

Diese *direkten Kosten* sind wie die direkten Produktionsbeiträge sehr schwer zu bestimmen. Sie setzen sich aus *a)* den Überweisungen und *b)* dem Verbrauch an Gütern und Dienstleistungen der Migranten in Jordanien zusammen. Insbesondere die Transfers der Gastarbeiter aus Jordanien [*a)*] belasten die Zahlungsbilanz des Landes in erheblichem Maße. Sie sind in Tabelle 33 wiedergegeben. Wie die Zahl der Arbeitskräfte, stieg auch der Betrag der Überweisungen in der Zeit ab 1977[216] sehr stark. Von 15 Millionen JD im Jahr 1977 stiegen die

---

[213] *Vgl. dazu ausführlicher Seccombe (1986: 383ff.) und Share (1985: 61).*

[214] *Mit den Löhnen als Basis schätzt die RSS den Produktionsbeitrag der Gastarbeiter auf 12,2% am BIP im Jahr 1984 (vgl. RSS 1986: I,230).*

[215] *Einschränkend muß allerdings für öffentliche Betriebe angemerkt werden, daß hier durch administrativ verzerrte Löhne eine Differenz zwischen Lohn und volkswirtschaftlichen Opportunitätskosten auftreten kann.*

[216] *Vor 1977 wurden Gastarbeiterüberweisungen nicht separat erfaßt.*

Überweisungen durchschnittlich um 30% auf 97,5 Millionen JD im Jahr 1984. Seit 1985 fallen die Überweisungen wieder. Wie bei den Transferzahlungen nach Jordanien, gibt es bei den Transfers aus Jordanien einen erheblichen Teil *nicht registrierter Überweisungen*. Aus Jordanien dürfte der nicht über das Bankensystem überwiesene Betrag sogar noch *relativ* größer sein als die nicht registrierten Überweisungen nach Jordanien, weil zum einen die Benutzung des offiziellen Bankensystems mit dem Grad der formellen Bildung der Migranten steigt (und der Bildungsgrad der Einwanderer in Jordanien relativ niedrig ist) und vor allem weil zum zweiten das Hauptzielland der Transfers, Ägypten, bis 1987 durch erhebliche Devisenregulierungen und konsequenterweise durch erhebliche Transfers außerhalb des offiziellen Systems gekennzeichnet war (vgl. Amin/Awry 1985). So hat dann auch die RSS (1986: I,215ff.) erhoben, daß über 50% aller Arbeitsmigranten in Jordanien es bevorzugen, ihr Geld mit Freunden oder Verwandten in ihr Heimatland zu transferieren. Damit wird es der Erfassung durch die jordanische Zentralbank entzogen.

Obwohl die temporäre Zuwanderung von Arbeitskräften Mitte der 80er Jahre in bezug auf die *Anzahl* der Migranten ungefähr dem Niveau der temporären Abwanderung entsprach, lagen doch die Devisenabflüsse beständig *weit* unter den Devisenzuflüssen infolge der Abwanderung. Wie aus Tabelle 33 ersichtlich ist, haben die offiziell registrierten Gastarbeiterüberweisungen aus Jordanien nie mehr als ein Viertel der Gastarbeiterüberweisungen nach Jordanien betragen. Auch wenn eine starke Unterregistrierung angenommen wird, so bleibt der Unterschied zwischen den beiden Strömen erheblich.

Diese direkten Effekte der Einwanderung (Produktionsbeitrag vs. Überweisungen und Konsum) werden von indirekten Effekten begleitet. Die Beschäftigung von ausländischen Arbeitskräften hat in erheblichem Maße Engpässe beim Bau von Wohnungen, von Straßen oder bei der Entwicklung der Landwirtschaft behoben oder verhindert. Aufgrund der großen Multiplikatoreffekte beispielsweise der Investitionen im Bausektor hatte diese Beschäftigung *positive Auswirkungen* über den Produktionsbeitrag der Einwanderer hinaus. Die lokale Zementindustrie in Jordanien konnte entwickelt werden, weil sie produzierende Abnehmer fand, und eine Reihe weiterer Zulieferer konnte ebenfalls von der hohen Beschäftigung im Bausektor profitieren (Glas, Aluminiumverarbeitung, Möbel etc.). Positive Produktionseffekte entstanden auch durch die relativ niedrigen Löhne der ungelernten ägyptischen und pakistanischen Arbeitskräfte. In der sehr lohnintensiven Landwirtschaft machten diese niedrigen

Löhne die Produktion profitabler, und sie konnten damit einen Beitrag zum Ausbau der Landwirtschaft leisten.

Langfristige Konsumeffekte entstehen ebenfalls durch die Nachfrage der Migranten in Jordanien, sofern diese *Nachfrage* Investitionen induziert. Aufgrund der relativ niedrigen Einkommen der Gastarbeiter in Jordanien[217] und der vergleichsweise hohen Lebenshaltungskosten im Haschemitischen Königreich wurden 40% der Einnahmen der Migranten schon in Jordanien wieder ausgegeben[218]. Der Nachfrageeffekt war und ist bei der Vielzahl der vorübergehend eingewanderten Arbeitskräfte erheblich, er beschränkt sich aber im wesentlichen auf *Grundbedürfnisgüter*. Die hohe Nachfrage der Arbeitsmigranten in Jordanien nach Grundbedürfnisgütern birgt allerdings auch *volkswirtschaftliche Kosten* in sich und ist aus diesem Grund zum Teil negativ beurteilt worden (vgl. El-Ahmad 1985). Grundbedürfnisgüter wie Zucker, Reis oder Weizen sind subventioniert, und der Konsum solcher Güter durch die Gastarbeiter belastet den öffentlichen Haushalt. Die eigene Investitionstätigkeit von Gastarbeitern ist dagegen unbedeutend (vgl. RSS 1986).

Als positiver Beitrag zur regionalen Entwicklung Jordaniens ist zu vermerken, daß die hohe Flexibilität der ausländischen Arbeitskräfte ihren Arbeitseinsatz in *allen* Landesteilen und damit die Realisierung von Projekten auch in weit abgelegenen Gegenden ermöglichte. Zwar waren und sind die Gastarbeiter überproportional in den Wachstumszentren Amman/Zarqa und Ma'an/Aqaba beschäftigt[219], aber selbst in den Zeiten einer starken Orientierung der jordanischen Bevölkerung auf diese Wachstumszentren konnten ausländische Arbeitskräfte auch für das entlegenste Dorf gefunden werden. So stellte eine Analyse des MoP eine ausreichende Versorgung der jordanischen Bevölkerung mit Wohnraum in ländlichen Gebieten durch den Einsatz von eingewanderten Arbeitskräften fest (vgl. HKJ/MoP 1987c). Ein ausreichendes Arbeitsangebot wird inzwischen auch für die Landwirtschaft berichtet. Die *hohe Mobilität* der ausländischen Arbeits-

---

[217] *Der Erhebung von Share (1988: 19) zufolge verdienten 1985 vier Fünftel aller Migranten weniger als 75JD pro Monat (zu diesem Zeitpunkt etwa 560DM), knapp 30% erhielten sogar nur weniger als 50JD (etwa 370DM). Die durchschnittlichen Einkommen auf dem jordanischen Arbeitsmarkt insgesamt liegen weit darüber (vgl. RSS 1986).*

[218] *Vgl. dazu die Erhebung der RSS (1986).*

[219] *Vgl. MoL, Jahresbericht 1986 und RSS (1986: I,59).*

kräfte ermöglichte zum Beispiel im Jordantal eine rasche Verfügbarkeit von Arbeitskräften *an allen Orten zu jeder Zeit* (vgl. Seccombe 1986).

Betrachtet man die ökonomischen Erträge und Kosten der Ausländerbeschäftigung in Jordanien so war deren Wachstumsbeitrag sicherlich positiv. Damit hatte die *Auswanderung aus Jordanien* auch keine über die Einwanderung induzierten volkswirtschaftlichen Kosten. Die Einwanderung von Arbeitskräften konnte die negativen Effekte der Auswanderung weitgehend kompensieren und ermöglichte die Verwendung der Transfers. Diese grundsätzliche, positive Bewertung wird auch von anderen geteilt (z.B. RSS 1986), einzelne insbesondere langfristige Aspekte der Einwanderung werden dagegen negativ beurteilt. So sieht die Studie der RSS zur sozioökonomischen Bedeutung von Gastarbeitern in der vergleichsweise niedrigen Qualifizierung der Gastarbeiter ein Hindernis für die Entwicklung Jordaniens: "..., this high percentage of unskilled labour may negatively affect the economic development and growth of Jordan" (RSS 1986: I,58)[220]. Eine solche Bewertung verkennt die Tatsache, daß internationale Migration zum allergrößten Teil *nachfragedeterminiert* ist und somit die Qualifikationsstruktur der Einwanderer die *Bedürfnisse* Jordaniens widerspiegelt.

Ernster ist das Problem der entstandenen *Segmentierung des Arbeitsmarktes* mit ihren langfristigen Auswirkungen. Die vor allem auch in der Folge der Migration entstandenen Arbeitskräfteknappheiten haben innerhalb der einheimischen Bevölkerung in Jordanien zu einem "Job Ladder-Effekt" geführt. Die sozial am wenigsten angesehenen Arbeitsplätze wurden von der jordanischen Bevölkerung in dieser Zeit vor allem zugunsten von sozial höher bewerteten Stellen im tertiären Sektor verlassen. Die dadurch freigewordenen Arbeitsplätze insbesondere in der Landwirtschaft, im Baugewerbe oder bei der Müllabfuhr wurden von den Einwanderern übernommen. Der nahezu komplette Austausch bestimmter Berufsgruppen führte zu einer Segmentierung des Arbeitsmarktes. So gibt es inzwischen eine feste Anzahl von Tätigkeiten, die ausschließlich von Ausländer ausgeübt werden, weil diese Tätigkeiten für die einheimische Bevölkerung nicht mehr akzeptabel sind.

Das Problem der fehlenden sozialen Akzeptanz bestimmter beruflicher Tätigkeiten für die jordanische Bevölkerung dürfte sich als temporär erweisen, denn bei

---

[220]*Ähnliche Aussagen sind auch an anderen Stellen der Arbeit zu finden.*

der seit Mitte der 80er Jahre anhaltenden Rezession werden auch Einheimische wieder verstärkt zur Annahme von Arbeiten in der Landwirtschaft oder im Baugewerbe gezwungen werden. Unwahrscheinlich erscheint allerdings, daß die Arbeitgeber überhaupt ein Interesse daran haben, ausländische Arbeitskräfte durch einheimische zu ersetzen. Ausländer gehören in aller Regel *keinem Beziehungsgeflecht.* Damit müssen weder die Arbeitgeber auf die durch Clans entstehenden sozialen Konstellationen Rücksicht nehmen, noch müssen die ausländischen Arbeitnehmer sozialen Verpflichtungen nachkommen. Dadurch können letztere z.B. längere Arbeitszeiten in Kauf nehmen[221]. Sie sind räumlich flexibler und müssen nicht eventuell konfligierenden Interessen (-gruppen) dienen.

Aufgrund der seit Mitte der 80er Jahre in Jordanien herrschenden Rezession wird inzwischen ein Abbau der Zahl der ausländischen Arbeitskräfte in Jordanien angestrebt. Wie weiter oben dargelegt wurde (vgl. 6.5), unterliegt diesbezüglich die jordanische Einwanderungspolitik allerdings außenpolitischen Beschränkungen. Es ist heute noch nicht abzusehen, in welcher Weise die Beschäftigung von Ausländern den in Jordanien notwendigen Prozeß der Anpassung (nach dem Absinken der Gastarbeiterüberweisungen und der Hilfeleistungen der arabischen Erdölländer an den jordanischen Staat) auf dem Arbeitsmarkt beeinflußt und in welcher Weise umgekehrt die Ausländerbeschäftigung von diesem Anpassungsprozeß betroffen sein wird. *In bezug auf die vergangene Dekade und vor allem mit Blick auf die Abwanderung von Arbeitskräften und deren Wirkungen lassen sich die Zuwanderung und ihr wirtschaftlicher Entwicklungsbeitrag positiv beurteilen.*

---

[221]*Dies allerdings auch deshalb, weil die Zeit der Migration von den allermeisten Migranten lediglich als Zeit der Investition betrachtet wird.*

7.5 Migration und Inflation

In der Folge einer temporären Abwanderung von Arbeitskräften kommen *Gastarbeiterüberweisungen* in das Auswanderungsland und *erhöhen* die Geldmenge. Aufgrund dieses Effekts wird als eine negative Folge internationaler temporärer Migration eine vergleichsweise hohe Inflationsrate prognostiziert und meist auch beobachtet (vgl. Guisinger 1984). Die Transfers der abgewanderten Arbeitskräfte werden allerdings in Devisen geleistet und sollten, wenn sie von den Migrantenhaushalten komplett für internationale Güter verwendet werden, keinen Inflationseffekt haben. Fragen die Migrantenhaushalte dagegen auch international *nicht* handelbare Güter ihres Heimatlandes nach (z.B. Land, Bauleistungen u.ä.), so sollten sich die Preise für diese lokalen Güter (in Abhängigkeit von deren Angebotselastizität) aufgrund der Transfers erhöhen.

Bei - wie in Jordanien - fixierten Wechselkursen und somit relativ konstanten Importpreisen, ist eine vergleichsweise hohe Steigerung des Preisniveaus insgesamt zu erwarten, weil der Anstieg der Preise bei nicht handelbaren Gütern nicht durch ein Absinken der Importpreise kompensiert wird. Dies wäre bei flexiblen Wechselkursen der Fall gewesen, wenn ein durch die Migranten erhöhtes Angebot an Fremdwährungen auf dem Markt für Jordanische Dinar den Preis für die jordanische Währung erhöht und damit die Importe verbilligt hätte. Die Erhöhung der Preise für nationale Güter wäre von einer Verringerung der Preise für internationale Güter begleitet worden. Bei den in Jordanien festen Wechselkursen waren jedoch Preissteigerungen aufgrund der Migration unvermeidlich. Diese Preissteigerungen kamen den in Jordanien verbliebenen Arbeitskräften und Kapitalbesitzern zugute, die allerdings ebenfalls mehr für nationale Produkte ausgeben mußten[222].

---

[222] *Sofern Migrantenhaushalte relativ mehr heimische Waren kaufen als die im Land verbliebenen Haushalte, findet eine Umverteilung statt. Die Migranten geben über den Weg der Preiserhöhung bei den lokalen Produkten einen Teil ihrer Kaufkraft, die in Devisen besteht, an die Produzenten im Heimatland weiter. Daß Migranten relativ mehr heimische Waren nachfragen ist wahrscheinlich, weil die Migranten zumindest einen Teil ihres Bedarfs an Importgütern zu niedrigeren Preisen als in Jordanien in den Ölstaaten befriedigen können und weil Migrantenhaushalte eine hohe Präferenz für Immobilien (mit einem sehr hohen Anteil lokaler Inputs) zeigen (vgl. 7.2). Im Ergebnis können zum Beispiel die jordanischen Produzenten von Baustoffen mehr für ihre Produkte verlangen, und mit ihren höheren Einkommen können sie dann mehr Importprodukte nachfragen.*

Die Entwicklung der Migration aus Jordanien und die mit ihr verbundene starke Erhöhung der Nachfrage spiegeln sich auch in der Entwicklung der *Lebenshaltungskosten* wider. Der durch Transferzahlungen an die Migrantenhaushalte und (in Form von Hilfsleistungen durch die arabischen Erdölländer) an den jordanischen Staat ausgelöste Nachfrageschub führte in den Jahren 1973 bis 1980 fast durchgehend zu *zweistelligen Inflationsraten*, wohingegen die 50er und 60er Jahre in Jordanien durch eine relativ hohe Preisstabilität gekennzeichnet waren[223]. Der Index der Lebenshaltungskosten als Näherungsgröße für die Inflation ist für die Jahre 1967 bis 1986 in Tabelle 9 wiedergegeben.

Es ist evident, daß die jordanische Produktion dem Nachfragesog *nicht* folgen konnte. Zwar wurde das existierende Produktionspotential durch die Abwanderung von Arbeitskräften nicht signifikant beeinträchtigt (vgl. die Abschnitte 7.3 und 7.4), aber gegenüber der infolge der Gastarbeiterüberweisungen stark gestiegenen Nachfrage erwies sich die Produktion als inelastisch. Gerade die lokal hergestellten Güter (hier insbesondere Früchte und Gemüse, aber auch Bekleidungsartikel) stiegen überproportional im Preis[224]. In der Regel wird die Inflation als *negative Folge der Migration* für Jordanien bewertet (so von Anani/Jaber 1980, Ali 1984). Es ist jedoch *nicht* erkennbar, daß die Inflation in großem Ausmaß die wirtschaftlichen Aktivitäten in Jordanien beeinträchtigt hat. In den in wirtschaftlicher Hinsicht turbulenten Jahren der großen Aus- und Einwanderungsströme, vor allem zwischen 1973 und 1980, veränderten sich durch die gestiegenen Einkommen und sich wandelnde Konsummuster die relativen Preise[225], und solche Veränderungen können oft ohne Inflation als Anpassungsprozeß nicht stattfinden.

Ein Bereich, in dem durch die Transferzahlungen und die folgenden Preissteigerungen in der jordanischen Ökonomie private und gesellschaftliche Verluste entstanden sind, ist sicherlich der *Immobilienbereich*. Zum einen wurden allerorten Grundstücke ge- und verkauft, viele Transaktionen wurden dabei

---

[223]*Anani/Jaber (1980: 48) sprechen von durchschnittlichen Preissteigerungen zwischen 2,5% und 5% pro Jahr in den 50er und 60er Jahren.*

[224]*Früchte stiegen zwischen 1973 und 1983 um 272% im Preis, Gemüse und Bekleidungsartikel jeweils um 211%. Der gesamte Index der Lebenshaltungskosten erhöhte sich um 182%. Vgl. Tab. 9 und CBJ (1984).*

[225]*Stark stiegen, neben den Preisen für landwirtschaftliche Produkte, die Preise für Grundstücke und vor allem auch die Löhne (vgl. 7.6).*

auch zu Spekulationszwecken getätigt. Die Preissteigerungen bei Grundstücken konnten in relativ kurzen Zeiträumen, manchmal innerhalb eines Jahres, mehrere hundert Prozent betragen (vgl. Findlay 1985, Anani 1987). Dieser Boom war jedoch entgegen den Erwartungen zu kurz, und viele der in der Hoffnung auf große Preissteigerungen zu hohen Preisen gekauften Grundstücken erwiesen sich seit Anfang der 80er Jahre als unverkäuflich[226]. Im Kern handelt es sich hierbei jedoch um Vermögenstransfers. Für einige Investoren führten die Grundstückskäufe und -verkäufe zu erheblichen Vermögensverlusten, andere gewannen, ohne daß insgesamt ein volkswirtschaftlicher Schaden entstanden ist.

Die raschen Preissteigerungen bei Immobilien und die damit zum Teil unvergleichlich hohe Verzinsung, die mit dem Bau von Wohnungen in den ersten Jahren des Booms erzielt werden konnte, führte zum anderen zu einem Überangebot an Wohnraum vor allem der oberen Preiskategorie. Mehr als ein Zehntel des Wohnungsbestands wurde 1986 nicht genutzt (vgl. HKJ/MoP 1987a). Ein Grund dafür, daß so viele Wohnungen leerstehen, muß in den falschen Erwartungen der Bauherren gesehen werden, die sich hohe Gewinne infolge großer Preissteigerungen erhofften. Das in ungenutztem Wohnraum *gebundene Kapital* ist erheblich[227], und hier führten die Preissteigerungen und die mit ihnen verbundenen Verzinsungserwartungen zu einer privat und gesellschaftlich unproduktiven Verwendung von Ressourcen, insbesondere weil die Eigentümer von Wohnraum ihre relativ hohen Mietforderungen in der Hoffnung auf einen kommenden Aufschwung konstant halten. Das Überangebot resultierte also nicht in einer Senkung des Preises für Wohnraum[228].

---

[226]*Dies wird in der Hauptstadt Amman sichtbar, die eine erhebliche Zahl von Baulücken aufweist.*

[227]*Nach Schätzungen des MoP standen 1986 ca. 47000 Wohneinheiten in Jordanien leer. Sehr konservativ werden die Erstellungskosten pro Wohneinheit auf 7000JD geschätzt (vgl. HKJ/MoP 1987a). Das insgesamt gebundene Kapital beläuft sich dann auf 329 Millionen JD oder 17,2% des BSP des Jahres 1986. Vermutet man, daß eine Wohneinheit im Durchschnitt 2000JD teurer war, so beläuft sich das gebundene Kapital auf 423 Millionen JD oder 22,1% des BSP dieses Jahres.*

[228]*Der Grund dafür, daß so viele Wohnungen auch auf längere Frist leerstehen, muß in den Mietgesetzen gesehen werden. Diese Mietgesetze schützen Mieter in hohem Maße, insbesondere auch gegen Mieterhöhungen. "Rezessionsmieten", genauso wie "Boommieten", bleiben über Jahre hinaus bestehen, weshalb Eigentümer ihre Häuser und Wohnungen in der Hoffnung auf eine neue*
(Fortsetzung...)

7.6 Migration und Einkommensverteilung

Es wurde an früherer Stelle dieser Arbeit hervorgehoben (vgl. 5.1), daß die jordanische Gesellschaft aufgrund ihrer "Wastah"-Strukturen durch Chancenungleichheiten und damit durch Verteilungsungerechtigkeiten gekennzeichnet ist. Im ersten Abschnitt dieses Kapitels wurde dann argumentiert, daß die Abwanderung vor allem palästinensischer Hochschulabsolventen zur *Stabilität* der jordanischen Gesellschaft beigetragen hat, weil sie die Verteilungskonflikte entschärfte. Durch die Möglichkeit der Migration wurde Mobilität auf der Einkommensskala geschaffen, *ohne* daß die Herrschaft der bestimmenden Familien und Verteilungskoalitionen gefährdet wurde. Die Migration entschärfte den Konflikt zwischen transjordanischer Herrschaft und palästinensischen Hochschulabsolventen, also den Konflikt zwischen den Eliten innerhalb der beiden ethnischen Gruppen. Damit kann noch keine Aussage über die Entwicklung der Einkommensverteilung in der jordanischen Ökonomie insgesamt getroffen werden, weil nicht alle Mitglieder der Gesellschaft in die Analyse einbezogen sind. Um etwas mehr Licht in den Zusammenhang von Migration und Einkommensverteilung zu bringen, soll im folgenden die Bedeutung der Migration für die *personelle* und für die *funktionale Einkommensverteilung* diskutiert werden.

Vor der eigentlichen Diskussion seien hier die folgenden *Thesen* in bezug auf den Zusammenhang zwischen der Abwanderung von Arbeitskräften und der Entwicklung der Einkommensverteilung formuliert. Die Thesen werden dann unter 7.6.1 und 7.6.2 näher beleuchtet.

- Ein Drittel der Haushalte erhält Gastarbeiterüberweisungen. Diese Haushalte bzw. ein großer Teil von ihnen bildet eine *spezielle Klasse von Einkommensempfängern*, da die durchschnittlichen Überweisungen pro Migrantenhaushalt beträchtlich über den durchschnittlichen Arbeitseinkommen pro Arbeitnehmerhaushalt in Jordanien liegen. Da sich nicht feststellen läßt, welchen Einkommensgruppen die Migranten vor der Migration angehörten, läßt sich auch nicht genau angeben, in welcher Weise dieser Transfereffekt auf die Einkommensverteilung gewirkt hat. Tendenziell aber gehörten die Migranten schon *vor* der Migration innerhalb der unteren und mittleren Einkommenssegmente den besser verdienenden Gruppen an, und die Transfers haben damit die Einkommensverteilung der Tendenz nach *ungleicher* gemacht.

---

[228] *(...Fortsetzung)*
Boomphase leerstehen lassen (oder auch in einer Rezession "Boommieten" fordern).

- Infolge der Abwanderung von Arbeitskräften stiegen die Löhne relativ gegenüber den Profiten. Die Einkommensverteilung wurde dadurch tendenziell *gleichmäßiger*.

- Infolge der Knappheit von Arbeitskräften konnten viele der einheimischen Arbeitskräfte in Jordanien in besser bezahlte Positionen aufsteigen. Die untersten Positionen wurden seit Mitte der 70er Jahre vor allem den ägyptischen, aber auch anderen ausländischen Arbeitskräften besetzt. Dieser "Job Ladder-Effekt" führte ebenfalls zu einer *gleichmäßigeren* Einkommensverteilung *innerhalb der einheimischen Arbeitsbevölkerung in Jordanien*.

- Infolge der Migration, der damit gestiegenen beruflichen Mobilität und der ebenfalls dadurch erhöhten Bildungsausgaben, sanken die Lohnunterschiede zwischen den verschiedenen Qualifikationsstufen. Auch dieser Effekt führte zu einer *gleichmäßigeren* Einkommensverteilung innerhalb der in Jordanien verbliebenen Bevölkerung.

- Durch die entstandenen Arbeitskräfteknappheiten konnte die Arbeitslosigkeit auf ein Minimum reduziert werden. Die Absenkung der Arbeitslosigkeit hat zu einer *gleichmäßigeren* Einkommensverteilung beigetragen.

Im folgenden werden die Wirkungen der Migration auf die Einkommensverteilung in zwei Gruppen unterteilt. Zuerst wird der *direkte Effekt* behandelt, unter 7.6.2 werden dann die *indirekten Effekte* betrachtet.

7.6.1 Der direkte Effekt: Die Überweisungen

Der Haushalt und nicht der einzelne Lohnempfänger ist die Einheit, die bei einer Diskussion über die Einkommensverteilung in Jordanien betrachtet werden muß. Im Jahr 1986 gab es in Jordanien ca. 417300 Haushalte[229]. Wenn man nun von ca. 145000 jordanischen Arbeitskräften in den arabischen Erdölstaaten ausgeht, die regelmäßig an ihre Familien in der Eastbank einen Teil ihres Einkommens überwiesen (vgl. 6.2), dann bezogen knapp 35% der hier betrachteten Haushalte einen Teil ihres Einkommens durch die Arbeit von Familienmitgliedern im Ausland. Da aus einigen Haushalten mehr als ein Mitglied migriert war, kann davon ausgegangen werden, daß ca. *ein Drittel* aller Haushalte in Jordanien Einkommensbezieher aus Arbeit in den Ölstaaten war.

---

[229]*Diese Zahl wurde aus der Bevölkerungsgröße von 2796100 und der vom Housing and Population Census 1979 ermittelten durchschnittlichen Haushaltsgröße von 6,7 Personen (vgl. DoS 1983) errechnet.*

Wenn man annimmt, daß Transfers ungefähr in Höhe der von der Central Bank of Jordan registrierten Gastarbeiterüberweisungen nach Jordanien flossen, dann beliefen sich die durchschnittlichen Überweisungen an einen Migrantenhaushalt auf der Eastbank auf ca. 2980JD[230] im Jahr 1986. Angesichts der hohen Löhne von Jordaniern in den Ölstaaten, die schon 1980 pro Jahr durchschnittlich 4032JD betrugen[231], ist dies eine realistische Schätzung. Die Bedeutung dieses Einkommens bzw. Einkommensbestandteils wird deutlich, wenn man es bzw. ihn mit anderen Größen vergleicht. So lag das inländische Faktoreinkommen bei 3042JD pro Haushalt, das durchschnittliche Einkommen eines Arbeitnehmers bei nur 1420JD pro Jahr (1986)[232].

Obwohl bei der Betrachtung all dieser Zahlen Vorsicht geboten ist, können aufgrund der Größenordnungen, die sie widerspiegeln, folgende Aussagen getroffen werden: Für einen Teil der jordanischen Haushalte, der mit etwa einem Drittel angegeben werden kann, liegt eine überragende, in vielen Fällen die einzige Einkommensquelle in der Auslandsbeschäftigung. Nicht nur die bei der Beschäftigung in den arabischen Erdölstaaten erzielten Einkommen, sondern auch die Teile der Einkommen, die von den Migranten nach Jordanien überwiesen wurden, liegen *weit* über den in Jordanien durchschnittlich erwirtschafteten *Einkommen aus unselbständiger Arbeit.*

Diese Überweisungen haben einen direkten Effekt auf die Einkommensverteilung in Jordanien. Für die Beurteilung dieser seit Mitte der 70er Jahre erschlossenen Einkommensquelle in ihrer Bedeutung für die *Entwicklung der Einkommensverteilung* ist nun entscheidend, welchen Einkommensgruppen die Migrantenhaushalte *vor* der Migration angehörten und welchen Einkommenssprung sie durch die Migration vollzogen haben. Welche Haushalte also konnten höhere Einkommen durch Migration realisieren? Unglücklicherweise liegen weder

---

[230]*Diese Größenordnung wird von Seccombe/Wilson (1987: 42) bestätigt. Sie geben (leider etwas vage) an, daß der Hauptteil der Migrantenhaushalte Gastarbeiterüberweisungen zwischen 1500JD und 4500JD pro Jahr erhielt. Die wesentlich niedrigeren Angaben von Share (1987), der in Kuwait durchschnittliche Gastarbeiterüberweisungen ermittelt hat, die nur ca. ein Viertel der genannten Summe betragen, sind vermutlich in der speziellen Zusammensetzung der "Kuwait-Migranten" begründet. In Kuwait befinden sich nämlich zum großen Teil Langzeit- oder permanente Migranten, die mit ihren Familien gewandert sind und deshalb nur wenig überweisen.*

[231]*Errechnet nach RSS (1983: 115).*

[232]*Berechnet nach DoS, National Accounts 1982 - 1986.*

Angaben über die Einkommensverteilung innerhalb der jordanischen Bevölkerung vor, noch über die Verteilung der Haushalte, die zu den Empfängern der Transfers gehören, in bezug auf die Gesamtbevölkerung. Aus diesem Grund müssen im folgenden einige Überlegungen angestellt werden, die *indirekte* Schlüsse auf die Verteilungswirkungen der Migranteneinkommen zulassen.

Da Migranten in aller Regel vor ihrer Migration abhängig beschäftigt waren und da Lohn- und Gehaltsempfänger im Vergleich zu Profitempfängern eher zu den unteren Einkommensschichten gehören, führte die Migration tendenziell zu einer Verringerung der Einkommensunterschiede zwischen den Migrantenhaushalten und den Haushalten, die ihr Einkommen im wesentlichen aus Profiten beziehen. Insgesamt dürfte damit, ceteris paribus, eine *gleichmäßigere* Einkommensverteilung erreicht worden sein.

Innerhalb der Gruppe der Arbeitnehmer hatten die Überweisungen eine anders gerichtete Wirkung. Obwohl gerade die untersten Einkommensgruppen in einer Gesellschaft in der Regel die größte Motivation für eine Migration in ein anderes Land haben, entspricht es allgemeiner Erfahrung, daß es *gerade nicht* diese Einkommensgruppen sind, die abwandern (vgl. 3.1.2, 3.2.2). Dies hat verschiedene Gründe. So beinhaltet Migration in hohem Maße ein *Informationsproblem*, das von Menschen mit höherem formellen Bildungsgrad besser gehandhabt werden kann. Da es aber tendenziell die oberen Einkommensgruppen sind, die sich eine höhere Bildung leisten können, sind es auch diese Gruppen, die das mit Migration verbundene Informationsproblem besser bewältigen können. Dieses Argument trifft für Jordanien allerdings nur in beschränktem Maße zu. Insbesondere die Palästinenser mit Flüchtlingserfahrung investieren *überproportional* (im Vergleich zum Einkommen) in Bildung (vgl. 5.2). Dies bringt die Mitglieder dieser Gruppe eher in die Lage, das mit Migration verbundene Informationsproblem zu lösen.

Dieses *Informationsproblem* bei der Suche nach einem Arbeitsplatz in den arabischen Erdölstaaten ist in Jordanien auf besondere Weise ausgeprägt. Nachdem 1976 aufgrund stärker werdender Arbeitskräfteknappheiten die Anwerbung von Arbeitskräften über Zeitungsanzeigen genehmigungspflichtig und damit auf ein Minimum reduziert wurde und da das Monopol für die Vermittlung von Arbeitskräften beim Staat liegt (der sich jedoch kaum um die Vermittlung von Arbeitskräften ins Ausland bemühte), konnte ein Arbeitsplatz in den Ölstaaten nur durch Verbindungen oder persönliche Suche (mit den entsprechenden Kosten) gefunden werden. Dies wird durch die Studie der RSS (1983: 53) bestätigt. Migration blieb damit im wesentlichen denen vorbehalten, die die erheblichen Informationsprobleme bewältigen konnten.

Darüber hinaus bringt die Wanderung von einem Ort an einen anderen erhebliche *Kosten* mit sich (direkte Kosten, z.B. Reisekosten, Aufbau eines neuen Haushalts etc., und indirekte Kosten, z.B. entgangener Lohn für die Zeit der Arbeitssuche und der Reise). Diese Kosten können von den untersten Einkommensgruppen *nicht* getragen werden, oder aber das *Risiko* einer solchen Investition wird von ihnen als zu hoch empfunden.

Der Prozeß der Migration ist also in zweifacher Hinsicht *selektiv*: Es können nur diejenigen migrieren, die schon Verbindungen in die Ölstaaten haben oder über die Möglichkeit verfügen, sich Informationen über freie Arbeitsplätze zu verschaffen. Und es können nur diejenigen wandern, die in der Lage sind, eine Wanderung zu finanzieren[233]. Die Migrationsmöglichkeiten waren damit in Jordanien in der Bevölkerung *nicht gleichverteilt*. Die Migrantenhaushalte auf der Eastbank gehörten vermutlich auch schon vor der Migration zwar nicht der jordanischen Elite, aber tendenziell den besser verdienenden Einkommensgruppen an; und sie wurden im Laufe der Migration zu einer neuen Schicht von Einkommensbeziehern, die sich in der größeren Zahl der Fälle am *oberen* Ende der Einkommensskala befand. Dabei darf allerdings nicht vergessen werden, daß auch zwischen den Migranten Einkommensunterschiede bestanden (vgl. RSS 1983).

Daß die jordanischen und vor allem palästinensischen Migranten weitaus besser qualifiziert waren als die in Jordanien verbliebenen Arbeitskräfte und damit tendenziell den höheren Einkommensschichten angehörten, zeigt Tabelle 25. Während 1980 in Jordanien 73% der Arbeitskräfte die Sekundarschule nicht abgeschlossen hatten, waren es von den Migranten nur 33%. Die Migranten hatten zu 32% eine Universitätsausbildung, während dies in Jordanien nur bei 7% der Beschäftigten der Fall war.

---

[233]*Allerdings wirkt, aufgrund des im Vergleich zu anderen Entwicklungsländern hohen Lohnniveaus in Jordanien (auch vor 1973) und aufgrund der geographischen Nähe Jordaniens zu den arabischen Erdölstaaten, diese Hürde für einen nicht so großen Teil der Bevölkerung prohibitiv wie dies zum Beispiel in Indien oder Pakistan der Fall ist.*

Es bleibt festzuhalten, daß die Schaffung einer neuen Einkommensquelle, betrachtet man sie losgelöst von den unter 7.6.2 beschriebenen Effekten, die Einkommensunterschiede bei den Arbeitnehmern durch die Herausbildung einer *neuen Schicht* tendenziell vergrößert hat. Isoliert darf man die aus den Ölstaaten kommenden Überweisungen in ihrer Wirkung für die Einkommensverteilung jedoch nicht betrachten, denn die Migration von Arbeitskräften hatte eine Reihe von Auswirkungen auf den jordanischen Arbeitsmarkt, die ebenfalls zu einer Änderung der Einkommensverteilung führten.

7.6.2 Die indirekten Effekte: Die Änderungen relativer Preise

a) *Die Entwicklung der Löhne*
Ein wichtiger Hinweis, wie sich die *personelle Einkommensverteilung* (das ist in dem hier diskutierten Fall die Einkommensverteilung unter den Haushalten) infolge der Migration entwickelt hat, kann von der Entwicklung der *funktionalen Einkommensverteilung* erwartet werden. Die Aufteilung des Gesamtprodukts einer Ökonomie zwischen den Produktionsfaktoren sagt etwas über die Aufteilung des Gesamtprodukts zwischen den Haushalten, das heißt über die personelle Einkommensverteilung aus. Die Grundlage dieser Aussage erläutert der folgende Gedankengang.

In einer Ökonomie werden die benötigten Güter mit den Produktionsfaktoren Arbeit und Kapital produziert[234]. Entsprechend ihres Beitrages zur Produktion (oder entsprechend ihrer Verhandlungsposition) erhalten die Arbeitskräfte, die ihre Arbeitsleistung zur Verfügung stellen, einen Teil des Produkts, den Lohn, die Kapitalbesitzer einen anderen Teil, den Zins bzw. den Profit. Es fehlt eine mit der Empirie durchgehend konsistente Theorie der Bestimmung der relativen Preise von Arbeit und Kapital, aber es entspricht der allgemeinen Erfahrung (und der vorherrschenden Theorie), daß die Entlohnung eines Faktors in großem Maße von seiner relativen Knappheit abhängt. Eine Verringerung des Angebots an Arbeitskräften allgemein oder die Verringerung des Angebots in einem bestimmten Segment führt tendenziell zu relativen Lohnsteigerungen et vice versa[235].

---

[234] *Der Faktor Boden sei nicht gesondert betrachtet.*

[235] *Eine entsprechende, umgekehrte Erfahrung wurde in der Westbank mit den Flüchtlingsbewegungen infolge des arabisch-israelischen Krieges von 1948*
(Fortsetzung...)

Die Abwanderung von Arbeitskräften in ein anderes Land führt nun, ceteris paribus, zu einer Verknappung von Arbeitskräften im Auswanderungsland und sollte damit, sofern die Auswanderung nicht marginal ist bzw. nicht nur eine Reihe von Arbeitslosen betrifft, eine Erhöhung der Löhne relativ zum Zins zur Folge haben. Auf diese Weise verschiebt dann *Migration die funktionale Einkommensverteilung zugunsten des Faktors Arbeit*.

Wenn man nun annimmt, daß die Empfänger von Arbeitseinkommen zum größeren Teil den unteren Einkommensgruppen angehören, dann erhöht sich deren Einkommen gegenüber den Profitempfängern auf zweifache Weise: Zum einen sind es Arbeitskräfte, die höhere Einkommen im Ausland realisieren können (vgl. 7.6.1), zum anderen erhöhen sich die Einkommen der im Inland verbliebenen Arbeitskräfte aufgrund ihrer erhöhten relativen Knappheit.

Der Ölboom in den arabischen Erdölstaaten und die damit geschaffenen Einkommensmöglichkeiten führten zur temporären Abwanderung ungefähr eines Fünftels der Arbeitskräfte, die sonst in Jordanien ihre Arbeitskraft angeboten hätten. Das ist ein erheblicher Teil des Arbeitsangebots. Gleichzeitig war infolge der Hilfszahlungen der arabischen Erdölstaaten an Jordanien sowie infolge der Gastarbeiterüberweisungen und den damit insgesamt verbundenen höheren Einkommen das Wachstum des Kapitalstocks sehr viel größer als das Wachstum des BIP. In Relation zur letztgenannten Größe betrug die Nettokapitalbildung im Jahr 1973 17,8%, während diese Relation bei ihrem Maximum 1981 zweieinhalbmal so hoch lag[236]. Während damit einerseits die Wachstumsrate des Kapitalstocks weit *über* der Wachstumsrate der Bevölkerung lag, lag das Wachstum der Zahl der im Inland beschäftigten Arbeitskräfte *unter* dem Wachstum der Bevölkerung. Der Kapitalstock wuchs absolut und relativ zur Arbeitsbevölkerung.

Was würde man in einer solchen Situation erwarten? Ganz sicher einen Anstieg des Preises für Arbeit, der *über* dem (ebenfalls möglichen) Anstieg des Preises

---

[235] *(...Fortsetzung)*
gemacht. Die Präsenz vieler Flüchtlinge in der Westbank drückte die Löhne erheblich (vgl. IBRD 1957: 46, 450ff.). Auch die Einwanderungswelle nach Israel Anfang der 50er Jahre führte dort zu einem Absinken des relativen Preises von Arbeit (vgl. Bahral 1965).

[236] Seitdem ist sie bis 1986 wieder auf 17,9% gesunken. Vgl. CBJ (1984) und CBJ, MSB, Vol. 23, No. 11 (November 1987).

für Kapital liegt. Die Löhne sollten schneller steigen als das Faktoreinkommen insgesamt.

Die Lohnentwicklung in Jordanien ist allerdings nicht in einer Weise dokumentiert, die eine eindeutige Analyse des Zusammenhangs von Abwanderung und Lohnentwicklung erlauben würde. Aber die vorliegenden Daten deuten darauf hin, daß die Löhne in der "heißen Phase" der Auswanderung *schneller* stiegen als das Faktoreinkommen[237]. Dieses stieg nach Angaben des DoS in den Jahren 1976 bis 1983, als die Auswanderungswelle am größten war, um durchschnittlich 8,2% pro Jahr. Nach Berechnungen der ILO stiegen dagegen die Tageslöhne in Jordanien in den nicht landwirtschaftlichen Sektoren um durchschnittlich 10,8% pro Jahr (vgl. Tab. 20). Andere Autoren beziffern die Lohnsteigerungen in den Jahren der massiven Auswanderungen noch höher. Zaghlul (1984) gibt für Arbeitskräfte im Baubereich Lohnsteigerungen um 200% zwischen 1975 und 1980 an, für Vorarbeiter zwischen 1970 und 1980 um 300%. Ali (1984) vermutet für die Jahre 1971 bis 1981 Lohnsteigerungen von durchschnittlich 14% pro Jahr und Anani/Jaber (1980) schätzen die Lohnsteigerungen zwischen 1972 und 1976 sogar auf 18,6% pro Jahr. Ein weiterer Indikator für die rapide Lohnentwicklung im privaten Sektor sind die an das "Consultative Committee on Wages and Prices" gemeldeten Ergebnisse von Tarifverhandlungen. Entgegen den Vorschlägen des Komitees, das Lohnsteigerungen zwischen 5% und 12% in den Jahren 1978 bis 1983 für angemessen gehalten hatte, lagen die Abschlüsse in diesen Jahren in der Regel zwischen 10% und 25% (vgl. Tab. 22)[238]. Die Lohneinkommen stiegen stärker als die Kapitaleinkommen[239], und damit änderte sich die funktionale Einkommensverteilung. Unter der hier gemachten Annahme, daß in der Einkommenshierarchie die Lohnempfänger die unteren Positionen einnehmen, führte dieser Effekt der Migration zu einer gleichmäßigeren Einkommens-

---

[237]*Als Indikator für die Entwicklung des Faktoreinkommens wurde die Entwicklung des BIP gewählt.*

[238]*Vgl. auch die in diese Richtung gehende Einschätzung von Anani (1978): "..., labourers have become aware of their newly gained bargaining power. The seventeen labour unions in Jordan engaged extensively during the last two years in collective bargaining, and they almost always won their demands. Labour movement in Jordan undoubtedly gained from the unbalanced labour situation."*

[239]*Legt man die von jordanischen Banken für Einlagen gezahlten Zinsen zugrunde, so blieb die Kapitalverzinsung von Anfang der 70er bis Anfang der 80er Jahre relativ konstant (vgl. CBJ 1984).*

verteilung, weil die *im Land verbliebenen* Arbeitnehmerhaushalte ihre Einkommensposition absolut und relativ verbessern konnten.

Die These, daß sich die Einkommenssituation der Arbeitnehmer infolge der Migration verbesserte wird auch dadurch gestützt, daß sich während des Prozesses der Abwanderung die Zahl der Arbeitslosen *drastisch* reduzierte. Folgt man den "Multipurpose Household Surveys" der Jahre 1972-1976, so hat sich die Arbeitslosenquote von 15% im Jahr 1961 auf 3% im Jahr 1974 und 2% in 1976 radikal gesenkt (vgl. 7.3). Die vormals von Arbeitslosigkeit betroffenen Haushalte konnten in den Arbeitsprozeß integriert bzw. reintegriert werden und erlebten damit einen erheblichen Einkommenssprung.

Die Lohnsteigerungen waren nun *nicht* unter allen in Jordanien verbliebenen Lohnempfängern *gleichverteilt.* Die Löhne stiegen dort stärker, wo die Arbeitskräfteknappheiten am größten waren. So führten die durch die große Nachfrage im Baubereich entstandenen Knappheiten dazu, daß die Löhne hier am stärksten stiegen, während die anderen Sektoren dahinter zurückblieben (vgl. Share 1985, ILO 1986).

Die relativ hohen Lohnsteigerungen betrafen zunächst vor allem den privaten Bereich. Von der *Lohnentwicklung im öffentlichen Sektor* läßt sich kein einheitliches Bild zeichnen. Während die Lohnsteigerungen bei der Civil Service Commission (CSC)[240] deutlich unter den durchschnittlichen Lohnsteigerungen lagen, erhielten andererseits eine Reihe von öffentlichen Betrieben in den Zeiten großer Auswanderungsbewegungen die Freiheit einer eigenen Lohnfestlegung. Diese schon unter 7.3 genannten "Independent Government Bodies" (IGB) konnten ihre Lohnstruktur *unabhängig* von der CSC festsetzen, was in einer gespaltenen Lohnstruktur im öffentlichen Dienst resultierte (vgl. Al-Akel 1985: 175ff.). Nach der Erhebung von Ali (1984: 391f.) stiegen die Gehälter bei der CSC nur um durchschnittlich ca. 5% jährlich im Zeitraum von 1971 bis 1981, die Gehälter der IGB mußten sich dagegen der Lohnstruktur im privaten Sektor anpassen. Dabei ging es weniger um die Erhöhung der Grundgehälter, vielmehr wurde ein System von Gehaltszulagen ("allowances") sehr stark entwickelt. Al-Akel (1985: 195ff.) kommt auf die Zahl von zwölf solcher zusätzlichen Lohnkomponenten.

---

[240]*Zuständige Behörde für die Lohn- und Gehaltsfestsetzung im öffentlichen Dienst.*

Insgesamt läßt sich feststellen, daß die Löhne im privaten Sektor und in den IGB durch die Abwanderung von jordanischen Arbeitskräften große Steigerungen erfuhren, während die staatlichen Arbeitgeber nur relativ geringe Lohnsteigerungen erlaubten. Dies zeigt sich auch bei den sektoralen Lohnunterschieden. Während die Beschäftigten des öffentlichen Dienstes im Jahre 1972, abgesehen von den Beschäftigten im Bereich "Mining and Quarrying", am besten entlohnt wurden, verloren sie diese gute Position bis 1983 (vgl. Tab. 21).

Dies war Teil einer Entwicklung, in der die intersektoralen Lohnunterschiede erheblich zusammenschmolzen. Während 1973 die Löhne in allen anderen Sektoren durchschnittlich mehr als das Elffache der Löhne in der Landwirtschaft betrugen, hatte sich dieser Abstand bis 1982 fast halbiert (vgl. Tab. 21). Die große Zahl der Arbeitsplatzwechsel während der Zeit der Migration, in der eine Abwanderung aus den schlecht zahlenden Sektoren stattfand, ließ die Löhne in diesen Sektoren ansteigen, was zu dieser *Verringerung der Lohnunterschiede* beigetragen hat. Aber nicht nur die intersektoralen Lohnunterschiede verringerten sich. Der Erhebung von Al-Akel sind eine Vielzahl von Informationen über die Entwicklung der Löhne in der Zeit von 1970 bis 1983 zu verdanken[241], aus denen sich ein zweiter Trend ablesen läßt: Zwischen 1970 und 1983 verringerten sich die Lohnunterschiede *zwischen den verschiedenen Qualifikationsstufen*. Während z.B. ein Universitätsabsolvent im Jahre 1970 als Berufsanfänger noch knapp 430% mehr verdiente als ein ungelernter Berufsanfänger, hatte sich dieser Vorsprung bis 1983 um mehr als 50 Prozentpunkte verringert. Im öffentlichen Sektor gingen diese Unterschiede stärker zurück als im privaten Bereich (vgl. Al-Akel 1985: 218ff.).

Darüber hinaus ist der weiter oben beschriebene "Job Ladder-Effekt" für die Einkommensverteilung von Bedeutung. Seit Mitte der 70er Jahre werden die untersten Einkommenspositionen von Ägyptern oder Pakistanis eingenommen, was *innerhalb der einheimischen Bevölkerung in Jordanien* sicherlich zu einer *gleichmäßigeren* Einkommensverteilung beigetragen hat.

b) *Die Entwicklung anderer Preise*
Als weiterer Effekt konnte beobachtet werden, daß die Preise für in Jordanien produzierte Güter und Dienstleistungen relativ stärker stiegen als die Importpreise. Während der Index der Lebenshaltungskosten zwischen 1976 und 1985 um

---

[241] Vgl. insbesondere die Kapitel 8. und 9. bei Al-Akel (1985).

ca. 100% stieg, lag der Importpreisindex am Ende der genannten Periode nur um ca. 50% über dem Importpreisindex von 1976[242]. Das bedeutet, daß sich die relativen Preise in der Zeit der großen Auswanderungsströme und Transferzahlungen veränderten und daß die jordanischen Produzenten von dieser Veränderung profitierten. Besonders stark waren die Preissteigerungen in der Landwirtschaft, bei den Bodenpreisen und im Baubereich. Solche Preissteigerungen infolge der Gastarbeiterüberweisungen nach Jordanien hatten wiederum Einkommenseffekte, die Einfluß auf die Einkommensverteilung hatten. Die Behandlung der Bedeutung solcher indirekter Einflüsse würde allerdings den Rahmen dieser Arbeit sprengen.

7.6.3 Zusammenfassende Bewertung

Migration hat, so wurde gezeigt, zwei gegenläufige Effekte auf die Einkommensverteilung. Einerseits können die Migranten, die vorher innerhalb der unteren und mittleren Einkommenssegmente schon eher den einkommensstärkeren Gruppen angehörten, ihre Position absolut und relativ verbessern. Dies macht die Einkommensverteilung tendenziell *ungleicher*. Andererseits kam den im Land verbliebenen Arbeitskräften eine allgemeine Lohnerhöhung, der Abbau von Arbeitslosigkeit und der Abbau von Lohnunterschieden zwischen den Sektoren sowie den verschiedenen Qualifikationsstufen zugute. Außerdem konnten die einheimischen Arbeitskräfte in Jordanien zusätzlich von einem "Job Ladder-Effekt" profitieren, weil seit Ende der 70er Jahre die am niedrigsten entlohnten Arbeitsplätze von ägyptischen oder anderen ausländischen Arbeitskräften eingenommen werden.

Aus zwei Gründen ist es unmöglich, eine *endgültige Bewertung* der Bedeutung von Migration für die Einkommensverteilung vorzunehmen. Zum ersten gibt es in Jordanien *keine* vollständige Zeitreihe zur Einkommensverteilung. Immerhin konnte Shaban (1988) mit Hilfe einiger unveröffentlichter Erhebungen und Analysen von DoS und RSS zur Einkommensverteilung zumindest ein grobes Bild der Entwicklung der Einkommensverteilung von 1973 bis 1986 zeichnen. Er kommt zu dem Schluß, daß zwischen 1973 und 1980 die Ungleichheit zugenommen hat, während zwischen 1980 und 1986 die Einkommensverteilung wieder gleichmäßiger wurde. Für die gesamte Periode konstatiert er, daß die Ungleichheit bis 1986 *gesunken* ist und daß der Einkommensanteil der obersten Einkommensgrup-

---

[242] Vgl. CBJ, MSB, Vol. 23, No. 9 (September 1987).

pe *kleiner* wurde. Diesbezüglich ist es jedoch zum zweiten sehr schwierig, *eindeutige* Zuordnungen zu treffen. Denn die Entwicklung in Jordanien war nicht nur durch die Migration von Arbeitskräften in die Ölstaaten bestimmt, sondern zum Beispiel auch durch erhebliche Transfers aus den Ölstaaten *an den Staat* (vgl. 5.3). Die Wirkung dieser Transfers an den Staat auf die Einkommensverteilung zu bestimmen und von den Wirkungen der Gastarbeiterüberweisungen, der Lohnerhöhungen etc. zu *trennen*, wäre eine weitere sich im Zusammenhang mit der Bewertung der Migration in ihrer Bedeutung für die Einkommensverteilung stellende Aufgabe.

Es konnten aber hier die Faktoren herausgearbeitet werden, die den Zusammenhang von Migration und Einkommensverteilung bestimmen; eine abschließende Bewertung kann nicht erfolgen. Bewertungen, die für andere Länder getroffen wurden, haben in der Regel einen der beiden wichtigsten Effekte vergessen. Sehr oft beachten Studien zum Zusammenhang zwischen Migration und Einkommensverteilung nicht, daß die Abwanderung von Arbeitskräften zu höheren Löhnen für die nicht abgewanderten Arbeitskräfte führt[243].

7.7 Soziale Folgen der Wanderungen

Temporäre Migration bedeutet für den Migranten einen langen Aufenthalt in einem anderen Land, während dem er neue Verhaltensweisen, Gesellschaftsstrukturen, Einstellungen usw. kennenlernt. Sie bedeutet eine vorübergehende Trennung der Familie, eventuell eine Neuverteilung von Entscheidungskompetenzen und das Aufwachsen von Kindern ohne Vater. Dies sind starke Einschnitte in einer vergleichsweise traditionellen Gesellschaft, so daß die temporäre Abwanderung von Arbeitskräften *soziale Folgen* induziert, die wiederum für die wirtschaftliche Entwicklung von Bedeutung sind[244]. Zumindest die wichtigsten dieser Folgen sollen, sofern sie nicht Gegenstand anderer Abschnitte waren, hier aufgegriffen und diskutiert werden. Eine solche Darstellung erfolgt zunächst für die Auswanderung [a)] und im zweiten Teil dieses Abschnittes für die Einwanderung [b)].

---

[243] Vgl. zu solchen "einäugigen" Bewertungen z.B. Lipton (1980), Gilani/Khan/Iqbal (1981) oder Osmani (1986).

[244] Es soll im folgenden lediglich um die Auswirkungen für die jordanische Gesellschaft gehen, nicht um die soziale Stellung der Migranten in den arabischen Erdölstaaten oder um die Bedeutung der Einwanderung nach Jordanien für die ägyptischen Gastarbeiter.

a) *Auswanderung*. Für die meisten der 145000 temporären Migranten von der Eastbank, die außerhalb Jordaniens arbeiten (vgl. 6.2), ist Wanderung nichts Ungewöhnliches. Ein großer Teil der palästinensischen Bevölkerung ist 1948 oder 1967 infolge des arabisch-israelischen Konflikts aus seiner Heimat geflohen, viele der ursprünglichen Bewohner der Eastbank sind innerhalb Jordaniens vom Land in die Städte gewandert. Amman hat sich in den letzten drei Jahrzehnten erheblich schneller vergrößert als die Bevölkerung in Jordanien im ganzen[245]; 1970 war das Jordantal aufgrund des Sechs-Tage-Krieges und der Aktivitäten der Fedayeen in dieser Region fast vollständig entvölkert. Wanderung als Problemlösung dürfte für den überragenden Teil der jordanischen und vor allem der palästinensischen Arbeitsmigranten schon *vor* ihrer Migration in die Erdöl exportierenden Staaten eine Rolle gespielt haben. Die Häufigkeit und die Regelmäßigkeit von Wanderungsprozessen läßt Seccombe (1983: 131) die Migration als eine "*jordanische Tradition*" bezeichnen. Was die internationale Migration aus Jordanien zu einem für soziale Veränderungen relevanten Phänomen macht, ist nicht der Prozeß der Wanderung an sich, sondern die relativ *lange Trennung der Familien* einerseits sowie die Schaffung einer neuen *Schicht von Einkommensbeziehern* andererseits. Die weitgehende Übereinstimmung der Normensysteme Jordaniens und der arabischen Erdölstaaten lassen dagegen eine Einstellungsänderung über neue gesellschaftliche Erfahrungen (und damit eventuell die Entwicklung eines revolutionären Potentials) unwahrscheinlich erscheinen.

Diejenigen, die einen temporären Arbeitsvertrag in den Ölstaaten abgeschlossen haben, migrieren überwiegend allein[246]. Temporäre Migration ist funktional für die Zeit nach der Migration. Sie soll die Akkumulation von Ressourcen ermöglichen und damit die Lebenssituation des Migranten und die seiner Familie am Ausgangsort der Migration, also in Jordanien, verbessern. In diesem Ziel der Wanderung liegen die Gründe dafür, daß sich die Familien für die Zeit der Arbeitsaufnahme des Mannes in den Ölstaaten in der Hauptzahl der Fälle trennen. Zum einen werden durch diese Trennung Ressourcen gespart, da die

---

[245] *Insgesamt hat sich der Anteil der städtischen Bevölkerung an der Gesamtbevölkerung von 43% im Jahr 1961 (East- und Westbank) auf 62,7% im Jahr 1979 (nur Eastbank) und 69,3% im Jahr 1985 (nur Eastbank) erhöht. Vgl. Anani/Jaber (1980) und DoS, Statistical Yearbook 1985.*

[246] *Dies ist anders bei den Langzeitmigranten, die häufiger mit ihren Familien wandern. Besonders nach Kuwait hat eine solche Form der Wanderung ganzer Familien stattgefunden (vgl. Seccombe 1983).*

Transportkosten für die Familie nicht anfallen. Außerdem würden die höheren Lebenshaltungskosten in den Ölstaaten die Sparmöglichkeiten senken. Zum anderen erlaubt die Trennung eine Kontinuität der Beziehungen in und nach Jordanien, die in vielerlei Hinsicht wichtig sein kann (Überwachung des Hausbaus, Verwaltung des Grundstücks, Aufrechterhaltung von Beziehungsgeflechten etc.).

Wie wirkt sich nun die temporäre Abwanderung von Männern auf die *Familienstruktur* aus? Eine wichtige Aufgabe innerhalb der Familie ist die Kontrolle über die finanziellen Ressourcen. Diese Aufgabe bestimmt zum größten Teil die Zahl der Außenkontakte bzw. die Stellung des Familienmitglieds, das diese Aufgabe übernimmt, gegenüber der Umwelt. Traditionell ist in Jordanien diese Kontrolle den Männern vorbehalten. Ihre Abwanderung macht die Kontrolle der Ausgaben nun unmöglich. Die Verwendung insbesondere der Überweisungen muß jemand anders übernehmen.

Nur zu einem Viertel ist es allerdings die Frau, die die Überweisungen aus den Golfstaaten erhält, zu 36% ist es der Vater, zu 14% der Bruder und bei einem weiteren Viertel der interviewten Familien erhält das Geld ein anderes Familienmitglied (vgl. Keely/Saket 1984: 696)[247]. Entsprechend ist die Steigerung der Verantwortung der Frauen bei den Ausgabeentscheidungen *nicht* groß. Sie steigt am stärksten bei den alltäglichen und in wesentlich geringerem Maße bei den langfristigen Entscheidungen, z.B. bei den Entscheidungen über das Investitionsverhalten oder die Frage des Wohnorts. Je wichtiger die Entscheidung für die Zukunft ist, desto eher wird sie von männlichen Familienmitgliedern getroffen, auch wenn diese abwesend sind. Außerdem wird die vorübergehend den Frauen übertragene Verantwortung nach der Rückkehr aus den Golfstaaten den Männern in vielen Fällen zurückgegeben. Während durchschnittlich 25,3% der zurückgekehrten Migranten eine höhere Verantwortung ihrer Frauen in den verschiedenen Entscheidungsfeldern[248] *während* der Migration

---

[247]*Allerdings sind in der Erhebung verheiratete und unverheiratete Migranten nicht getrennt betrachtet worden, weshalb die Rolle der Frau bei der Ressourcenkontrolle unterschätzt wird. Mehr als 75% der Migranten sind jedoch verheiratet (RSS 1983: 42).*

[248]*Sieben Entscheidungsfelder wurden abgefragt: tägliche Ausgaben, langlebige Konsumgüter, Erziehung der Kinder, Ersparnisse, Wohnort, Heiratsausgaben und Investition in Geschäfte, Aktien oder Bonds (vgl. ausführlicher RSS 1983: 202f.).*

konstatierten, stellten nur noch 12,8% dasselbe für die Zeit *nach* der Migration fest. Die relativ geringe Erhöhung der Verantwortung der Frau bei den Ausgabeentscheidungen und das Absinken der erhöhten Verantwortung nach der Migration zeigen, daß die Migration die Rollenverteilung innerhalb der Familie nicht grundsätzlich ändert. Die temporäre Erhöhung der Verantwortung fiel im übrigen in den niedrigeren Einkommensgruppen stets geringer aus als in den höheren (vgl. RSS 1983).

Die Neuverteilung von Rollen ist während und nach der Migration sehr stark durch das *soziale Umfeld* eingeschränkt. Frauen werden nicht als kompetente Gesprächs- bzw. Verhandlungspartner angesehen, und so interveniert oft während der Zeit der Abwanderung des Mannes ein Familienmitglied in die Haushaltsführung, insbesondere bei wichtigen Entscheidungen. Während also einerseits die Frauen bei den tagtäglichen Entscheidungen eine größere Entscheidungsmacht erhalten, wird andererseits die Kontrolle ihrer Aktivitäten durch den Familienverband verstärkt[249]. Diese verstärkte Kontrolle führt offensichtlich zu Konflikten, denn 67,6% der Migrantenhaushalte bezeichneten die Trennung der engeren Familie als das größte Problem der Migration, wobei die Problembereiche vor allem die Beziehung der Frau zur Familie des Ehemannes, die Beziehungen zu Außenstehenden und die Beziehung zu den Verwandten, die die Haushaltsführung übernommen hatten, umfaßten (vgl. RSS 1983, Keely/Saket 1984). Das weitere soziale Umfeld beschränkt die Neuverteilung von Rollen insoweit, als die Rollenerwartungen Dritter eine Neuverteilung innerhalb der Familie nicht zulassen. Es gibt in dieser Hinsicht *keine* Indizien dafür, daß sich die Rollenerwartungen (z.B. in bezug auf die zurückgebliebenen Frauen in Migrantenhaushalten) durch den Prozeß der Migration geändert haben. Die daraus entstehenden Spannungen innerhalb der Familie werden mit weitem Abstand von den Betroffenen als stärkste Probleme empfunden, während die an zweiter und dritter Stelle genannten, mit Migration verbundenen Probleme, nämlich

- finanzielle Schwierigkeiten (insbesondere durch die zeitliche Verzögerung der Transferzahlungen) und

- Erziehungsschwierigkeiten (Schule, allgemeine Erziehungsprobleme durch Abwesenheit des Vaters),

---

[249] *Solche Beobachtungen wurden auch beispielsweise in Ägypten gemacht* (vgl. Morsy 1985).

lediglich von 19,6% respektive 17,5% der Migrantenhaushalte als Probleme genannt wurden.

Von der überragenden Mehrheit der Migrantenhaushalte wird trotz mancher Probleme eine *positive* Auswirkung der Migration auf die eigene ökonomische, aber auch auf die Gesamtsituation konstatiert. 69,5% sahen sich nach der Migration ökonomisch besser gestellt, immerhin 60,9% empfanden die Gesamtsituation der Familie als besser. 3,4% (ökonomische Situation) respektive 6,0% (Gesamtsituation) bewerteten das Ergebnis der Migration für sich persönlich und ihre Familie negativ. Der Rest sah sich unverändert (vgl. RSS 1983).

Schwer nur lassen sich Aussagen zur Entwicklung des *erweiterten Familienverbands*, der in Jordanien eine sehr wichtige Rolle spielt (vgl. 5.1), infolge der Migration machen. Es gibt vage Indizien dafür, daß sich der größere Familienverband zugunsten der Kleinfamilie zumindest auflockert[250]. So ist die Zahl der Haushaltsvorstände unter den Migranten nach Erreichen des Migrationsziels signifikant höher als vor der Migration, *nicht* aber die Zahl der Verheirateten (vgl. RSS 1983: 22, 42f.). Die Migranten lösen sich nach der Migration aus dem Familienverband und gründen einen eigenen Hausstand. Es kann damit allerdings noch nicht geschlossen werden, daß der räumlichen Trennung auch die Auflösung gegenseitiger Verpflichtungen innerhalb des Familienverbandes folgt. Auch muß offen bleiben, ob der veränderten Einkommensstruktur (die Migranten selbst werden in der Regel besser ausgestattet sein als ihre Angehörigen und werden im Vergleich zu diesen einen Einkommenssprung vollzogen haben) innerhalb der Familie eine *Veränderung der Entscheidungsstruktur* folgt. Es ist möglich, daß die Migranten gemäß ihrer veränderten Ressourcenausstattung eine größere Entscheidungsmacht innerhalb der Familie beanspruchen und erhalten.

Eine solche Verhaltens- oder Anspruchsänderung muß nicht auf die Familie beschränkt sein. So konstatiert Stauth (1986b) für Ägypten, daß auf der lokalen und der gesellschaftlichen Ebene signifikante Veränderungen durch Migration stattfinden. Insbesondere in ländlichen Gebieten und hier vor allem in den kleineren Städten bilden die zurückgekehrten Migranten, so Stauths Beobach-

---

[250]*Eine solche schleichende Auflösung von Clan- und Familienstrukturen aufgrund der Herausbildung einer neuen Schicht von Einkommensbeziehern ist beispielsweise in Pakistan (vgl. Imdad 1987) und Thailand (vgl. Russell 1986) beobachtet worden.*

tungen, eine eigene soziale Gruppe, die eine für die Gesellschaft unproduktive Position ("parasitär, ideologisch, militant") einnimmt. Die Hypothesen in bezug auf die mit der Remigration verbundenen Veränderungen lassen sich in drei Punkten zusammenfassen (vgl. Stauth 1986b: 14ff.):

- Remigranten entwickeln ein neues Verhältnis zum Staat und seinen Institutionen. Erwartungshaltungen gegenüber einem Wohlfahrtsstaat, den sie in den Ölstaaten vorfanden, führen zu Konflikten innerhalb des Gemeinwesens, weil die alten lokalen Institutionen des Heimatlandes nicht auf diese Erwartungen der zurückkehrenden Migranten eingestellt sind.

- Die Migration führte, als die Männer das Land verließen, zu einer verstärkten Beschäftigung der Frauen in der Landwirtschaft. Diese Entwicklung wird aus zwei Gründen bei der Rückkehr der Migranten nicht rückgängig gemacht. Zum ersten haben die Migranten neue Berufsfelder außerhalb der Landwirtschaft kennengelernt. Dieser Prozeß läßt individuell landwirtschaftliche Tätigkeiten als sozial niedrig stehende Arbeiten erscheinen, denen sich der zurückkehrende Migrant nicht mehr widmen will. Zum zweiten verliert die Landwirtschaft auch absolut als Einkommensquelle (gesellschaftlich und privat) an Bedeutung, womit die Notwendigkeit der Beschäftigung der Männer in der Landwirtschaft sinkt. Im Ergebnis bleibt der Anteil der Frauenarbeit in der Landwirtschaft hoch. Diese neue Arbeitsteilung geht zu Lasten der Frauen.

- Die Remigranten entwickeln ein positives, aber instrumentelles Verhältnis zur Religion[251]. Ihre Erfahrungen in den sehr stark religiös orientierten Ölstaaten geben den Remigranten die Möglichkeit, sich als religiöse Elite zu präsentieren. Ihr Verhalten in bezug auf Religion ist ein Instrument zur Abgrenzung gegenüber anderen sozialen Gruppen im Heimatland. Nicht Revolution ist das Ziel, sondern Distinguierung.

Diese Hypothesen gründen sich auf die Beobachtungen, daß erstens die Migranten ein völlig neues Verhältnis zum Staat entwickelt haben, daß nämlich eine "Verstaatsbürgerlichung" ("etatization") stattfand, und daß zweitens der Einkommenssprung und die neue Form des Einkommens (regelmäßiges Lohneinkommen vs. unsicheres Einkommen aus Ernteerträgen) zu grundsätzlich neuen Konsummustern führte. Dies trifft insgesamt für die ägyptischen Fellachen in einem viel größeren Maße zu als für die jordanischen und vor allem die palästinensischen Migranten. Auf der einen Seite liegt das Einkommen in Jordanien sehr viel höher[252], andererseits ist die Verbindung von staatlichen Institutionen mit der Bevölkerung in Jordanien stärker (höheres Bildungsniveau,

---

[251] *Solche Verhaltensweisen werden auch beispielsweise in Pakistan beobachtet (vgl. Imdad 1987: 13).*

[252] *Das BSP pro Kopf betrug in Jordanien im Jahr 1985 1560 US-Dollar, in Ägypten 610 US-Dollar (World Bank 1987).*

Flüchtlingserfahrungen und daher rührender Umgang mit Administrationen, relativ hoher Beschäftigungsanteil im öffentlichen Sektor).

Auch für Jordanien gilt, daß die Migranten *keine* innovative Rolle bei der Einführung neuer Techniken haben, sondern dem Traditionellen sehr verhaftet sind. Daß sie darüber hinaus eine eigene soziale Gruppe bilden, wird *nicht* beobachtet. Insbesondere wird von Beobachtern in ländlichen Gebieten die Einschätzung getroffen, daß die Migrantenhaushalte zwar einen Aufstieg in *finanzieller, nicht* aber in *sozialer* Hinsicht erleben.

Als Ergebnis bisheriger Erkenntnisse läßt sich konstatieren, daß die Migration weder in bezug auf die *Familie*, noch in bezug auf die *Stratifikation der Gesellschaft* signifikante Veränderungen, die für die wirtschaftliche Entwicklung relevant wären, mit sich gebracht hat. Weder die Bedeutung des Familienverbands innerhalb der jordanischen Gesellschaft, noch die Stratifikation der Gesellschaft sind durch die Migration einem grundlegenden Wandel unterzogen worden, so daß sich die herrschenden "Wastah"-Strukturen durch die temporäre Abwanderung von Arbeitskräften nicht geändert haben.

Von Interesse ist im Zusammenhang mit sozialen Veränderungen noch, aus welchen Gebieten Jordaniens die Migranten kommen und wohin die Migranten nach ihrem Aufenthalt in den Golfstaaten zurückkehren. Aufgrund allgemeiner Erfahrungen läßt sich jedoch schließen, daß internationale Migration den *Urbanisierungsprozeß*, der in Jordanien schon seit langem vorhanden ist[253], noch verstärkt. Der erste Grund liegt darin, daß die Migranten, wenn sie ruraler Herkunft sind, einen Prozeß der Verstädterung durchmachen. Die Beschäftigung in den Golfstaaten und in Saudi-Arabien ist zum überwiegenden Teil eine Beschäftigung in einem urbanen Zentrum, womit die Migranten sich an *"die Stadt"* gewöhnen. Die Migranten erwerben Fähigkeiten, die es ihnen ermöglichen, in einer Stadt zurechtzukommen. Diese "individuelle Verstädterung" verstärkt die Neigung der Migranten, sich nach dem Aufenthalt in den arabischen Erdölstaaten in einer Stadt niederzulassen. Aufgrund des eindeutig besseren Angebots an Dienstleistungen in großen Städten (Verfügbarkeit von Ärzten, Kommunikationsinfrastruktur u.ä.), des besseren Angebots an Waren aller Art (in

---

[253]*Die auf der Grundlage der beiden Volkszählungen 1961 und 1979 errechneten jährlichen Wachstumsraten der großen Städte Amman (5,2%) und Irbid (5,3%) lagen eindeutig über der Wachstumsrate der Bevölkerung. Vgl. detailliert Abu Sabha/Barham (1987: 73ff.).*

den Dörfern sind oft nur unverderbliche Lebensmittel und wenige Güter des täglichen Bedarfs verfügbar) und der Konzentration von Arbeitsmöglichkeiten (z.B. im öffentlichen Sektor) auf die Hauptstadt, ist nach der temporären internationalen Migration, bei einer eventuellen Suche nach einem neuen Wohnort bzw. einem neuen Arbeitsplatz, der Umzug nach Amman ein oft angestrebter und meist individuell auch sinnvoller Schritt. Die wirtschaftlichen Möglichkeiten und die infrastrukturellen Annehmlichkeiten bilden daher ebenfalls einen Grund für den Zug in die Stadt *nach* dem Auslandsaufenthalt.

Ein weiterer Grund ist darin zu suchen, daß Migranten sehr um die Erziehung ihrer Kinder bemüht sind und außergewöhnlich viel für Bildung ausgeben. Bildung bzw. Humankapital hat sich für die Migranten als hochverzinslich erwiesen und wird auch aus der historischen Erfahrung heraus für Investitionen bevorzugt. Nach Angaben der RSS (1983: 182) verwendeten die Haushalte, aus denen zur Zeit der Erhebung ein Mitglied im Ausland arbeitete, durchschnittlich *88JD im Monat*[254] auf Bildungsausgaben, während die Haushalte, aus denen kein Mitglied im Ausland arbeitete, weniger als ein Drittel dieser Summe für Bildung ausgaben. Die qualitativ besseren Privatschulen und die Universitäten, für die diese Beträge verwendet werden, befinden sich hauptsächlich in den großen Städten Irbid und Amman, so daß eine verstärkte Bildungsinvestition einen Umzug in die Stadt *voraussetzt.* Insgesamt, so wird geschlossen, geht ein großer Teil des Wachstums der urbanen Zentren in Jordanien auf die Migranten zurück (Findlay 1985).

b) *Einwanderung.* Neben der Auswanderung von Arbeitskräften ist auch die Einwanderung von Gastarbeitern für die jordanische Gesellschaft von Bedeutung.

Wie in den arabischen Erdölstaaten, ist auch in Jordanien die gesellschaftliche Trennung von Einwanderern und Einheimischen sehr stark[255]. Die Aufenthaltsdauer der Arbeitsmigranten ist relativ kurz (vgl. RSS 1986), so daß eine stabile Migrantengemeinschaft, die Forderungen an die jordanische Gesellschaft richten oder neue Verhaltensweisen einführen könnte, nicht entstehen kann. Ein *direktes* Einwirken der Migranten auf die jordanische Gesellschaft ist damit

---

[254] *Zum Zeitpunkt der Erhebung, 1980, etwas 560DM.*

[255] *Vgl. dazu für die Ölstaaten insgesamt Dhaher/Al-Salem (o.J.), für Kuwait Farah/Al-Salem/Al-Salem (1979) und für Jordanien Dhaher (1987).*

nicht zu erwarten. Der wohl wichtigste *indirekte* Effekt ist in Abschnitt 7.4 schon angesprochen worden: Die Einwanderung von Arbeitskräften hat zu einer Segmentierung des Arbeitsmarktes geführt, die eine große Anzahl von Arbeitsplätzen für die in Jordanien verbliebenen einheimischen Arbeitskräfte unakzeptabel machte. Diese Segmentierung ist einer der Gründe dafür, warum heute in Jordanien trotz erheblicher Arbeitslosigkeit[256] ein sehr großer Teil der Arbeitsplätze von Ausländern besetzt ist.

Allerdings dürfte sich die Segmentierung des Arbeitsmarktes als temporäres Phänomen erweisen, denn natürlich senkt der ökonomische Druck für jordanische und palästinensische Arbeitskräfte die Hürden, einen Arbeitsplatz in den Bereichen anzunehmen, die heute noch von Ägyptern und anderen ausländischen Arbeitskräften dominiert werden. Das Problem der Ersetzung von ausländischen Arbeitskräften liegt jedoch darin, daß die Arbeitsmigranten in Jordanien zu niedrigeren Löhnen arbeiten können. Die Unterstützung einer Familie am Jordan kostet eben wesentlich mehr als die einer Familie am Nil oder in einem Dorf im Punjab[257]. Dieser Konkurrenznachteil wird insbesondere für ungelernte jordanische Arbeitskräfte zum Problem. Die ausländischen Arbeitskräfte bilden eine Gruppe, mit dem die jordanischen Arbeitskräfte nur schwer konkurrieren können.

Bisher sind *offene soziale Auseinandersetzungen* als Folge der Einwanderung von Arbeitskräften in Jordanien *nicht* aufgetreten; die Migranten boten dazu wenig Anlaß. Auch wenn es in Jordanien durchaus üblich ist, vor allem die ägyptischen Einwanderer für Drogenmißbrauch, Ladendiebstähle und eine Reihe anderer Verbrechen verantwortlich zu machen, sind tiefe Konfliktlinien bisher nicht beobachtbar. Dies mag daran liegen, daß die jordanischen Vorurteile gegenüber ausländischen Arbeitnehmern einer Grundlage entbehren. Nach Angaben des jordanischen Innenministeriums gehen nicht einmal 6,2% aller aufgeklärten Delikte auf die Beteiligung von Ausländern zurück, und im Durchschnitt werden von Ausländern (qualitativ und quantitativ) weniger Straftaten begangen als von Einheimischen[258]. Auch wird das Verhalten der Gastarbeiter von den

---

[256] *Für 1987 gingen die Schätzungen von 8% (Jordan Times v. 22.07.87) bis 16% (MEED v. 31.10.87).*

[257] *Dies ist einer der wichtigsten Gründe dafür, warum nur 7,3% der Arbeitsmigranten in Jordanien von ihren Familien begleitet werden.*

[258] *Bezogen auf Männer zwischen 15 und 64 Jahren (vgl. RSS 1986: I,282ff.).*

meisten Arbeitgebern positiv beurteilt. Nur 1,4% aller Befragten hatten eine negative Einstellung gegenüber den von ihnen beschäftigten ausländischen Arbeitskräften (vgl. RSS 1986: I,276ff.).

Insgesamt haben die ausländischen Arbeitskräfte bisher die jordanische Gesellschaft in sozialer Hinsicht mit Ausnahme der Segmentierung des Arbeitsmarktes kaum beeinflußt. Die Ausländerbeschäftigung hat bisher keine innovativen oder zerstörerischen Konflikte mit sich gebracht.

7.8 Die Bedeutung der Rückwanderung

Wenn über die Bedeutung der Rückwanderung gesprochen wird, gilt es zweierlei zu unterscheiden. Zum *ersten* gibt es definitionsgemäß bei vorübergehender Abwanderung einen Prozeß *individueller* Remigration. Die Remigranten kommen mit neuen Erfahrungen, oft mit einer vergleichsweise hohen Kapitalausstattung und möglicherweise mit veränderten Einstellungen und Aspirationen in ihre alte Heimat zurück und finden dort eventuell eine Situation vor, die sich (z.B. in bezug auf den Arbeitsmarkt oder die Qualifikationsanforderungen) stark von derjenigen zum Zeitpunkt der Ausreise unterscheidet. Die Rückwanderung der Migranten nach einigen Jahren ist zwar integraler Bestandteil der Wanderung, bedeutet aber deshalb nicht einfach nur die Umkehrung der Prozesse, die bei der Ausreise stattgefunden haben. Die Rückwanderer oder Remigranten haben ihre eigenständige Bedeutung für die jordanische Ökonomie. Dieser *Bedeutung der Rückwanderer* soll etwas später in diesem Abschnitt nachgegangen werden. Zum *zweiten* ist mit Rückwanderung die *Verringerung des Bestandes an Migranten* im Ausland gemeint, also eine Situation, in der in einem bestimmten Zeitraum mehr Migranten nach Jordanien zurückkehren als andere eine Arbeit in den Gastländern aufnehmen.

Diese *Nettorückwanderung* ist in Jordanien meist dann gemeint, wenn von der Rückwanderung als Problem gesprochen wird. Die Konzentration auf die Nettorückwanderung als Problembereich hat darin ihren Grund, daß die Transferzahlungen als wesentliche Determinante der Importkapazität wie auch der binnenwirtschaftlichen Aktivitäten sehr stark vom *Bestand* an Migranten im Ausland abhängen. Damit ist der Bestand an vorübergehend abgewanderten Arbeitskräften indirekt für das Niveau der *Arbeitsnachfrage* in Jordanien verantwortlich. Darüber hinaus determiniert die Auslandsbeschäftigung direkt das *Arbeitsangebot* in Jordanien, weil diejenigen, die im Ausland keine Arbeit bekommen können, einen Arbeitsplatz im Inland suchen werden. Eine Nettorückwanderung kann damit in zweierlei Hinsicht auf eine Erhöhung der *Arbeitslosigkeit* wirken.

Diese Rückwanderung, das heißt die *Nettorückwanderung* aus den arabischen Erdölstaaten hat bisher nach allen vorliegenden Informationen keine beunruhigenden Dimensionen angenommen (vgl. 6.3); und die weitverbreitete These, daß eine massive Rückwanderung in naher Zukunft eintritt, muß in Frage gestellt werden. Zunächst einmal ist die Zahl der temporären Migranten, das sind die Migranten, die *irgendwann* einmal nach Jordanien zurückkehren wollen, sehr viel kleiner als allgemein in Jordanien vermutet wird (vgl. 6.2). Außerdem haben viele der temporären Migranten die Möglichkeit, die Länge ihres Aufenthalts in den Ölstaaten zumindest zu einem gewissen Grad zu steuern. Die arabischen Erdölstaaten sind in einer großen Zahl der Fälle von den Diensten der Migranten abhängig, so daß sich in diesen Ländern kurz- und mittelfristige Senkungen der Einnahmen aus Erdölexporten *nicht* unmittelbar in einer Abnahme der Staatsausgaben und damit einer Abnahme der Ausländerbeschäftigung (eher schon in einem Sinken der Löhne) niederschlagen[259]. Die meisten der jordanischen und palästinensischen Arbeitsmigranten müssen deshalb im absehbaren Zeitraum nicht mit einer Auflösung ihrer Arbeitsverhältnisse rechnen. Aber selbst bei einem Ende der Beschäftigungsmöglichkeiten in den Ölstaaten würden sich wahrscheinlich manche der temporären Migranten aufgrund ihrer Migrationserfahrung und mit Blick auf die wirtschaftliche Situation in Jordanien nach Arbeitsmöglichkeiten in *anderen* Ländern umsehen, um erst für den Ruhestand in ihre Heimat (bzw. Wahlheimat) zurückzukehren. Gerade die Absicht der Rückwanderung und die damit einhergehenden starken Verbindungen nach Jordanien ermöglichen einen ständigen Informationsfluß, der den Migranten eine gute Einschätzung der wirtschaftlichen Lage in Jordanien erlaubt.

Zwar ist mit diesem verlängerten Aufenthalt das Problem des eventuell höheren Arbeitsangebots in der Folge individueller Rückwanderung vermieden, nicht aber das Problem *sinkender Transfers*. In der Regel sind Transfers *negativ* mit der Aufenthaltsdauer korreliert (vgl. King 1986: 24), und so wird eine steigende

---

[259]*Vgl. dazu ausführlicher Kapitel 10.*

Zahl von Arbeitsjahren im Ausland mit sinkenden Transfers verbunden sein[260]. Dies zeigt sich derzeit auch in Jordanien. Bisher ist, wie schon gesagt, eine Nettorückwanderung in hohem Maße *nicht* festzustellen, gleichzeitig verringern sich die Überweisungen nach Jordanien (1987 um 23,4%) bei einer steigenden durchschnittlichen Aufenthaltsdauer der aus Jordanien stammenden Migranten. Im letzten Quartal des Jahres 1988 führte dies (als ein Grund) schon zu einer erheblichen Abwertung der jordanischen Währung. Auf dem Arbeitsmarkt ist dagegen nicht die Rückwanderung, sondern die *fehlende Auswanderung* das Problem.

Die derzeit zu beobachtende Entwicklung birgt vor allem ein Problem für die Absolventen der tertiären Bildungseinrichtungen (Universitäten, Community Colleges) in sich. Jordanien hat eine Produktionsstruktur, die auf den Dienstleistungsbereich ausgerichtet ist, und eine Bevölkerung, die extrem viel in Bildung investiert. Insgesamt weist das Land eine Struktur auf, die sich nicht für eine binnenmarktorientierte Entwicklung eignet[261]. Mit der Konzentration der Bildungsbemühungen auf die tertiäre Ausbildung in Universitäten und Community Colleges und einer korrespondierenden Konzentration der Produktion auf den Dienstleistungsbereich ist Jordanien darauf angewiesen, entweder einen Teil seiner Produktion zu exportieren oder einen Teil seines Einkommens (in Devisen) *direkt* im Ausland zu verdienen, wenn die Hilfeleistungen der arabischen Erdölstaaten als Deviseneinkommen nicht ausreichen. Die zweite Möglichkeit ergibt sich durch den Export von Produktionsfaktoren. Da Kapital für den Export nicht zur Verfügung steht, können die Deviseneinnahmen nur über den Export von Arbeitskräften realisiert werden. Ein Teil der jordanischen Arbeitskräfte ist darauf *angewiesen*, im Ausland sein Geld zu verdienen, wenn Jordanien sein Konsumniveau in der bisherigen Größenordnung aufrechterhalten will. Die Struktur der Bildungsnachfrage bzw. das Bildungsverhalten vieler Jordanier und Palästinenser ist (nicht explizit, aber faktisch) auf eine solche Auslandsbeschäftigung (vor allem in den arabischen Erdölstaaten) ausgerichtet. Die vier in

---

[260]*Das liegt beispielsweise daran, daß die Kontakte zum Heimatland und zum Familienverband um so schwächer werden, je länger der Auslandsaufenthalt dauert. Auch wandert die engere Familie bei längeren Auslandsaufenthalten eher mit bzw. nach.*

[261]*Eine solche binnenmarktorientierte Entwicklung ist schon aufgrund der fehlenden Möglichkeit der Realisierung von Skalenerträgen bei der geringen Zahl der Konsumenten sowie angesichts der Probleme der Arbeitsteilung bei der relativ kleinen Arbeitsbevölkerung undenkbar.*

den 80er Jahren entstandenen bzw. stark ausgebauten Universitäten entlassen Jahr für Jahr eine für den jordanischen Markt viel zu große Anzahl von Absolventen (vgl. 5.2).

Das größte Problem für Jordanien in bezug auf die Migration ist heute, daß es *keine Abwanderung* mehr gibt. Die durch die fehlende Auswanderung hervorgerufenen Probleme werden natürlich dann verstärkt auftreten, wenn tatsächlich einmal der Prozeß der *Nettorückwanderung* hinzukommen sollte. Im Hinblick auf die Versorgung der Bevölkerung mit Gütern und Dienstleistungen sowie im Hinblick auf die Arbeitslosigkeit hätte ein solcher *Prozeß der Rückwanderung* erhebliche negative Auswirkungen.

Dies muß nicht für den *einzelnen Rückwanderer* gelten. Dieser kann Innovationen, soziale wie technische, mit sich bringen und damit einen Beitrag zur *wirtschaftlichen Entwicklung* Jordaniens leisten. Vier Fragen sind in diesem Zusammenhang von Bedeutung:

- Bringen die Migranten neue Fähigkeiten und Fertigkeiten aus ihrem Gastland mit, die wiederum zur Einführung neuer Produktionstechniken führen?
- Auf welche Weise verwenden die Remigranten das von ihnen während des Aufenthalts im Gastland angesparte Kapital?
- Werden durch Remigration neue soziale Konzepte transportiert und Einstellungsänderungen hervorgerufen?
- Resultiert Remigration in einer Veränderung der Sozialstruktur bzw. in einer veränderten Stratifikation der Gesellschaft?

Diese Fragen sind weitgehend schon in den vorangegangenen Abschnitten beantwortet worden (einfach weil Remigration und die damit verbundenen Phänomene integrale Bestandteile der Abwanderung sind und sich die Effekte von Abwanderung und Rückwanderung nicht trennen lassen). Aus diesem Grund kann hier eine geraffte Form der Antworten auf die vier Fragen genügen.

Was die Frage des *Erwerbs neuer Fertigkeiten und Fähigkeiten* sowie deren Nutzbarmachung für die Entwicklung des Heimatlandes betrifft, so müssen drei Voraussetzungen für einen positiven Entwicklungsbeitrag gegeben sein. Der Migrant muß *erstens* tatsächlich neue Fertigkeiten erlernt haben, es muß *zweitens* ein Bedarf für die Fertigkeiten im Heimatland vorhanden sein, und *drittens* müssen die erlernten Fähigkeiten auch nachgefragt und beschäftigt werden. Nur in äußerst wenigen Fällen findet ein Transfer von Techniken auf diese Weise statt (vgl. Gmelch 1980, King 1986); Jordanien bildet hier keine Ausnahme. Von sich selbst behaupten 90% der Migranten, daß sie während ihres Aufenthalts *keine* neuen Fähigkeiten vermittelt bekamen (vgl. RSS 1983). Es dürfte zwar für Menschen in vielen Fällen sehr schwierig sein, dies für sich selbst festzustellen, jedoch erscheint die Selbsteinschätzung plausibel. Der Entwicklungsstand der arabischen Erdölstaaten, insbesondere aber die dort verwendeten Produktions- und Verwaltungstechniken, unterscheiden sich nicht wesentlich von denen in Jordanien. In der Regel wird aus diesem Grund auch argumentiert, daß kein Entwicklungsbeitrag von einer veränderten Qualifikationsstruktur der Rückkehrer zu erwarten ist (RSS 1983) und daß im Grunde die Migration einen Technologietransfer *aus* Jordanien *in* die arabischen Erdölstaaten darstellt (Anani/Jaber 1980, Pennisi 1981). Allerdings vergißt eine solch enge Sichtweise, daß ein Zurechtkommen in einem anderen Land, das heißt in einer weitgehend unbekannten Umwelt, und die damit verbundenen Erfahrungen ebenfalls *Qualifikationen* sind. Solche Erfahrungen können die Grundlage für die Bewältigung komplexer Probleme in Jordanien schaffen. Darüber hinaus kann Migration internationale Kontakte mit entsprechenden Geschäftsverbindungen initiieren. Wohl nur über solche, nicht wahrgenommene Qualifikationsveränderungen ist der Umstand zu erklären, daß einerseits Qualifikationsveränderungen - wie gesagt - nur von 10% der Migranten wahrgenommen wurden, andererseits aber fast 30% der befragten Migranten angaben, daß die Arbeitserfahrungen *außerhalb* Jordaniens ihnen zu verbesserten Arbeitsmarktchancen nach der Migration *in* Jordanien verholfen haben (vgl. RSS 1983). Dies deutet darauf hin, daß es eine *Verwertbarkeit internationaler Erfahrungen* gibt. Insgesamt aber bleibt der sichtbare Entwicklungsbeitrag der während der Migration erlernten Fähigkeiten und Fertigkeiten bisher gering (vgl. Böhmer 1984).

Der zweiten Frage nach den *produktiven Effekten der Transferzahlungen* wurde intensiv im zweiten Abschnitt dieses Kapitels nachgegangen (vgl. 7.2). Der Kauf von Häusern und langfristigen Konsumgütern bestimmt das Ausgabeverhalten der Migranten, darüber hinaus finden nur in sehr geringem Umfang direkt produktive Investitionen statt. Der Entwicklungsbeitrag der Transfers ist in dynamischer Hinsicht *gering*, weil die langfristige Versorgung der Bevölkerung nicht oder kaum durch sie verbessert werden kann. Bei der hier diskutierten Bedeutung der Rückwanderung muß jedoch berücksichtigt werden, daß ein großer Teil der Transfers überhaupt nur deshalb nach Jordanien überwiesen wurde, weil eine *Rückkehr* der Migranten bevorstand. Wäre die Rückwanderung von den Migranten nie ins Auge gefaßt worden, so wären die positiven Versorgungseffekte der Migration wie auch der mit den Transfers verbundene wirtschaftliche Boom weitgehend *ausgeblieben*.

Die *Einführung neuer sozialer Konzepte* und eine *veränderte Stratifikation* der Gesellschaft durch Remigration sind noch sehr mangelhaft erforscht (vgl. 7.7). Nach den vorliegenden Beobachtungen hat weder das eine, noch das andere in signifikantem Ausmaß stattgefunden. So ist nicht zu erkennen, daß insbesondere die palästinensische Bevölkerung nach ihrem Arbeitsaufenthalt in den arabischen Erdölstaaten eine Gruppe in Jordanien bildet, die sich eine radikale Veränderung der gesellschaftlichen Verhältnisse zum Ziel gesetzt hat. Ein systemkonformes Verhalten erscheint auch plausibel, denn die Migranten gehören in bezug auf Einkommen und Vermögen zu den *besser* situierten Individuen bzw. Familien in Jordanien. Eine soziale Revolution mit dem Ziel der Umverteilung von Einkommen und Vermögen würde die Migrantenhaushalte vermutlich *stark* treffen. So sind sie an ruhigen politischen Verhältnissen bzw. an einer sozialen Stabilität in hohem Maße interessiert[262]. Überproportional haben die palästinensischen Migranten in Jordanien ihre Ersparnisse für den Kauf von Immobilien verwendet (vgl. Findlay/Samha 1985: 96f.). Der Grund hierfür dürfte darin liegen, daß Jordanien das einzige Land ist, das der palästinensischen Bevölkerung aus der Westbank und dem Gaza-Streifen (bis 1988) Bürgerrechte gewährte. Dazu kommt, daß sich Jordanien vor allem aufgrund der Migration zu einem relativ stabilen Staat entwickeln konnte. Infolge des jordanischen Bürgerkrieges und der damit verbundenen angespannten Situation Anfang der 70er Jahre wurde das Investitionsklima von vielen Palästinensern als nicht besonders vielversprechend empfunden. Diese Situation hat sich im Laufe der 70er Jahre gewandelt. Auch wenn Rivalitäten zwischen Transjordaniern und Palästinensern noch immer existieren, so waren doch die vergangenen eineinhalb Dekaden durch eine vergleichsweise hohe Rechtssicherheit gekennzeichnet. Nirgendwo in den arabischen Ländern (wie in der Welt überhaupt) genießen

---

[262]*Für die Migranten insgesamt gilt, was Stark für die Zuwanderer in Städten feststellte: "..., describing the political profile of ... migrants as 'revolutionary' or 'radical' appears to be illusive. Time and again, migrants were found to be efficient in political learning and socialization, conservative and conservatizing in their political orientation, acquiescing to the existing political configurations and reinforcing them, keen to ensure political stability and averse to confrontations and turmoils that may hurt them first and most" (Stark 1979: 12).*

Palästinenser soviele Rechte wie in Jordanien. Die Migration hat zu einer größeren Stabilität geführt, die den Migranten wiederum die nötige Sicherheit für ihre Investitionen gab. Bis heute hat die Migration auf das Problem sozialer Konflikte gelöst. Ein Palästinenser, der 1970/71 gegen die transjordanische Elite gekämpft hat und in der Folge des Ölbooms in die arabischen Erdölstaaten abgewandert ist, um dort ein kleines Vermögen zu verdienen, hat dieses mit hoher Wahrscheinlichkeit (wegen einer fehlenden Alternative) in Jordanien investiert. Er hat nach seiner Rückkehr *aufgrund seiner Vermögensposition* wenig Anlaß zur Rebellion.

Dabei blieb die *Stratifikation der Gesellschaft* bestehen. Der Zugang zu öffentlichen Ämtern oder die Zuteilung öffentlicher Aufträge ist noch immer auf dieselben Verteilungskoalitionen konzentriert wie vor der Zeit der Migration. Die herrschenden Verteilungskoalitionen sind nicht bereit, Rechte an die Remigranten abzugeben. Jordanien befindet sich heute in der Krise, und die herrschenden Verteilungskoalitionen sind aus diesem Grund auf der Suche nach Zuschüssen von außen. Als eine der potentiellen Quellen werden die Migranten betrachtet, die seit 1985 mit jährlich in Amman abgehaltenen "Expatriate-Conferences" zu Investitionen in Jordanien bewegt werden sollen. Hauptziele dieser Konferenzen sind die Darstellung der institutionellen Rahmenbedingungen in Jordanien sowie das Aufzeigen von Investitionsmöglichkeiten. Wie wenig die herrschenden Verteilungskoalitionen bereit sind, für ein solches Investitionsengagement der Migranten auch Ressourcen zugunsten der Migranten umzuverteilen, zeigt sich daran, daß materielle Forderungen der Migranten nicht erfüllt werden (vgl. Findlay 1987: 19)[263].

Das Resümee der jordanischen Erfahrungen lautet, daß die Rückwanderung *keine Modernisierungseffekte* in signifikantem Ausmaß zur Folge hatte. Das Haschemitische Königreich teilt damit die Erfahrungen der meisten, wenn nicht aller Länder, aus denen temporäre Abwanderung stattfindet bzw. stattfand (vgl. Gmelch 1980, Körner 1981, King 1986).

---

[263]*So wurde auf den Konferenzen 1986 und 1987 die Forderung nach der Reservierung von 10% der Studienplätze für die Kinder von Arbeitsmigranten erhoben. Diese Forderung konnte sich bisher nicht durchsetzen, vermutlich weil die Anteile des Königlichen Hofes, der Armee und anderer Institutionen, welche einen großen Teil der Studienplätze schon unter sich aufgeteilt haben, hätten beschnitten werden müssen.*

8. Zusammenfassung Teil II: Die Bedeutung der Migration für Jordanien

8.1 Migration und Entwicklung

Die jordanische Ökonomie hat eine Struktur, die eine Vielzahl von Hindernissen für die wirtschaftliche Entwicklung des Landes aufweist. Eines der wichtigsten entsteht durch die *Gesellschaftsordnung*, in der Familien, Clans und persönliche Beziehungsgeflechte überhaupt eine herausragende Stellung einnehmen. Diese Beziehungsgeflechte greifen sehr stark in die Allokation von Ressourcen ein, was *Verteilungs-, Produktions-* und *Innovationsprobleme* hervorruft. Daneben sind mit Blick auf die hier diskutierte Migration insbesondere die folgenden Probleme Jordaniens relevant:

- die Ausstattung des Landes mit *natürlichen Ressourcen* ist sehr beschränkt;

- der *Industrialisierungsgrad* ist gering;

- der *landwirtschaftlichen Produktion* sind enge natürliche Grenzen gesetzt, weil der größte Teil des Landes eine für den Regenfeldbau zu geringe Niederschlagsmenge aufweist;

- die *Bevölkerung* ist durch ein im Weltmaßstab extrem hohes natürliches Wachstum gekennzeichnet;

- sie ist dazu seit der Gründung des Haschemitischen Königreichs mehr als einmal durch *Flüchtlingsbewegungen* enorm vergrößert worden;

- die *formelle Qualifikation* der Arbeitsbevölkerung ist sehr hoch und erreicht Industrieländerstandard;

- die *Außenhandelsbilanz* ist durch ein extrem hohes Defizit gekennzeichnet;

- das *Verhältnis von Importen zu Bruttosozialprodukt* ist sehr hoch, was bedeutet, daß Jordanien bei seiner Versorgung in großem Maße auf das Ausland angewiesen ist.

Jordanien ist bei seinem derzeitigen Entwicklungsstand mit einem Einkommen, das nach Klassifizierung der Weltbank nahezu dem Einkommen einer "Upper Middle Income Economy" entspricht (vgl. World Bank 1988), davon abhängig, einen großen Teil seines Einkommens aus dem *Ausland* zu beziehen. Dem Land fehlt derzeit die Möglichkeit, Güter in ausreichendem Maße zu exportieren, und es muß deshalb seine Devisen auf eine andere Weise verdienen. Zwei "glückliche" Umstände kamen in dieser Hinsicht in den vergangenen eineinhalb Dekaden zusammen. Einerseits qualifizierte die geopolitische Lage im arabisch-israelischen Konflikt Jordanien mit seiner räumlichen Nähe zu Israel und seiner Haltung als moderatem Frontstaat für erhebliche Unterstützung durch die arabischen Erdölstaaten. Andererseits fand die große Zahl hochqualifizierter Arbeitskräfte ihre Entsprechung in einem Mangel an qualifizierten Arbeitskräften in den arabischen Erdölstaaten, denen es ohne diese Arbeitskräfte an der Möglichkeit der Bereitstellung von Gütern und Dienstleistungen in vielen Bereichen fehlte. Durch den Prozeß einer *individuellen Problemlösung*, der viele Arbeitskräfte aus Jordanien (wo das Angebot an Arbeitsplätzen zu klein war) in die Ölstaaten ziehen ließ, entstand eine Form der *Integration* einer Reihe arabischer Staaten und im Ergebnis eine *kollektive Entwicklung*.

Was in den Jahren vor dem Ölboom zwar auch, aber nur in sehr viel geringerem Ausmaß stattgefunden hatte, wurde nach 1973 zu einem der *wichtigsten Motoren* der jordanischen Ökonomie: die temporäre Abwanderung jordanischer, vor allem aber palästinensischer Arbeitskräfte. Aufgrund einer fehlenden Registrierung in Jordanien und einer mangelhaften Publizierung von Daten in den Zielländern der Migration, ist es unmöglich zu bestimmen, wieviele Arbeitskräfte mit jordanischem Paß bzw. aus dem Territorium des Haschemitischen Königreichs[264] genau im Ausland beschäftigt sind. Die vorliegende Studie geht davon aus, daß insgesamt 328000 Migranten in den Jahren 1985-87 von East- und Westbank abgewandert waren, davon 42% permanent, und daß von denen, die zurückkehren werden, 76% auf der Eastbank ihren zukünftigen Lebensmittelpunkt sehen. Von der Eastbank, dem jetzigen Jordanien wären dann etwa *145000* Arbeitskräfte *vorübergehend* abgewandert (vgl. 6.2). Diese temporären Migranten sind in ihrer überragenden Mehrheit in den arabischen Erdölstaaten zu finden. Temporär im Ausland beschäftigt sind damit etwa *22%* der gesamten jordanischen Arbeitsbevölkerung[265]. Neben Nord- und Südjemen steht Jordanien in bezug auf das Verhältnis von Auslands- zu Inlandsbeschäftigung im Weltmaßstab an der Spitze.

Die Abwanderung hatte und hat erhebliche Konsequenzen für die jordanische Ökonomie. Die Gastarbeiterüberweisungen, die 1984 ihren bisher absoluten Höhe-

---

[264]*Bis Ende Juli 1988 umfaßte das Königreich die Teile Eastbank und Westbank, seither nur noch die Eastbank.*

[265]*Nach Schätzungen der RSS (1987) betrug die Zahl der jordanischen Arbeitskräfte (ohne Arbeitslose und Migranten) im Jahr 1986 520000.*

punkt erreichten, trugen in den Jahren 1976 bis 1987 zwischen 17,0% und 25,6% zum Bruttosozialprodukt bei (vgl. Tab. 30). Das Bruttosozialprodukt pro Kopf stieg im Zeitraum von 1979 bis 1986 um 66%, der Index der Lebenshaltungskosten um ca. 44%. Die *Kaufkraft in Jordanien* erlebte ganz eindeutig einen großen Zuwachs. So erhöhte sich die Zahl der Privatwagen pro 100 Haushalte zwischen 1972 und 1984 um 565% von 4,6 auf 30,6. Die ärztliche Versorgung, die in einem Land, in dem Krankenversicherte die Minderheit bilden, vor allem von der Kaufkraft abhängt[266], hat in den Jahren des Ölbooms enorme Fortschritte gemacht. Kamen 1973 auf einen Arzt noch 2561 Einwohner in Jordanien, so hatte sich diese Relation bis 1983 um gut 60% auf 1005 Einwohner pro Arzt verbessert. Bei den Zahnärzten verringerte sich das Verhältnis um mehr als 66% von 15655 Einwohnern (1973) auf 5309 Einwohner pro Zahnarzt eine Dekade später (vgl. Tab. 13).

Die Migration von Arbeitskräften und die damit einhergehenden Transfers haben in großem Maße zu dieser wirtschaftlichen Entwicklung beigetragen haben. Die Analyse in Kapital 7. hat deutlich gemacht, daß

- die Transfers infolge der Migration in erheblichem Maße zur *Versorgung der Bevölkerung* beigetragen haben,

- die Transfers die *Inlandsnachfrage* sehr stark erhöht und im Bausektor zu einem Boom geführt haben, womit die Migration die binnenwirtschaftlichen Aktivitäten in Jordanien positiv beeinflußte,

- die Abwanderung zu *Arbeitskräfteknappheiten* geführt hat, die jedoch zum größeren Teil durch die *Einwanderung* vor allem ägyptischer Arbeitskräfte kompensiert werden konnten, und

- eine Vielzahl von Arbeitnehmern von *Lohnerhöhungen*, dem *Absinken der Arbeitslosigkeit* und einem "*Job Ladder-Effekt*" profitieren konnten.

Die Migration hat damit erhebliche positive Effekte für den größten Teil der Bevölkerung gehabt, und sie hat die ökonomische Situation langfristig *nicht* durch negative Effekte in signifikantem Maße beeinträchtigt. Aber die Analyse

---

[266] *Daß die ärztliche Versorgung nicht unter einem mangelhaften potentiellen Angebot an Ärzten litt, zeigt sich daran, daß es außerhalb Jordaniens regelmäßig mehr jordanische Studenten der Medizin gibt als im Haschemitischen Königreich Ärzte praktizieren (vgl. DoS, Statistical Yearbook, relevante Ausgaben). Viele der Absolventen medizinischer Studiengänge haben die Wahl zwischen einer Beschäftigung in ihrem Heimatland und einer Beschäftigung im Ausland, wobei die jeweiligen Einkommensmöglichkeiten die Entscheidung sicher stark beeinflussen.*

hat auch deutlich gemacht, daß die Migration und ihre Effekte kaum etwas dazu beigetragen haben, die Versorgung der Bevölkerung auch in den Zeiten fallender oder ausbleibender Transfers zu garantieren. Es hat sich unter anderem gezeigt, daß

- die Transfers nur zum kleinsten Teil für produktive *Investitionen* verwendet wurden,

- sich die Akzeptanz der *Frauenbeschäftigung* und *handwerklicher Tätigkeiten* durch die entstandenen Knappheiten an Arbeitskräften und die entsprechend höhere Entlohnung nicht vergrößert hat,

- die *Qualifikationserhöhung* der Migranten nach ihrer Rückkehr nur in geringem Maße die Einführung neuer Techniken anregt oder die Produktivität erhöht und

- die Abwanderung sowie die Rückwanderung nicht in einer solchen Weise zu *sozialen Änderungen* geführt haben, daß von diesen Änderungen positive Beiträge zur wirtschaftlichen Entwicklung zu erwarten sind.

Der *Konsumeffekt* in der Folge der Migration war erheblich, aber *nichts* ist in Jordanien aufgebaut worden, das die Aufrechterhaltung des Konsumniveaus mit Hilfe binnenwirtschaftlicher Produktion langfristig erlauben würde. Und so schlugen sich die sinkenden Exporterlöse der Erdölstaaten ab 1982 relativ schnell in einer *Rezession* in Jordanien nieder. In dieser Hinsicht war das Jahr 1983 ein Wendejahr: die Auslandsbeschäftigung von Jordaniern und Palästinensern stagniert seither; zum erstenmal seit 1974 fiel die Wachstumsrate des BIP geringer aus als die Wachstumsrate der Bevölkerung; das reale BSP sank sogar unter den Wert von 1982 ab. *Es hat sich insgesamt gezeigt, daß die Migration für den Zeitraum der Überweisungen positive Versorgungseffekte hat. In dynamischer Hinsicht hat sie zur wirtschaftlichen Überlebensfähigkeit des Haschemitischen Königreiches lediglich einen unbedeutenden Beitrag geleistet.*

Dieses Ergebnis kann jedoch keine Grundlage dafür bilden, die Migration und ihre Folgen *in toto* negativ zu beurteilen, und die vorliegende Arbeit teilt Einschätzungen, die in diese Richtung gehen, nicht[267]. Ohne Zweifel hätten insbesondere die Transfers entwicklungsfördernder genutzt werden können.

---

[267] *Vgl. für negative Beurteilungen der wirtschaftlichen Effekte der Migration aus Jordanien Socknat (1979), Anani/Jaber (1980), Katanani (1986) und in der Aussage etwas eingeschränkt, aber der Tendenz nach negativ Seccombe (1983) sowie Ali (1984).*

Aber diese Tatsache impliziert nicht, daß die Migration deshalb *direkte* Kosten beinhaltete.

Aus der Sicht der vorliegenden Studie gibt es keine Vorschläge für eine Politik zur besseren Nutzbarmachung speziell der Transferzahlungen der Migranten[268]. Es gibt *keinen* Grund anzunehmen, daß Migranten und ihre Familien keine rationalen Entscheidungen treffen oder daß sie *besonderer* staatlicher Fürsorge bedürfen. Migranten, sofern sie überhaupt eine Investitionsneigung besitzen[269], investieren nicht mehr oder weniger als andere Menschen unter denselben *Rahmenbedingungen*, auf die deshalb das Augenmerk gelenkt werden muß.

8.2 Migration und soziale Stabilität

Die jordanische Gesellschaft ist durch eine starke Dominierung wirtschaftlicher Aktivitäten durch Beziehungsgeflechte gekennzeichnet. Solche Geflechte, die auch als *Verteilungskoalitionen* interpretiert werden können, bestehen aus Familien, Clans und Stämmen sowie nicht verwandtschaftlichen, aber immer persönlichen Beziehungssystemen ("Wastah"). Ein großer Teil der Ressourcen wird in Jordanien über solche "Wastah"-Systeme verteilt. Ziel und Effekt der bestehenden Koalitionen ist eine *Wettbewerbsbeschränkung*. Die Dominanz persönlicher Beziehungsgeflechte bzw. Verteilungskoalitionen führt im Vergleich zu funktionierenden Wettbewerbssystemen zu *Verteilungsungerechtigkeiten*, zu einer *ineffizienten Produktion* und zu einer nur sehr langsamen Durchsetzung sozialer wie technischer Innovationen (vgl. 5.1). Die Zuteilung von Ressourcen zugunsten insbesondere der transjordanischen Eliten hat zu Auseinandersetzungen zwischen, grob gesagt, Transjordaniern und Palästinensern geführt, die im Bürgerkrieg 1970/71 gipfelten. Seit dem Zeitpunkt der ersten Ölpreiserhöhung 1973 ist Jordanien durch eine relativ hohe soziale Stabilität gekennzeichnet, deren wichtigste Vorbedingung die Abwanderung eines Teils der palästinensischen Bevölkerung war. Die internationale Migration hat auf der einen Seite das Verteilungsproblem weniger spürbar gemacht, weil sie hoch entlohnte Arbeitsplätze außerhalb des Einzugsbereichs der herrschenden Verteilungskoali-

---

[268] *Vgl. zu solchen Vorschlägen beispielsweise Findlay (1987).*

[269] *Es gibt eine Reihe von Migranten, die ihre Rückwanderung und die darauf folgenden Jahre in Jordanien als Ruhestand verstehen und in jedem Fall keine mit eigener Arbeit verbundene Investitionen (Landwirtschaft, Handel, Produktion) mehr tätigen wollen.*

tionen beinhaltete. Sie hat auf der anderen Seite die Produktions- bzw. Versorgungsprobleme gemindert, weil eine bessere Versorgung eines großen Teils der Bevölkerung über die Transfers stattfinden konnte. Die internationale Migration hat damit Probleme der jordanischen Gesellschaftsordnung entschärft, *ohne* daß diese Gesellschaftsordnung dabei gefährdet wurde. Sie hat zum temporären Abbau des historischen Konflikts zwischen transjordanischer und palästinensischer Bevölkerung in großem Maße beigetragen. Die Bedeutung der Migration ist damit *größer* als die Gegenüberstellung rein wirtschaftlicher Kosten- und Nutzenkomponenten vermuten läßt.

Den stabilisierenden Effekt von Migration haben die Eliten in Jordanien offensichtlich auch erkannt. Zwar reklamierte Jordanien eine Entschädigung für den Verlust an Humankapital, aber dabei dürfte es sich im wesentlichen um den Versuch gehandelt haben, auf einem weiteren Weg Ressourcen für Jordanien zu akquirieren. Denn einerseits wurde wenig getan, um die Abwanderung zu stoppen, andererseits werden heute in den Zeiten ausbleibender Auswanderungen, Arbeitsaufnahmen im Ausland *aktiv* gefördert. Akademikern aus Jordanien, die im Jemen, im Sudan oder in Algerien einen Arbeitsplatz annehmen, wird ein Gehaltszuschlag aus öffentlichen Mitteln gewährt, der die Differenz der Löhne im Gastland und der Löhne in Jordanien ausgleichen soll (vgl. 6.5).

In dem Maße, in dem die Möglichkeiten internationaler Migration nun geringer werden, werden die *Verteilungskämpfe* zunehmen. Widerspruch und innenpolitische Auseinandersetzungen werden sich virulenter artikulieren. Deutlich konnte man dieses Phänomen ab Dezember 1987 auf der Westbank und im Gaza-Streifen beobachten. Die Auslöser des palästinensischen Aufstands, der "Intifadah", waren zum einen die israelische Besetzung und die dadurch entstandenen Einschränkungen der Handlungsmöglichkeiten durch die Besatzungsmacht, zum anderen die geringer werdenden Arbeitsmöglichkeiten in den arabischen Erdölstaaten. Die Aussichten der Palästinenser, insbesondere der Absolventen von Sekundarstufen und Universitäten, auf der Westbank eine Arbeit zu finden, sind schon seit mindestens Anfang der 80er Jahre sehr schlecht (vgl. Benvenisti 1984: 4f.).

Die internationale Migration aus Jordanien hat also zur innenpolitischen Stabilität in Jordanien beigetragen. Diese innenpolitische Stabilität ist offensichtlich nicht nur für Jordanien an sich von großer Bedeutung, sondern auch für eine Reihe anderer Staaten. Und so kann die Einbindung Jordaniens in den

Arbeitsmarkt der arabischen Erdölstaaten nicht losgelöst von der Stellung Jordaniens im arabisch-israelischen Konflikt gesehen werden.

Jordanien erhält (nach Israel) pro Kopf der Bevölkerung den *zweithöchsten* Betrag an Entwicklungshilfe im Weltmaßstab (vgl. World Bank 1988: 264f.). Die Rolle des Haschemitischen Königreichs als moderater Frontstaat gegenüber Israel wird seit seinem Bestehen von wechselnden Gebern honoriert. Seit 1974 sind es vor allem die arabischen erdölexportierenden Staaten, allen voran Saudi-Arabien, die Jordanien mit erheblichen Hilfszahlungen unterstützen. Es ist damit klar, daß diese Staaten ein unmittelbares Interesse an der *Stabilität* der wirtschaftlichen und politischen Verhältnisse in Jordanien haben. Es gibt keine andere Begründung für die massive Budgethilfe. Nun sind aber diejenigen Staaten, die den größten Teil der Hilfsgelder zahlen, gleichzeitig auch diejenigen, die den Löwenanteil der jordanischen bzw. palästinensischen Migranten beschäftigen. Saudi-Arabien, das auch in den Zeiten der Rezession noch immer regelmäßig und in hohem Maße Jordanien unterstützt, beschäftigt gleichzeitig fast die Hälfte aller jordanischen und palästinensischen Migranten. Damit trägt das Land *sowohl* mit der Beschäftigung der Arbeitskräfte *als auch* mit den Hilfsgeldern zur Stabilität des Frontstaates Jordanien bei. Wenn die arabischen Erdölstaaten auch weiterhin an der Stabilität des ihnen in seiner Herrschaftsstruktur verwandten und politisch nahestehenden haschemitischen Regimes interessiert sind, so müssen sie zumindest dafür sorgen, daß Hilfsgelder und Auslandsbeschäftigung nicht gleichzeitig in großem Maße absinken. Es ist in der Tat nur schwer vorstellbar, wie sich die Repatriierung der ca. 250000 Arbeitskräfte mit jordanischem Paß aus den Ölstaaten auf die politische und die wirtschaftliche Situation in Jordanien (und auf der Westbank) auswirken würde.

Die *geopolitische Lage* Jordaniens ist somit, neben der arabischen Sprache und den vergleichsweise hohen Qualifikationen, ein entscheidender komparativer Vorteil der Migranten aus Jordanien gegenüber anderen Migranten. Da die fundamentalen Entscheidungen in bezug auf die Migration, z.B. Entscheidungen über Einwanderungsquoten, Einwanderungsbestimmungen sowie (bei der Beschäftigung im öffentlichen Sektor) über Löhne, Herkunftsländer etc., zu einem großen Teil auf der *politischen Ebene* getroffen werden, ist es nicht ausgeschlossen, daß eine Sicherung der Beschäftigung von Jordaniern und Palästinensern durch *Verhandlungen* zwischen den jeweiligen Regierungen erreicht wird. In diesem Fall hätte einerseits die Abwanderung von Arbeitskräften zur Stabilität in Jordanien geführt, andererseits würde der Wunsch nach Stabilität in dem Königreich zu einem weiterhin relativ hohen Beschäftigungsstand von Jordaniern und Palästinensern in den arabischen Erdölstaaten führen.

9. Die jordanischen Erfahrungen in ihrer Bedeutung für Länderstudien - Ein Rekurs auf Teil I

Die Länderstudie im zweiten Teil dieser Arbeit hat gezeigt, daß sich die Migrationserfahrungen Jordaniens in weiten Teilen mit denen anderer Auswanderungsländer decken. Die temporäre Migration hat in statischer Hinsicht sehr *positive Versorgungseffekte*, auch wenn mitunter Arbeitskräfteknappheiten die Versorgung etwas einschränken. In dynamischer Hinsicht trägt die Wanderung allerdings nur sehr wenig zur Entwicklung, das heißt zur *langfristigen Versorgung* der Bevölkerung mit Gütern und Dienstleistungen bei. Eine der Folgen internationaler Migration für Jordanien, die bisher nicht diskutiert wurde, betrifft die Bedeutung der Migration für die soziale und damit letztlich auch für die ökonomische Stabilität (vgl. 7.1, 8.2). Die Dominanz von Verteilungskoalitionen in Jordanien führte (und führt) zu ökonomischen Problemen und zu sozialen Konflikten. Die Abwanderung von Arbeitskräften hat zumindest vorübergehend zur Lösung der ökonomischen Probleme beigetragen, wie sie auch in großem Maße zur sozialen Entspannung geführt hat.

Diese für Jordanien deutlich gewordene Folge der Migration weist auf ein generelles Defizit zumindest der ökonomischen Migrationsforschung hin. Die Konsequenzen internationaler Wanderungsbewegungen (vgl. 3.1, 3.2) werden stets unabhängig von dem *institutionellen Rahmen* von Verteilung und Produktion bzw. der Gesellschaftsordnung diskutiert. Der bisher erstellte konzeptionelle Rahmen für Wirkungsanalysen von Abwanderungsprozessen (vgl. Übersicht 1) wird als international gültig betrachtet, den *spezifischen* Ausprägungen einer Ökonomie wird dabei bei der Analyse der Folgen von Migration nur in sehr bescheidenem oder gar keinem Maße Rechnung getragen. Diese Arbeit hat unter anderem gezeigt, daß sich auch in ökonomischer Hinsicht interessante Aspekte internationaler Migration ergeben, wenn diese im *Zusammenhang* mit der Gesellschaftsordnung diskutiert werden. Die Beantwortung der Frage, ob sich ähnliche Aspekte der internationalen Migration auch für andere Länder ergeben, bleibt weiteren Länderstudien vorbehalten.

Die vorgelegte Analyse kann allerdings nur ein erster Schritt in Richtung auf die Erfassung der sozioökonomischen Wirkungen der temporären Abwanderung von Arbeitskräften aus Jordanien sein. Der Schwerpunkt der Arbeit liegt mit der intensiven Erörterung der Bedeutung der Migration für Transferzahlungen, Investition, Beschäftigung, Produktionsverluste, Inflation etc. auf der Abschätzung der ökonomischen Wirkungen. Diese Einschränkung gilt sowohl für die theoretische wie für die empirische Analyse in dieser Arbeit. Beide gingen punktuell über die ökonomische Analyse hinaus, blieben aber von einer vollständigen Erfassung der Wanderungswirkungen noch weit entfernt.

TEIL III: DIE ZUKUNFT DER ABWANDERUNG

10. Die Entwicklung der Ausländerbeschäftigung in den arabischen Erdölstaaten

Jede Abnahme der Auslandsbeschäftigung und jedes Sinken der Transferzahlungen wirken sich negativ für die in Jordanien lebende Bevölkerung und für die Migranten aus. Die Arbeitsmigration ist von essentieller Bedeutung für das Wohlfahrtsniveau in Jordanien. Es soll deshalb im folgenden eine Abschätzung der zukünftigen Entwicklung vorgenommen werden.

Die Vorstellungen und Ziele der Auswanderungsländer der Arbeitsmigration sind für den Prozeß dieser Migration in aller Regel ohne Belang[270]. Arbeitsmigration ist in extrem hohem Maße *nachfragedeterminiert*. Es sind die Einwanderungsländer, die internationale Wanderungsbewegungen kontrollieren, nicht (bzw. in einem sehr viel geringeren Maße) die Auswanderungsländer. Das gilt insbesondere für die Arabische Welt, in der die Auswanderungsländer die Wanderung in keiner Weise reglementieren, die Einwanderungsländer dagegen den Zufluß in immer stärkerem Maße regulieren. Das zukünftige Ausmaß der Wanderung aus Jordanien und damit die Bedeutung der Wanderung für Jordanien wird entscheidend davon abhängen,

- wie sich der rein *quantitative Arbeitskräftebedarf* in den arabischen Erdölstaaten entwickeln wird,
- in welchem Maße die Bevölkerung dieser Staaten in der Lage sein wird, den entstehenden Arbeitskräftebedarf in quantitativer und qualitativer Hinsicht selbst zu decken, und
- in welchem Ausmaß *andere Länder* außer Jordanien zur Deckung des Arbeitskräftebedarfs in den Erdölstaaten beitragen werden.

Den damit zusammenhängenden Fragen soll in den folgenden vier Abschnitten nachgegangen werden. Eine *Prognose* der Entwicklung des Arbeitskräftebedarfs

---

[270] Jordanien könnte hier jedoch aufgrund seiner Stellung im arabisch-israelischen Konflikt eine Ausnahme bilden (vgl. dazu 8.2). Auf diesen Aspekt soll hier nicht noch einmal detailliert eingegangen werden.

ist allerdings, in den Worten von Birks, Sinclair und Socknat (1983: 128), "a particularly hazardous business"[271]. Informationen über Arbeitskräftebedarfsplanungen, sektorale Entwicklungsziele oder die mittel- und langfristige Immigrationspolitik sind sehr unvollkommen oder gar nicht zu erhalten. Schon Daten über die aktuelle Situation müssen oft als Spekulation betrachtet werden. Eine Abschätzung der zukünftigen Entwicklung auf der Basis vorhandener Daten wird durch die Einwanderungspolitik der arabischen Erdölstaaten erschwert, die als "pragmatic, changeable, inconsistent and often contradictory" charakterisiert wird (Birks/Sinclair 1980: 356).

Aufgrund des Mangels an Daten werden sich die vorliegenden Betrachtungen auf Kuwait und insbesondere Saudi-Arabien konzentrieren müssen, weil über diese beiden Länder noch am meisten Informationen vorliegen. Eine solche Einschränkung ist für Jordanien auch gerechtfertigt, da sich ca. 75% aller Arbeitsmigranten aus Jordanien in diesen beiden Ländern befinden.

10.1 Geschätzte quantitative Entwicklung des Arbeitskräftebedarfs

Die Schätzungen über die Zahl der ausländischen Arbeitskräfte in den arabischen Erdölstaaten divergieren erheblich. So wird ihre Zahl in einer Quelle mit insgesamt 7,5 Millionen für das Jahr 1981 angegeben[272], nach einer anderen Schätzung befanden sich ein Jahr zuvor nur ungefähr 3,3 Millionen ausländische Arbeitsmigranten in den Ländern Bahrain, Kuwait, Libyen, Oman, Qatar, Saudi-Arabien und in den V.A.E. (vgl. Sherbiny 1984: 35). Für 1983 vermutet die ESCAP 7,73 Millionen Arbeitsmigranten im gesamten Nahen Osten[273], für das gleiche Jahr schätzt Nagaba (1988: 7) 6,38 Millionen Arbeitsmigranten in den arabischen Einwanderungsländern (ohne die beiden Jemen). Eine Projektion der Weltbank nahm dagegen an, daß sich im Jahr 1985 lediglich 3,5 Millionen ausländische

---

[271]*Der wohl einzige Versuch, Wanderungsströme in der Arabischen Welt quantitativ vorauszuschätzen, wurde von Serageldin et al. (1983) gemacht. Vgl. zur generellen Problematik quantitativer Prognosen in turbulenter werdenden sozioökonomischen Umwelten Weiss (1981: 36f.) und Weiss (1988: 266f.).*

[272]*Vgl. Frankfurter Rundschau v. 14.06.85, wo eine Studie aus Bahrain zitiert wird.*

[273]*Diese Zahl ergibt sich aus den Angaben von Cremer (1987: 72f.). Zusätzlich zu den oben schon genannten Ländern wurden dabei noch Iran, Irak, Jemen (A.R.) und Jordanien als Einwanderungsländer in die Schätzung einbezogen.*

Arbeitskräfte in den Haupteinwanderungsländern befinden würden (vgl. Serageldin et al. 1983: 35).

Die *Entwicklung* der absoluten Nachfrage nach Arbeitsmigranten in den arabischen Erdölstaaten ist nun in erster Linie bestimmend für die Migrationsmöglichkeit jordanischer Arbeitskräfte. Die absolute Nachfrage nach Arbeitsmigranten ist von der Nachfrage nach Arbeit insgesamt abhängig, die ihrerseits in großem Maße von den Staatsausgaben bestimmt wird, denn die Staatsausgaben bilden den Motor der wirtschaftlichen Entwicklung in den arabischen Erdölstaaten. Zumindest langfristig hängen die Staatsausgaben von den *Einnahmen* der Erdölstaaten ab, die zum allergrößten Teil durch den *Verkauf von Erdöl* an das Ausland erzielt werden[274]. Die Öleinnahmen erweisen sich damit als wesentlicher Bestimmungsfaktor des langfristigen Bedarfs an ausländischen Arbeitskräften.

Ende der 80er Jahre sind die in der OPEC organisierten arabischen Erdölstaaten nach allgemeiner Einschätzung in einer wirtschaftlich schwierigen Situation. Die seit 1981 um mehr als zwei Drittel gefallenen Preise belasten die Haushalte der Erdölstaaten erheblich. Die Staaten unterliegen einem Anpassungszwang, der deutlich sichtbar wird, wenn man einen Blick auf die Entwicklung der Einnahmen der Ölstaaten durch Erdölexporte wirft (vgl. Tab. 38). Die beiden Haupteinwanderungsländer der jordanischen und palästinensischen Arbeitsmigranten, Saudi-Arabien und Kuwait, nahmen nach den vorliegenden Schätzungen im Jahr 1987 nur noch *22% des Betrages* für ihre Erdölexporte ein, den sie im Boomjahr 1981 erhielten. Das muß sich langfristig negativ auf die Arbeitsnachfrage auswirken. Dazu kommt, daß eine große Zahl von Entwicklungsprojekten als abgeschlossen gelten kann. Auf dem Weg zu modernen Wohlfahrtsstaaten hatten die arabischen Erdölländer einen erheblichen Bedarf an Straßen, Krankenhäusern, Kraftwerken, Schulen, Flughäfen usw. Die rein *physische Ausstattung* in bezug auf Infrastruktur und öffentliche Dienstleistungen entspricht heute höchstem internationalen Standard. Der vormals dominierende Bausektor, der *direkt* ungefähr ein Drittel der ausländischen Arbeitskräfte beschäftigte (vgl. Serageldin et al. 1983: 31), wird damit an Bedeutung verlieren. Lediglich im Wohnungsbau besteht ein kontinuierlicher Bedarf an Neubauten, weil die Bevölkerung aller Ölstaaten mit sehr großen Wachstumsraten

---

[274] *Eine Ausnahme bildet hier allerdings Kuwait, das schon einen erheblichen Teil seines Einkommens durch Beteiligungen und andere Anlagen erwirtschaftet.*

zunimmt. Staatliche Wohnungsbauprogramme, die die Versorgung der Bevölkerung mit stark subventioniertem Wohnraum zur Aufgabe haben, arbeiten jedoch ebenfalls inzwischen mit verminderter Ressourcenausstattung, so daß in Kuwait beispielsweise Familien heute zehn Jahre auf ein staatlich finanziertes Haus warten müssen. Insgesamt wird der Bedarf an Arbeitskräften im Bausektor stark abnehmen, weil nur noch in relativ geringem Maße Infrastruktureinrichtungen, Häuser etc. erstellt werden und die Wartung der vorhandenen Anlagen vergleichsweise wenig Arbeitskräfte benötigt. Die Abnahme der Beschäftigung im Bausektor hat eine über diesen Sektor hinausgehende Bedeutung, denn gerade hier gibt es starke, in beide Richtungen wirkende *Linkage-Effekte* in andere Sektoren.

Insgesamt muß die öffentliche Hand in den arabischen Erdölstaaten aufgrund verringerter Einnahmen langfristig weniger ausgeben, aber wegen der geleisteten Vorarbeiten kann sie auch bei geringeren Ausgaben den Grad an öffentlichen Dienstleistungen aufrechterhalten. Wenn der Staat seine Ausgaben in signifikantem Maße senkt, sinkt nicht nur die Beschäftigung im öffentlichen Sektor (bzw. in den direkt damit verbundenen Bereichen). Der private Sektor, der zur wirtschaftlichen Diversifizierung, das heißt einer geringer werdenden Abhängigkeit vom Öl beitragen soll, wurde mit Blick auf dieses Ziel mit Anreiz-Systemen, die weit über international übliche Subventionen hinausgingen, zur Produktion bewegt[275]. Diese Subventionen haben allerdings nur in sehr beschränktem Maße zu einer Diversifizierung der Einkommensquellen beigetragen. Vielmehr haben sie einen vom Staat *abhängigen* Produktionssektor geschaffen. Insbesondere für Saudi-Arabien wird geschlossen, daß ein "- vorsichtig gesprochen - nicht unerheblicher Teil der boomartig gewachsenen wirtschaftlichen Produktion außerhalb des Ölsektors ... ohne massive staatliche Unterstützung bzw. staatliche Aufträge nicht lebensfähig sein [wird]" (Cremer 1987: 77). Dies gilt für einen großen Teil der Produktionsbetriebe in den Staaten des GCC überhaupt. Fielen die direkten und indirekten Subventionen in diesen Ländern weg, müßte die *private Produktion* erheblich *eingeschränkt* werden, was wiederum negative Beschäftigungseffekte hätte.

Die große Abhängigkeit des privaten Sektors in den arabischen Erdölstaaten von öffentlichen Zuschüssen und Aufträgen ist ein wichtiger Grund dafür, daß die öffentlichen Ausgaben *nicht* rapide sinken und auch in Zukunft nicht allzu

---

[275] *Vgl. Hofmann (1987) für Saudi-Arabien.*

schnell sinken werden. Wie auch andere gesellschaftliche Gruppen (vgl. 10.3) werden die von den Zuschüssen profitierenden Unternehmer in den Ölstaaten stark auf die *Erhaltung* der Staatsausgaben drängen (vgl. Sherbiny 1984: 35). Die Erhaltung der Höhe der Staatsausgaben ist für die herrschenden Eliten in den arabischen Erdölstaaten eine wesentliche Komponente der *Machtsicherung*. Wohl vor allem aus diesem Grund neigen die Staaten noch dazu, ihre Budgets mit Hilfe der Aufnahme von Krediten und dem Abbau von Reserven *konstant* zu halten[276] (oder zumindest nicht in allzu starkem Maße kleiner werden zu lassen).

Zwei Momente, die auch bei sinkenden Ausgaben die Beschäftigung nicht in gleichem Umfang wie die Ausgaben fallen lassen, zeichnen sich zur Zeit ab (vgl. Cremer 1987: 88f.). Zum einen werden heute Projekte von den Administrationen der Ölstaaten kostenbewußter durchgeführt, womit insbesondere die Gewinnmargen der ausführenden Firmen geringer ausfallen. Zum anderen erhalten die Migranten (aber zum Teil auch die einheimischen Arbeitskräfte) geringere Löhne als in früheren Jahren. Insgesamt muß aber festgestellt werden, daß langfristig die Ausgaben der Erdölstaaten und damit die Arbeitsnachfrage in diesen Staaten durch die Einnahmen *beschränkt* sind. Die Zahl derjenigen, die in diesen Ländern einen Arbeitsplatz finden bzw. halten können, *muß* sinken. Dieser Prozeß wird langsamer als das Sinken der Erdöleinnahmen vonstatten gehen, weil die staatlichen Ausgaben ein wesentlicher Bestimmungsfaktor für den Grad der sozialen Stabilität sind (vgl. auch 10.3). Die Führer der Staaten werden alles tun, um die notwendigen Anpassungsprozesse ohne zu starke und abrupte Brüche zu gestalten. Sofern sich die Position der in der OPEC versammelten Erdölproduzenten nicht entscheidend verbessert (womit derzeit nicht zu rechnen ist) gibt es aber zu niedrigeren Staatsausgaben und damit zu einer *sinkenden Beschäftigung* auf lange Frist keine Alternative.

Bei stagnierender bzw. sinkender Gesamtbeschäftigung stellt sich dann die Frage, in welchem Maße die einheimische Bevölkerung der Ölstaaten die zur Verfügung stehenden Arbeitsplätze selbst übernehmen wird. Im folgenden soll es zunächst nur um den quantitativen Aspekt dieser Frage gehen.

---

[276]*Vgl. MEED v. 30.09.88 für Qatar sowie die Country Reports der EIU für die V.A.E. oder für Oman (jeweils No. 3/1988). Im Fall von Saudi-Arabien sind die Währungsreserven von einstmals 150 Milliarden US-Dollar auf inzwischen 25 Milliarden US-Dollar gesunken (vgl. Süddeutsche Zeitung v. 10.10.88).*

Den riesigen Entwicklungsschritt zu modernen Wohlfahrtsstaaten, deren Aufbau die arabischen Erdölstaaten anstrebten, konnten sie schon aufgrund des reinen *Mangels* an Arbeitskräften nicht ohne die Einwanderung ausländischer Arbeitskräfte vollziehen. So war der Anteil der Arbeitsmigranten an der Gesamtzahl der Arbeitskräfte in den Haupteinwanderungsländern bis 1975 auf 44% und bis 1985 auf ungefähr 57% angewachsen (vgl. Tab. 37). Es gibt nun mindestens zwei Gründe, die dafür sprechen, daß (rein quantitativ betrachtet) in Zukunft ein *höherer Teil* des Arbeitskräftebedarfs in den Ölstaaten durch die einheimische Bevölkerung gedeckt wird. Zum ersten sorgen die Bevölkerungswachstumsraten in den arabischen Erdölstaaten, die schon seit langem zu den höchsten im internationalen Vergleich zählen (vgl. World Bank 1988: 274f.), für ein rapides *Steigen des potentiellen Arbeitsangebots*. Damit erhöht sich auch dann die Zahl einheimischer Arbeitskräfte, wenn die sehr niedrigen Partizipationsraten in diesen Staaten konstant bleiben. Zum zweiten verliert der Bausektor, der den relativ höchsten Anteil an ausländischen Arbeitskräften absorbierte, am schnellsten und stärksten an Bedeutung. Ein dritter Faktor könnte hinzukommen. Wenn sich die Pro-Kopf-Einkommen bei sinkenden Staatsausgaben vermindern, wird es möglicherweise für einen größeren Teil der Bevölkerung notwendig, einer Erwerbstätigkeit nachzugehen. Die Partizipationsraten könnten sich damit erhöhen, und das inländische Arbeitsangebot in diesen Ländern würde steigen.

Den angestrebten stärkeren *Nationalisierungen der Arbeitsmärkte* ("Kuwaitisierung", "Saudisierung"), die die Ölstaaten angesichts enger werdender Ausgabemöglichkeiten als wichtige Ziele in ihren Entwicklungsplänen formuliert haben, sind aber schon in quantitativer Hinsicht enge Grenzen gesetzt. Einerseits ist der Anteil der Arbeitsbevölkerung an der Gesamtbevölkerung traditionell sehr gering, weil die Bevölkerung sehr jung und die Frauenbeschäftigung außerordentlich niedrig ist. Nur 18,5% betrug 1985 die Partizipationsrate beispielsweise in Saudi-Arabien (El-Azzazi 1986: 15). Andererseits führt der besondere Wert, der derzeit in den arabischen Erdölstaaten auf den Ausbildungsbereich gelegt wird, verbunden mit einer Einschulung der Kinder oft erst im international vergleichsweise fortgeschrittenen Alter (vgl. El-Azzazi 1986: 11), zu einer Verminderung des inländischen Arbeitsangebots. Der Eintritt ins Arbeitsleben wird heute zu einem späteren Zeitpunkt vollzogen als dies in früheren Jahren der Fall war. Ebenso führen verbesserte Arbeitszeit-, Pensions- und Urlaubsregelungen für die einheimische Bevölkerung zu einer Verkürzung der Lebensarbeitszeit, wie darüber hinaus der starke Ausbau der

Streitkräfte zu einer Senkung des inländischen Arbeitsangebots in produktiven Sektoren führt (vgl. Shanneik 1983). Aber allen wohlfahrtsstaatlichen Maßnahmen und der Expansion der Streitkräfte, die das Arbeitsangebot in quantitativer Hinsicht verringern, sind natürlich ebenfalls durch die sinkenden Einnahmen *Grenzen* gesetzt. Mit einer stärkeren Deckung eines Teils der Arbeitsnachfrage durch eine höhere Partizipationsrate der Frauen ist in signifikantem Maße vorerst nicht zu rechnen. Außer in wenigen Berufen (Krankenschwester, Lehrerin) sind einheimische Frauen in den zur Diskussion stehenden Ländern fast vollständig von der Beschäftigung im modernen Sektor ausgeschlossen (vgl. Birks/Sinclair 1980: 347).

Betrachtet man lediglich die rein *quantitative Ebene*, so muß man davon ausgehen, daß bei einer stagnierenden oder sinkenden *Arbeitsnachfrage* in den Ölstaaten das inländische *Arbeitsangebot* zumindest mit dem Grad des Bevölkerungswachstums *zunimmt*. Konsequenterweise müßte damit die Zahl ausländischer Arbeitskräfte *zurückgehen*. Einer solchen Vermutung entspricht beispielsweise die Argumentation des vierten Fünfjahresplans (1985-90) von Saudi-Arabien. Dieser Entwicklungsplan geht davon aus, daß die Zahl der benötigten Arbeitskräfte im Planungszeitraum um 5% von 4,45 Millionen auf 4,22 Millionen sinkt, daß gleichzeitig das saudi-arabische Arbeitsangebot um 21% von 1,79 Millionen auf 2,16 Millionen Arbeitskräfte steigt und daß im Ergebnis die Zahl der Arbeitsmigranten von 2,66 Millionen auf 2,06 Millionen um 23% fällt (vgl. El-Azzazi 1986: 37). Bisher ist diese stärkere Nationalisierung des Arbeitsmarkts in Saudi-Arabien *nicht* eingetreten. Nach den vorliegenden Schätzungen hat sich seit dem Beginn der Planungsperiode die Zahl der ausländischen Arbeitskräfte nicht um 600000 *verringert*, sondern um 200000 *erhöht*[277]. Eine ähnliche Erfahrung hat auch Kuwait gemacht, wo der Verfall der Ölpreise und somit der Staatseinnahmen ebenfalls *nicht* zur erwarteten Abnahme der Zahl der Arbeitsmigranten führte (vgl. Birks/Seccombe/Sinclair 1986). Es ergibt sich aus diesem Phänomen der konstant hohen Beschäftigung von Ausländern die Frage, worin die strukturellen Hindernisse der Nationalisierungsstrategien für die Arbeitsmärkte der arabischen Erdölstaaten liegen bzw. was die offensichtlich noch immer starke Position der Migranten in den arabischen Erdölstaaten ausmacht.

---

[277] *Vgl. Jordan Times v. 02.11.88, die sich auf saudi-arabische Quellen bezieht. Dort wird ebenfalls berichtet, daß der fünfte Fünfjahresplan eine Reduzierung der Zahl der Arbeitsmigranten in ähnlicher Höhe wie der vierte vorsieht.*

10.2 Geschätzte qualitative Veränderung des Arbeitskräftebedarfs

Der Tendenz nach ist, wenn auch derzeit noch eine ungefähr stagnierende Zahl von Arbeitsmigranten in den arabischen Erdölstaaten arbeitet, auf längere Frist doch mit *sinkenden Beschäftigungszahlen* aufgrund der rapide gefallenen Einnahmen und der kleiner werdenden Reserven zu rechnen. Der schrumpfende Arbeitsmarkt in den arabischen Erdölstaaten hat allerdings *nicht* in gleichem Maße Auswirkungen für alle Arbeitskräfteexporteure. Für die einzelnen Ausgangsländer der Arbeitsmigration ist von Bedeutung, wie sich der Arbeitskräftebedarf in *qualitativer Hinsicht* entwickelt, das heißt welche Arbeitskräfte mit welchen Qualifikationen in Zukunft in den arabischen Erdölstaaten noch gebraucht werden. Wie schon gesagt, erweist sich eine detaillierte Projektion als unmöglich. Ist die quantitative Entwicklung des Arbeitskräftebedarfs schon äußerst schwer und letztlich unzureichend abzuschätzen, so trifft diese Problematik in noch stärkerem Maße für eine Abschätzung des Arbeitskräftebedarfs in qualitativer Hinsicht zu. Lediglich einige *grundsätzliche* Bemerkungen können hier deshalb dazu gemacht werden.

Es wurde schon darauf hingewiesen, daß der Betrag, der für Infrastrukturprojekte, Wohnsiedlungen, Industrieanlagen sowie für große Vorhaben insgesamt Ende der 80er Jahre in den Ölstaaten ausgegeben werden soll, weit unter dem in den Jahren der ersten "Öldekade" (1973-82) liegt (vgl. Richards/Martin 1983, Russell 1986, Cremer 1987). Damit wird die Zahl der Bauprojekte stark zurückgehen. Ein solcher Rückgang trifft vor allem die im Baubereich beschäftigten Facharbeiter sowie einen sehr großen Teil der ungelernten Arbeitskräfte, die der Bausektor in überproportionalem Maße absorbiert. Für die Arbeitsmigranten aus Jordanien wird dieser Trend *nicht* so spürbar werden. Während nämlich von allen ausländischen Arbeitskräften in den Erdölstaaten 1985 ungefähr ein Viertel im Bausektor beschäftigt war, war es von den jordanischen und palästinensischen Arbeitsmigranten nicht einmal 1% (vgl. Tab. 28). Dementsprechend war auch nur ein relativ geringer Teil der Arbeitskräfte aus Jordanien ungelernt. Im Durchschnitt kamen 42% der ausländischen Arbeitskräfte ohne eine Ausbildung in die arabischen Erdölstaaten, von den Arbeitsmigranten aus Jordanien waren es jedoch nur 19% (vgl. Tab. 36).

Der zukünftige Arbeitskräftebedarf wird schwerpunktmäßig durch den Betrieb und die Wartung der erstellten Infrastruktur, der Industrieanlagen, der öffentlichen Einrichtungen etc. bestimmt sein. Für diese Zwecke werden relativ mehr Fachkräfte mit einer technischen Berufsausbildung sowie Absolventen tertiärer Bildungseinrichtungen benötigt. Bei ihren Industrieprojekten haben sich die Ölstaaten auf kapitalintensive Technologien konzentriert, was angesichts des geringen natürlichen Arbeitskräftepotentials vernünftig erschien (vgl. Cremer 1987). Auch damit wird sich die Struktur des Arbeitskräftebedarfs insgesamt mehr zugunsten von *hochqualifiziertem* technischem, aber auch nicht technischem Personal verlagern[278].

In diesem Bedarfsprofil bzw. in dem nicht dazu passenden Angebotsprofil der nationalen Arbeitskräfte steckt nun *einer* der Gründe dafür, daß die Nationalisierung der Arbeitsmärkte nicht im gewünschten Ausmaß stattgefunden hat. Die Diskrepanz zwischen Bedarf und Angebot entsteht zum Teil durch das Bildungsverhalten der einheimischen Bevölkerung, das *nicht* einem auf den technischen Bedarf ausgerichteten Bildungsverhalten entspricht. In Saudi-Arabien sind ca. 69% aller Studenten in sozial- und geisteswissenschaftlichen Studiengängen eingeschrieben, davon ein großer Teil in religiös orientierten Studiengängen (El-Azzazi 1986: 33). In Kuwait studiert nur ein sehr kleiner Teil (9%) der Studenten Ingenieurwissenschaften oder jene Fächer, deren Absolventen speziell in der Ölindustrie benötigt werden. Sozial- und geisteswissenschaftliche Fächer studieren sogar 88% der an Kuwaits Universität eingeschriebenen einheimischen Studenten[279]. In diesem Land, in dem jedem Oberschul- und Hochschulabsolventen ein Arbeitsplatz garantiert ist, hat die Administration inzwischen Schwierigkeiten, die Absolventen einiger Studiengänge unterzubringen. Ende 1987 sprach man in dem Emirat schon von einem "kuwaitischen Arbeitslosenproblem".

Ein tendenziell zu niedriger Grad an technischer Ausbildung wird auch in anderen Ausbildungsbereichen deutlich. Eine sehr weit verbreitete gesellschaftliche Ablehnung von "Blue-Collar"-Tätigkeiten führt dazu, daß nur ein relativ geringer Teil der Schüler berufsbildende Schulen besucht. Nach Angaben von El-Azzazi (1986: 45) betrug der Anteil der Schüler an berufsbildenden Schulen weniger als 1% der Gesamtzahl der Schüler, was seiner Einschätzung

---

[278] *Vgl. für eine Schätzung der Veränderung der Struktur des Arbeitskräftebedarfs in Saudi-Arabien El-Azzazi (1986: 40). Diese Schätzung bestätigt die obengenannte Vermutung.*

[279] *Vgl. zu den Studentenzahlen in Kuwait State of Kuwait/Ministry of Planning (1986).*

nach in "krassem Mißverhältnis" zur Nachfrage nach den Absolventen solcher Schulen auf dem saudi-arabischen Arbeitsmarkt steht[280].

Obwohl auf den Bildungsbereich ein erheblicher Teil der Staatsausgaben entfällt[281], sind diese Länder noch weit davon entfernt, in qualitativer Hinsicht den größten Teil der Arbeitskräfte selbst zu stellen. Eine solche "Selbstversorgung" wird auch durch die negative Einstellung der einheimischen Bevölkerung gegenüber einer Reihe von Tätigkeiten und ganzen Sektoren verhindert. Die lange Anwesenheit einer großen Zahl ausländischer Arbeitskräfte einerseits und die traditionelle gesellschaftliche Ablehnung bestimmter Tätigkeiten andererseits haben zu einer weitgehenden *Segmentierung des Arbeitsmarktes* geführt. Über saudi-arabische Arbeitskräfte wird geschlossen: "Several occupations ... are considered inferior and beneath their social status. In previous times they were performed by slaves, now by foreign workers" (Shabon 1981: 53). Einheimische und Ausländer stellen ihre Arbeitskraft für *unterschiedliche* Sektoren der Volkswirtschaft zur Verfügung. Die Sektoren, die dabei den Migranten vorbehalten sind, sind vor allem Handwerk, Industrie und Baugewerbe sowie teilweise die Landwirtschaft. Die von den Einheimischen bevorzugten Bereiche sind vor allem das Transport- und Kommunikationswesen sowie Handel und Finanzbereich (vgl. Birks/Sinclair 1982). Grundsätzlich findet man allerdings in *allen* Sektoren einen relativ hohen Anteil an Migranten. Insgesamt wird für die arabischen Erdölstaaten die Einschätzung getroffen, daß die einheimischen Arbeitskräfte nicht in den produktiven Zentren der Ökonomie arbeiten und die für das Funktionieren der Ökonomie wichtigsten Stellen von ausländischen Arbeitskräften besetzt sind.

Die Struktur der Angebotsseite des Arbeitsmarkts in den arabischen Erdölstaaten hat eine Reihe von Autoren zu dem Schluß kommen lassen, daß mit einem Absinken der Zahl der ausländischen Arbeitsmigranten auch bei sinkenden Öleinnahmen nicht zu rechnen ist[282]. Die von diesen Autoren vorgelegten Analysen stammen aus der ersten Hälfte der 80er Jahre und konnten den *längerfristigen Verfall* der Staatseinnahmen nicht einbeziehen. So sehr die *Struktur*

---

[280] Vgl. ausführlich zum Berufsbildungssystem in Saudi-Arabien und zu dessen Problemen Tilch (1986).

[281] In Saudi-Arabien zwischen 1980 und 1990 durchschnittlich 19,3% (vgl. El-Azzazi 1986: 30).

[282] Vgl. Alessa (1981), Birks/Sinclair/Socknat (1983), Serageldin et al. (1983), Shanneik (1983), Shaw (1981) oder Sherbiny (1984).

der *Arbeitsmärkte* der arabischen Erdölstaaten, heute wie vor acht Jahren, auf die *Abhängigkeit* dieser Staaten von einer großen Zahl von Arbeitsmigranten hindeutet, so ist doch die Beschränkung der Ressourcen auf lange Frist der limitierende Faktor für die Ausländerbeschäftigung.

Die für Jordanien positive Entwicklung, die sich abzeichnet, liegt darin, daß die Ausgabensenkungen in den Ölstaaten *nicht* in allererster Linie die jordanischen und palästinensischen Migranten treffen werden. Hinsichtlich der Bereitstellung von qualifiziertem technischen Personal kann allerdings auch das Haschemitische Königreich aufgrund einer fehlenden eigenen Industrie nicht auf ein kompetentes, sofort vermittelbares Arbeitskräftepotential zurückgreifen. Zwar hat Jordanien ein erhebliches Potential vor allem an Absolventen von Ingenieurstudiengängen, die in den letzten Jahren die Universitäten verlassen haben. An diesen Absolventen *ohne* Berufserfahrung sind allerdings die Ölstaaten nicht interessiert[283].

10.3 Gesellschaftsordnung und Bedarf an Arbeitsmigranten

Die quantitativen Veränderungen des Arbeitskräftebedarfs und die Möglichkeiten der einheimischen Bevölkerung, unter Berücksichtigung ihrer Qualifikationsstruktur diesen Arbeitskräftebedarf zu decken, sind in der Regel Gegenstand der Abschätzung des zukünftigen Bedarfs an Migranten in den arabischen Erdölstaaten[284]. Die Differenz zwischen Arbeitskräftebedarf in den verschiedenen Qualifikationsstufen und dem inländischen Arbeitsangebot ergibt dann den Bedarf an Arbeitsmigranten. Bei einer solchen vom Konzept her einfachen Rechnung wird nicht beachtet, daß eine Arbeitsstelle nicht nur im physischen Sinne ausgefüllt, sondern daß auch die mit der Stelle verbundene Arbeit getan werden muß, wenn das Versorgungsniveau aufrechterhalten werden soll. In bezug auf die Produktivität gibt es aber aufgrund der *Gesellschaftsstruktur* in den arabischen Erdölstaaten erhebliche Unterschiede zwischen Migranten und den Mitgliedern der jeweiligen Gesellschaft.

---

[283]*So gibt es in Kuwait eine Anordnung für den öffentlichen Bereich, keine Universitätsabsolventen ohne einschlägige Berufserfahrung mehr einzustellen.*

[284]*Vgl. als Paradebeispiel für eine solche Bedarfsprojektion Serageldin et al. (1983).*

Die arabischen Erdölstaaten haben eine ganz ähnliche Gesellschaftsstruktur wie Jordanien. Die Familie steht im Mittelpunkt des gesellschaftlichen Lebens, die Loyalität des Einzelnen gehört in erster Linie seinem Clan und nicht beispielsweise einer Institution (vgl. Al-Salem/Dhaher o.J.). Ganz generell sind *persönliche Beziehungsgeflechte* von übergeordneter Bedeutung für die Gesellschaft, und Strukturen persönlicher Beziehungsgeflechte (im Gegensatz zu institutionellen Geflechten) dominieren das wirtschaftliche Leben in allen hier zur Diskussion stehenden Ländern. Eine besonders anschauliche Spielart solcher Beziehungsgeflechte findet man in der Institution der "Diwaniyeh" in Kuwait. Eine "Diwaniyeh" ist ein fester Versammlungsort, an dem sich regelmäßig Männer aus unterschiedlichen Familien treffen. Normalerweise ist man als Kuwaiti festes Mitglied einer "Diwaniyeh", hat darüber hinaus aber noch lose Beziehungen zu anderen. Über das ganze Land bzw. über die gesamte Gesellschaft ist ein Geflecht solcher Versammlungen gespannt. Diese Institutionen werden nun einerseits zur Unterhaltung genutzt, andererseits werden dort viele Kontrakte abgeschlossen, Politiken abgesprochen und vereinbart, werden Arbeitsplätze und Aufträge vermittelt, kurz, *es werden knappe Ressourcen verteilt.* Dabei kann es von der bevorzugten Zuteilung eines Telefonanschlusses bis zur Vermittlung eines Millionen-Auftrags gehen, je nach ökonomischer Potenz der "Diwaniyeh". Besonders offensichtlich wird die Bedeutung persönlicher Beziehungsgeflechte auch bei der Betrachtung des in allen Ländern der arabischen Halbinsel vorhandenen Sponsorensystems, der sogenannten "Kafala". Ein Ausländer, ob Vertreter einer Firma oder Arbeitsmigrant, kann ohne die Unterstützung eines Einheimischen weder das Land besuchen, noch ein Geschäft eröffnen, noch eine Arbeit aufnehmen. Für die Einreise braucht ein Ausländer in der Regel die Einladung eines einheimischen Sponsors, das Kapital eines Unternehmens muß (zumindest nominell) zu 51% oder mehr einem Bürger des jeweiligen Staates gehören, und ein Arbeitsmigrant ist mit seiner Arbeitsgenehmigung einem Arbeitgeber fest zugeordnet. Das "Kafala"-System verschafft den Bürgern der Erdölstaaten einen *Wettbewerbsvorteil* bzw. einen vermögenswerten Vorteil. Als eine Konsequenz der starken Bevorzugung von Einheimischen (die selbst auch wieder eine stark stratifizierte Gesellschaft bilden) hat sich beispielsweise eine neue Schicht von "Unternehmern" gebildet, die nichts weiter tun, als ihren Namen bzw. ihren Status als Staatsbürger eines der Ölstaaten in Gemeinschaftsunternehmen mit Ausländern zu "investieren". Dies bleibt zusammen mit ihren Verbindungen ihr einziger Input, mit dem sie dann ihr gesamtes Einkommen "verdienen" können (vgl. Al-Rumaihi 1986).

Tendenziell haben die Erdölstaaten mit ihren durch persönliche Beziehungsgeflechte dominierten Gesellschaften dieselben Probleme wie die jordanische Gesellschaft auch: *Verteilungsprobleme, Produktionsprobleme* und die Probleme, die mit einer *nur sehr langsamen Durchsetzung von Innovationen* verbunden sind[285]. Zumindest bis heute stand in diesen Ländern aufgrund der extrem großen *Verteilungsmasse* nicht das Verteilungsproblem, sondern das Produktionsproblem im Vordergrund. Die Führer der arabischen Staaten waren über Nacht zu immensem Reichtum gelangt. Das Stammessystem bzw. das System der Verteilungskoalitionen forderte eine großzügige Versorgung der Bevölkerung zur Vermeidung von Verteilungskonflikten. Neben den direkten Dotationen an die Stammes- oder Clanführer wählte man als Weg zur Umverteilung des Reichtums den Aufbau von Wohlfahrtsstaaten. Die Bevölkerung sollte mit Wohnraum, Strom, Wasser, Freizeitanlagen, Bildungseinrichtungen usw. versorgt werden, selbstverständlich auch mit Arbeitsplätzen[286]. Wer immer als Einheimischer in den Jahren des Ölbooms (und mit Abstrichen gilt das bis heute) einen relativ gut bezahlten Arbeitsplatz in den Staaten des Gulf Cooperation Council (GCC), in Libyen oder im Irak haben wollte, der erhielt diesen. Je höher die soziale Stellung der Familie bzw. je wichtiger die Verteilungskoalition, der jemand angehört, desto höher sind seine Versorgungsansprüche an das Beschäftigungssystem. Als Versorgungs- bzw. *Verteilungssystem* konzipiert, bietet das Beschäftigungssystem jedoch kaum einen Anreiz zu produktiver Leistung[287]. So ist dann auch oft die Qualifikation der Stelleninhaber von untergeordneter Bedeutung. Für Kuwait wird geschätzt, daß Ende der 70er Jahre ca. *55% aller öffentlichen Bediensteten keine* dem Anforderungsprofil der von ihnen besetzten Stelle entsprechende Qualifikation hatten (vgl. Farah/Al-Salem/Al-Salem 1979: 18). Erklärbar werden im Zusammenhang mit der Gesellschaftsordnung auch die hohen Abbrecherquoten, die beispielsweise an den Sekundarschulen und den

---

[285] *Vgl. zu der Frage, warum diese Probleme in von persönlichen Beziehungsgeflechten dominierten Gesellschaften entstehen, den Abschnitt 5.1.*

[286] *Der Grund für eine Verteilung von Ressourcen auf solch indirekten Wegen ist die Anonymisierung des Geschenks. Der Empfänger kann "sein Gesicht wahren", während er sich bei direkten Geschenken subjektiv in eine Abhängigkeit begibt. Vgl. dazu auch Beblawi/Luciani (1987).*

[287] *Ein hochrangiger Beamter im kuwaitischen Planungsministerium berichtete, daß in seiner Abteilung Arbeitskräfte auf der Gehaltsliste stehen, die er noch nie zu Gesicht bekommen hat. In manchen Fällen ist für ein Gehalt nicht einmal Anwesenheit erforderlich.*

Universitäten Saudi-Arabiens zu beobachten sind[288]. Angesichts eines Beschäftigungssystems, das in sehr viel geringerem Maße als dies beispielsweise in westlichen oder östlichen Industrieländern der Fall ist, Wert auf formelle Qualifikationen legt, wird das Verhalten der Schüler und Studenten verständlich. Wenn ein Platz im Beschäftigungssystem durch die Zugehörigkeit zu einer Verteilungskoalition zum großen Teil *per se* gesichert ist, gibt es auch keine individuelle Notwendigkeit und damit keine persönliche Motivation, eine Ausbildung abzuschließen.

Zu Recht wird oft bemerkt, daß die *einheimische* Bevölkerung in den arabischen Erdölstaaten mit der Produktion von Gütern und Dienstleistungen eigentlich nichts mehr zu tun hat. Den Ölstaaten, so die Argumentation, fehlt eine große Zahl an Arbeitskräften und den vorhandenen mangelt es an den benötigten Qualifikationen (vgl. Birks/Sinclair 1980, Shaw 1983). Bei einer Beschränkung der Diskussion auf diese beiden Aspekte[289] wird übersehen, daß den einheimischen Bewohnern dieser Staaten in vielen Fällen auch die Motivation zu *produktiver* Beschäftigung fehlt und daß die Konzeption des Beschäftigungssystems zusätzlich ein *erhebliches* Problem bei der Versorgung der Bevölkerung mit Gütern und Dienstleistungen darstellt. Das durch die Funktion des Beschäftigungssystems als Verteilungssystem entstehende Produktionsproblem wurde in nahezu allen Bereichen in der Weise gelöst, daß Arbeitskräfte *aus anderen Ländern* beschäftigt wurden, die nach strikt meritokratischen Prinzipien eingestellt, entlohnt und entlassen werden konnten. Dies war und ist nur möglich, weil diese Arbeitskräfte *nicht* irgendwelchen Verteilungskoalitionen angehören. Nur mit Hilfe der Arbeitsmigranten konnten die arabischen Erdölstaaten einen riesigen Entwicklungsschritt bewältigen und die von ihnen gewünschten Wohlfahrtsstaaten aufbauen.

Daß das Beschäftigungssystem für die einheimische Bevölkerung in sehr starkem Maße ein Verteilungssystem darstellt, ist einer der wichtigsten Gründe dafür, daß trotz der Wirtschaftskrise in den Erdölstaaten seit 1982 die Zahl der ausländischen Arbeitskräfte *nicht* erheblich abgenommen hat. Im Falle des Abziehens der Arbeitsmigranten wäre keiner da, der die im Hinblick auf die Aufrechterhaltung des Versorgungsniveaus anstehende Arbeit erledigte. Die

---

[288] Vgl. El-Azzazi (1986); es schließen z.B. nur 50% derjenigen Saudi-Araber, die eine Ausbildung an einer Sekundarschule beginnen, diese auch ab.

[289] Vgl. dazu die Abschnitte 10.1 und 10.2.

Dominierung der Ökonomien durch Verteilungskoalitionen hat die Schaffung von Anreiz-Leistungs-Systemen, die in ausreichendem Maße produktive Kräfte bei der einheimischen Bevölkerung freisetzen könnten, verhindert. Ein tiefgreifender *Verteilungskonflikt* ist den Erdölstaaten aufgrund des (noch) bestehenden großen Verteilungsspielraums erspart geblieben, die *Produktionsprobleme* wurden durch die Beschäftigung von Migranten gelöst.

Die arabischen Erdölstaaten werden sich schwertun, das existierende Verteilungssystem zu reformieren, weil dieses System im wesentlichen die Basis für die soziale Stabilität bildet. So ist der Aussage von Cremer (1987: 83) zuzustimmen, "daß die saudi-arabische Regierung und auch die Regierungen der anderen Ölförderstaaten der Region den über viele Jahre gewährten sozialen Besitzstand der einheimischen Bevölkerung nur unter Zwang beschneiden und dabei versuchen werden, abrupte Brüche möglichst zu vermeiden, da diese für ihre politische Legitimität gefährlich sind." Solange es auch das Beschäftigungssystem ist, das den sozialen Besitzstand garantiert, solange wird es einen erheblichen Bedarf an Migranten geben.

Erwünscht ist die Form der temporären Einwanderung, die zwar de facto vor allem für arabische Arbeitskräfte eine sehr langfristige Einwanderung wurde, die allerdings ständig die Gefahr einer Ausweisung bzw. die Beendigung des Arbeitsvertrages mit dem konsequenten Verlust der Aufenthaltsgenehmigung beinhaltet. Es wird aus der Struktur der Gesellschaften der arabischen Erdölstaaten deutlich, warum eine permanente Einwanderung und vor allem eine Einbürgerung *nicht* erwünscht sind. Neu Eingebürgerte könnten sich, ausgestattet mit mehr Rechten, am Verteilungskampf beteiligen und müßten von den herrschenden Eliten kooptiert werden. Das würde insgesamt den Verteilungskonflikt verschärfen[290] (und ginge auf Kosten der Produktion). So gaben dann auch in der Tat bei einer empirischen Erhebung in einigen arabischen Erdölstaaten 90% der Befragten an, daß sie ihre eigene Sicherheit und die Stabilität ihrer Staaten in dem Maße gefährdet sähen, in dem sich die Sicherheit der Migranten erhöhen würde (vgl. Dhaher/Al-Salem o.J.: 21). Diese subjektive Einschätzung erscheint plausibel, und es ist konsequent, daß in der Regel die

---

[290] *Farah/Al-Salem/Al-Salem (1979: 39) machen dies für Kuwait sehr deutlich:* "The government's position is fairly clear: it discourages permanent settlement in Kuwait in order to keep the control of the oil resources in the hands of the indigenous population."

Einbürgerungsmöglichkeiten in den arabischen Erdölstaaten äußerst beschränkt sind[291].

Die Abhängigkeit Saudi-Arabiens von den Migranten wurde Anfang des Jahres 1988 deutlich. Mit Wirkung vom 21.01.88 wollte die saudi-arabische Regierung bei allen Arbeitsmigranten, die mehr als 17600 US-Dollar im Jahr verdienen, eine Einkommenssteuer in Höhe von 30% erheben. Die Veröffentlichung eines entsprechenden königlichen Dekrets am 04.01.88 führte sofort zu einer großen Zahl von Kündigungen von seiten der Arbeitsmigranten. Zwei Tage nach der Veröffentlichung nahm der saudi-arabische König Fahd persönlich in einer Stellungnahme die Maßnahme zurück[292]. Die Abwanderung einer großen Zahl hochqualifizierter Arbeitsmigranten, für die sich der Aufenthalt in Saudi-Arabien nach Abzug der Steuern nicht mehr gelohnt hätte, hätte die Versorgung in dem Königreich offensichtlich erheblich eingeschränkt.

Zusammenfassend läßt sich schließen, daß die Erdölstaaten noch lange auf einen Stamm ausländischer Arbeitskräfte angewiesen sein werden. Wie hoch dieser *strukturelle* Bedarf an Arbeitsmigranten ist, läßt sich nicht genau angeben, er liegt aber mit Sicherheit unter dem *konjunkturell* bedingt hohen Bedarf, der Ende der 70er und Anfang der 80er Jahre bestand. Den einheimischen Arbeitskräften fehlen *erstens* für eine Reihe von Aufgaben die Qualifikationen, eine Anzahl von Arbeitsplätzen kommt *zweitens* aufgrund einer sozialen Abgrenzung gegenüber den Migranten für sie nicht in Frage, und oft sind sie *drittens* aufgrund der vorhandenen Anreiz-Leistungs-Strukturen weniger produktiv als die Migranten. Diese drei Faktoren sind auch dann für einen Bedarf an Arbeitsmigranten verantwortlich, wenn *rein quantitativ* die Arbeitsnachfrage in den Erdölstaaten dem Arbeitsangebot entspricht. Aber auch wenn die Gesellschaftsordnung und die Qualifikationsstruktur der Arbeitskräfte in den zur Diskussion stehenden Ländern darauf hindeuten, daß diese Länder bei einer Beibehaltung des derzeitigen Versorgungsniveaus nur in sehr begrenztem Maße auf die Arbeitsmigranten verzichten können, so sind doch letztlich die Einnahmen durch Ölverkäufe für die Beschäftigungsmöglichkeiten von Ausländern der limitierende Faktor. Die sichtbaren Zeichen diesbezüglich deuten auf eine

---

[291] *Die Einbürgerungsbestimmungen einiger Erdölstaaten sind bei Russell (1988) aufgeführt.*

[292] *Die Maßnahme und die darauffolgenden Reaktionen wurden von der Nachrichtenagentur Reuters in der ersten Januarwoche 1988 gemeldet.*

Verkleinerung des Arbeitsmarktes für Arbeitsmigranten hin. In den Erdölstaaten gab es bereits die ersten Versuche, die Zahl der Arbeitsmigranten zu beschränken. In Saudi-Arabien müssen freie Stellen beim Arbeitsamt gemeldet werden, wo überprüft werden soll, ob saudi-arabische Arbeitskräfte für die vakante Stelle verfügbar sind. In Kuwait müssen seit 1987 mindestens 20% der Beschäftigten einer Firma Kuwaitis sein, und am Ende desselben Jahres wurde dort eine großangelegte Aktion gegen illegale Migranten durchgeführt. Solche Maßnahmen machen den Anpassungszwang deutlich, in dem sich die arabischen Erdölstaaten befinden. Die *Migrationsmöglichkeiten* in die arabischen Erdölstaaten haben sich radikal verringert, und im Hinblick auf die wirtschaftlichen Aussichten der Auswanderungsländer ist vor allem noch zu bedenken, was weiter oben schon angemerkt wurde: Der Anpassungsprozeß wird auch auf *Kosten insbesondere der niedrig qualifizierten Migranten* ausgetragen, die *erhebliche* Lohnkürzungen hinnehmen mußten.

10.4 Die Konkurrenz auf den Arbeitsmärkten der arabischen Erdölstaaten

Die Arbeitsmärkte der arabischen Erdölstaaten sind heute heißumkämpfte Märkte. Arbeitsmigranten aus mindestens achtzehn arabischen, süd- und südostasiatischen Ländern haben in den Ölstaaten eine Beschäftigung gefunden. Die Ägypter bilden die größte Gruppe; sie stellten 1983 gut 29% aller Arbeitsmigranten in den Haupteinwanderungsländern. Die Arbeitskräfte aus Pakistan folgten als zweitgrößte Gruppe mit ungefähr 18%. Sehr kleine Gruppen bildeten die Arbeitskräfte aus Indonesien (0,4%) und Malaysia (0,3%). Die aus Jordanien kommenden Arbeitskräfte besetzten knapp 4,4% der Arbeitsplätze für Migranten (vgl. Tab. 35). Die Migranten selbst, wie auch die Regierungen der Auswanderungsländer haben für sich die internationale Migration in die arabischen Erdölstaaten jeweils als positiven Beitrag zur individuellen sowie zur kollektiven Entwicklung erkannt. Die Auswanderungsländer sind deshalb (allerdings in sehr unterschiedlichem Maße) aktiv bestrebt, ihren "*Marktanteil*" zu halten und möglichst auszubauen. Manche Länder, wie beispielsweise Indonesien, haben Auswanderungsströme in ihren Entwicklungsplänen mit quantifizierten Entwicklungszielen niedergelegt (vgl. Cremer 1988). Insbesondere von süd- und südostasiatischen Ländern wurden Institutionen aufgebaut, die aktiv die Abwanderung von Arbeitskräften fördern sollen (vgl. Juridico/Marius 1987).

Die reine Anzahl von Beschäftigungsmöglichkeiten ist damit zwar ein wichtiger Bestimmungsfaktor für die zukünftige Abwanderung aus Jordanien (bzw. für die Rückkehr von Migranten nach Jordanien), sie bestimmt jedoch diese Wanderung *nicht allein*. Bei einem stagnierenden oder schrumpfenden Arbeitsmarkt für Migranten werden die inzwischen sehr zahlreich gewordenen Emigrationsländer verstärkt in einen *Wettbewerb* treten. Wie dieser Wettbewerb um Arbeitsplätze und Marktanteile ausgehen wird, ist unmöglich vorauszusagen. Einige Aspekte dieser Entwicklung zeichnen sich aber immerhin ab.

Zunächst einmal ist festzustellen, daß seit dem Beginn der großen Arbeitskräftewanderungen in die arabischen Erdölstaaten der Anteil der arabischen Migranten sehr stark abgenommen hat. Waren am Anfang der Migrationsperiode die arabischen Migranten die bei weitem dominierende Gruppe, so sank ihr Anteil bis Mitte der 80er Jahre kontinuierlich. Die süd- und südostasiatischen Arbeitsmigranten stellten 1983 schon 45,7% aller ausländischen Arbeitskräfte, während ihr Anteil 1975 nur 17,6% und 1980 erst 29,1% betragen hatte (vgl. Tab. 35, Cremer 1987). Aus Sicht der Erdölstaaten bzw. der dortigen Arbeitgeber bestehen die Vorteile der süd- und südostasiatischen Arbeitskräfte darin, daß sie

- in politischer Hinsicht eine ungefährliche Migrantengruppe darstellen. Von ihnen wird nicht wie von den arabischen Immigrantengruppen befürchtet, daß sie z.B. Forderungen nach einer permanenten Aufenthaltserlaubnis erheben oder die Ölstaaten dazu zwingen, in Konflikten Stellung zu nehmen bzw. sich sogar aktiv in internationale Konflikte einzuschalten[293].

- Tätigkeiten ausüben, für die arabische Arbeitskräfte kaum zu gewinnen sind (z.B. Hausangestellte).

- nur in den allerseltensten Fällen mit ihren Familienangehörigen wandern. Dieses Wanderungsmuster erspart den Erdölstaaten Ausgaben bei der kostenlos gewährten Gesundheitsversorgung, bei subventionierten Grundnahrungsmitteln usw.

- zum Teil im Zuge sogenannter "whole sale projects" wandern, bei denen der Auftragnehmer *sämtliche* Projektleistungen zu erbringen hat, also sowohl die Arbeitskräfte stellen als auch für ihre Abreise sorgen muß[294]. Die Rückwanderung der Arbeitskräfte sofort nach Abschluß des Projektes ist dabei garantiert, während des Aufent-

---

[293] *So ist Kuwait durch seine große palästinensische Migrantengruppe stärker in den arabisch-israelischen Konflikt eingebunden als es den ursprünglichen Vorstellungen der politischen Elite Kuwaits entsprach (vgl. Weiner 1982).*

[294] *Diese Art von Projekten wird vor allem von Südkorea und Taiwan angeboten.*

halts sind die Arbeitsmigranten oft kaserniert. Diese Art der Wanderung nimmt den Erdölstaaten die Sorge eines eventuellen, illegalen Verbleibs der Migranten, und es erspart ihnen die Notwendigkeit der Kontrolle. In Jordanien gibt es dagegen keinen Anbieter von "whole sale projects". Darüber hinaus zeichnen sich die süd- und südostasiatischen Migranten dadurch aus, daß sie

- teilweise billiger sind. So liegt der große Erfolg südkoreanischer Unternehmen in den Ölstaaten zum Teil auch daran, daß die Südkoreaner ihren Wehrdienst als Arbeitskräfte im Ausland ableisten können. Die Lohnkosten werden auf diese Weise relativ gering gehalten.

Die Vorteile der asiatischen Arbeitskräfte gegenüber den arabischen haben manche Beobachter zu dem Schluß kommen lassen, daß der Anteil der asiatischen Arbeitskräfte weiterhin steigen wird (z.B. Swamy 1985). Allerdings gibt es eine Reihe von Faktoren, die *gegen* eine verstärkte Beschäftigung süd- und südostasiatischer Migranten sprechen. Zum ersten haben diese Arbeitskräfte in dem in Zukunft wichtiger werdenden Dienstleistungssektor einen entscheidenden Nachteil: Sie beherrschen die arabische Sprache nicht[295]. Dies spiegelt sich unter anderem in dem Beschäftigungsmuster dieser Migranten wider. 60% bis 70% von ihnen sind im Bausektor bzw. in damit verbundenen Bereichen beschäftigt (Cremer 1988: 10). Da der Bausektor am stärksten an Beschäftigungsmöglichkeiten verlieren wird, werden die süd- und südostasiatischen Arbeitskräfte am stärksten von dem Rückgang der Arbeitsnachfrage betroffen sein. Zum zweiten sind die arabischen Erdölstaaten durch eine angesichts der steigenden Zahl von Migranten stärker werdende Ausländerfeindlichkeit gekennzeichnet. Schlagworte wie "Neokolonialismus", "feindliche Angriffe auf die arabische Sprache" oder "kulturelle Invasion", die immer häufiger in der Tagespresse der Erdölstaaten zu lesen sind, und die damit verbundenen Einstellungen richten sich vor allem gegen die nicht arabischen Arbeitskräfte. Aus diesen Gründen wird eine stärker werdende Präferenz für arabische Arbeitskräfte beobachtet (vgl. Dhaher/Al-Salem o.J., Russell 1986).

Bei dem Kampf um Marktanteile wird sicherlich viel davon abhängen, wie sich die Administrationen bzw. die *Regierungen der Ölstaaten* die Zukunft der Migration vorstellen und inwieweit die Arbeitskräftewanderung beispielsweise für außenpolitische Zwecke instrumentalisiert werden soll. Klare Entwick-

---

[295] *Das muß allerdings nicht so bleiben. Aus dem indischen Bundesstaat Kerala, der eine große Zahl von vorübergehenden Abwanderungen aufweist, wird berichtet, daß potentielle Migranten Arabisch lernen (vgl. Weiner 1982).*

lungslinien sind hier noch nicht zu erkennen. Noch gibt es kaum eine Diskriminierung auf gesetzlicher Grundlage zugunsten oder gegen eine bestimmte Migrantengruppe. Insbesondere gibt es keine Bevorzugung arabischer Migranten bei der Vergabe von Arbeitsgenehmigungen. Im Gegenteil richten sich vorhandene Diskriminierungen in Oman und Bahrain *gegen* Palästinenser. Sie erhalten dort keine Arbeitsgenehmigung (Weiner 1982: 28)[296]. Aber es ist vorstellbar, daß in Zukunft eine bevorzugte Beschäftigung von arabischen Arbeitskräften angestrebt wird, um *Spannungen* zwischen den Ölstaaten und anderen arabischen Ländern zu vermeiden.

Aufgrund der politischen Nähe Jordaniens zu den arabischen Erdölstaaten könnte das Haschemitische Königreich einer der Gewinner einer selektiveren Einwanderungspolitik werden. Aber insgesamt kann man in dieser Hinsicht keine Abschätzung der zukünftigen Entwicklung wagen. Was den aus Jordanien stammenden Arbeitsmigranten sicherlich gute Beschäftigungsmöglichkeiten eröffnet, ist ihr kultureller Hintergrund, vor allem ihre Kenntnis der arabischen Sprache und ihre im Durchschnitt vergleichsweise hohe Qualifikation. Es erscheint damit wahrscheinlich, daß die jordanischen und palästinensischen Arbeitskräfte *nicht* so stark von einem schrumpfenden Arbeitsmarkt betroffen sein werden wie die Arbeitskräfte aus anderen Ländern.

---

[296] *Die Tatsache, daß die arabischen Migranten nicht bevorzugt werden, wird von diesen allerdings schon als Diskriminierung empfunden. So urteilt Longuenesse (1988: 6): "What most enrages the Arab migrant is not that he is maltreated and exploited, but that he is treated 'like a foreigner'."*

TABELLEN[297]

---

[297] In den folgenden Tabellen sind die Sektoren und die Berufsgruppen weitgehend mit englischen Begriffen bezeichnet, so wie sie in Jordanien bzw. in der englischsprachigen Literatur über Jordanien gebräuchlich sind. Die Beibehaltung der englischen Begriffe soll einen Vergleich mit anderen (z.B. später erscheinenden) Statistiken erleichtern.

Tabelle 1: Die Bevölkerungsstruktur Jordaniens, 1986 (Angaben in Tsd.)

Alter	Frauen	Männer	Gesamt
0 - 4	245,7	263,3	509,0
5 - 9	210,8	228,2	439,0
10 - 14	187,8	209,2	397,0
15 - 19	159,9	178,4	338,3
20 - 24	119,8	134,6	254,4
25 - 29	81,3	92,1	173,4
30 - 34	61,3	67,3	128,6
35 - 39	56,1	58,5	114,6
40 - 44	50,7	55,6	106,3
45 - 49	42,6	49,7	92,3
50 - 54	36,0	39,5	75,5
55 - 59	26,6	29,3	55,9
60 - 64	18,7	20,4	39,1
65+	36,2	36,5	72,7
Gesamt	1333,5	1462,6	2796,1

Quelle: Department of Statistics, Statistical Yearbook 1986

Tabelle 2: Geschlechterrelationen(a) in verschiedenen Altersgruppen auf East- und Westbank, 1984

	Westbank(b)	Eastbank(c)
0 - 9	108,4	106,6
10 - 14	109,8	108,5
15 - 19	112,1	106,7
20 - 24	109,2	98,6
25 - 29	108,6	93,8
30 - 34	93,7	89,4
35 - 39	63,4	102,7
40 - 49	62,1	102,2
50 - 59	70,7	109,3
60+	88,6	108,4

(a) Def. als Anzahl Männer/Anzahl Frauen x 100

Quellen: (b) Berechnungen nach Central Bureau of Statistics, Statistical Abstract of Israel 36 (1985)
(c) Berechnungen nach Department of Statistics, Statistical Yearbook 35 (1984)

Tabelle 3: Verschiedene Indikatoren der jordanischen Entwicklung, 1981 – 1987 (zu Marktpreisen, in Mio. JD)

	1981	1982	1983	1984	1985	1986	1987
Privater Konsum	1053,2	1219,5	1348,1	1373,9	1401,7	1238,4	1281,7
Öffentl. Konsum	285,9	326,1	348,1	376,9	405,2	449,9	459,8
Investitionen	564,8	597,3	502,8	485,6	473,1	459,7	446,0
Änderung der Lagerhaltung	23,2	22,0	7,3	–	16,8	– 25,0	–
Exporte (a)	629,8	667,9	637,2	743,2	778,1	630,3	753,6
Importe (a)	1392,6	1511,6	1421,0	1481,2	1469,0	1163,7	1254,8
BIP	1164,2	1321,2	1422,7	1498,4	1605,9	1639,3	1686,3
Inl. Konsumquote (b)	1,15	1,17	1,19	1,17	1,13	1,03	1,03
Importquote (c)	1,20	1,14	1,00	0,99	0,91	0,71	0,74

(a) inkl. Dienstleistungen   (b) Konsum(Priv.+Öffentl.)/BIP   (c) Importe/BIP

Quellen: Central Bank of Jordan, Monthly Statistical Bulletin, Vol. 22, No. 4 (April 1986), Vol. 23, No. 6 (Juni 1987) und Vol. 24, No. 5 (Mai 1988)

Tabelle 4: Wichtige Posten der jordanischen Zahlungsbilanz, 1981 - 1987 (in Mio. JD)

	1981	1982	1983	1984	1985	1986	1987
Devisenzustrom	1470,3	1498,2	1400,7	1540,5	1539,1	1321,2	1297,2
davon							
- Exporte(a)	629,8	667,9	637,2	743,2	778,1	630,3	753,6
- Gastarbeiter-Überweisungen	340,9	381,9	402,9	475,0	402,9	414,5	317,7
- Transfers an den Staat	415,3	363,7	289,6	261,7	291,2	221,3	202,9
Devisenabfluß	1484,0	1615,6	1542,0	1644,6	1639,0	1337,2	1415,6
davon							
- Importe(a)	1392,6	1511,6	1421,0	1481,2	1469,0	1163,7	1254,8
- Gastarbeiter Überweisungen	52,0	62,4	72,8	97,5	93,0	86,5	62,4

(a) inkl. Reisen und andere Dienstleistungen

Quellen: Central Bank of Jordan, Monthly Statistical Bulletin, Vol. 22, No. 4 (April 1986), Vol. 23, No. 6 (Juni 1987), Vol. 24, No. 5 (Mai 1988)

Tabelle 5: Importe, Exporte und Reexporte (nur Güter) aus und nach Jordanien, 1977 - 1987 (in Mio. JD)

	Importe(1)	Exporte(2)	Reexporte(3)	2 in % von 1-3
1977	454,4	60,3	21,8	13,9
1978	458,8	64,1	26,8	14,8
1979	589,5	82,6	38,4	15,0
1980	716,0	120,1	51,3	18,1
1981	1047,5	169,0	73,6	17,4
1982	1142,5	185,6	78,9	17,5
1983	1103,3	160,1	50,5	15,2
1984	1071,3	261,1	29,6	25,1
1985	1074,5	255,4	55,5	25,1
1986	850,2	225,6	30,4	27,5
1987	915,5	248,8	66,9	29,3

Exporte ohne Reexporte

Quellen: Central Bank of Jordan, Monthly Statistical Bulletin Vol. 23, No. 4 (April 1987) und Vol. 24, No. 5 (Mai 1988)

Tabelle 6: Exporte nach Zielregionen, 1982 - 1987 (ohne Reexporte, in Mio. JD)

	1982	1983	1984	1985	1986	1987
Arab Common Market (ACM)(a)	80,6	30,6	72,1	74,2	52,9	81,9
Andere arabische Länder	42,8	56,5	60,5	57,4	49,2	48,0
EG	3,6	8,1	10,4	11,4	18,8	17,1
Indien	16,6	13,7	34,1	45,3	34,1	22,0
Übrige Welt	42,1	51,1	84,0	67,1	70,6	79,8
Gesamt	185,6	160,1	261,1	255,4	225,6	248,8

(a) hauptsächlich Ägypten, Syrien, Irak; außerdem sind Libyen, Mauretanien und die Demokratische Volksrepublik Jemen Mitglieder des ACM

Quellen: Central Bank of Jordan, Monthly Statistical Bulletin Vol. 23, No. 8 (August 1987) und Vol. 24, No. 5 (Mai 1988)

Tabelle 7: Übertragungen an den Staat, Übertragungen an Private, Gastarbeiterüberweisungen und das Bruttosozialprodukt, 1979 - 1987 (in Mio. JD)

	(1) Übertragungen an den Staat	(2) Übertragungen an Private	(3) Gastarbeiter- überweisungen	(4) BSP	(1+2+3) in % von 4
1979	318,1	2,6	180,4	921,3	54,4
1980	390,9	10,2	236,7	1190,1	53,6
1981	415,3	17,1	340,9	1482,7	52,2
1982	363,7	11,6	381,9	1673,4	45,3
1983	289,6	7,2	402,9	1770,3	39,5
1984	261,7	20,9	475,0	1853,6	40,9
1985	291,2	26,4	402,9	1881,8	38,3
1986	221,3	19,3	414,5	1919,4	34,1
1987	202,9	3,4	317,7	1867,9	28,0

Quellen: Central Bank of Jordan, Monthly Statistical Bulletin, Vol. 19, No. 1 (Januar 1983), Vol. 23, No.8 (August 1987) und Vol. 24, No. 5 (Mai 1988)

Tabelle 8: Arabische Finanzhilfe an Jordanien, 1981 - 1987 (in Mio. JD)

	1981	1982	1983	1984	1985	1986	1987
Finanzhilfe insgesamt (1)	415,3	363,7	289,6	261,7	291,2	221,3	202,9
von arabischen Staaten (2)	394,9	335,8	258,3	232,2	262,6	k.A.	k.A.
2 in % von 1	95,1	92,3	89,2	88,7	90,2	k.A.	k.A.

Quellen: Central Bank of Jordan, Monthly Statistical Bulletin, Vol. 23, No. 3 (März 1987), Vol. 23, No. 4 (April 1987) und Vol. 24, No. 5 (Mai 1988)

Tabelle 9: Entwicklung der Lebenshaltungskosten, 1967 - 1987

Jahr	Index der Lebenshaltungskosten	Veränderung in %
1967	30,7	–
1968	30,6	- 0,1
1969	32,7	6,9
1970	35,0	7,0
1971	36,7	4,9
1972	38,7	5,4
1973	43,1	11,4
1974	51,5	19,5
1975	57,7	12,0
1976	64,3	11,4
1977	73,7	14,6
1978	78,9	7,1
1979	90,0	14,1
1980	100,0	11,1
1981	107,7	7,7
1982	115,7	7,4
1983	121,5	5,0
1984	126,2	3,9
1985	130,0	3,0
1986	130,0	0,0
1987	129,6	- 0,3

Quellen: Central Bank of Jordan, Yearly Statistical Series (1964-1983), Special Issue 1984; Central Bank of Jordan, Monthly Statistical Bulletin Vol. 23, No. 6 (Juni 1987) und Vol. 24, No. 5 (Mai 1988)

Tabelle 10: Investitionen in Wohnungsbau und
die Kapitalbildung in Jordanien,
1975 - 1986 (in Mio. JD)

Jahr	Investition in Wohnungsbau (A)	Kapitalbildung (B)	(A) als Anteil von (B)
1975	24,2	87,9	27,5%
1976	35,2	138,0	25,5%
1977	42,5	197,0	21,6%
1978	47,7	229,1	20,8%
1979	59,3	294,5	20,1%
1980	120,5	397,8	30,3%
1981	147,1	564,8	26,0%
1982	157,6	619,3	25,4%
1983	158,6	510,1	31,1%
1984	163,0	485,6	33,6%
1985	161,4	443,6	36,4%
1986	145,0	394,0	36,8%

Quellen: Department of Statistics, National Accounts 1975 - 1981; Department of Statistics, National Accounts 1982 - 1986

Tabelle 11: Anzahl der Baugenehmigungen und
genehmigte Bebauungsfläche, 1975 - 1986

Jahr	Anzahl der Baugenehmigungen	Bebauungsfläche in '000qm
1975	5375	687,2
1976	7081	1069,4
1977	7775	1138,5
1978	7411	1206,5
1979	8397	1734,1
1980	7580	1949,4
1981	7576	2472,7
1982	6917	3122,5
1983	6760	3010,4
1984	7201	2945,1
1985	6778	2210,4
1986	7112	2266,6
1987	7595	2067,0

Quellen: Central Bank of Jordan, Monthly Statistical Bulletin, Vol. 23, No. 4 (April 1987) und Vol. 24, No. 5 (Mai 1988)

Tabelle 12: Wert der registrierten
Landverkäufe, 1975 - 1985

Jahr	Wert der registrierten Landverkäufe, in Mio. JD
1975	53,6
1976	92,8
1977	60,4
1978	98,2
1979	144,3
1980	172,3
1981	244,2
1982	260,9
1983	266,3
1984	260,7
1985	239,3

Quelle: Arab Consult Center (1987)

Tabelle 13: Verschiedene soziale Entwicklungsindikatoren
für Jordanien, 1973 - 1984

Jahr	Privatwagen pro 100 Haushalte	Einwohner pro Arzt	Einwohner pro Zahnarzt	Anteil der Schüler an d. Bevölk.	Verbrauch kwh pro Einwohner
1973	5,12	2561	15655	27,0%	k.A.
1974	6,22	2274	14106	28,4%	k.A.
1975	7,88	2433	12486	29,3%	k.A.
1976	10,15	2123	9996	29,9%	k.A.
1977	13,46	2000	9300	30,6%	308
1978	16,58	1860	8535	31,0%	342
1979	19,42	1444	8019	31,8%	408
1980	22,07	1293	6320	31,8%	479
1981	24,70	1191	5316	31,5%	533
1982	27,57	1097	5296	31,4%	626
1983	29,63	1005	5309	31,7%	769
1984	30,59	1123	5340	31,7%	876

Quelle: Berechnungen nach Department of Statistics, Statistical Yearbook, verschiedene Ausgaben

Tabelle 14: Ausstattung der jordanischen
Haushalte, 1979 und 1986

	Ländliche Gebiete (1986)	Eastbank (1986)	Eastbank (1979)
a) Öffentliche Dienste			
- Wasseranschluß	81,5%	89,2%	69,6%
- Abwasserentsorgung (Öffentliche Kanalisation, Gruben etc.)	85,7%	95,5%	97,7%
- Stromanschluß	79,0%	93,0%	71,5%
b) Private Ausstattung			
- Badezimmer (separat)	55,2%	72,4%	k.A.
- Küche (separat)	78,2%	89,1%	k.A.
- W.C. (separat)	89,7%	95,0%	k.A.

Quelle: Zusammenstellung nach Hashemite Kingdom of Jordan (1987): Existing Housing Situation in Jordan. Amman: Ministry of Planning/Shelter Unit. (National Housing Strategy - Technical Memorandum No. 7)

Tabelle 15: Sektorale Aufteilung der Arbeitskräfte
(Eastbank, nur jordanische Arbeitsbevölkerung)
(Angaben in Tsd.)

Sektor	1961 *(a)*		1979 *(b)*		1986 *(c)*	
Agriculture	73,0	(33,5%)	46,0	(11,3%)	40,7	(7,6%)
Mining & Manufacturing	22,2	(10,2%)	38,3	(9,4%)	57,3	(10,7%)
Electricity, Gas, Water	0,9	(0,4%)	2,4	(0,6%)	5,9	(1,1%)
Construction	22,2	(10,2%)	63,9	(15,7%)	58,9	(11,0%)
Commerce	17,4	(8,0%)	41,4	(10,2%)	53,5	(10,0%)
Transport & Communication	7,6	(3,5%)	26,8	(6,6%)	50,3	(9,4%)
Financial Serv.	./.		8,2	(2,0%)	18,2	(3,4%)
Public Administ./ Other Services	74,5	(34,2%)	179,1	(44,1%)	250,6	(46,8%)
Gesamt	217,8	(100,0%)	406,1	(100,0%)	535,4	(100,0%)

Quellen: *(a)* Saket (1985)   *(b)* RSS (1986)   *(c)* Ibrahim et al. (1988)

Tabelle 16: Partizipationsraten bei
Männern (in %)

Alter	1961*(a)*	1976*(a)*	1982/83*(b)*
15 - 19	57,0	29,3	29,8
20 - 24	90,0	80,2	68,0
25 - 29	94,0	96,4	90,0
30 - 39	92,3	97,6	95,6
40 - 49	92,5	93,3	92,7
50 - 59	83,0	82,7	84,6
60 - 64	69,1	55,0	63,4
15 - 64	83,2	73,3	69,8
Alle Gruppen	50,9	33,3	34,6

Quellen: *(a)* Mujahid (1985)
(b) Berechnet nach Department of Statistics, Manpower Survey 1982/83

Tabelle 17: Partizipationsraten bei
Frauen (in %)

Alter	1961*(a)*	1976*(a)*	1982/83*(b)*
15 - 19	3,9	3,6	4,8
20 - 24	5,5	22,6	20,4
25 - 29	3,4	18,1	15,3
30 - 39	2,6	6,5	8,7
40 - 49	2,3	3,0	3,7
50 - 59	1,6	1,6	2,3
60 - 64	1,0	1,1	1,3
15 - 64	3,3	8,4	8,8
Alle Gruppen	2,2	4,1	4,2

Quellen: *(a)* Mujahid (1985)
(b) Berechnet nach Department of Statistics, Manpower Survey 1982/83

Tabelle 18: Sektorale Struktur der Frauenbeschäftigung
(ohne Landwirtschaft, ohne Streitkräfte)

Sektor	Anteile der sektoralen Beschäftigung an der Frauenbeschäftigung		Anteile der Frauenbeschäftigung an der sektoralen Beschäftigung	
	1961(a)	1982/83(b)	1961(a)	1982/83(b)
Mining & Quarrying	./.	0,1%	./.	0,8%
Manufacturing	37,4%	8,2%	16,3%	9,2%
Electricity, Gas, Water	0,1%	./.	1,0%	./.
Construction	0,3%	0,6%	0,1%	0,4%
Commerce	3,0%	3,4%	1,3%	2,5%
Transport, Communication	1,0%	1,1%	1,0%	1,0%
Services	58,1%	86,6%	6,0%	13,4%
Gesamt	100,0%	100,0%	5,3%	8,7%

./. = unter 0,05%

Quellen: (a) Mujahid (1985)
(b) Berechnet nach Department of Statistics, Manpower Survey 1982/83

Tabelle 19: Berufsstruktur der Frauenbeschäftigung
(außer Landwirtschaft, außer Streitkräfte)

	Anteile verschiedener Berufe an der Frauenbeschäftigung		Anteile der Frauen an verschiedenen Berufsgruppen	
	1961(a)	1982/83(b)	1961(a)	1982/83(b)
Professional, Technical and Related Workers	28,7%	55,8%	28,1%	32,8%
Administrative and Managerial Workers	0,1%	1,1%	0,4%	4,8%
Clerical and Related Workers	6,9%	19,6%	5,0%	25,3%
Sales Workers	1,0%	2,6%	0,5%	2,2%
Production and Related Workers, Transport Equipment Operators and Labourers	40,3%	8,6%	3,8%	1,8%
Service Workers	23,0%	12,2%	11,4%	14,8%
Gesamt	100,0%	100,0%	5,3%	8,7%

Quellen: (a) Mujahid (1985)
(b) Berechnet nach Department of Statistics, Manpower Survey 1982/83

Tabelle 20: Indizes des Bruttoinlandsprodukts
und der Lohnentwicklung, 1977 - 1983
(1976 = 100)

Jahr	BIP	Lohnentwicklung
1977	101,4	110,6
1978	118,7	121,8
1979	126,3	131,4
1980	151,8	159,6
1981	164,3	170,3
1982	171,8	193,2
1983	174,4	204,4

Quellen: Berechnet nach Central Bank of Jordan, Yearly Statistical Series, Special Issue (1964-1983), und ILO, Year Book of Labour Statistics 1986.

Tabelle 21: Intersektorale Lohnunterschiede,
1973 und 1982

Sektor	Beschäftigung pro Sektor in Tsd.(a)		Arbeitseinkommen pro Sektor in Mio. JD(b)		Lohnindex(*)	
	1973	1982	1973	1982	1973	1982
Agriculture	52,3	51,0	1,8	12,2	100	100
Mining & Quarring	2,1	4,4	2,0	15,0	2767,2	1425,1
Manufacturing	29,4	50,6	5,5	52,6	543,6	434,6
Construction	26,0	76,2	9,1	73,3	1016,9	402,1
Transportation	22,9	41,0	8,4	61,6	1065,8	628,1
Trade	55,3	47,4	7,1	56,3	373,0	496,5
Finance	5,6	9,9	1,9	20,8	985,8	878,3
Government Serv.	112,3	186,8	46,4	214,5	1200,5	480,0

Quellen: *(a)* Schätzungen der Weltbank
(b) Department of Statistics/United Nations Economic Commission for Western Asia, National Accounts in Jordan, 1952 - 1976; Department of Statistics, National Accounts, 1982 - 1986
(*) Lohnindex in bezug auf die jeweiligen Nominallöhne. Die Löhne in der Landwirtschaft wurden für jedes Jahr gleich 100 gesetzt.

Tabelle 22: Zusammenfassung der Empfehlungen des
"Consultative Committee on Wages and Prices"
und der Ergebnisse von Tarifverhandlungen,
1978 − 1983

Jahr	Empfohlene Lohn-erhöhungen	Tatsächliche Ergebnisse der Verhandl.
1978	6 − 10%	15 − 20%
1979	6 − 12%	15 − 25%
1980	6 − 12%	10 − 15%
1981	6 − 10%	8 − 15%
1982	6 − 11%	12 − 25%
1983	5 − 9%	10 − 15%

Quelle: Al-Akel (1985)

Tabelle 23: Schätzungen über die Abwanderung von jordanischen
und palästinensischen Arbeitskräften, 1961 - 1987
(nur Bestandsschätzungen)

Bezugs-jahr	Autor/en	Anzahl	Quelle	Gruppe, Abwanderungs- und Zielgebiet
1961				
	Share (1985)	32765	Volkszählung 1961	Jordanische Arbeitskräfte von East- und Westbank in allen Einwanderungsländern
	Share (1987)	62863	Volkszählung 1961	Alle Jordanier von East- und Westbank außerhalb Jordaniens
1973				
	o.A. (1986b)	125000	Keine Angaben	Jordanische Arbeitskräfte in allen Einwanderungsländern
	Arab Consult Center (1987)	152000	Keine Angaben	Jordanische Arbeitskräfte in allen Einwanderungsländern
1975				
	Seccombe/ Wilson (1987)	139000	Keine Angaben	Arbeitskräfte von der Eastbank in arabischen Einwanderungsländern
	Serageldin et al. (1983)	139000	Eigene Schätzung	Arbeitskräfte von der Eastbank in arabischen Haupteinwanderungsländern
	o.A. (1986b)	139000	Keine Angaben	Jordanische Arbeitskräfte in allen Einwanderungsländern
	Yahya (1980)	266000	Birks/Sinclair (1978)	Jordanische und palästinensische Arbeitskräfte aus allen Herkunftsländern in den arabischen Erdölstaaten
		143330	Eigene Berechnung	Arbeitskräfte von der Eastbank in den arabischen Erdölstaaten
	Kirwan (1981)	a660000	a-d Birks/Sinclair	a Jordanier in arabischen Einwanderungsländern
		b150000		b Arbeitskräfte von der Eastbank in arabischen Einwanderungsländern
		c1128000		c Jordanier und Palästinenser in arabischen Einwanderungsländern
		d263000		d Jordanische und palästinensische Arbeitskräfte in den arabischen Einwanderungsländern
	Mazur (1979)	150000-200000	Eigene Berechnung	Arbeitskräfte und ihre Familienmitglieder in allen Einwanderungsländern

Fortsetzung Tabelle 23

Jahr	Quelle	Zahl	Datenquelle	Beschreibung
1975	Share (1985)	150000-200000	Keine Angaben	Jordanische Arbeitskräfte in allen Einwanderungsländern
	Share (1987)	170000-180000	Eigene Schätzung	Jordanische Arbeitskräfte in allen Einwanderungsländern
	Schliephake (1987)	215000	Keine Angaben	Arbeitskräfte von East- und Westbank in allen Einwanderungsländern
	Birks/Sinclair (1978)	264717	Daten der Aufnahmeländer	Alle jordanischen (57%) und palästinensischen (43%) Arbeitskräfte in den arabischen Erdölstaaten
	Anani/Jaber (1980)	304182	Department of Statistics	Alle Jordanier von der Eastbank in allen Einwanderungsländern
1976	Mazur (1979)	100000	Keine Angaben	Arbeitskräfte von der Eastbank in allen Einwanderungsländern
1978	Saket (1978)	ca. 300000	Keine Angaben	Jordanische Arbeitskräfte in allen Einwanderungsländern
1979	Hurani (1985)	500000-750000	Department of Statistics	Alle Jordanier außerhalb Jordaniens
Ende der 70er	Findlay/Samha (1986)	300000	Department of Statistics	Jordanische Arbeitskräfte in allen Einwanderungsländern
1980	Saket (1985)	a 500000 b 240000	a, b National Planning Council	a Jordanische Bevölkerung in allen Einwanderungsländern b Jordanische Arbeitskräfte in allen Einwanderungsländern
	Seccombe (1981)	250350	Birks/Sinclair	Jordanische und palästinensische Arbeitskräfte in allen Einwanderungsländern
	Findlay (1987)	261500	Ministry of Labour	Arbeitskräfte von East- und Westbank in den arabischen Einwanderungsländern
	Kirwan (1982)	266000	Eigene Berechnung	Basiszahl für 1975 beinhaltet nur Arbeitskräfte von der Eastbank in arabischen Einwanderungsländern; Nettoauswande-

Fortsetzung Tabelle 23

1980				
				rung 1975-79 (116000) beinhaltet sämtliche Einwanderungsländer
	o.A. (1986b)	305000	Keine Angaben	Jordanische Arbeitskräfte in allen Einwanderungsländern
	Anani/Jaber (1980)	305400	Ministry of Labour	Arbeitskräfte von East- und Westbank in allen Einwanderungsländern
	RSS (1986)	305400	Keine Angaben (Ministry of Labour)	Arbeitskräfte aus East- und Westbank in allen Einwanderungsländern
1981				
	Share (1987)	306400	Ministry of Labour	Arbeitskräfte von East- und Westbank in allen Einwanderungsländern
1981/82				
	Chatelus (1987)	330000	Keine Angaben	Jordanische Arbeitskräfte in allen Einwanderungsländern
1982				
	RSS (1983)	300000	Keine Angaben	Arbeitskräfte von East- und Westbank in den arabischen Einwanderungsländern
	Talafha (1985a)	315000	Veröffentlichung des Ministry of Labour	Arbeitskräfte von East- und Westbank in allen Einwanderungsländern
1983				
	Seccombe/ Wilson (1987)	271500	Ministry of Labour	Arbeitskräfte von East- und Westbank in den arabischen Einwanderungsländern
	Nagaba (1988)	271850	Japanische Quelle	Jordanische Arbeitskräfte in arabischen Einwanderungsländern
	Al-Akel (1985)	315400	Ministry of Labour	Jordanische Arbeitskräfte in allen Einwanderungsländern
1984				
	RSS (1986)	325000	Ministry of Labour	Arbeitskräfte aus East- und Westbank in allen Einwanderungsländern
1985				
	Serageldin et al. (1983)	a257000 b267000	Eigene Projektion bei	Arbeitskräfte von der Eastbank oder von East- und Westbank

Fortsetzung Tabelle 23

1985					
				*a*hohen und *b*niedrigen Wachstumsraten	(nicht eindeutig) in arabischen Haupteinwanderungsländern
	Ministry of Labour	328000	Schätzung der Forschungsabteilung		Arbeitskräfte von East- und Westbank in allen Einwanderungsländern
	o.A. (1986b)	339000	Keine Angaben		Jordanische Arbeitskräfte in allen Einwanderungsländern
1986					
	RSS (1987)	328000	Ministry of Labour		Arbeitskräfte von East- und Westbank in allen Einwanderungsländern
	Ministry of Labour	328000	Schätzung der Forschungsabteilung		Arbeitskräfte von East- und Westbank in allen Einwanderungsländern
1987					
	EIU (1988)	*a*325000 *b*800000-1000000	Keine Angaben		*a*Jordanische Arbeitskräfte in allen Einwanderungsländern *b*Jordanier in allen Einwanderungsländern
	Ministry of Labour	328000	Schätzung der Forschungsabteilung		Arbeitskräfte von East- und Westbank in allen Einwanderungsländern

Tabelle 24: Regionale Verteilung der jordanischen
und palästinensischen Migranten,
1980 und 1985

Land	Anzahl 1980	in %	Anzahl 1985	in %
Saudi-Arabien	140 000	45,8	160 000	48,8
Kuwait	75 000	24,6	81 500	24,8
Qatar	7 250	2,4	8 000	2,4
V.A.E.	19 000	6,2	10 500	3,2
Bahrain	3 250	1,1	3 000	0,9
Oman	6 500	2,1	6 000	1,8
Libyen	6 500	2,1	3 000	0,9
Andere arabische Länder	4 000	1,3	4 000	1,2
U.S.A.	23 000	7,4	24 250	7,4
BRD	10 000	3,3	10 000	3,0
Kanada	5 000	1,6	5 000	1,5
Übrige Welt	5 900	1,9	12 750	3,9
Gesamt	305 400	100,0	328 000	100,0

Quelle: Al-Akel (1986)

Tabelle 25: Formelle Qualifikationen der abgewanderten Arbeitskräfte (1980), der jordanischen und palästinensischen Arbeitskräfte in Jordanien (1980), der Remigranten nach Jordanien (1986) sowie der nicht jordanischen Arbeitskräfte in Jordanien (1985)

Qualifikation	Migranten (a)	Jord. Arbeitskräfte in Jordanien (b)	Remigranten (c)	Nicht jordanische Arbeitskräfte in Jord. (d)
Kein Sekundarschulabschluß	33,3%	72,6%	25,6%	74,9%
Sekundarschulabschluß	18,6%	12,8%	22,7%	7,2%
Formelle Berufsausbildung nach dem Sekundarschulabschluß (Community Colleges)	16,5%	7,3%	16,5%	11,6%
Universitätsabschluß (B.A., B.Sc., M.A., M.Sc., Ph.D.)	31,6%	7,3%	22,0%	6,3%
Ohne Angabe	–	–	13,2%	–
Gesamt	100,0%	100,0%	100,0%	100,0%

Quellen: (a) RSS (1983) (b) Ibrahim et al. (1988) (c) Findlay (1987) (d) Share (1988)

Tabelle 26: Berufsstruktur der jordanischen Bevölkerung, der jordanischen und palästinensischen Migranten, der Remigranten und der nicht jordanischen Arbeitsbevölkerung in Jordanien

Berufsgruppe	Jordanische Arbeitsbev. (1986)(a)	Jordanische Arbeitsmig. (1985)(b)	Jordanische Remigranten (1986)(b)	Nicht Jordanische Arbeitsbev. in Jord. (1986)(c)
Professional, Technical and Related Workers	15,0%	36,0%	34,5%	3,1%
Administrative and Managerial Workers	1,4%	5,3%	11,3%	0,6%
Clerical and Related Workers	5,8%	7,2%	8,4%	0,4%
Service Workers	6,3%	3,4%	8,5%	43,5%
Sales Workers	9,1%	4,0%	5,4%	1,6%
Agricultural Workers	6,0%	1,0%	2,6%	14,8%
Production, Transport and Construction Workers	56,4%	43,1%	28,8%	35,8%
Andere/Nicht klassifiziert	-	-	0,5%	-
Gesamt	100,0%	100,0%	100,0%	100,0%

Quellen: (a) Ibrahim et al. (1988) (b) Findlay (1987) (c) MoL, Jahresbericht 1986

Tabelle 27: Sektorale Inlands- und Auslandsbeschäftigung jordanischer und palästinensischer Arbeitskräfte

Sektor	Inlandsbeschäftigung *(a)* Anzahl (1984)	in %	Auslandsbeschäftigung *(b)* Anzahl (1985)	in %
Agriculture	44114	7,4	27552	8,4
Mining & Quarrying	14699	2,5	7872	2,4
Manufacturing	54819	9,2	17384	5,3
Utilities	14170	2,4	11808	3,6
Construction	57914	9,8	2952	0,9
Trade & Finance	98186	16,6	50840	15,5
Transport & Communication	41946	7,1	23944	7,3
Services	266842	45,0	185648	56,6
Gesamt	592690	100,0	328000	100,0

(a) nur Eastbank (inkl. Einwanderer) *(b)* Jordanier und Palästinenser v. East- und Westbank

Quellen: *(a)* RSS (1986) *(b)* Eigene Berechnung nach Serageldin et al. (1983) und Al-Akel (1986)

Tabelle 28: Beschäftigung von Jordaniern und Palästinensern sowie Beschäftigung von Ausländern insgesamt in den Erdölstaaten nach Sektoren, 1985

Sektor	Anteile der Beschäftigung von Jord./Paläst.	Anteile der Ausländerbeschäftigung insges.
Agriculture	8,4%	14,7%
Mining & Quarrying	2,4%	1,6%
Manufacturing	5,3%	6,4%
Utilities	3,6%	1,8%
Construction	0,9%	24,4%
Trade & Finance	15,5%	12,3%
Transport & Communication	7,3%	7,4%
Services	56,6%	31,4%
Gesamt	100,0%	100,0%

Quelle: Eigene Berechnungen nach Al-Akel (1985) und Serageldin et al. (1983)

Tabelle 29: Anzahl der Rückkehrer
von Juli bis Dezember 1986
und ihr letztes Gastland

Gastland	Anzahl	in %
Saudi-Arabien	613	48,1
Kuwait	336	26,4
Vereinigte Arabische Emirate	135	10,6
Andere arabische Länder	139	10,9
Europa	25	2,0
Nordamerika	13	1,0
Ohne Angabe	14	1,1
Gesamt	1275	100,0

Quelle: Findlay (1987)

Tabelle 30: Gastarbeiterüberweisungen nach Jordanien, 1967 - 1987

Jahr	Gastarbeiterüberweisungen (in Mio. JD)	Veränderung zum Vorjahr	in % des BSP
1967	6,60	-	4,6
1968	4,10	- 37,9%	2,7
1969	6,92	68,8%	3,5
1970	5,54	- 19,9%	3,0
1971	4,97	- 10,3%	2,5
1972	7,41	49,1%	3,4
1973	14,70	98,4%	6,1
1974	24,13	64,1%	8,6
1975	53,25	120,7%	14,2
1976	136,41	156,2%	24,3
1977	154,75	13,4%	23,4
1978	159,38	3,0%	20,4
1979	180,42	13,2%	19,6
1980	236,68	31,2%	19,9
1981	340,89	44,0%	23,0
1982	381,87	12,0%	22,8
1983	402,90	5,5%	22,8
1984	475,00	17,9%	25,6
1985	402,92	- 15,2%	21,8
1986	414,53	2,9%	21,6
1987	317,74	- 23,3%	17,0

Quellen: Saket (1986); Central Bank of Jordan, Yearly Statistical Series 1964 - 1983, Special Issue 1984; Central Bank of Jordan, Monthly Statistical Bulletin, Vol. 23, No. 6 (Juni 1987) und Vol. 24, No. 5 (Mai 1988)

Tabelle 31: Schätzungen und Feststellungen der Einwanderung
nach Jordanien, 1973 - 1987
(nur Bestandsschätzungen)

Bezugs-jahr	Autor/en	Anzahl	Quelle	Bemerkungen/Herkunftsgebiet
1973	Seccombe (1983)	376	Erteilte Arbeitsgenehmigungen	Keine weiteren Angaben
1974	Seccombe (1983)	519	Erteilte Arbeitsgenehmigungen	Keine weiteren Angaben
1975	Seccombe (1986)	803	Erteilte Arbeitsgenehmigungen	Keine weiteren Angaben
	Seccombe (1983)	2228	Labor Force Census (1975)	davon 84% arabische Arbeitskräfte
1975/76	Seccombe (1983)	25000	Jordanische Quelle	Keine weiteren Angaben
1976	Share (1985)	4790	Erteilte Arbeitsgenehmigungen	Keine weiteren Angaben
1977	Share (1985)	7778	Erteilte Arbeitsgenehmigungen	Keine weiteren Angaben
	Birks/Sinclair (1978)	60000	The Middle East (Monatszeitschrift)	Keine weiteren Angaben
1978	Ministry of Labour	18785	Erteilte Arbeitsgenehmigungen	70,9% Araber, 24,6% Asiaten, 4,5% andere Nationalitäten
1979	Ministry of Labour	26415	Erteilte Arbeitsgenehmigungen	69,2% Araber, 22,1% Asiaten, 8,7% andere Nationalitäten
	Seccombe (1986)	41000	Volkszählung 1979	Keine weiteren Angaben

Fortsetzung Tabelle 31

Jahr	Quelle	Anzahl	Datenquelle	Anmerkungen
1980	Ministry of Labour	79566	Erteilte Arbeitsgenehmigungen	77,9% Araber, 17,5% Asiaten, 4,6% andere Nationalitäten
1981	Ministry of Labour	93402	Erteilte Arbeitsgenehmigungen	80,1% Araber, 16,7% Asiaten, 3,2% andere Nationalitäten
	Share (1987)	100000	Ministry of Labour (Schätzung)	20% illegal, keine weiteren Angaben
	Hurani (1985)	180000	US-Quelle (Futures - Group)	Hauptsächlich Ägypter, keine weiteren Angaben
1982	Ministry of Labour	61280	Erteilte Arbeitsgenehmigungen	60,9% Araber, 34,8% Asiaten, 4,3% andere Nationalitäten
	Seccombe (1984)	110000	Eigene Schätzung	72,7% Ägypter, keine weiteren Angaben
	RSS (1987)	120000	Ministry of Labour (Schätzung)	Keine weiteren Angaben
1983	Ministry of Labour	58441	Erteilte Arbeitsgenehmigungen	55,2% Araber, 40,6% Asiaten, 4,1% andere Nationalitäten
	RSS (1987)	130000	Ministry of Labour (Schätzung)	Keine weiteren Angaben
	Nagaba (1988)	161600	Japanische Quelle	44,1% Ägypter, 21,2% Syrer, 12,4% Pakistanis, 5,0% Philippinos, 17,3% Andere
1984	Ministry of Labour	153519	Erteilte Arbeitsgenehmigungen	83,4% Araber, 14,9% Asiaten, 1,7% andere Nationalitäten
	Ibrahim et al. (1988)	209880	Public Security Department	Ausländische Arbeitskräfte in Jordanien (mit oder ohne Arbeitsgenehmigung, aber mit polizeilicher Anmeldung)

Fortsetzung Tabelle 31

Jahr	Quelle	Anzahl	Methode	Anmerkungen
1985	Ministry of Labour	101484	Erteilte Arbeitsgenehmigungen	76,4% Araber, 20,9% Asiaten, 2,7% andere Nationalitäten
	o.A. (1986b)	143000	Keine Angaben (Schätzung)	80% Ägypter, keine weiteren Angaben
	Ibrahim et al. (1988)	217978	Public Security Department	Ausländische Arbeitskräfte in Jordanien (mit und ohne Arbeitsgenehmigung, aber mit polizeilicher Anmeldung)
1986	Ministry of Labour	97885	Erteilte Arbeitsgenehmigungen	77,9% Araber, 20,3% Asiaten, 1,8% andere Nationalitäten
	RSS (1987)	130000	Ministry of Labour (Schätzung)	Keine weiteren Angaben
	Minstry of Labour (Interview im Jerusalem Star, 26.02.87)	150000	Vermutung der Forschungsabteilung über tatsächliche Anzahl	Keine weiteren Angaben
	Ibrahim et al. (1988)	227418	Public Security Department	Ausländische Arbeitskräfte in Jordanien (mit und ohne Arbeitsgenehmigung, aber mit polizeilicher Anmeldung)
1987	Ministry of Labour	79761	Erteilte Arbeitsgenehmigungen	76,1% Araber, 21,9% Asiaten, 2,0% andere Nationalitäten
	EIU (1988)	178000	Keine Angaben (Schätzung)	Keine weiteren Angaben
	Ministry of Labour (Persönliches Interview)	200000	Vermutung der Forschungsabteilung über tatsächliche Anzahl	80% Ägypter, keine weiteren Angaben
	Ibrahim et al. (1988)	224745	Public Security Department	Ausländische Arbeitskräfte in Jordanien (mit und ohne Arbeitsgenehmigung, aber mit polizeilicher Anmeldung)

Tabelle 32: Ausgestellte Arbeitsgenehmigungen für ausländische Arbeitskräfte in Jordanien, 1978 – 1987

Herkunfts-land	1978	1979	1980	1981	1982	1983	1984	1985	1986	1987
Ägypten	11796	16522	55544	67796	32194	28287	122120	71399	70864	54397
Syrien	103	190	3639	3092	1958	1197	3048	2200	2755	3531
Libanon	1179	1000	1172	1077	1164	478	1107	1460	1041	1106
Andere arab. Länder	232	575	1612	2874	1990	2315	1748	2459	1622	1701
Pakistan	1334	1206	2385	1440	2580	3143	2679	2315	2114	1905
Indien	1001	1248	3737	5218	5264	4396	3414	2123	2203	1667
Korea	1441	1427	3681	2114	1454	1461	719	710	337	146
Thailand	172	126	690	962	1558	1117	885	1093	891	507
Philippinen	k.A.	k.A.	k.A.	1475	2833	2473	1832	2023	1679	2015
Sri Lanka	k.A.	k.A.	k.A.	1110	3202	4959	6100	7194	9042	8436
Andere asiatische Länder (a)	675	1829	3461	3241	4433	6205	7236	5791	3613	2807
Übrige Welt	852	2292	3645	3003	2650	2410	2631	2717	1724	1543
Gesamt	18785	26415	79566	93402	61280	58441	153519	101484	97885	79761

(a) Bis 1980 inkl. der Arbeitsmigranten aus Sri Lanka und von den Philippinen

Quellen: MoL, Al-taqrir al-sanawi (Jahresbericht), Ausgaben 1979 – 1987

Tabelle 33: Gastarbeiterüberweisungen aus Jordanien, 1977 - 1987

	Gastarbeiterüber- weisungen aus Jor- danien in Mio. JD	Veränderung zum Vorjahr	in % der Gast- arbeiterüberw. nach Jordanien
1977	15,0	./.	9,7
1978	20,0	33,3%	12,5
1979	24,0	20,0%	13,3
1980	46,0	91,7%	19,4
1981	52,0	13,0%	15,3
1982	62,4	20,0%	16,3
1983	72,8	16,7%	18,1
1984	97,5	33,9%	20,5
1985	93,0	- 4,6%	23,1
1986	86,5	- 7,0%	20,9
1987	62,4	-27,9%	19,6

Quellen: Central Bank of Jordan, Yearly Statistical Series (1964-1983), Special Issue 1984; Central Bank of Jordan, Monthly Statistical Bulletin, Vol. 23, No. 6 (Juni 1987) und Vol. 24, No. 5 (Mai 1988)

Tabelle 34: Sektorale Aufteilung der Inländer- und der Ausländerbeschäftigung in Jordanien, 1986

Sektor	Inländerbe- schäftigung(a)	Ausländerbe- schäftigung(b)	Gesamtbe- schäftigung
Landwirtschaft	40700	57058	97758
Bergbau und Verar- beitendes Gewerbe	57300	13474	70774
Elektrizität, Gas, Wasser	5900	1664	7564
Baugewerbe	58900	51569	110469
Handel	53500	13973	67473
Transport und Kommunikation	50300	9149	59449
Finanzwesen	18200	3327	21527
Öffentliche Verwalt./ Andere Dienstleist.	250600	16136	266736
Gesamt	535400	166350	701750

Quellen: (a) RSS (1987)
(b) Eigene Schätzung (siehe Abschnitt 6.4), sektorale Verteilung nach Ibrahim et al. (1988)

Tabelle 35: Migranten in den arabischen Erdölstaaten und ihre Herkunftsländer, 1983

	Saudi-Arabien	Libyen	V.A.E.	Kuwait	Zielländer Qatar	Bahrain	Oman	Irak	Gesamt
Arabische Herkunftsl.	1886000	481000	214400	355800	38750	19300	14600	370000	3379850
Ägypten	800000	300000	150000	200000	8000	3000	10000	340000	1811000
Jemen, A.R.	450000	–	8000	2000	2000	1000	–	3000	466000
Jordanien	160000	2000	10000	80000	7250	4000	1300	7300	271850
Jemen, P.D.R.	100000	–	7000	–	2000	800	–	5000	114800
Syrien	20000	23000	1600	20000	800	500	500	3000	69400
Libanon	30000	6000	2800	30000	4000	3000	700	2000	78500
Sudan	280000	60000	28000	20000	13500	4000	1800	1700	409000
Andere	46000	90000	7000	3800	1200	3000	300	8000	159300
Asiatische Herkunftsl.	1414000	222000	451500	219000	81400	64800	239000	–	2691700
Indien	300000	23000	130000	75000	30000	20000	162000	–	740000
Pakistan	610000	47000	280000	95000	45000	29000	42000	–	1148000
Bangladesh	190000	–	–	15000	1000	500	26000	–	232500
Sri Lanka	40000	–	5000	500	700	500	5800	–	52500
Thailand	70000	–	2000	5000	600	2000	700	–	93300
Malaysia	9000	13000	3000	4000	–	2000	–	–	18500
Indonesien	10000	500	2000	8000	600	300	500	–	21900
Philippinen	80000	1000	15000	8000	2000	9000	1500	–	116500
Südkorea	40000	17000	12000	7000	1000	1000	500	–	78500
Türkei	65000	120000	2500	1500	500	500	–	–	190000
Andere/Nicht klassifiziert	13000	1000	3000	2000	500	300	1000	130000	150800
Gesamt	3313000	704000	668900	576800	120650	84400	254600	500000	6222350

Quelle: Zusammengestellt nach Nagaba (1988)

Tabelle 36: Qualifikationsstruktur verschiedener Einwanderergruppen in den Ölstaaten, 1985 (Projektion aus dem Jahr 1983)

Qualifikations-stufe	Anteile in den jeweiligen Qualifikationsstufen von			
	Ägyptern	Pakistanis	Jord./Palästin.	Ausländern insgesamt
Professional and technical (A-1)	4,3%	2,4%	10,2%	4,5%
Other Professional (A-2)	10,3%	3,3%	20,3%	7,1%
Sub-professional and technical (B-1)	3,6%	7,1%	11,3%	4,9%
Other Sub-Professional (B-2)	8,2%	4,0%	16,3%	5,8%
Skilled office and manual (C-1)	13,5%	25,9%	15,0%	17,2%
Semiskilled office and manual (C-2)	12,2%	16,1%	8,1%	18,4%
Unskilled (D)	47,9%	41,2%	18,8%	42,1%
Gesamt	100,0%	100,0%	100,0%	100,0%

Erläuterungen:
A-1 = Technische oder naturwissenschaftliche Ausbildung mit Universitätsabschluß
A-2 = Alle anderen Ausbildungsgänge mit Universitätsabschluß
B-1 = Ein bis drei Jahre naturwissenschaftliche Ausbildung nach der Sekundarstufe oder technische Ausbildung während der Sekundarstufe
B-2 = Ein bis drei Jahre nicht-naturwissenschaftliche Ausbildung nach der Sekundarstufe oder Absolvierung einer berufsbildenden Sekundarstufe
C-1 = Abschluß der allgemeinen Sekundarstufe
C-2 = Mindestens schreib- und lesekundig
D   = Keinerlei Ausbildung

Quelle: Serageldin et al. (1983)

Tabelle 37: Durchschnittlicher Anteil ausländischer Arbeitskräfte in verschiedenen Sektoren in einigen arabischen Erdölstaaten*(a)*, 1975 und 1985

Sektor	1975	1985*(b)*
Agriculture	9,2%	38,5%
Mining & Quarrying	36,8%	54,7%
Manufacturing	66,8%	61,3%
Utilities	46,2%	59,0%
Construction	78,6%	69,7%
Trade & Finance	57,5%	62,5%
Transport & Communication	48,9%	58,5%
Services	45,7%	57,9%
Gesamt	44,0%	56,8%

(a) Bahrain, Kuwait, Libyen, Oman, Qatar, Saudi-Arabien, V.A.E.
(b) Projektion aus dem Jahr 1983

Quelle: Serageldin et al. (1983)

Tabelle 38: Ölexporteinnahmen einiger OPEC-Länder, 1976 – 1987 (in Mrd. US-Dollar)

	1976	1980	1981	1982	1983	1984	1985	1986	1987
Saudi-Arabien	30,7	102,0	113,2	76,0	46,0	44,0	28,0	19,5	20,7
Kuwait	8,5	17,9	14,9	10,0	10,0	11,0	9,0	6,3	7,5
V.A.E.	7,0	19,5	18,7	16,0	13,0	13,0	12,0	7,1	8,2
Qatar	2,1	5,4	5,3	4,2	3,0	4,0	3,0	3,2	2,0
Iran	21,1	13,5	8,6	19,0	20,0	15,0	14,0	6,6	10,9
Irak	8,5	26,1	10,4	9,5	8,0	10,0	12,0	7,3	k.A.
Libyen	7,5	22,6	15,6	14,0	11,0	10,0	10,0	7,3	12,0

Quellen: Cremer (1987); Economist Intelligence Unit, Country Reports, verschiedene Ausgaben; MEED, verschiedene Ausgaben

LITERATURVERZEICHNIS

Abboushi, W.F. (1970): *Political Systems in the Middle East in the 20th Century.* New York: Dodd, Mead and Company.

Abdallah, I.S.E. (1988): Migration as a Factor Conditioning State Economic Control and Financial Policy Options. In: Luciani, G.; Salamé, G. (eds.): *The Politics of Arab Integration.* London (etc.): Croom Helm, 141 - 158.

Abdul-Fadil, M. (1986): The Economic Impact of International Migration with Special Reference to Worker's Remittances in Countries of the Middle East. *Finance and Industry* 7, 43 - 63.

Abidi, A.H.H. (1965): *Jordan - A Political Study, 1948 - 1957.* Bombay (etc.): Asia Publishing House.

Abuirmeileh, N. (1987): Agricultural Development and Food Security in Jordan. In: Khader, B.; Badran, A. (eds.): *The Economic Development of Jordan.* London (etc.): Croom Helm, 93 - 117.

Abu Sabha, K.O.; Barham, N.R. (1987): *Internal Migration in Jordan - Causes, Trends and Consequences.* Amman: University of Jordan.

Addleton, J. (1984): The Impact of International Migration on Economic Development in Pakistan. *Asian Survey* 24, 574 - 596.

Adepoju, A. (1984): Linkages between Internal and International Migration: the African Situation. *International Social Science Journal* 36, 441 - 452.

Ahmad, M. (1982): *Emigration of Scarce Skills in Pakistan.* Geneva: International Labour Office. (MIG WP.5)

Al-Akel, M.A.H. (1985): *Manpower, Labour Market, and Wage Development: The Case of Jordan.* O.O. (Brighton): The University of Sussex. (Unveröffentlichte Ph.D. Thesis)

Al-Akel, M.A.H. (1986): Hijrat al-quwa al-'amilah bayn al-nazariya wa al-tatbiq - ma ishara khasa ila al-tajriba al-urduniya [Arbeitsmigration zwischen Theorie und Praxis - unter besonderer Berücksichtigung der Erfahrungen Jordaniens]. *Al-'Amal* 34, 26 - 44.

Alessa, S.Y. (1981): *The Manpower Problem in Kuwait.* London/Boston: Kegan Paul International.

Ali, M.I.T. (1984): *An Econometric Analysis of Population, Education and Manpower in Jordan: An Equilibrium and Disequilibrium Model.* Leeds: The University of Leeds. (Unveröffentlichte Ph.D. Thesis)

Ali, S.A. et al. (1981): *Labor Migration from Bangladesh to the Middle East.* Washington, D.C.: The World Bank. (Staff Working Paper No. 454)

Al-Rumaihi, M. (1986): Social and Psychological Impact on the Arab World. In: Farid, A.M.; Sirriyeh, H. (eds.): *The Decline of Arab Oil Revenues*. London (etc.): Croom Helm, 84 - 99.

Al-Sadi, A. (1985): *Leben im Lager - Eine sozio-ökonomische Fallstudie des palästinensischen Flüchtlingslagers von Irbid/Jordanien*. Berlin: Das Arabische Buch.

Al-Salem, F.; Dhaher, A. (o.J., um 1983): *Expatriate Labor in the Arab Gulf States: Social Status and the Citizens*. O.O. (Kuwait: Kuwait University). (Typoskript)

Amerah, M.S.; Al-Hajji, T.M. (1987): *Import Capacity and Economic Growth in Jordan, 1973 - 1985*. Amman: Royal Scientific Society.

Amin, G.A.; Awny, E. (1985): *International Migration of Egyptian Labour - A Review of the State of the Art*. Ottawa: International Development Research Center.

Anani, J.A. (1978): The Labour Situation in Jordan. Beitrag auf dem Seminar "*Population, Employment and Migration in the Arab Gulf States*", Kuwait, 16.-18.12.78.

Anani, J. (1987): Adjustment and Development: The Case of Jordan. In: El-Naggar, S. (ed.): *Adjustment Policies and Development Strategies in the Arab World*. Washington: International Monetary Fund, 124 - 148.

Anani, J.; Jaber, T.A. (1980): *Jordan's Experience and Policies in the Field of Reverse Flow of Technology*. Amman. (Typoskript)

Arab Consult Center (1987): *Impact of Remittances on Housing*. Amman: Arab Consult Center.

Arcinas, F.R. (1986): The Philippines. In: Gunatilleke, G. (ed.): *Migration of Asian Workers to the Arab World*. Tokyo: The United Nations University, 259 - 305.

Aruri, N.H. (1972): *Jordan: A Study in Political Development (1921 - 1965)*. The Hague: Martinus Nijhoff.

Badran, A.M. (1987): Science and Technology and Human Resources. Beitrag auf dem Seminar "*Economic Integration and Jordan EEC Relations*", Amman, 28.-29.11.87.

Bahral, U. (1965): *The Effect of Mass Immigration on Wages in Israel*. Jerusalem: The Falk Project for Economic Research in Israel.

Bailey, C. (1984): *Jordan's Palestinian Challenge, 1948 - 1983: A Political History*. Boulder/London: Westview Press.

Baumgarten, H. (1988): Migrants, Migrant Communities and Movements of National Liberation. Beitrag beim "*2nd French-German Workshop on Labour Migration and the Process of Social and Political Change in the Middle East*", Berlin, 02.-03.06.88.

Beblawi, H.; Luciani, G. (eds.) (1987): *The Rentier State*. London (etc.): Croom Helm. (= Nation, State and Integration in the Arab World, Vol. 2)

Behr, V. (1984): *Auswirkungen der Arbeitsemigration auf die wirtschaftliche Entwicklung Tunesiens*. Frankfurt/M.: R.G. Fischer.

Benvenisti, M. (1984): *The West Bank Data Project - A Survey of Israel's Policies*. Washington (D.C.)/London: American Enterprise Institute for Public Policy Research. (AEI Studies, No. 398)

Benvenisti, M. (1986): *The West Bank Handbook - A Political Lexicon*. Jerusalem: The Jerusalem Post.

Benvenisti, M. (1987): *1987 Report - Demographic, Economic, Legal, Social and Political Developments in the West Bank*. Jerusalem: The West Bank Data Base Project. (Distributed by the Jerusalem Post)

Berry, R.A.; Soligo, R. (1969): Some Welfare Aspects of International Migration. *Journal of Political Economy* 77, 778 - 794.

Bhagwati, J.N. (1984): Incentives and Disincentives: International Migration. *Weltwirtschaftliches Archiv* 120, 678 - 701.

Birks, J.S.; Seccombe, I.J.; Sinclair, C.A. (1986): Migrant Workers in the Arab Gulf: The Impact of Declining Oil Revenues. *International Migration Review* 20, 799 - 814.

Birks, J.S.; Sinclair, C.A. (1978): *International Migration Project - Country Case Study: The Hashemite Kingdom of Jordan*. Durham: University of Durham.

Birks, J.S.; Sinclair, C.A. (1980): *Arab Manpower - The Crisis of Development*. New York: St. Martin's Press.

Birks, J.S.; Sinclair, C.A. (1981): The Socio-Economic Determinants of Intra-Regional Migration. In: *International Migration in the Arab World*. Proceedings of an ECWA Population Conference, Nicosia, Cyprus, 11. - 16.05.81, Vol. II, 733 - 752.

Birks, J.S.; Sinclair, C.A. (1982): Manpower in Saudi-Arabia, 1980-85. In: El Mallakh, R.; El Mallakh, D.H. (eds.): *Saudi-Arabia - Energy, Development Planning and Industrialization*. Lexington (Mass.): Lexington Books, 161 - 176.

Birks, J.S.; Sinclair, C.A.; Socknat, J.A. (1983): The Demand for Egyptian Labor Abroad. In: Richards, A.; Martin, P.L. (eds.): *Migration, Mechanization and Agricultural Labor Markets in Egypt*. Boulder (Col.): West view Press, 103 - 116.

Bogue, D.J. (1977): A Migrant's-Eye View of the Costs and Benefits of Migration to a Metropolis. In: Brown, A.A.; Neuberger, E. (eds.): *Internal Migration - A Comparative Perspective*. London: Academic Press, 167 - 182.

Böhmer, J. (1984): Arbeitsemigration türkischer Gastarbeiter - Abwanderung, Rückwanderung, Investitionsverhalten und ländliche Entwicklung. *Orient* 25, 537 - 550.

Böhning, W.R. (1982): *Towards a System of Recompense for International Labour Migration.* Geneva: International Labour Office. (MIG WP.2)

Böhning. W.R. (1983): Elements of a Theory of International Economic Migration to Industrial Nation States. In: Kritz, M.M.; Keely, C.B.; Tomasi, S.M. (eds.): *Global Trends in Migration - Theory and Research on International Population Movements.* Staten Island: Center for Migration Studies, 28 - 43.

Böhning, W.R. (1984): *Studies in International Labour Migration.* London/Basingstoke: Macmillan.

Brenner, R.; Kiefer, N.M. (1981): The Economics of the Diaspora: Discrimination and Occupational Structure. *Economic Development and Cultural Change* 29, 517 - 534.

Brown, L.A.; Sanders, R.L. (1981): Toward a Development Paradigm of Migration, with Particular Reference to Third World Settings. In: De Jong, G.F.; Gardner, R.W. (eds.): *Migration Decision Making - Multidisciplinary Approaches to Microlevel Studies in Developed and Developing Countries.* New York (etc.): Pergamon Press, 149 - 185.

Burki, S.J. (1980): What Migration to the Middle East May Mean for Pakistan. *Journal of South Asian and Middle Eastern Studies* 3, No. 3, 47 - 66.

Burki, S.J. (1984): International Migration: Implications for Labor Exporting Countries. *The Middle East Journal* 38, 668 - 684.

CBJ [Central Bank of Jordan], *MSB [Monthly Statistical Bulletin],* zitierte Ausgaben.

CBJ [Central Bank of Jordan] (1984): *Yearly Statistical Series (1964 - 1983) - Special Issue.* Amman: Central Bank of Jordan.

Central Bureau of Statistics, *Statistical Abstract of Israel,* zitierte Ausgaben.

Chatelus, M. (1987): Rentier or Producer Economy in the Middle East? The Jordanian Response. In: Khader, B.; Badran, A. (eds.): *The Economic Development of Jordan.* London (etc.): Croom Helm, 204 - 220.

Choucri, N. (1986): The Hidden Economy: A New View of Remittances in the Arab World. *World Development* 14, 697 - 712.

Choucri, N. (1988): Migration in the Middle East: Old Economics or New Politics? *Journal of Arab Affairs* 7, No. 1, 1 - 18.

Claus, B.; Hofmann, M. (1984): *Die Bedeutung der Erdölländer des Gulf Cooperation Council für die Entwicklung der Jemenitischen Arabischen Republik und des Haschemitischen Königreichs Jordanien.* Berlin: Deutsches Institut für Entwicklungspolitik.

Connell, J. et al. (1976): *Migration from Rural Areas - The Evidence from Village Studies.* Dehli (etc.): Oxford University Press.

Cremer, G. (1987): Nach dem Ölpreissturz: Folgt ein Exodus der süd- und südostasiatischen Migranten aus dem Nahen Osten? *Internationales Asienforum* 18, 69 - 94.

Cremer, G. (1988): *Indonesia's Overseas Employment Policy - Present State and Prospects*. Jakarta: Research and Documentation Centre for Manpower and Development.

Czichowski, F. (1986): Migration pakistanischer Arbeitskräfte in die arabischen Erdölstaaten und ihre sozioökonomischen Implikationen für Pakistan. *Internationales Asienforum* 17, 7 - 28.

Dajani, J.S. et al. (1980): *An Interim Evaluation of the Jordan Valley Development Effort: 1973 - 1980*. O.O.: Report prepared for the U.S. Agency for International Development.

DaVanzo, J. (1981): Microeconomic Approaches to Studying Migration Decisions. In: De Jong, G.F.; Gardner, R.W. (eds.): *Migration Decision Making - Multidisciplinary Approaches to Microlevel Studies in Developed and Developing Countries*. New York (etc.): Pergamon Press, 90 - 129.

De Jong, G.F.; Gardner, R.W. (eds.) (1981): *Migration Decision Making - Multidisciplinary Approaches to Microlevel Studies in Developed and Developing Countries*. New York (etc.): Pergamon Press.

Dhaher, A. (1987): *Social Views toward Expatriate Labor in Jordan*. Irbid: Yarmouk University. (Typoskript)

Dhaher, A.J.; Al-Salem, M. (o.J., um 1983): *Expatriate Muslims in the Gulf States*. O.O. (Kuwait: Kuwait University). (Typoskript)

Diqs, I. (1967): *A Bedouin Boyhood*. London: George Allen and Unwin.

DoS [Department of Statistics], *National Accounts*, zitierte Ausgaben.

DoS [Department of Statistics], *Statistical Yearbook*, zitierte Ausgaben.

DoS [Department of Statistics] (1983): *Results of Housing and Population Census 1979 - East Bank*, 2 Vol. Amman: Department of Statistics.

DoS [Department of Statistics] (1984): *Manpower Survey 1982/83*, 2 Vol. Amman: Department of Statistics.

Ecevit, Z.H. (1983): International Labor Migration in the Middle East and North Africa: Trends, Effects and Policies. In: Kritz, M.M.; Keely, C.B.; Tomasi, S.M. (eds.): *Global Trends in Migration - Theory and Research on International Population Movements*. Staten Island: Center for Migration Studies, 259 - 275.

EIU [Economist Intelligence Unit], *Country Reports*, zitierte Ausgaben.

EIU [Economist Intelligence Unit] (1988): *Country Profile Jordan, 1988-89*. London: Economist Intelligence Unit.

El-Ahmad, A.Q. (1985): *The Foreign Labor Force in Jordan: Socioeconomic Effects.* Cambridge (Mass.): Massachusetts Institute of Technology, Center for International Studies. (Typoskript)

El-Ahmad, A.Q.; Bakir, A. (1987): *Institutionalization of the Export Promotion Strategy in Jordan.* Amman: Royal Scientific Society.

EL-Azzazi, M. (1986): *Das Arbeitskräftepotential in Saudi-Arabien: Chancen und Probleme der Saudisierung der Arbeitskräfte.* Bochum: Ruhr-Universität, Institut für Entwicklungsforschung und Entwicklungspolitik. (Kleine Schriften, Bd. 107)

El-Daghestani, K. (1953): The Evolution of the Moslem Family in the Middle Eastern Countries. International Social Science Bulletin 5, No. 4. Hier zitiert nach: Rivlin, B.; Szyliowicz, J.S. (eds.) (1965): *The Contemporary Middle East - Tradition and Innovation.* New York: Random House, 344 - 351.

Farah, T.; Al-Salem, F.; Al-Salem, M.K. (1979): *Alienation and Expatriate Labor in Kuwait.* Cambridge: Massachusetts Institute of Technology, Center for International Studies.

Farrag, A. (1977): The Wastah among Jordanian Villagers. In: Gellner, E.; Waterbury, J. (eds.): *Patrons and Clients in Mediterranean Societies.* London: Duckworth, 225 - 238.

Findlay, A.M. (1985): Migrants' Dreams and Planners' Nightmares - International Labour Migration in the Arab World and the Growth of Two Sets of Cities. *Cities,* Nov. 1985, 331 - 339.

Findlay, A. (1986): Amman: Urbanization in a "Charity State". *Bulletin de la Societé Languedocienne de Géographie* 20, 211 - 221.

Findlay, A.M. (1987): *The Jordanian Migration System in Transition.* Geneva: International Labour Office. (MIG WP.30)

Findlay, A.; Samha, M. (1985): The Impact of International Migration on the Urban Structure of Amman. *Espace, Populations et Sociétés* 3 (1), 93 - 99.

Findlay, A.; Samha, M. (1986): Return Migration and Urban Change: A Jordanian Case Study. In: King, R. (ed.): *Return Migration and Regional Economic Problems.* London (usw.): Croom Helm, 171 - 184.

Frankfurter Rundschau v. 14.06.85

Franz, E. (1988): Familie, Klan und Stammeswesen. In: Steinbach, U.; Robert, R. (Hrsg.): *Der Nahe und Mittlere Osten - Grundlagen, Strukturen und Problemfelder* (Bd. 1). Opladen: Leske und Budrich, 511 - 520.

Friedlander, S.L. (1965): *Labor Migration and Economic Growth.* Cambridge/London: The M.I.T. Press.

Gilani, I.; Khan, F.M.; Iqbal, M. (1981): *Labour Migration from Pakistan to the Middle East and its Impact on the Domestic Economy,* Part I - III. Islamabad: Pakistan Institute of Development Economics.

Glubb, J.B. (1948): *The Story of the Arab Legion*. London: Hodder and Stoughton.

Gmelch, G. (1980): Return Migration. *Annual Revue of Anthropology* 9, 135 - 159.

Goodman, J.L. (1981): Information, Uncertainty, and the Microeconomic Model of Migration Decision Making. In: De Jong, G.F.; Gardner, R.W. (eds.): *Migration Decision Making - Multidisciplinary Approaches to Microlevel Studies in Developed and Developing Countries*. New York (etc.): Pergamon Press, 130 - 148.

Gopinathan Nair, P.R. (1986): India. In: Gunatilleke, G. (ed.): *Migration of Asian Workers to the Arab World*. Tokyo: The United Nations University, 66 - 109.

Graves, P.P. (ed.) (1950): *Memoirs of King Abdullah of Transjordan*. London: Jonathan Cape.

Grubel, H.G.; Scott, A.D. (1966): The International Flow of Human Capital. *American Economic Review* 56, Papers and Proceedings, 268 - 274.

Gubser, P. (1984): New Institutions and Processes in a Traditional Setting: Examples from Al-Karak, Jordan. In: Cantori, L.J.; Harik, I. (eds.): *Local Politics and Development in the Middle East*. Boulder/ London: Westview Press, 125 - 141.

Guisinger, S.E. (1984): The Impact of Temporary Worker Migration on Pakistan. In: Burki, S.J.; LaPorte (Jr.), R. (eds.): *Pakistan's Development Priorities*. Karachi (etc.): Oxford University Press, 201 - 223.

Gunatilleke, G. (ed.) (1986): *Migration of Asian Workers to the Arab World*. Tokyo: The United Nations University.

Haas, M. (1975): *Husseins Königreich - Jordaniens Stellung im Nahen Osten*. München: Tuduv.

Hallwood, P. (1987): Labor Migration and Remittances between OPEC Members and Non-Oil LDCs. *Middle East Review* 19, 3, 39 - 48.

Hamilton, B.; Whalley, J. (1984): Efficieny and Distributional Implications of Global Restrictions on Labour Mobility - Calculations and Policy Implications. *Journal of Development Economics* 14, 61 - 75.

Hanania, I. (1968): *The Civil Service Department in Jordan, 1955 - 1965*. Beirut: American University of Beirut. (Unveröffentlichte M.A. Thesis)

Harbison, S.F. (1981): Family Structure and Family Strategy in Migration Decision Making. In: De Jong, G.F.; Gardner, R.W. (eds.): *Migration Decision Making - Multidisciplinary Approaches to Microlevel Studies in Developed and Developing Countries*. New York (usw.): Pergamon Press, 225 - 251.

Harris, G.L. (1958): *Jordan - Its People, Its Society, Its Culture*. New Haven: Hraf Press.

Harris, J.R.; Todaro, M.P. (1970): Migration, Unemployment and Development: A Two Sector Analysis. *American Economic Review* 60, 126 - 142.

Hassan Bin Talal (1984): Manpower Migration in the Middle East: An Overview. *The Middle East Journal* 38, 610 - 614.

HKJ [Hashemite Kingdom of Jordan] (1976): *Five Year Plan for Economic and Social Development 1976 - 1980.* O.O. (Amman): National Planning Council.

HKJ [Hashemite Kingdom of Jordan] (1981): *Five Year Plan for Economic and Social Development 1981 - 1985.* O.O. (Amman): National Planning Council.

HKJ [Hashemite Kingdom of Jordan] (1986): *Five Year Plan for Economic and Social Development 1986 - 1990.* O.O. (Amman): Ministry of Planning.

HKJ/MoP [Hashemite Kingdom of Jordan/Ministry of Planning] (1987a): *Disadvantaged Groups, Tenure and Housing Vacancy: Housing Vacancies in Jordan.* Amman: Ministry of Planning/Shelter Unit. (National Housing Strategy - Technical Memorandum No. 6)

HKJ/MoP [Hashemite Kingdom of Jordan/Ministry of Planning] (1987b): *Existing Housing Situation in Jordan.* Amman: Ministry of Planning/Shelter Unit. (National Housing Strategy - Technical Memorandum No. 7)

HKJ/MoP [Hashemite Kingdom of Jordan/Ministry of Planning] (1987c): *Rural Housing in Jordan.* Amman: Ministry of Planning/Shelter Unit. (National Housing Strategy - Technical Memorandum No. 12)

HKJ/MoP [Hashemite Kingdom of Jordan/Ministry of Planning] (1987d): *Housing Finance in Jordan.* Amman: Ministry of Planning/Shelter Unit. (National Housing Strategy - Technical Memorandum No. 14)

HKJ/MoP [Hashemite Kingdom of Jordan/Ministry of Planning] (1987e): *Impact of Housing Investment on the Jordanian Economy.* Amman: Ministry of Planning/Shelter Unit. (National Housing Strategy - Technical Memorandum No. 16)

HKJ/MoP [Hashemite Kingdom of Jordan/Ministry of Planning] (1987f): *Main Issues.* Amman: Ministry of Planning/Shelter Unit. (National Housing Strategy - Technical Memorandum No. 20)

Hofmann, M. (1987): *Saudi-Arabien: Gekaufte Industrialisierung.* Berlin: Deutsches Institut für Entwicklungspolitik.

Hurani, M.H. el- (1985): The Supply of Agricultural Labour. In: Zahlan, A.B. (ed.): *The Agricultural Sector of Jordan.* London: Ithaca Press, 68 - 87.

Hurewitz, J.C. (1982): *Middle East Politics: The Military Dimension.* Boulder (Col.): Westview Press.

Ibrahim, I. et al. (1988): *Waqa' wa mustaqbal suq al-'amal al-urduni* [Der jordanische Arbeitsmarkt und seine Perspektiven], 3 Vol. Amman: Royal Scientific Society.

IBRD [International Bank for Reconstruction and Development] (1957): *The Economic Development of Jordan - Report of a Mission Organized by the International Bank for Reconstruction and Development at the Request of the Government of Jordan.* Baltimore: The Johns Hopkins Press.

ILO [International Labour Office] (1986): *Year Book of Labour Statistics 1986.* Geneva: ILO.

ILO-ARPLA [International Labour Organisation - Asian and Pacific Project for Labour Administration] (1985): *Overseas Employment Administration in Selected Asian Countries - Proceedings of the ILO/ARPLA Inter-Country Symposium on Overseas Employment Administration.* Bangkok: ILO-ARPLA.

ILO-ARTEP [International Labour Organisation - Asian Regional Team for Employment Promotion] (1984): *Impact of Return Migration on Domestic Employment in Pakistan: A Preliminary Analysis.* Bangkok: ILO-ARTEP.

Imdad, N. (1987): Pakistani Male Migration to the Middle East and Socio-Economic Changes: Case-study of a Village in the North of Panjab. Beitrag auf dem "*French-German Workshop on Migrations in the Arab World: Trends and Prospects*", Aix-en-Provence, 18.-19.06.87.

Jarvis, C.S. (1942): *Arab Command - The Biography of Lieutnant-Colonel F.G. Peake Pasha.* London (etc.): Hutchinson and Co.

Jendges, H.; Vogt, E. (1985): *Der israelisch-arabische Konflikt.* Bonn: Bundeszentrale für politische Bildung.

Jerusalem Star [englischsprachige jordanische Wochenzeitschrift; Erscheinen inzwischen eingestellt], zitierte Ausgaben.

Johnson, H.G. (1967): Some Economic Aspects of the Brain Drain. *Pakistan Development Review* 7, 379 - 411.

Jordan Times [englischsprachige jordanische Tageszeitung], zitierte Ausgaben.

Jordanian Industrial Consortium Engineering Company (1987): *Hashemite Kingdom of Jordan - Dead Sea Chemical Complex.* Amman. (Typoskript)

Jreisat, J.E. (1968): *Provincial Administration in Jordan: A Study of Institution Building.* Pittsburgh: University of Pittsburgh. (Unveröffentlichte Ph.D. Thesis)

Jureidini, P.A.; McLaurin, R.D. (1984): *Jordan - The Impact of Social Change on the Role of the Tribes.* New York: Praeger. (= The Washington Papers, Vol. 12, Nr. 108)

Juridico, E.D.; Marius, H. (1987): *A Comparative Study of the Overseas Employment Practices of Asian Labour-Sending Countries: Alternatives for Indonesia,* 2 Vol. Jakarta: International Labour Organization.

JVA [Jordan Valley Authority] (1987): *The Jordan Valley Development - The Plans, the Achievements, Future Activities.* Amman: Jordan Valley Authority.

Katanani, A. (1986): Development Problems and Prospects of Non-Oil Arab Countries - the Case of Jordan. In: Share, M. (ed.): *Jordan's Place within the Arab Oil Economies.* Irbid: Yarmouk University, 17 - 35.

Keely, C.B.; Saket, B. (1984): Jordanian Migrant Workers in the Arab Region: A Case Study of Consequences for Labor Supplying Countries. *The Middle East Journal* 38, 685 - 698.

Khatib, F. (1987): *Foreign Aid and Economic Development in Jordan - An Empirical Investigation.* O.O. (Typoskript)

Khouri, R.G. (1981): *The Jordan Valley - Life and Society below Sea Level.* London/New York: Longman.

Kindleberger, C.P. (1967): *Europe's Postwar Growth.* Cambridge: Harvard University Press.

King, R. (1986): Return Migration and Regional Economic Development: An Overview. In: King, R. (ed.): *Return Migration and Regional Economic Problems.* London (usw.): Croom Helm, 1 - 37.

Kirkbridge, A.S. (1956): *A Crackle of Thorns - Experiences in the Middle East.* London: John Murray.

Kirwan, F.X. (1981): The Impact of Labor Migration on the Jordanian Economy. *International Migration Review* 15, 671 - 695.

Kirwan, F. (1982): Labour Exporting in the Middle East: The Jordanian Experience. *Development and Change* 13, 63 - 89.

Kirwan, F.; Holden, D. (1986): Emigrants' Remittances, Non-Traded Goods and Economic Welfare in the Source Country. *Journal of Economic Studies* 13, 2, 52 - 58.

Körner, H. (1981): Zusammenfassender Bericht über die Abschlußdiskussion zum Thema "Probleme der Rückwanderungs- und Reintegrationspolitik". In: Körner, H.; Werth, M. (Hrsg.): *Rückwanderung und Reintegration von ausländischen Arbeitnehmern in Europa.* Saarbrücken/Fort Lauderdale: Breitenbach, 145 - 156.

Körner, H.; Werth, M. (eds.) (1981): *Rückwanderung und Reintegration von ausländischen Arbeitnehmern in Europa.* Saarbrücken/Fort Lauderdale: Breitenbach. (= isoplan - Schriften 1)

Laffin, J. (1973): *Fedayeen - The Arab-Israeli Dilemma.* London: Cassell.

Lee, E.S. (1966): A Theory of Migration. *Demography* 3, 47 - 57.

Lerner, D. (1958): *The Passing of Traditional Society.* Glencoe (Ill.): Free Press.

Lewis, W. (1954): Economic Development with Unlimited Supplies of Labour. *The Manchester School* 22, 139 - 192.

Lipton, M. (1980): Migration from Rural Areas of Poor Countries: The Impact on Rural Productivity and Income Distribution. *World Development* 8, 1 - 24.

Longuenesse, E. (1988): Class Relations, Communal Solidarities and National Identity in the Gulf States. Beitrag beim "*2nd French-German Workshop on Labour Migration and the Process of Social and Political Change in the Middle East*", Berlin, 02.-03.06.88.

Lucas, R.E.B. (1977): Internal Migration and Economic Development: An Overview. In: Brown, A.A.; Neuberger, E. (eds.): *Internal Migration - A Comparative Perspective.* London: Academic Press, 37 - 60.

Lucas, R.E.B. (1983): International Migration: Economic Causes, Consequences and Evaluation. In: Kritz, M.M.; Keely, C.B.; Tomasi, S.M. (eds.): *Global Trends in Migration - Theory and Research on International Population Movements.* Staten Island: Center for Migration Studies, 84 - 109.

Lucas, R.E.B.; Stark, O. (1985): Motivations to Remit: Evidence from Botswana. *Journal of Political Economy* 93, 901 - 918.

Macmillen, M.J. (1982): The Economic Effects of International Migration: A Survey. *Journal of Common Market Studies* 20, 245 - 267.

Mazur, M.P. (1979): *Economic Growth and Development in Jordan.* London: Croom Helm.

MEED [Middle East Economic Digest], zitierte Ausgaben.

MERIP - Middle East Report, No. 149, Nov./Dez. 1987.

Mishal, S. (1978): *West Bank/East Bank - The Palestinians in Jordan, 1949 - 1967.* New Haven/London: Yale University Press.

MoL [Ministry of Labour], *Al-taqrir al-sanawi* [Jahresbericht], zitierte Ausgaben.

Morsy, S.A. (1985): *Familial Adaptions to the Internationalization of Egyptian Labour.* East Lansing: Michigan State University, Office of Women in International Development. (Working Paper No. 94)

Mujahid, G.B.S. (1985): Female Labour Force Participation in Jordan. In: Abu Nasr, J.; Khoury, N.F.; Azzam, H.T. (eds.): *Women, Employment and Development in the Arab World.* Berlin (etc.): Mounton Publishers, 103 - 130.

Mundell, R.A. (1957): International Trade and Factor Mobility. American Economic Review 47 (3), 321 - 335. Hier zitiert nach: Caves, R.E.; Johnson, H.G. (eds.) (1968): *Readings in International Economics.* London: George Allen and Unwin, 101 - 114.

Nagaba, H. (1988): Migration of Asian Workers to the Middle East - A Statistical Approach. Beitrag beim *"2nd French-German Workshop on Labour Migration and the Process of Social and Political Change in the Middle East",* Berlin, 02.-03.06.88.

O.A. (1986a): Issues and Trends in Manpower Development. Beitrag zur *"Jordan Development Conference",* Amman, 08.-10.11.86.

O.A. (1986b): Jordan's Development Role in the Arab Regional Context. Beitrag zur *"Jordan Development Conference",* Amman, 08.-10.11.86.

O.A. [Büro des Kronprinzen] (1986): *Towards a Data Base Study of Palestinian Needs - A Synopsis.* Amman. (Typoskript)

Oberai, A.S.; Singh, H.K.M. (1980): Migration, Remittances and Rural Development - Findings of a Case Study in the Indian Punjab. *International Labour Review* 119, 229 - 241.

Olson, M. (1985): *Aufstieg und Niedergang von Nationen - Ökonomisches Wachstum, Stagflation und soziale Starrheit.* Tübingen: J.C.B. Mohr. (Die Einheit der Gesellschaftswissenschaften, Bd. 42)

Osmani, S.R. (1986): Bangladesh. In: Gunatilleke, G. (ed.): *Migration of Asian Workers to the Arab World.* Tokyo: The United Nations University, 23 - 65.

Paine, S. (1974): *Exporting Workers: The Turkish Case.* London: Cambridge University Press.

Patai, R. (1958): *The Kingdom of Jordan.* Princeton (N.J.): Princeton University Press.

Pennisi, G. (1981): *Development, Manpower and Migration in the Red Sea Region.* Hamburg: Deutsches Orient-Institut.

Randall, R. (1968): *Jordan and the Holy Land.* London: Frederick Muller.

Reichert, C. (1988): Labour Migration and Institutional Diversification in Two Egyptian Villages - Some Preliminary Results. Beitrag beim "*2nd French-German Workshop on Labour Migration and the Process of Social and Political Change in the Middle East*", Berlin, 02.-03.06.88.

Reyneri, E.; Mughini, C. (1984): Return Migration and Sending Areas: From the Myth of Development to the Reality of Stagnation. In: Kubat, D. (ed.): *The Politics of Return - International Return Migration in Europe.* Roma/New York: Centro Studi Emigrazione; Center for Migration Studies, 31 - 36.

Richards, A.; Martin, P.L. (1983): The Laissez-faire Approach to International Labor Migration: The Case of the Arab Middle East. *Economic Development and Cultural Change* 31, 455 - 474.

Rivera-Batiz, F.L. (1982): International Migration, Non-traded Goods and Economic Welfare in the Source Country. *Journal of Development Economics* 11, 81 - 90.

Rivera-Batiz, F.L. (1984): International Migration, Non-traded Goods and Economic Welfare in a Two-class Economy: A Reply. *Journal of Development Economics* 16, 325 - 330.

Rogers, R. (1978): *On the Process of International Migrants' Integration into Host Societies: A Hypothesis and Comments.* Cambridge: Massachusetts Institute of Technology, Center for International Studies.

Rothenberger, J. (1977): On the Microeconomics of Internal Migration. In: Brown, A.A.; Neuberger, E. (eds.): *Internal Migration - A Comparative Perspective.* London: Academic Press, 183 - 205.

RSS [Royal Scientific Society] (1983): *Workers Migration Abroad: Socio-Economic Implications for Households in Jordan.* Amman: Royal Scientific Society.

RSS [Royal Scientific Society] (1986): *The Socio-Economic Impact of Guest Workers in Jordan*, 2 Vol. Amman: Royal Scientific Society.

RSS [Royal Scientific Society] (1987): *The Unemployment Problem in Jordan - Characteristics and Prospects*. Amman: Royal Scientific Society.

Russell, S.S. (1986): Remittances from International Migration: A Review in Perspective. *World Development* 14, 677 - 696.

Russell, S.S. (1988): Migration and Political Integration in the Arab World. In: Luciani, G.; Salamé, G. (eds.): *The Politics of Arab Integration*. London (etc.): Croom Helm, 183 - 210.

Rustow, D.A. (1971): *Middle Eastern Political Systems*. Englewood Cliffs (N.J.): Prentice-Hall.

Saket, B.K. (1978): Labour Migration Abroad. In: *Report on the Study Group on Worker Migration Abroad held at the Royal Scientific Society*, Amman, 02.-03.12.78.

Saket, B. (1985): The Jordanian Economy. In: Zahlan, A.B. (ed.): *The Agricultural Sector of Jordan*. London: Ithaca Press, 9 - 39.

Saket, B.K. (1986): Economic Uses of Remittances - the Case of Jordan. In: Share, M. (ed.): *Jordan's Place within the Arab Oil Economies*. Irbid: Yarmouk University, 55 - 73.

Samuelson, P.A. (1949): International Factor-Price Equalization Once Again. Economic Journal 59, 181 -197. Hier zitiert nach: Caves, R.E.; Johnson, H.G. (eds.) (1968): *Readings in International Economics*. London: George Allen and Unwin, 58 - 71.

Schliephake, K. (1987): Jordan, the Geographic and Economic Potential. In: Khader, B.; Badran, A. (eds.): *The Economic Development of Jordan*. London (etc.): Croom Helm, 62 - 92.

Schultz, T.W. (1978): Migration: An Economist's View. In: McNeill, W.H.; Adams, R.S. (eds.): *Human Migration - Patterns and Policies*. Bloomington and London: Indiana University Press, 377 - 386.

Schwartz, A. (1973): Interpreting the Effects of Distance on Migration. *Journal of Political Economy* 81, 1153 - 1169.

Schwartz, A. (1976): Migration, Age, and Education. *Journal of Political Economy* 84, 701 - 719.

Seccombe, I.J. (1981): *Manpower and Migration: The Effects of International Labour Migration on Agricultural Development in the East Jordan Valley, 1973 - 1980*. Durham: University of Durham. (Occasional Publications, New Series, No. 11)

Seccombe, I.J. (1983): *International Migration for Employment and Domestic Labour Market Development: The Jordanian Experience*. Durham: The University of Durham. (Unveröffentlichte Ph.D. Thesis)

Seccombe, I.J. (1984): *International Labour Migration and Skill Scarcity in the Hashemite Kingdom of Jordan.* Geneva: International Labour Office. (MIG WP.14)

Seccombe, I.J. (1986): Immigrant Workers in an Emigrant Economy: An Examination of Replacement Migration in the Middle East. *International Migration - Quarterly Review* 24, 377 - 396.

Seccombe, I.J. (1987): Labour Emigration Policies and Economic Development in Jordan: From Unemployment to Labour Shortage. In: Khader, B.; Badran, A. (eds.): *The Economic Development of Jordan.* London (etc.): Croom Helm, 118 - 132.

Seccombe, I.J.; Lawless, R.J. (1985): Some New Trends in Mediterranean Labour Migration: The Middle East Connection. *International Migration - Quarterly Review* 23.

Seccombe, I.; Wilson, R. (1987): *Trade and Finance in Jordan.* Durham: University of Durham, Centre for Middle Eastern and Islamic Studies. (Occasional Papers Series, No. 33)

Serageldin, I. et al. (1983): *Manpower and International Labor Migration in the Middle East and North Africa.* New York (etc.): Oxford University Press.

Shaban, R.A. (1988): Inequality in Jordan 1973 - 1986. Beitrag auf dem Seminar "*Income Distribution and its Social Impact in Jordan*", Amman, 21.-22.09.88.

Shabon, A. (1981): *The Political, Economic, and Labor Climate in the Countries of the Arabian Peninsula.* Philadelphia: The University of Pennsylvania.

Shanneik, G. (1983): Voraussetzungen und Folgen der Arbeitskräftewanderung. In: Koszinowski, T. (Hrsg.): *Saudi-Arabien: Ölmacht und Entwicklungsland.* Hamburg: Deutsches Orient-Institut, 327 - 349.

Share, M.A.J. (1985): Wage Differentials in Jordan: Effects of Integrated Labour Market. *Asian Affairs* 7, No. 3, 47 - 65.

Share, M. (ed.) (1986a): *Jordan's Place within the Arab Oil Economies.* Irbid: Yarmouk University.

Share, M. (1986b): Migration and Domestic Labour Market Policies - The Case of Jordan. In: Share, M. (ed.): *Jordan's Place within the Arab Oil Economies.* Irbid: Yarmouk University, 75 - 83.

Share, M.A.J. (1987): The Use of Jordanian Workers' Remittances. In: Khader, B.; Badran, A. (eds.): *The Economic Development of Jordan.* London (usw.): Croom Helm, 32 - 44.

Share, M. (1988): Socio-Economic Characteristics of Immigrant Workers in Irbid. *Abhath Al-Yarmouk* 4, 7 - 20.

Shaw, R.P. (1981): Manpower and Educational Shortages in the Arab World: An Interim Strategy. *World Development* 9, 637 - 655.

Shaw, R.P. (1983): *Mobilizing Human Resources in the Arab World.* London (etc.): Kegan Paul International.

Sherbiny, N.A. (1984): Ausländische Arbeitskräfte in arabischen ölproduzierenden Ländern. *Finanzierung und Entwicklung* 21, No. 4, 34 - 37.

Shihadeh, E.S. (1965): *The Jordanian Civil Service: A Study of Traditional Bureaucracy.* Ithaca (N.Y.): Cornell University. (Unveröffentlichte Ph.D. Thesis)

Shils, E. (1978): Roots - The Sense of Place and Past: The Cultural Gains and Losses of Migration. In: McNeill, W.H.; Adams, R.S. (eds.): *Human Migration - Patterns and Policies.* Bloomington, London: Indiana University Press, 404 - 426.

Sirageldin, I.A.; Sherbiny, N.A.; Serageldin, M.I. (1984): *Saudis in Transition.* New York (etc.): Oxford University Press.

Socknat, J.A. (1979): The Potential Relationship of International Migration for Employment and a Middle East Peace Settlement: An Assessment. *Middle East Review* 11, No. 4, 58 - 64.

Stahl, C.W. (1981): *International Labour Migration and International Development.* New South Wales (Australia): The University of Newcastle. (= Research Report or Occasional Paper No. 61)

Stahl, C.W. (1982): Labor Emigration and Economic Development. *International Migration Review* 16, 869 - 899.

Stark, O. (1978): *Economic-Demographic Interactions in Agricultural Development: The Case of Rural-to-Urban Migration.* Rome: Food and Agricultural Organization of the United Nations.

Stark, O. (1979): *On the Political Economy of Constraining Rural-to-Urban Migration in LDCs.* Tel Aviv: The David Horowitz Institute for the Research of Developing Countries. (Paper No. 10/79)

Stark, O. (1984a): Discontinuity and the Theory of International Migration. *Kyklos* 37, 206 - 222.

Stark, O. (1984b): Rural-to-Urban Migration in LDCs: A Relative Deprivation Approach. *Economic Development and Cultural Change* 32, 475 - 486.

Stark, O.; Bloom, D.E. (1985): The New Economics of Labor Migration. *American Economic Review* 75, Papers and Proceedings, 173 - 178.

Stark, O.; Levhari, D. (1982): On Migration and Risk in LDCs. *Economic Development and Cultural Change* 31, 191 - 196.

Stark, O.; Lucas, R.E.B. (1987): *Migration, Remittances and the Family.* Cambridge (Mass.): Harvard University, Migration and Development Program. (Discussion Paper No. 28)

Stark, O.; Taylor, J.E.; Yitzhaki, S. (1986): *Migration, Remittances and Inequality: A Sensitive Analysis Using the Extended Gini Index.* Cambridge (Mass.):

Harvard University, Migration and Development Program. (Discussion Paper No. 23)

Starr, J.C.; Stoll, D.C. (1987): *U.S. Foreign Policy on Water Resources in the Middle East.* Washington (D.C.): Center for Strategic and International Studies.

State of Kuwait/Ministry of Planning (1986): *Annual Statistical Abstract,* 23, 1986. Kuwait: Ministry of Planning, Central Statistical Office.

Stauth, G. (1986a): *Konfliktlinien der ägyptischen Gesellschaft 1986 - 88: Remigration, Segregation, Islamismus - Eine Forschungsperspektive.* Bielefeld: University of Bielefeld, Sociology of Development Research Center. (Working Paper No. 80)

Stauth, G. (1986b): *Remigration and Social Change.* Bielefeld: University of Bielefeld, Sociology of Development Research Center. (Working Paper No. 84)

Süddeutsche Zeitung v. 10.10.88.

Swamy, G. (1981): *International Migrant Workers' Remittances: Issues and Prospects.* Washington, D.C.: The World Bank. (Staff Working Paper No. 481)

Swamy, G. (1985): *Population and International Migration.* Washington, D.C.: The World Bank. (Staff Working Paper No. 689)

Tadros, J. (1984): *Verwaltungsstruktur und Verwaltungsmodernisierung - Zum Verhältnis von Selbstverwaltung und Entwicklungsplanung in Jordanien - Die gegenwärtige Lage und Vorschläge für die Zukunft.* Bochum: Brockmeyer. (= Sozialwissenschaftliche Schriften, Bd. 25)

Talafha, H. (1985a): The Effects of Workers' Remittances on the Jordanian Economy. *METU Studies in Development* 12, 119 - 130.

Talafha, H. (1985b): Emigration and Wage Differentials Facing the Jordanian Workers. *METU Studies in Development* 12, 317 - 332.

Tapinos, G. (1981): The Economics of International Migration. *Population Bulletin of ECWA* 20, 39 - 46.

The Economist v. 26.07.87.

Thomas, B. (1973): *Migration and Economic Growth - A Study of Great Britian and the Atlantic Economy.* Cambridge: Cambridge University Press.

Thompson, H. (1984): International Migration, Non-traded Goods and Economic Welfare in the Source Country: A Comment. *Journal of Development Economics* 16, 321 - 324.

Tietzel, M. (1985): *Wirtschaftstheorie und Unwissen - Überlegungen zur Wirtschaftstheorie jenseits von Risiko und Unsicherheit.* Tübingen: J.C.B. Mohr. (= Die Einheit der Gesellschaftswissenschaften, Bd. 39)

Tilch, H. (1986): Entwicklung des beruflichen Bildungswesens in Saudi-Arabien. *Orient* 27, 89 - 103.

Todaro, M.P. (1969): A Model of Labour Migration and Urban Unemployment in Less Developed Countries. *American Economic Review* 59, 138 - 148.

Unger, K. (1983): *Die Rückkehr der Arbeitsmigranten.* Saarbrücken, Fort Lauderdale: Breitenbach. (Bielefelder Studien zur Entwicklungssoziologie, Bd. 17)

UNRWA [United Nations Reliefs and Works Agency] (1987): *Report of the High Commissioner-General of the United Nations Relief and Works Agency for Palestine Refugees in the Near East, 01.07.86 - 30.06.87.* New York (Offizielles Dokument der Vereinten Nationen Nr. A/42/13).

Vatikiotis, P.J. (1967): *Politics and the Military in Jordan - A Study of the Arab Legion, 1921 - 1957.* London: Frank Cass & Co.

Vatikiotis, P.J. (1972): The Politics of the Fertile Crescent. In: Hammond, P.Y.; Alexander, S.S. (eds.): *Political Dynamics in the Middle East.* New York: American Elsevier, 225 - 263.

Weiner, M. (1982): International Migration and Development: Indians in the Persian Gulf. *Population and Development Review* 8, 1 - 36.

Weiner, M. (1985): On International Migration and International Relations. *Population and Development Review* 11, 441 - 455.

Weisbrod, B.A. (1966): Kommentar. *American Economic Review* 56, 277 - 280.

Weiss, D. (1981): Some Reflections on Outward-looking Economic Management in a Turbulent Environment. *L'Egypte Contemporaine* 385, 35 - 40.

Weiss, D. (1983): Überlegungen zur jordanischen Entwicklungsplanung. *Konjunkturpolitik* 29, 33 - 66.

Weiss, D. (1988a): Theoretische Grundlagen wirtschaftspolitischer Planung in Entwicklungsländern im Wandel weltwirtschaftlicher Rahmenbedingungen. *Vierteljahresberichte* 113, 265 - 277.

Weiss, D. (1988b): Arabische Wirtschaftspolitik im Lichte der Systemtheorie von Ibn Khaldun. *Die Welt des Islam* 28, 585 - 606.

Williams, A. (1968): *Britian and France in the Middle East and North Africa, 1914 - 1967.* London (etc.): Macmillan.

Wilson, R. (1987): The Role of Commercial Banking in the Jordanian Economy. In: Khader, B.; Badran, A. (eds.): *The Economic Development of Jordan.* London (etc.): Croom Helm, 45 - 61.

World Bank (1986): *Jordan - Issues of Employment and Labour Market Imbalances,* 2 Vol. Washington: The World Bank. (unveröffentlicht)

World Bank (1987): *World Development Report 1987.* New York (usw.): Oxford University Press.

World Bank (1988): *World Development Report 1988.* New York (etc.): Oxford University Press.

Yahya, H.A. (1980): *Human Capital Migration from Labor-rich Arab States to Oil-rich Arab States and the Consequences for the Jordanian Economy.* Stillwater: Oklahoma State University. (Unveröffentlichte Ph.D. Thesis)

Yorke, V. (1988): Jordan is not Palestine: The Demographic Factor. *Middle East International* 323 v. 16.04.88, 16 - 17.

Zaghal, A.S. (1984): Social Change in Jordan. *Middle Eastern Studies*, No. 4, 53 - 75.

Zaghlul, I.S. (1984): *Tahwilat al-urduniyin wa ta'thiruha 'ala al-iqtisad al-urduni* [Gastarbeiterüberweisungen nach Jordanien und ihre Auswirkungen auf die jordanische Ökonomie]. Amman: Central Bank of Jordan.

Zolberg, A.R. (1983): International Migration in Political Perspective. In: Kritz, M.M.; Keely, C.B.; Tomasi, S.M. (eds.): *Global Trends in Migration - Theory and Research on International Population Movements.* Staten Island: Center for Migration Studies, 3 - 27.